アジア経済史研究入門

水島　司
加藤　博　【編】
久保　亨
島田竜登

名古屋大学出版会

はしがき

　20世紀半ばを境に世界のGDP（国内総生産）の地域別構成比は大きく方向を変え始めた。その動きをもたらした主役は，いうまでもなくアジアである。低迷するヨーロッパや旧ソヴィエト連邦を尻目に，日本，東南アジア，中国，そしてインドと次々と先導役を変えながら成長を続けてきたアジアが，21世紀の世界秩序を確実に変えていく主役の地位に躍り出たかのようである。

　つい数十年前までは思いもよらなかったこのような変化は，しかし，今後も継続するような構造的な変化からもたらされたものなのだろうか。それとも過去に何度も経験してきた単なる景気の浮き沈みの波が多少長くなったに過ぎないのだろうか。自身もその一員であるアジアのこれからの方向は，必ずしも現代に関心の中心を置かない者にとっても無関係であるはずはない。

　問題は，その方向をどのようにわれわれが見定めるか，どのような冷静な判断をなしうるかにある。そのために必要なのは，われわれがどのような手立てをもっているかを確認し，それを有効に用いることである。本書は，それを，アジア全域を見渡し，古代から現在までの長期の動きについての研究の蓄積を振り返ることによって果たそうとする試みである。

　グローバル・ヒストリーと呼ばれる分野で近年最も話題となっている書は，ポメランツ『大分岐――中国，ヨーロッパ，そして近代世界経済の形成』（川北稔監訳，名古屋大学出版会，2015年）とフランク『リオリエント――アジア時代のグローバル・エコノミー』（山下範久訳，藤原書店，2000年）であろう。ポメランツは，18世紀半ばのヨーロッパの先進地帯（イギリスやオランダ）と東アジアの先進地帯（中国の揚子江下流域および日本の畿内）の間には，様々な側面から見ても，大きな差異はないと主張した。しかし，ポメランツがヨーロッパとアジアの分岐（＝両地域間の格差の発生と拡大）の起点とした18世紀半ばと，フランクが『リオリエント』で論じようとしたオリエント（アジア）へ再方向付けされる20世紀半ばの間には，ほぼ200年の時間があり，その間に，オスマン帝国，サファヴィー朝，ムガル帝国，清など，アジアに屹立した近世の諸帝国は，次々と倒れていった。そして，その後のアジアは，多くの地域で欧米の植民地支配の影響を

多かれ少なかれ受けることになった。例えば，アジアの中でかなり早い時点でイギリスの植民地支配下に入ることになったインドでは，社会のあり方を大きく変える制度が次々と施行され，以前にはなかった様々な諸機関も設けられた。しかし，それらがインドにとってプラスであったのかマイナスであったのかについてはいくつもの解釈がありうる。鉄道の建設は，イギリス側から見れば文明の象徴であり，インド側から見れば搾取の象徴となる。植民地的土地制度の導入による排他的土地所有の創設は，ある者にとってはそれまでの権益の強化であり，他の者にとってはすべての権益が奪われることを意味した。プラスであれマイナスであれ，いずれにしても大きな変化が生じたのは間違いなく，インド以外の国々も同様な経験をすることになった。

　近世まで，アジアは世界の経済活動の大きな核の一つであり，ヨーロッパ世界が手にすることもできない様々な物品が豊富に出回っていた。ヨーロッパが，コーヒーや砂糖程度のものを欲してアフリカから大量の奴隷を送り込まなければならなかったのに対し，綿製品であれ絹や磁器であれ，アジアにはヨーロッパを凌ぐ優れた技術で生み出される製品や，ヨーロッパの人々が喉から手が出るほど欲しがる香辛料や茶が日常品となっていた。イギリスやフランスが，インドの綿製品を恐れ，輸入どころか着用までも禁止した事実，景徳鎮にスパイを送り込み磁器の秘密を探ろうとした事実，アヘンという人類に反する商品を送り込んでまで茶を獲得しようとした事実などは，近世までのアジアとヨーロッパとの関係を象徴的に物語るものである。

　これに対し，近世以降のアジアは停滞と貧困の象徴となり，そのイメージは20世紀の終わりまで続いてきた。そのイメージがようやくぬぐわれ始め，世界の新たな秩序が姿を現しつつある現時点で，今一度アジアがたどってきた経済発展の過程を古代から現代を通して冷静に振り返り，世界史上にアジアが果たした役割を確認すべく，古代から現在までの経済動向に関する主な研究を一同に紹介しようというのが本書の狙いである。

　本書の特徴は，何よりもアジア全域をカバーする点にある。アジアの個々の国の歴史研究入門としては，すでに名古屋大学出版会からも礪波護・岸本美緒・杉山正明編『中国歴史研究入門』（2006年），朝鮮史研究会編『朝鮮史研究入門』（2011年）などが刊行されている。このような国ごとの歴史研究の入門書には，それ自身優れた利用価値があることはいうまでもない。他方，本書は，経済史に

限定しながら，古代から現代まで時代ごとに紙幅の許す限り関連する内外の文献を取り上げ，その内容と研究上の意義を簡潔に紹介することを主眼としている．

　このような編集方針は，本書の読者層を，基本的には経済史の研究を志そうとする学生や院生，あるいは，自身が進めてきた研究対象以外の地域での研究動向を知り，自らの問題関心を広めようとする研究者を想定して採られたものである．編者が考える本書のメリットは，第一に，自身の関心がどの地域のどの時代に最も適合するかを見出すことができること，第二に，自身の関心の対象がもつアジア全域での同時代性と地域特性を確認することが可能になること，第三に，同じく自身の関心のテーマに対して地域によって問題設定や分析視角がしばしばまったく異なっていることに気づきうることであろうか．

　このような意図が，本書の内容によって裏打ちされ，読者の期待に応えられれば，執筆者一同，これ以上の喜びはない．

2015 年 10 月 5 日

　　　　　　　　　　　　　　　　　　　　　　　　　　　　水島　司

目　次

はしがき　i

序　章　アジア経済史とグローバル・ヒストリー……………………1
　　　　歴史統計　2／経済発展の多径路性　2／生活水準　4／地域経済圏　5／
　　　　ネットワーク　7／勤勉革命　8／東インド会社・商社・銀行・幣制　9／
　　　　製造業・経営・技術・労働　11／物産・商品　12／疫病・環境　12

第 I 部　東アジア

第 1 章　前近代 I：春秋〜元――14 世紀以前……………………19
　　　　はじめに　19
　　1　生　産――農村の経済関係と諸産業　23
　　　　地域開発・定住と人口動態　23／土地制度　23／農業技術と経営　25／
　　　　水利と耕地　26／その他の諸産業　27
　　2　流　通　28
　　　　商品流通・商人の存在形態・商業組織　28／貨幣・有価証券・貨幣経済
　　　　29／交通――漕運と海運　31／貿易――日中貿易・南海貿易・東西貿易
　　　　31
　　3　財　政　32
　　　　中央財政と地方　33／税と役――田賦・徭役・課利・都市課税　33／財
　　　　政的物流　35／財政原理　35

第 2 章　前近代 II：明代・清代前期――14〜18 世紀………………37
　　　　はじめに　37
　　1　経済規模の拡大――人口・生産・環境　41
　　　　人口・移住　41／生産　42
　　2　貨幣経済の展開――市場・流通　43

物流・交通　43／貿易・貨幣　44／市場　45

3　経済秩序の再編——財政・経済政策　47
賦役制度　47／財政・社会政策　48

第3章　近現代Ⅰ：19～20世紀初頭……………………………………49

はじめに　49

1　転換期の経済——人口・環境・移住・生産　50
人口・環境・移住・生活水準　50／生産　54

2　市場の変容と広域経済・世界経済の展開——市場・流通・経済秩序　55
市場・流通・貿易　55／辺境・対外関係・広域経済秩序　57／市場秩序・商人組織・都市社会史　59

3　帝国経済の変容——貨幣・金融・財政・中央と地方　60
貨幣・金融　60／財政・中央と地方　61

第4章　近現代Ⅱ：20～21世紀……………………………………………63

はじめに　63

1　工業化の急展開——生産・人口・環境　66
工業史　66／農業史　68／人口史　69／環境史　70

2　開かれゆく市場——市場・流通・金融　70
広域的な市場圏の成立　70／市場構造への歴史的接近　71／貿易史・対外経済関係史・通貨金融史　72

3　国民国家への道——経済財政政策　73
経済行政と経済法制　73／財政　73／全般的趨勢　73

第5章　古代～現代：朝　鮮……………………………………………75

はじめに　75

1　統一新羅・高麗時代　75
統一新羅時代　76／高麗時代　76

2　「伝統社会」の成立——朝鮮時代　77
農業と土地制度　77／財政・商業と対外交易　78／数量経済史　79

3　国際社会への開放と衝撃　80

　　貿易と国際分業　80／市場と商業・商人　81／財政・通貨　82／農業と土地制度　82

4　植民地支配と独立　83

　　経済成長　83／農業　83／工業化と労働者・企業　84／国外移動と動員　85／解放後への展望　85

第 II 部　南アジア

第 6 章　前近代 I：インダス文明〜12 世紀 ……………………… 91

はじめに　91

1　インダス文明　93

　　都市文明の特質と交易　93／インダス文明からガンジス文明へ　93

2　古代——前 1000〜後 600 年　94

　　経済史と国家システム　94／ヴァルナ制　94／鉄器と農業　95／都市と商業　95／インド洋交易　96

3　中世初期——600〜1200 年　97

　　経済史全般　97／国家システム　98／ヴァルナ制とジャーティ　99／農業と土地制度　99／都市と交易　100／貨幣　101／仏教・イスラムの拡大と交易——10〜11 世紀の画期　102

第 7 章　前近代 II：13〜18 世紀 ……………………………… 104

はじめに　104

1　デリー・スルタン朝期——13〜16 世紀前半　105

　　地租徴収体制と財政　105／農業と手工業　106／都市と交易　106

2　ムガル朝期——16 世紀前半〜17 世紀　107

　　地租徴収体制と貨幣制度　107／海陸遠距離交易の活況　108／商業と金融業の発展　109／手工業と農業　110／近世世界経済の中のインド　111

3　ポスト・ムガル朝期——18 世紀　111

　　ムガル朝衰退と海上交易の変動　111／地域政権と商品・貨幣経済の深化　112

第8章　近現代 I：18世紀〜第一次世界大戦　　114

はじめに　114

1　植民地体制への移行期——18世紀半ば〜19世紀前半　115
　18世紀論争　115／中間者論　118

2　植民地体制の確立期——19世紀前半〜1870年代　119
　東インド会社と交易活動　119／生産活動　120／人口と環境変動　121／工業生産　122／商業と金融　123

3　民族資本の成長期——1870年代〜第一次世界大戦前後　124
　インフラストラクチャーの整備　124／貿易と農業生産　125／工業生産と資本家　125／人口と移民　126／農村社会と消費　128

第9章　近現代 II：第一次世界大戦以降　　129

はじめに　129

1　第一次世界大戦後の農村・農業社会と工業発展　131
　農業の停滞と農村社会の中の胎動　131／工業化への胎動　132／在来工業，中小・零細企業の展開　134

2　独立インドの経済社会の発展と変容——工業・サービス業の発展を中心に　136
　国家主導の輸入代替工業化　136／工業発展の減速・「高コスト経済」化と新産業の育成　138／インフォーマル工業の発展　140／サービス産業の発展　141／経済自由化政策への転換と現代インドの経済と社会　142

3　独立後インドの農業と農村社会　143
　農業生産の発展と「緑の革命」　143／土地改革と土地所有の変動　144／農村社会構造の変容　145／農村と都市・移動・教育　146

第III部　東南アジア

第10章　前近代：19世紀半ばまで　　150

はじめに　150

1　自然環境と人口　152
　自然環境　152／人口　152

    2 古代・中世——14世紀まで　153
      農業　153／商業・都市・貨幣　153
    3 「商業の時代」　154
      貿易　155／港市国家・都市　156／農業・山地　157／貨幣　158
    4 近代への胎動——18～19世紀前半　159
      農業　159／華人　160／貿易　160／都市　161／労働・貨幣・その他　161

第11章　近現代Ⅰ：19世紀半ば～1930年代 …………………163

    はじめに　163
    1 世界経済と東南アジア——植民地化・アジア間貿易・アジア太平洋市場圏　164
      アジア間貿易と東南アジア　164／企業・通貨・華僑・印僑　165／東南アジアと日本　167／農村社会・都市　168
    2 島嶼部東南アジアの経済　168
      英領マラヤ——プランテーション型産業の展開　168／蘭領東インド——プランテーション型産業と稲作経済の展開　169／フィリピン——プランテーション型産業の展開・銀行業史・日本移民　171
    3 大陸部東南アジアの経済　172
      タイ——資本家形成，土地制度，交通，稲作経済の展開　172／英領ビルマ——稲作経済の展開　175／仏領インドシナ——稲作経済の展開　176

第12章　近現代Ⅱ：1930年代～21世紀初頭 …………………178

    はじめに　178
    1 戦前・戦後にまたがる経済通史　178
      東南アジア全域の一般通史　178／農業史など　179／英語文献　179／国別研究　180
    2 時期別の現代東南アジア経済史研究　181
      1930年代　181／日本軍占領期　182／第二次世界大戦後～1970年代初め頃　183／1970～80年代　184／1990年代　185
    3 現状分析に関する近年の研究動向　187
      東南アジア全般　187／フィリピン，インドネシアとマレーシア　188／インドシナ3国とミャンマー　189

目次 ix

第 IV 部　西アジア・中央アジア

第 13 章　古代 I：古代オリエント——前 4 世紀まで……………194

はじめに　194

1　農耕牧畜の開始と都市の成立　195
   農耕牧畜の開始　195／都市の成立　196

2　メソポタミア文明圏の経済と社会　196
   初期王朝時代〜ウル第三王朝時代　197／古バビロニア時代〜アケメネス朝ペルシア　198

3　エジプトの経済と社会　199
   統一国家の成立と灌漑　199／国家と神殿経済　200

第 14 章　古代 II：イスラム以前の西アジア……………………202

はじめに　202

1　ヘレニズム世界の経済社会——前 4〜前 1 世紀　202
   オリエント世界のヘレニズム化　203／ヘレニズム国家の経済と商業　203

2　ローマ帝国の国家と経済——前 1〜後 4 世紀　204
   ローマ帝国の起源　204／ローマ帝国没落論　205／帝国の分裂　206

3　ビザンツ帝国の経済構造——4〜7 世紀　207
   中央集権的統治体制　207／フィスカリテ——財政制度の抜本的整備　208／教会の体制内化と「個」の誕生　209

第 15 章　前近代：イスラム時代——7〜19 世紀……………………211

はじめに　211

1　イスラム経済圏の形成と拡大　212
   ピレンヌ・テーゼとイスラム経済史　212／国際交易ネットワークの中のイスラム経済圏　213／技術革新と社会分業　213

2　イスラム経済圏の特徴　214
   イスラムの経済ビジョン　214／法と貨幣　215／イスラムの経済思想　216

3　イスラム経済圏の成熟と変革の兆し——15〜19 世紀初頭　216

オスマン帝国 217／サファヴィー朝 219／近世のイスラム経済史 220／イスラム経済の衰退 221／イスラム経済の特徴 221

第16章　近現代：西アジア——19〜21世紀 ……………………… 223

はじめに　223

1. 近代化と植民地化——19世紀　225
   オスマン帝国（トルコ共和国成立まで）227／アラブ 229／イラン 231

2. 国民経済への道と体制選択——20世紀　233
   トルコ 234／アラブ 236／イラン 238

3. グローバルな市場経済の時代——20世紀末〜21世紀　240
   トルコ 242／アラブ 243／イラン 244

第17章　近現代：中央アジア——19〜21世紀 ……………………… 246

はじめに——前近代の概観　246

1. ロシア帝国と中央アジア——19〜20世紀初頭　248
   ロシアの進出と中央アジア社会の変容 248／統治制度と遊牧・農業経済 249

2. 社会主義時代の経済発展——1917〜91年　251
   計画経済体制下の産業開発 252／集団化政策と中央アジア農業 253

3. ソ連崩壊と市場経済化への挑戦——1992年〜現在　254
   移行期の経済情勢 255／構造改革の全貌 256／世界経済への統合 257／市場経済化プロセスの諸相——金融・銀行改革からアラル海環境問題まで 259

文献一覧　263

付録（研究支援情報，共通項目索引）　355

序章

アジア経済史とグローバル・ヒストリー

　第1章以下では，東アジア，南アジア，東南アジア，西アジア・中央アジアの順に地域別の研究動向と主な研究の紹介が行われる。本章の目的は，それらの地域別の研究紹介に先立ち，個々の地域を横断する研究を紹介することにある。

　地域を横断する研究としては，貿易ネットワークなどはそもそもが異なる地域を横断するテーマとなるものであるが，近年はグローバル・ヒストリーの研究潮流が極めて盛んとなってきているために，地域経済圏や発展の多径路性，生活水準の国際比較など，個々の地域の事例を単に横並びにしただけではなく，相互の連関，相互作用に着目し，あるいは発展の個性を描き出そうとする傾向が強くなってきている。この傾向は，今後もますます強くなるはずであり，本章でも，個別事例研究を他のアジア地域やグローバルな経済史と結びつけようとしている研究を極力取り上げることとする。

　以下，歴史統計，経済発展の多径路性，生活水準，地域経済圏，ネットワーク，勤勉革命，東インド会社・商社・銀行・幣制，製造業・経営・技術・労働，物産・商品，疫病・環境の順に研究を紹介していく。なお，イギリス帝国史研究の下でアジアへの言及がなされている研究は少なくないが，アジアより欧米を主たる対象としているものについては積極的には取り上げていないことをあらかじめ断っておきたい。

歴史統計

　経済の歴史的動きの大きな流れをつかむには，基本的な統計が必要であるが，アジア地域について，古代から現在に至る長期の数値統計を系統立って整備することが至難の業であることはいうまでもない。そうした状況の中で，この難行に立ち向かい，アジアを含む世界各地の紀元前後から現在に至る基本的な統計データを整備したのがマディソンである。特筆すべきは，その成果をウェッブ上で提供し，研究者の利用に供している点である（Maddison［2015］）。近年のグローバル・ヒストリー研究の隆盛の中でも，マディソンの歴史経済統計はしばしば引用され，議論の大枠に用いられることが多い。そこで示されている個々の数値についてそれを絶対の基準として用いることには十分な注意が必要であるが，議論の出発点となりうる重要な業績である。むしろ，多くの研究者が，自らの統計的成果を加え，数値を精錬していく作業に加わるべきとさえ思われる。なお，それらの統計を基礎にしたマディソン自身の議論についての邦訳書として，マディソン［2000］［2004］［2015］などがある。

　アジアに関する国別の長期経済統計としては，一橋大学経済研究所が中心となって進められている『アジア長期経済統計』の台湾篇（溝口敏行他編著［2008］）と中国篇（南亮進・牧野文夫編著［2014］）が刊行されている。これに続くアジア各地域に関する研究成果の刊行が待たれる。その際，統計部分がデジタルデータの形で提供されれば，貴重な成果として内外で広く利用されることになるだろう。

　注目されるのは，ヨーロッパで進められている世界全体を対象とした歴史統計データベースの作成である。そうしたサイトの一つである Clio Infra（http://www.clio-infra.eu/datasets/indicators）では，人体から GDP に至るアジアを含む世界各国の統計データの元表がダウンロードできる形で公開されている。ちなみに，日本でいえば科学研究費の類の公的資金で研究を行った場合，ヨーロッパではその成果を広く公開する義務があると聞く。アジアに関しても，日本の各種学会や研究者がアジア全体のまとめ役の役割を果たし，同様な試みを推進すべき時にきている。

経済発展の多径路性

　アジア経済史研究に携わるものにとって，アジアが世界の経済発展の中でどのような位置を占めてきたのかという問題は，常に意識の最初にあるべきものである。1970年代に至るまで，マルクス史学の中では生産様式論争が激しく闘われ，

アジア的生産様式が継起的な発展段階のどこに位置づけられるか，続いてそれが段階論ではなく類型論として論じられた。福冨正実編訳［1969］，山之内靖［1969］，塩沢君夫［1970］，芝原拓自［1972］などが，生産様式論をめぐる代表的なものである。そのような議論に終止符を打ち，オリエンタリズム論と同様な衝撃を当時の歴史学界にもたらしたのは小谷汪之［1979］［1982］である。マルクスが論拠とした資料を徹底的に検証することを通じ，大塚史学，土地制度史観を批判した両書は，アジア経済史を志すものがまず踏まえるべき研究といえる。

　1970年代以降は，アジア的生産様式というような歴史発展段階論の中に地域の歴史を位置づけるような議論はほとんどなくなり，類型論からさらには世界の各地域の独自の発展のあり方や，発展の多径路性に留意する研究が主流となってきた。とはいえ，産業革命と呼ばれる一連の技術革新を基礎として，18世紀半ば以降に西欧はアジアを引き離して経済発展を遂げたし，アジア・アフリカの諸地域を植民地として支配もした。西欧が，近代という時代をリードしたのは紛れもない事実であろう。支配するヨーロッパ，支配されるアジアという構図の中で，両者の経済発展のあり方にどのような差異があったのか，経済史研究はそれをどのように説明しうるのかという問題関心は，その後も維持されることになる。

　この問題に対し，欧米の研究者は20世紀後半においても，様々な視点から見解を示している。典型的なのは，ヨーロッパの「先進性」とアジアの「後進性」を，何らかの要因で説明するというものである。例えばジョーンズ［2000］は，18世紀までを対象に，なぜヨーロッパで経済発展が始まったのかをアジアの近世帝国と比較する形で論じようとする。それによれば，アジアは人々の財産権を侵害するような専横的帝国を有していたのに対し，ヨーロッパでは国民国家競合体制という専横を抑える統治体制であった，その結果，ヨーロッパでは国家が成長促進の役割を果たしたのに対して，アジアの国家は成長阻害の役割を果たし，その差が「ヨーロッパの奇跡」をもたらした，という。

　このように，アジアの根本的な問題として専制主義を据えるというアジア観は，先の小谷汪之によれば，18世紀にはすでに一般的なものであった。当時のヨーロッパの専制国家は，貴族権益あるいは市民権を侵害する存在であり，このような専制国家の力をいかに抑えるかという自らの発想をアジアに対して当てはめ，アジア像としたものであるという。

　ジョーンズのアジア観も，この18世紀以来のヨーロッパのアジア観の延長上

にあるものといえるが，こうしたアジア観は，近年のアジアのめざましい経済成長によって大きく見直されることになる。ジョーンズは，「東アジアの奇跡」と呼ばれるアジアの高い経済成長を目にして，続編であるジョーンズ［2007］において自身の議論を修正する。そこでは，産業革命やイギリスを唯一の起源と見なす工業化を重視した従来の経済成長論を自ら批判し，宋代の中国や徳川時代の日本の事例から，非西欧世界においても過去に何度も経済成長があったとし，前書のヨーロッパ優位説からの議論の転換を図った。

　ジョーンズの例に見られるように，従来の後進的アジアのイメージは，何はともあれ現在進行中のアジアの経済的躍進によってぬぐい去られたかの観がある。しかし問題は，ではアジアとヨーロッパの位置関係は，実際にはどのようなものであったか，それをどのような視点で測るかということになる。ポメランツ［2015］は，①近世におけるアジアの先進地域での経済発展の程度は，西欧先進地域のそれと遜色なかった，②18世紀半ば以降に両先進地域とも資源制約に直面したが，西欧は立地をはじめとするいくつかの幸運な条件によりそれをクリアすることができた，その結果，両地域の間に大分岐が生じた，という大きく二つの論点を提示した。①の論点からは，近世のヨーロッパとアジアの経済発展の程度を生活水準の問題として具体的に比較する，②の論点からは，18世紀半ば以降のグローバル・エコノミーの形成の中で，ヨーロッパとアジアがどのような経済発展の径路をたどったかを地域経済圏の構造の中で解明する，という二つの作業課題が浮上することになる。

生活水準
　ヨーロッパに関する系統だったデータが，欧米の研究者たちの営々とした積み重ねの中で16世紀から参照可能となってきたのに対して，アジア関係のデータはせいぜい19世紀以降のものとなる。遺産相続や家系に関する教会関係の資料などが充実しているヨーロッパに比べ，アジアで同様なデータを組織的に整備するには数々の困難が伴うからである。しかし，それが，必ずしも不可能なわけではないことが，アジア研究者の営みによって少しずつ明らかになってきている。

　そうした作業を基礎にした研究の中で注目されるのは，いずれも斎藤修が関わる生活水準に関する国際共同研究であるバッシーノ・馬徳斌・斎藤修［2005］，斎藤修［2008］である。前者では，18世紀のインド綿業の国際的価格競争力が

必ずしも貨幣換算した場合の手織工賃金の安さにあったからではない，むしろ穀物賃金に換算した場合には，インド農業の高い生産力を背景として決して低くはなかったと主張する Parthasarathi［2001］の問題提起を受けて，ヨーロッパや中国・日本のいくつかの地域に関する 18 世紀から 20 世紀にかけての実質賃金が比較され，そこから，ヨーロッパとアジアとの間の差異だけではなく，ヨーロッパとアジアそれぞれの内部における格差や動向の特徴が摘出されている。また，後者は，資本・資源・スキル・労働への対処が集約的か節約的であったかを分析し，米，英，日の間の経済発展の差異から，地域発展の径路依存性による独自性を解明したものである。国際比較に関して，解決すべき，あるいは解決が困難な課題についての示唆も含まれ，地域間の比較研究をするにあたって読んでおくべき研究である。

　生活水準の国際比較には，実質賃金だけではなく，消費，出生率・死亡率・寿命などの人口動態，病気や体格なども指標となる。斎藤やポメランツを含む多くの研究者が寄稿している Allen, Bengtsson and Dribe (eds.)［2005］には，アジアやヨーロッパの生活水準についての多様な論考が含まれている。また，速水融が主導した国際共同研究の成果である Bengtsson, Campbell and Lee et al.［2004］にも，人口動向や生活水準に関わる多くの論考が含まれている。そこでは，アジアでの戦争や飢饉による人口増への「積極的抑制」と，近代ヨーロッパでの結婚延期や避妊による「予防的抑制」というマルサスの対比的モデルが，アジアやヨーロッパでの事例研究によって再検証され，マルサス・モデルは成り立たず，むしろ特定の事態への対応には共通性が認められるとの結論が導き出されている。

地域経済圏

　18 世紀半ば以降に形成されてくるグローバル・エコノミーが，ヨーロッパとアジアとの間に大きな格差を生み出しながら展開したという事態が事実としても，その構造がヨーロッパが一方的に主導して成立したものかどうか，アジアがどのような役割を果たしたのかという問題は，アジア経済史に関わる者にとって極めて重要な問題である。

　この問題に関し，杉原薫［1996］は，ヨーロッパによるアジア進出の最盛期であった 1883〜1928 年においても，アジア間の貿易の伸びがヨーロッパ・アジア間の貿易の伸びを上回ったことを立証し，その理由としてアジア内部に綿業を基

軸とした国際分業が存在していたとして，グローバル・エコノミーの展開が必ずしもヨーロッパによって一方的に主導されたわけではないと論じた。また，同じく杉原薫［2009］は，19世紀前半のアジア貿易の成長が，アジア人商人にも大きな機会を与えたと論じている。

このような杉原の議論は，アジア内部でのめざましい農業開発や活発な人の移動が，グローバル・エコノミーの成長に伴って近代にももたらされたことを示唆するものであるが，もう一つの示唆は，近代まで持続している近世以前からの地域経済圏のまとまりと各経済圏間のつながりである。ユーラシアに広がる地域経済圏相互の関係と，その時代的な動きを論じたのがアブー=ルゴド［2001］である。アブー=ルゴドによれば，13世紀に地球上の大半を覆う形で言語，宗教，帝国によって規定される八つのサブ・システムが共存し，それらを大きく三つの回路がまとめるような一つの世界システムが成立していたという。そして，この世界システムが14世紀以降に衰退退化していく中で，16世紀以降の西欧の興隆があり，階層的に組織された新たな世界システムが成立したとの見通しを示す。

地域経済圏の存在については，それぞれの地域史の中ではすでにかなり語られてきた。地中海世界を描いたブローデル［2004］を嚆矢として，東南アジア世界に関するリード［1997］［2002］や大木昌［1991］，東アジア世界に関する浜下武志［1997］や浜下武志・川勝平太編［1991］，インド洋世界に関する家島彦一［1993］，インド洋を中心としてアジアの海域と地中海世界とのつながりまでを描く家島彦一［2006］，インド洋交易の実態から長期構造，さらにアジアの商業資本の性格までを論ずるChaudhuri［1985］，ベンガル湾での交易関係に儀礼的秩序と権威的規範との有機的関連を見出し，それを中華帝国的な朝貢関係と並ぶ一つの型と見なそうとする重松伸司［1993］，イスラム世界に関する家島彦一［1991］などがそうした例である。一方，アブー=ルゴドの議論に見られるように，並列的な地域経済圏が西欧の興隆によって一つの世界システムによって統合されるという発想は，ウォーラーステイン［2013］の近代世界システム論や，フランク［1976］をはじめとする従属学派の議論，さらにはルクセンブルグ［1952, 53, 55］にまで遡ることができよう。しかし，アジア経済史に関わる者としては，近代の世界システムの経済的な一体化――これをグローバル・エコノミーと呼んでおこう――の過程で，近世までのアジア経済圏がどのような変容を遂げ，アジアがどのような役割を果たしたかについて，どのような視点と手立で解明するか

という課題は残されることになる。言い換えるならば，アジアの視点からグローバル・ヒストリーを再構築するという課題である。

ネットワーク

　アジアの視点からグローバル・ヒストリーを再構築するという課題に対して，先の杉原に加えて，いくつかの試みが存在する。それらの中で盛んなのは商人や交易のネットワークに注目する研究である。そもそも華僑に関しては，内田直作［1949］，斯波義信［1995］，須山卓・日比野丈夫・蔵居良造［1974］などすでに長い研究史がある。また，近年でも華人・華僑に関する論集である飯島渉編［1999］が出てきている。その中で，濱下武志［2013］は，中国から東南アジアにかけて広がる中華網を対象にして，歴史的広域地域モデルをネットワークという視点から再検討しようとしている。

　もう一つの重要な商人ネットワークを形成してきた印僑に関しても，古賀正則・内藤雅雄・浜口恒夫編［2000］や大石高志編［1999］，重松伸司［1999］などがあり，特に商人ネットワークを扱ったものとしては，大石高志［2003］がインド西部からアフリカに活動を展開したインド人商人を扱い，水島司［2000］［2003］［2013］, Mizushima［1995］が，南インドから東南アジア一帯にかけて活動したインド人金貸しに着目し，欧米の金融機関がアジア社会に入り込む以前から彼らが金融活動を広範に展開し，東南アジア地域でのゴムプランテーションや水田開発を積極的に導いていった事態を紹介している。いずれも，彼ら商人グループの活動が，必ずしも欧米が主導する植民地的な支配・被支配構造に枠付けられるわけではなく，場合によっては，植民地状況を巧みに利用しながら自己の権益を伸張していく場合があったことを示している。

　このような華人，インド人それぞれの商業・金融ネットワークの研究に加えて，それらを含めたアジア商人が参加する流通ネットワークを取り上げた研究も盛んとなってきている。杉山伸也・グローブ編［1999］は，アジアがヨーロッパを中心とする国際秩序の中に統合されていく19世紀半ばから1930年代を対象として，アジアからアフリカにかけての様々な流通ネットワークの事例研究を収めたものであり，濱下武志［2003］は，送金と金融市場との関係から形成される地域ネットワークをインド系と華人系とを比較する形で論じている。籠谷直人［2000］［2003a］も同様であり，主にモノの流通という面から，それらが明治維新後の日

本のグローバル化の事例に示されるように，アジアの公共財として機能したと主張する。古田和子[2000]も，上海から日本，朝鮮，インドに広がるアジア人商人の果たした役割の重要性を指摘している。また，籠谷直人[2003b][2009][2012]は，ネットワークを関係性と領域性という概念で図式化している。

　これらの研究は，アジアの貿易，商人・金融業者の役割に注目したものであるが，それ以外の製造業や企業活動，労働環境等々について，アジアの全体像を描き，グローバル・ヒストリーの中に位置づける作業はまだ手薄な印象を受ける。アジアの研究者との共同研究を積極的に進めながら，各種データの蓄積と公表の手立てを早急に整備する必要があろう。

　必ずしも地域経済圏という研究カテゴリーに入るわけではないが，三浦徹・岸本美緒・関本照夫編[2004]は，アジア内部での地域比較を，所有，契約，市場，公正という四つの原理の組み合わせから試みようとしたものである。アジアからの新たな比較の手法として注目される。まったく別のアプローチによって比較史に迫る斎藤修[2015]とあわせて読まれるべきものである。

勤勉革命

　アジアとヨーロッパという対比や経済発展の多径路性に関する議論の中で，今ひとつ大きな論点となってきたのは，速水融から始まるところの勤勉革命論である（速水融[2003]）。速水は，ヨーロッパでは資本集約的・労働節約的な経済発展が見られたが，日本では資本節約的・労働集約的な発展が見られた，そしてのいずれにおいても1人当たりの生産が伸びたと論じた。重要なのは，ヨーロッパとアジアでは，それぞれの発展の性格が異なると論じたことである。過剰と呼ばれる人口を抱え，その中で営々と労働を積み重ねる姿は，アジアの後進性を意味してきた。勤勉革命論は，こうした従来のアジア観を根本的に転換させた。またそれは，アジアを世界史の発展段階に位置づけようとの捉え方とは異なるものでもあり，発展の多径路性という観点へと大きく舵を取らせる役割を果たしたといえよう。

　速水の勤勉革命論は，しかし日本の事例から導き出された議論であった。アジアの中でしばしば例外的な発展を遂げてきたとされる日本を，アジアの典型例とすることには問題があるかもしれない。とすれば，他のアジア地域でも，果たして勤勉革命と呼びうるような発展，あるいはアジアの諸地域それぞれに独自な発

展のあり方があったのかどうかを明らかにすることが課題となる。この課題に対して，杉原薫［2004］は，中国を対象に加えて論じたものである。それによれば，中国でも強い人口圧があり，全体として外延的成長が見られたが，日本よりはるかに大規模な地域分業体制の一翼として中核地域で労働集約的技術の発展による内包的成長が進んだという。そして，土地が相対的に希少であった東アジアにおいては，資本節約的で労働集約的な発展径路が一般的特徴であるとし，勤勉革命論を東アジア全体に拡げた。加えて，このいわば東アジア型径路が，さらに人的資源集約型径路へと移行していったとする（杉原薫［2010］）。

　東アジアの発展の特徴が以上のように特徴づけられるとしたならば，では南アジア，西アジアはそれぞれどのような特徴をもつのか。南アジアについて，水島司［2010］は，全般的には過少な資源環境の下で過少と過多が併存する生産環境において，在地社会の生産物に在地社会の全成員が取り分を設定して配分することで厳しい資源環境を生き延びていく「過少資源適応型」としてそれを性格づけ，杉原薫［2010］［2012］は，生存基盤の不安定性と格闘しながら高い人口扶養力と制度の持続性をもたらした「生存基盤確保型」と呼び，そこで培われてきた技術や制度のもつ近世までの競争力の高さに注目している。西アジアについては，加藤博［2002］が，そこでの経済発展が生産よりはむしろ流通の側面に特徴があるとし，それを「ネットワーク外部性」という言葉で説明している。精細なデータに基づいた大胆なタイポロジーの提示と，それを軸とした活発な地域比較論が求められる時期にきている。

東インド会社・商社・銀行・幣制

　アジアの多くの地域が欧米の植民地支配の下にあったという事実は，各植民地において様々な形で支配・被支配の構造が貫かれていたことを意味する。植民地が，単に政治的な支配下に置かれただけではなく，本国産業の消費地として，あるいは本国産業への原料供給地として主に機能したことは周知の通りである。植民地は，場合によっては本国資本の投資先となったが，多くの場合，そこでの産業発展は本国産業と競合しない部門に限られた。植民地での製造業発展の遅滞は，しばしば植民地政策の結果であった。

　このような植民地状況の生成に強く関与したのは，オランダやイギリスをはじめとする東インド会社であり，また，植民地的経済システムの維持に大きな役割

を果たしたのは，東インド会社と入れ替わってヨーロッパ・アジア間，あるいはアジア間の貿易活動を担った商社や経営代理会社，植民地銀行などの金融機関であろう。

東インド会社がアジアの中で支配的な位置を占めるまでの時期に関しては，Gupta and Pearson (eds.)［1987］が 15 世紀から 18 世紀までのインド洋から中国に至る交易をほぼ時代順に扱っており，全体の見通しを得るのに役立つ。アジア人商人から次第にヨーロッパ系の商業勢力へと主役が交代していく時期に関しては，南アジアから東南アジアに広がるインド洋地域についての論集である Prakash and Lombard (eds.)［1999］をはじめ，インド洋から東アフリカ，紅海との間での地金や薬品・医療なども含む交流関係を描いた Pearson［2005］，オランダやイギリス，フランスその他の東インド会社間の競合についての Furber［1990］，主にポルトガルとオランダの協力・競合関係を扱った論集である Van Veen and Blussé (eds.)［2005］，ホルムズ攻略を境とした中東のキャラヴァン交易とポルトガル勢力の衰退からオランダ，イギリス両東インド会社の卓越への動きの中に根本的な構造変化を見ようとする Steensgaard［1973］，商人や各国東インド会社，交易品などに関する論集である Chaudhury and Morineau (eds.)［1999］等がある。また，アジア商人からヨーロッパ商業勢力への海の覇権の移行期である 18 世紀に絞ってアジア各地の同時代状況を扱った論集として，Blussé and Gaastra (eds.)［1998］がある。これらに加えて，各国東インド会社のアジア各地での活動については，浅田實［2001］や羽田正［2007］が，オランダ東インド会社については永積昭［2000］が，フランス東インド会社については Mizushima［1986］がある。

アジアの海域全体に広がる港市，港市での諸活動，港市と後背地との関係に関しては，Basu (ed.)［1985］，Broeze (ed.)［1989］［1997］，Mathew (ed.)［1995］，Mizushima, Souza and Flynn (eds.)［2015］，Haneda (ed.)［2009］がある。

注目されるのは，本国との貿易よりもアジア諸地域をまたいでの貿易に重点を置いたオランダ東インド会社に関する研究であり，近年日本人研究者による成果が出てきている。たとえば Nagazumi (ed.)［2010］は，オランダ東インド会社文書を用いたアジア各地に関する主に日本人研究者による論集である。Shimada［2006］，島田竜登［2008］は，近世におけるオランダ東インド会社の銅取引をめぐる日本，東南アジア，インドの関係を解明している。ブリュッセイ［2008］は主に中国とオランダとの関係を描き，太田淳［2014］は，ジャワ語等の史料も交

えながらジャワのバンテン地域での在地社会と外部諸勢力との関係を解明している。大橋厚子［2010］は，同じくジャワのプリアンガン地方を対象に，ヨーロッパ市場向けのコーヒー栽培が進む地域世界の変容をグローバル・ヒストリーの中に位置づけようと試みている。

他方，アジア諸地域に展開した金融機関として代表的なのは，アジア各地に叢生した貿易金融を専門にする諸銀行である。西村閑也・鈴木俊夫・赤川元章編著［2014］は，ロンドン金融市場とアジア経済とのつながりに関する論集であり，オリエンタル・バンク，香港上海銀行その他の事例研究が所収されている。今後，アジアの銀行研究を目指すものにとって必読の書となろう。また，川村朋貴［2009］は，ジェントルマン資本主義論とアジア間貿易論を架橋することを目指し，イースタン・バンクと総称するそれら銀行の展開過程を追っている。

これらの銀行は，貿易に関わる金融・為替業務に加えて，通貨をはじめとするアジアの幣制システムとも深く関わった。主に近世までのアジアにおける貨幣システムを広範に扱っているのは黒田明伸［2003］である。そこでは，各種商品が金，銀，銅，カウリーなどの貨幣素材とそれぞれ独自に結びついていたことをはじめとして，貨幣の多層的な状況が描かれている。近世までの幣制を引きずりながら，近代のグローバル・エコノミーの深化の中でどのような幣制システムが形成されたかは極めて興味深い問題である。黒田明伸［1994］も，主に中国の幣制を対象としているものではあるが，19世紀末から20世紀初めにかけての国際金本位制の形成によるグローバル・エコノミーと現地通貨圏の上下関係の成立と，同期間に生じた各国の一次産品交易の急成長の問題など，単に幣制にとどまらない多くの示唆を含んでいる。金本位制，銀本位制，あるいは金銀複本位制などのアジアにおける幣制に関しては西村雄志［2014］が，アジアを含む国際的な貿易と決済に関する国際金本位制の議論については城山智子［2012］がある。

製造業・経営・技術・労働

アジアの諸地域にまたがるものとして，製造業や労働状況に関わる研究がありうる。しかしながら，近代に関しては，先に紹介した華僑・印僑などの商人活動に比して，アジアが主体となる事例は稀である。その中で，富澤芳亜・久保亨・萩原充編著［2011］所収の諸論文は，在華紡と第二次世界大戦後のアジア内での綿業をはじめとする技術移転の問題を扱っている。

企業活動や経営については，植民地期のインドから東南アジアにかけての生産・流通・金融の諸側面で重要な役割を果たした経営代理制に関して，小池賢治［1979］がある。アジア諸地域に存在する財閥に関しては，フィリピンやタイをはじめとするアジア各国の比較研究として伊藤正二編［1983］がある。また，英・米・インド・日本の綿業関係の企業経営を比較したものとして，米川伸一［1994］がある。そこでは，経営代理制が管理職のヨーロッパ人への依存度や技術革新，さらには企業の永続性に与えた負の影響が国際的な比較で論じられている。また，澤田貴之［2003］は，インド，中国を対象として経営と労働管理の問題を扱っている。

アジアを見渡した労働者の歴史的状況については，まだ研究が少ないようである。その中で，清川雪彦［2003］は，インドと中国を主な対象とし，職務意識の問題を扱っている。そこでは，工業労働力の質を問題にしようとする際に，労働者個人の価値観や労働意欲，職務意識に影響を与える社会の価値観や文化が極めて重要であると指摘されており，近代的労働者の生成をめぐるアジアの文化論としても読めるものである。

物産・商品

商人や企業の活動に関する研究に比して，物産や商品に関する研究は多い。一般向けのものも含めてアジアに関わるものを列記すると，陶磁器に関する三上次男［1987-88］，香辛料に関する山田憲太郎［1977］，生田滋［1998］，辛島昇・辛島貴子［1998］，タバコに関する宇賀田為吉［1973］，砂糖に関する川北稔［1996］，島田竜登［2013］，佐藤次高［2008］，ジャガイモに関する山本紀夫［2008］，海産物に関する太田淳［2013］，バナナに関する鶴見良行［1982］，塩に関する東南アジア考古学会編［2011］，神田さやこ［2009］などがある。工業製品については，研究が充実しているのは綿製品に関するものである。特に Riello and Roy (eds.)［2009］には，南アジア産の綿製品が，ヨーロッパはもちろん，アフリカから西・東南・東アジアでどのように扱われたかに関する多くの論文が所収されている。

疫病・環境

最後に地域をまたがるテーマとして，疫病と環境についての研究を紹介する。

疫病の中でアジア全域を襲ったものとしては，1918年のインフルエンザ（スペイン風邪）の大流行がよく知られている。しかし，インフルエンザ以外でも，コレラやマラリアなどが人々の命を奪ってきた。脇村孝平［2002a］，飯島渉［2009］は，それぞれインドと中国を主な対象とはしているが，疫病はそもそも国境とは無関係な性質をもつものであるから，他のアジア諸地域との関連が重要になる。

疫病のコントロールという側面は，保健衛生行政と深く関わる。飯島渉［2001］は，植民地社会から帝国秩序を照射することの意味を，伝染病に対する国際的な取り組みや検疫制度の展開から論じている。また，アーノルド［1999］は，環境という概念が植民地的公衆衛生・医学，そして植民地支配そのものの正当性を主張するために用いられたと論ずる。

グローバル・ヒストリーの中で環境がどのような位置を占めているかについては脇村孝平［2002b］の紹介があり，また，東アジアを含む世界各地の近世における開発と環境動向についてはRichards［2003］があるが，そもそも環境というテーマは，極めて広い領域と関連づけられるテーマである。たとえば，川島博之［2008］は，食料生産の見通しを論じたものであるが，そこでは土地利用から始まり，農作物，畜産・水産，エネルギー，肥料，農業人口，食料貿易，自給率等々の多くの指数が取り上げられており，食料という人類にとって基本的な問題の分析においても扱うべき領域は広いことが理解される。池谷和信編著［2009］では，地球という視点から歴史を考えた場合，気候から人口，疫病，土地利用，森林その他多くのテーマが扱われるべきことを示しており，水島司編［2010］では，災害史なども加わって同様に極めて広範な領域で議論がなされている。今後，大きな発展が見られるであろう分野であるが，ここでは土地利用と人口に関してのみ見ておきたい。

土地利用に関して大きな問題となってきたのは森林の減少であり，Williams［2006］はアジアを含む地球規模での土地被覆の問題を先史時代から21世紀までの幅で議論し，Richards and Tucker (eds.)［1988］は，20世紀を対象として世界各地の森林減少と木材貿易などに関する論文を集めている。森林減少は，そのスピードに時代や地域による違いがあるとされる。それを国家と市場との関係で論じたのが斎藤修［2014］である。また，井上貴子編著［2011］に所収されている諸論文は，中国，インド，朝鮮など，アジア諸地域での森林と共有地の問題を扱っている。水野祥子［2004］は，インドの森林局設置に始まるイギリス帝国での

環境保護主義が，その後帝国を超えた森林保護ネットワークへと展開していく経過を明らかにしている。

　人口動向に関しては，先に紹介したマディソンの統計がまず参照されるべきである。主にヨーロッパを中心とした内容ではあるが，リヴィ-バッチ［2014］にはインドや中国に関する言及があり，アジアの人口動向の位置を知るには有益である。センサスをはじめとするアジア各国の人口データのありかたについては，上田耕三・小林和正・大友篤［1978］が参考になる。

　以上，テーマ別に複数の地域にまたがる議論がなされている主な研究を取り上げた。近年のグローバル・ヒストリーの隆盛は，国際会議等で個別事例だけの報告をすることを許さない状況を生んでいる。ある意味で皮肉ではあるが，グローバル・ヒストリーの進展が，欧米研究者の間でのアジアへの関心を深めており，そのことがアジア研究のもつ意味の比重を大きくしている。行論中で紹介してきたように，日本人研究者の活躍も少なくない。アジア研究に携わる日本人研究者の層は，アジアの現地研究者から見ても極めて厚いものであり，国際舞台での今後のいっそうの活躍が期待できよう。
　　　　　　　　　　　　　　　　　　　　　　　　　　　　　（水島　司）

⇒文献一覧 pp. 264-269

第Ⅰ部
東アジア

第Ⅰ部で取り扱う東アジアは，地理的文化的に極めて多様な，ヨーロッパの2倍以上もある広大な地域である。それぞれの生態環境に対応し，農業を主体に発展した地域もあれば，牧畜を中心に発展した地域もあった。また同じ農業であっても，例えば畑作中心の黄河流域と水田中心の長江流域とでは，その内容が大きく異なっていた。ただし，そうした多様性にもかかわらず，漢字の普及や儒教，仏教などの影響の下，東アジア各地の経済活動を広く統合する契機が働いていたことも見失うべきではない。陸路や運河，海路などを経由する遠距離交易も盛んに行われ，中国歴代王朝に対する朝貢関係は，そうした交易関係と重なり合うものであったことが指摘されている。

　同時に，注意しておきたい点は，東アジアの経済史もまた世界史の一部であったことである。イスラムの台頭は，現在の東南アジア・南アジア経由の交易を著しく活性化させたし，ユーラシア大陸から海域世界にまで及ぶ広大な交通網・商業網を整備したモンゴル帝国も東アジア経済の発展に大きな影響を及ぼした。一方，豊かな東方への関心を高めたヨーロッパがポルトガル船の来航という形で東アジアと接触するのは，大陸に明が，半島には朝鮮（李氏朝鮮）が成立してから1世紀以上を経た頃である。16世紀になると新大陸産の銀に支えられ国際商業が活発化し，中国では地方都市の成長が顕著となった。その後，内外の経済活動が沈静化した一時期を経て，18世紀後半から中国経済は清朝統治下の盛世を迎えた。対外貿易が活発化し，農村に繁栄がもたらされ，人口が増加した。移住と開墾，新大陸から伝来した作物の普及などにより，西南諸省，長江流域の山間地，台湾や東北地域の南部にまで開発の波が押し寄せた。こうした開発が新たな社会矛盾を生み清朝の統治が揺らいだ19世紀半ば，工業化を急速に進展させた西欧諸国が，自由貿易の拡大を求め東アジアに到来する。

　1840年代から80年代にかけ，東アジア各国は相次いで開港を迫られ，自由貿易の世界に編入されていく。香港がイギリスの植民地となり，上海，天津など各地に欧米列強の租界や租借地が設けられた。続く1890年代から1930年代にかけては，日本が台湾，朝鮮，満洲を植民地化した。こうした過程を通じ，東アジア経済は，ますます世界経済と緊密に結びつきながら発展する時代を迎えた。中国

でも沿海都市を中心に工業化が進み，機械制の軽工業が発展するとともに，電信，鉄道，汽船などの交通通信網が整備された。植民地下の朝鮮，台湾は日本帝国内の結びつきを強めつつ，一定の工業化を開始した。

　その一方，20世紀に起きた2度の世界大戦と，その後の東西冷戦は，東アジア経済にも深刻な影響を及ぼした。戦禍が及んだだけではなく，戦時体制の強化に伴い統制経済が著しく拡大し，計画経済を樹立しようとする試みも続いた。特に日本の侵略や軍事的緊張が続いた1930〜70年代，中国では軍需に偏った重化学工業化が推進され，対外経済関係は縮小して商業・金融業は衰退し，農業や軽工業の発展は立ち遅れた。このような情況は，やがて重化学工業の発展をも制限することになり，交通通信やエネルギー産業への投資抑制と相まって，中国経済には様々なひずみが生じた。また第二次世界大戦後，南北に分裂して独立した朝鮮半島の2国は，それぞれ冷戦下の環境に即応した経済運営の方途を模索した。

　1980年代以降，経済構造の大幅な再編が不可避となり，国家の肥大化した役割を削減するとともに，農業では小農経営を，また商工業では民間企業の蘇生を促し，外国資本を改めて中国経済に導入する方向が選択された。冷戦終結とも相まって，欧米，日本などとの関係が改善され，対外経済関係は急速に拡大した。商業・金融業に新しい活気が生まれ，1990年代から2000年代にかけ交通通信網やエネルギー産業の拡充も進んだ。こうして，日本，台湾，韓国に続き，中国大陸も高度経済成長が続く一時期を迎えている。一方，半島北半部の朝鮮民主主義人民共和国は冷戦下の経済運営モデルの再編に行き詰まり国際市場からの孤立を深めている。今後，急成長がもたらした格差拡大や環境破壊などの諸問題がいかに克服されるかを注視するとともに，曲折に満ちた東アジア経済発展の論理の総体を明らかにすることが求められている。

　東アジア経済史の特質の一つは，古代以来，書籍にまとめられた文字史料の残存量が，他地域に比べ群を抜いて多かったことである。そうした文字史料の経済史的な意味を丹念に解読する実証研究が早くから積み重ねられてきた。加えて近年は，出土史料や文書史料の発見・公開が進み，その分析に基づき従来の歴史像が次々に塗り変えられつつある。

　こうして研究が進展するにつれ，東アジア経済史に関わる理論的枠組みも根本から問い直されることになった。18世紀ヨーロッパには，A. スミスの『諸国民の富』に代表されるように，ヨーロッパ自身を動態的に進歩していく社会と見な

す一方,アジア社会を高度な水準にあるとはいえ静態的に停滞している社会だと描き出す傾向があった。ヨーロッパの経済的発展を際立たせるため,アジア経済の停滞的側面が意図的に強調されたのであり,東アジア経済に関しても各種各様の停滞論が19～20世紀のヨーロッパで生み出された。したがって長期にわたる東アジア経済の構造的な特質と発展の論理を明らかにするためには,ヨーロッパ経済中心の見方を根本から改めなければならない。

　第I部は,中国経済史に関する部分を4人の筆者で整理し,朝鮮経済史に関する部分は1人の筆者が担当した。中国経済史を4人で分担するため,時代の推移に従い便宜的に前近代のI,II,近現代のI,IIと分けている。本文を読めば理解されるように,これは固定的な時期区分を意味するものではない。　　（久保　亨）

第1章

前近代 I：
春秋～元──14世紀以前

はじめに

　日本における中国経済史研究の展開は3期に分かれる。第1期は1910年代から40年代まで，第2期は1950年代から70年代まで，第3期は1980年代から現在に至る。

　日本における中国前近代経済史研究は，1910年代以後，産業革命の進展，中国への進出を背景とし，さらに辛亥革命後の中国社会の行方を見定める必要もあって本格化した。第1期である。この時期の経済史研究は，後発の資本主義という条件のもとにドイツ歴史学派経済学を参照する研究手法が主流であった。中国経済史研究の開拓者である加藤繁［1948］が示した研究方法の指針はこのことをよく示している。また中国経済史の展開を全体的に把握するため西洋経済史との対比が念頭に置かれ，特にピレンヌの研究から大きな影響を受けた。古代貨幣経済，中世荘園制・自然経済，近世商品経済・貨幣経済という見方である。この時期とりわけ盛んに研究の対象になった時代は宋代である。内藤湖南［1972］の唐宋変革の提唱以来，近代中国に直接する時代の起点として宋代が重視された結果だと思われる。そして研究が比較的集中した分野は貿易・通貨・金融・商業・税制等国家の経済政策であり，中国史の大きな動向として華北から華中南への経済的中心の移動や，長江下流域の農田開発の進行も取り上げられた。

　敗戦と中華人民共和国の成立によって日本における中国研究は転換し，第2期

が始まる。この時期は，普遍的な世界史的発展のうちに中国史を位置づけ，さらに日本の将来の発展方向を視野に入れるため中国社会停滞論の克服が課題とされた。内藤以来の唐宋変革論は宋以後 1000 年近い近世を想定していたからである。日中朝三国の同時的発展を構想し唐末までを古代とする前田直典［1973a］の提唱を皮切りに，社会構造に関わる論争が始まった。これは時代区分論争でもある。歴史学研究会編［1949］［1950］は「世界史の基本法則」「国家権力の諸段階」をテーマに掲げ戦後の活動を再開した。マルクス主義を方法とし，人類社会は 5 段階で継起的に発展するという単系発展を想定し，その中国史的発現を明らかにしようとした。鍵鑰の位置を占めたのは古代帝国の構造と封建制の中国的形態である。

中国史の時代区分は内藤以来の漢末三国を古代から中世へ，唐宋変革を中世から近世への移行とする見方と，前田以後の唐宋変革を古代から中世への移行とする見方に大別できる。漢末までを古代，唐までを中世とする学説は，漢代の奴隷制を論じた宇都宮清吉［1955］の「僮約」研究，貴族所有の荘園の労働力を部曲（農奴）とする宮崎市定［1993］の荘園論，豪族をリーダーとする豪族共同体を主張する川勝義雄［1982］・谷川道雄［1976］の共同体論に代表される。

唐までを古代社会とする学説は，帝国の社会経済的基盤をめぐって二つの類型に大別できる。一つは君主と農民の関係を基本的生産関係とするもので，爵制を媒介に成立する個別人身支配体制論（西嶋定生［1961］），土地制度の系譜から国家と農民の直接的な生産関係を論じる個別人身支配体制論（堀敏一［1975］），国家による水利・耕地造成で成立する第二次耕地で展開した編戸農民の人頭支配を論じる斉民制社会論（木村正雄［1965］）がある。もう一つは多田狷介［1999］，豊島静英［1972］，太田幸男［2007］等のアジア的生産様式論（総体的奴隷制論）である。このほか個別人身支配体制と古典古代の共同体の二重構造を主張する好並隆司［1978］，国家と農民との間の生産関係は唐宋間で変化しないと認め，奴隷制や地主佃戸制は副次的なものとした濱口重国［1966］の見解がある。古代帝国に関わる学説整理は数多いが，東晋次［1993］の整理が論争全体を扱う。

宋代中世説では地主制の形成を封建制（農奴制）の成立とする説が現れた。ただしその道筋では意見が分かれる。堀敏一［2002］の均田農民（総体的奴隷制）の分解説，仁井田陞［1962］の唐代大所有制下の奴隷（私的奴隷制）からの上昇説が代表的である。なお小山正明［1992］は封建的自営農民（農奴）の形成を明

末清初としたので，唐宋変革期を古代国家形態下の社会において家父長的奴隷制経営が成長する時期と捉えることになった。

　内藤の時代区分を継承する京都学派では，宮崎市定 [1992a] をはじめとして宋代地主制を自由な経済関係とする近世論を展開した。また内藤の時代区分を採用しつつ史的唯物論に立つ研究者もあった。池田誠 [1954] は宋代地主制を封建制と認め，佐竹靖彦 [1990] は唐宋変革を大経営から小経営の自立と捉えた。いずれも宋代封建制再編説である。第 2 期における唐宋変革に関わる時代区分論争は，以上の紹介よりもはるかに多様である。詳細は宮澤知之 [1993] を参照されたい。

　封建制論のもとでは村落共同体やギルドの存在は当然のごとく前提とされた。第 1 期の末，中国社会の性格に関わる重要な共同体論争がおこり，戒能通孝 [1977] は非共同体的社会を主張し，平野義太郎 [1945] は共同体が基礎であるとした。これは満鉄調査部による農村慣行調査に基づく論争であるが，前近代社会の理解に大きく関わる問題である。そして慣行調査に基づく社会研究が村落共同体を否定する傾向を強めたにもかかわらず（福武直 [1946]，村松祐次 [1949]，旗田巍 [1973]），前近代史研究の現場では継承されず，第 1 期の和田清編 [1939] をはじめとする共同体・自治を視点とする構想が第 2 期にも引き継がれ支配的であった。生産―分配―流通―消費という経済活動の全過程のうち，第 1 期では金融・商業・貿易等の流通経済や国家の経済政策に関わる研究が盛んであったのに対し，第 2 期は階級を観点とする農村の生産経済が主要なテーマとなった。

　戦後，中国と日本の学術交流はほとんどなく，中国の社会主義建設の実態はあまり知られていなかった。しかし 1972 年の国交回復以後，中国の実情が伝わり，さらに文化大革命の終息，改革開放路線への転換を経て，1989～91 年における天安門事件の発生・ソヴィエト連邦や東ドイツをはじめとする東ヨーロッパの社会主義国家の相次ぐ崩壊によって，第 2 期で支配的であった「世界史の基本法則」的理解は最終的に崩壊した。このパラダイムが崩れると，多種多様な世界観に基づく方法論が導入された。1980 年代から明確になった新しい動向の時期が第 3 期である。

　マルクス主義では 1970 年代原典研究が進み，マルクス歴史理論の前提や限界が明らかにされ（小谷汪之 [1979][1982]），また単系発展でなく多系発展の歴史理論が登場した（中村哲 [1977]）。中国史研究会編 [1983][1990] は専制国家

論・小経営生産様式論・非団体社会論に基づく中国史像を提起した。渡辺信一郎［1986］は国家と一般農民との間の生産関係を重視して唐宋変革期を国家的奴隷制から国家的農奴制への移行と捉え，足立啓二［1998］［2012］は中国封建制論を徹底的に批判した。これらによって以後中国封建制論はほぼ主張されなくなった。

　森正夫［2006］が方法概念として提唱した地域社会論は多くの賛同者を得た。伊藤正彦［2010］附論がその意義を論じている。アジアの四小龍（韓国，台湾，香港，シンガポール）の経済発展は，それらの国々の共通性への関心を高め，さらに一国史観でなく国境を越えた広域の関係史（世界システム論）の影響もあって，環日本海・日中交流・東シナ海域・南シナ海域等の東アジア全域を視野に入れた海域史・経済交流史が重要なテーマになった。2005〜09年に展開した「寧波プロジェクト」と通称される大プロジェクト（代表：小島毅）もその一環である。経済理論ではウェーバーの貨幣論が再認識され，ポランニーの経済人類学の積極的な導入が図られた（足立啓二［2012］）。

　加えて中国では開放路線への転換以後，経済の急激な発展と軌を一にして考古学的発見が相次いだ。秦律や漢律をはじめとする簡牘，明版『名公書判清明集』や『天聖令』の発見，地方志の相次ぐ景印出版，石刻史料の整理によって史料状況は大きく変わり，これまでの事実認識の変更が必要となる歴史事象が大いに増加した。研究素材・研究方法・問題関心の多様化によって中国前近代経済史研究の現在は，第2期にあったような大論争はなくなり，研究者個人の関心によって推進される状況にあるといえる。その中で21世紀のグローバリゼーション，新自由主義の台頭に対応して，国家の枠をはずし，金融・貿易などの研究が盛んになってきたように見える。第3期の研究が，国家の枠をはずす傾向があるのは第1期と，農村の生産経済に目を向けることが少ないのは第2期と，大いに異なる点である。

　本章では，生産・流通・財政の3部門に分けて記述するが，春秋時代から元代まで2000年ほどを扱い，また研究の現状に，精粗の差が甚しいため，どの時代についても満遍なく記述できないことをお断りしておく。

1 生産——農村の経済関係と諸産業

地域開発・定住と人口動態

中国文明はかつて黄河文明から興ったと認められてきたが，近年長江流域の定住稲作を基礎とする長江文明が加わった。両文明の関係には様々な意見があり，今後の研究分野として広がっている。春秋戦国以後，文化や経済の中心は黄河流域から次第に南方に拡大し，隋の大運河開鑿を画期として南方の経済力が増してゆく。華中南の開発の過程については，桑原隲蔵［1968a］が大きな視野から論じたのが先駆的で，青山定雄［1935］は歴代の戸口統計の推移から論じた。また北田英人［1984］は太湖周辺の塢と呼ばれる谷合の平地での定住を論じ，斯波義信［1988］は水利・農田開発・定住化・都市化に関して体系的に論じた上，寧波・紹興・湖州・徽州等を題材に開発の具体像を示した。

人口動態は歴代の戸口統計から追うことができる。しかし戸口統計は国家が税役対象を捉えた戸籍に基づいており，課税方式・良賤制・軍制等多くの要素が絡んで時代によって戸口数のもつ意味が異なる。例えば漢代では人頭税は男女を問わず，7歳以上に課税した結果，前漢末で約1,200万戸，6,000万口を記録した。それに対し人口把握能力の低い六朝時代は非常に少ない。宋代では課税対象資産の有無で主客戸に分けて戸単位で課税し，通常主戸の4等戸以上の正丁に職役を課したので，必要なのは戸数と正丁数の把握であった。その結果，北宋末で約2,100万戸，4,700万口，1戸当たり2.2人程度である。したがって実際の全人口は1戸当たり6人程度と見て，1億2,000万人ほどである。また宋では募兵制によって軍籍は別に編成される。戸計制をとった元朝は職業別に戸籍を編成し，国家に必要な物資・労働を課した。このように戸口統計と実際の人口は制度や統治の力量によって大きく乖離するのが普通である。具体的な戸籍のありようは実物がないと判明しないが，唐代については敦煌・吐魯番文書に残された籍帳によって知ることができる（池田温［1979］）。

土地制度

歴代王朝は生産力を高め徴税を実現するため，時代に見合った社会の組織化・土地政策・勧農を行った。国家が制定する土地制度では古来，井田制・轅田制・

阡陌制・屯田制・均田制が有名であり，20世紀に入ってからも人民公社の下で集団所有制を実施した。一般に春秋戦国から唐までと現代中国において国家が直接に関与する土地制度が多く見られ，宋清間は地主的土地所有や一般農民の土地所有の上に政策が立案される。土地制度は重要な問題だけに，ただならぬ数の研究があり論争が展開された。ただ土地制度の内容・変遷と国家の領域編成を長い期間をとって体系的に論じたものは多くない。その中で佐竹靖彦［2006］は井田制・轅田制・代田地割から田制・集落・国家的領域編成の変遷をトータルに論じている。

　唐宋変革の前後にあたる唐代均田制と宋代地主制は日本の中国史研究史上とくに論争の多かった分野である。唐代均田制について気賀澤保規［1993］が1990年頃までの研究史をまとめている。ここでは概略のみ記しておく。

　唐代均田制は法令に記されるにもかかわらず中国中心部での施行の実態をうかがう史料がないため，敦煌・吐魯番文書を利用した研究が主となる。大きくいえば，敦煌・吐魯番の均田制と見なされる文書の理解をめぐって二つの立場がある。一つは辺境の均田制が中国内地にも実施されたと解釈するのは困難もしくは慎重であるべきという立場であり，もう一つは辺境にすら実施されたのであるから中国内地では当然施行されたと見る立場である。施行されたという立場でもその系譜・目的・意義について多くの見解に分かれる。

　気賀澤の整理のあとでは，1998年発見の『天聖令』に付す唐令から開元25年田令が復元され，庶人の永業田が還収されることが明らかにされた（山崎覚士［2003］）。口分田と永業田の法文上の相違が不分明になり，均田制研究は違った角度からの接近が要請されることになった。ところで米田賢次郎［1986］は，吐魯番のオアシス農業は成立条件（塩分を含む土壌・地下水路による灌漑）に規定されて土地割替が必然であったとする。均田制を前提せずとも吐魯番文書は理解できるとしたこの見解も念頭に入れておくべきだろう。

　宋代の土地制度に関して1980年代までは地主制（大土地所有制）を前提とし，そこで展開する生産関係の内容が争点となった。一方は一円的大土地所有・身分的経済的隷属関係（農奴制）を主張し（周藤吉之［1954］，仁井田陞［1962］），他方は分散的大土地所有・自由小作制を主張した（宮崎市定［1992c］）。草野靖［1985］［1989］が地主経営の二類型（租田と分種）を詳論したのも重要である。これらの議論は封建制論争とからんで地主制＝封建制かどうかが問われた論争であった。

1980年代に入るとこの論争は次第に下火となり，1990年代以後ほぼ終息した。終息の契機となったのは高橋芳郎［2001］の佃戸の二類型論である。すなわち佃契を結ぶ佃客と雇契を結ぶ佃僕という法制的に二類型の佃戸の存在が明らかになったことで，それまでの佃戸像がどちらかに偏った議論であることが判明したからである。そして封建制論が後退し，国家と小経営農民の生産関係論が登場すると，小経営農民の土地所有・経営が検討されることとなった。

農業技術と経営

中国農業は，華北の乾地農業と華中南の水田農業で対比をなす。おおよそ唐代まではアワを主穀とする華北乾地農業が古代帝国の社会経済・財政を支え，江南水稲作が発展すると唐宋変革以後の中国社会を支えた。華北農業の特徴について西山武一［1969］，熊代幸雄［1974］らが追究し，また6世紀華北農業の体系を記述した北魏賈思勰の『斉民要術』の訳注を完成したことで（西山武一・熊代幸雄訳注［1957-59］），自然に対抗する華北乾地農法の技術的体系が明らかとなった。この上で作付け方式の問題とりわけ二年三毛作の開始・普及が論争の対象となった。米田賢次郎［1989］は戦国時代にすでに技術的基礎があったとし，西嶋定生［1966］第1部第5章は，その成立は唐宋変革の生産力的基礎となったとした。現時点では，明末まで成立を引き下げた李令福［1999］の議論が最も有力であると思われる。

江南水稲作については秦漢六朝期の「火耕水耨」の解釈をめぐって，火耕と水耨を同一耕地の連続した農作業と解した西嶋定生［1966］第1部第4章がかなり低水準の江南農業を想定したのに対し，土地の条件による異なる農法とした渡辺信一郎［1987］は年一作の連作を見出した。渡辺説によって宋代の一年二毛作成立まで数千年にわたる江南水稲作の歴史が無理なく理解できるようになった。

宋代の占城稲の導入，稲麦二毛作の展開，囲田・圩田等の大規模な水利田開発，施肥等について多くの研究があり通説を形成してきた（加藤繁［1953］，周藤吉之［1962］）。しかし1979年，多分野の研究者が一堂に会したシンポジウムで，最も先進的だとされてきた長江デルタが実はまだ不安定耕地の段階にあることが指摘され，それまでの農業史像は再検討を余儀なくされた（渡部忠世・桜井由躬雄編［1984］）。文献史料の見直しが始まり，浙西低地（長江デルタ）の粗放農業，浙東河谷平野の集約農業という，以前とは反対の評価をくだした足立啓二［2012］第

2部第1章・大澤正昭［1996］第Ⅲ部第7章，宋代に普及したとされてきた長江デルタにおける稲麦二毛作を明末まで実証的に引き下げた北田英人［1988］の新説が現れた。近年では中林広一［2012］が農民の生活サイクルから華中における畑作の重要性を論じた。12世紀における江南農業の到達点を示す陳旉『農書』には訳注がある（大澤正昭［1993］）。

　第2期の農業史は，天野元之助［1962］自序が犂やトラクターなど大型農具の発達に着目して中国農業を時期区分したことに典型的に示されるように，大面積に適した大農法（畜力牽引の犂など大型農具を用いる農法）の発達・水利田等耕地面積の拡大・品種改良・多毛作化などを指標に展開した。これに対し，シンポジウム以後の研究は耕地の形状・機能，灌漑・排水施設のあり方，潮汐などの環境，小面積に適した小農法（踏犂・鉄搭など手労働農具を用いる農法）にも着目した。渡辺信一郎［1986］は大農法と小農法の史的展開を春秋戦国から唐宋まで跡づけ，北田英人［1999］は環境を視点として江南に焦点を当て13世紀までの水稲作の展開をまとめた。第2期と第3期の研究の違いは，先進技術の担い手がどの農民層によるかという問題に直結する。すなわち第2期においては「所有」と「経営」の概念的区別が明確でなく，封建制論の影響のもとに地主の大所有（直接生産者は佃戸）が標準的な経営を構成すると見なしたのに対し，第3期は唐宋変革期に経営的に自立した農民の小経営（基本的に協業・分業を含まない経営）を評価する（宮澤知之［1985］）。小家族・小所有に適した小規模大農法の展開は入念な耕作を可能とし，小面積でも生産量を高め，宋清間において可耕地面積を縮小させながら小経営を確固たるものにし，明代には所有の面においても自立した（伊藤正彦［2010］）。こうして宋以後の歴史を大経営（協業・分業に基づく経営）の発展，農民層の分解でなく，小経営の成長・中農化の過程として捉えることが可能になった。なお長井千秋［2012］は南宋江南の農業経営をシミュレーションし，最も生産性の高い慶元府で20畝あれば安定した再生産が可能であるとした。限界経営面積の推移の追跡は宋以後可能となり，縮小の過程が判明する。

水利と耕地

　耕地の属性を決定するとともに広範囲にわたる地域の利害とからむ重要な問題は水利である。ウィットフォーゲル［1991］の大規模水利が専制国家を必然化するという学説は有名だが，日本における研究は，戦国から唐まで国家による水利

開発・規制の強さを論じ，宋代以後は地域の共同性・自治・社会関係の観点から論じる傾向がある。特に注目の時代とテーマは，一つは古代帝国成立時期の経済的基盤としての鄭国渠など水利施設の開発と耕地化である。春秋戦国から秦漢にかけて淮水・漢水・渭水・黄河流域の大規模な治水事業と農地の拡大を基礎に古代帝国が成立したと論じた木村正雄［1965］に代表される。もう一つは宋代以後の江南における村落共同体の問題に収斂する水利施設とくに囲田・圩田の開発と維持の方式である。囲岸の修築は地主による佃戸の強制労働であるとした周藤吉之［1969］，水利慣行に村落共同体を見出した柳田節子［1986］，地縁的結合を否定した高橋芳郎［2002］，共同体的性格は水利権のみに成立したという長瀬守［1983］の見解がある。

　長い期間をとった研究では，好並隆司［1993］が水利施設の管理を観点として曹魏から明清まで国家支配と地域の関係を理論的な見通しを含めて論じ，斯波義信［1978］が唐宋時代における水利開発の趨勢を統計的に明らかにした。水利と関係する農田の形態について草野靖［1972, 74, 85］は新田と古田に分けてその特徴を述べたが，概ね新田は囲田・圩田，古田は溜池灌漑の農田に相当する。秦漢と宋元以外では，佐久間吉也［1980］が魏晋南北朝期における灌漑問題と漕運路を考察し，国家の役割をやや大きく評価する。

その他の諸産業

　中国は古来，青銅器や織物の生産に代表される工業が知られている。佐藤武敏［1962］によると，殷代では職業氏族が生産の担い手であったが，西周末期に中央政府のもとに再編され，戦国時代に独立の手工業者が発生し，生産物もそれまでの貴族の奢侈品に加え民衆の日常品が増大したという。そして漢代では手工業の主要な部分を占めた塩・鉄・絹織物・酒はいずれも国家の直接的な生産あるいは管理下にあった（影山剛［1984］）。

　一般的にいって各種産業は唐宋変革期に飛躍的な成長を遂げたとされる。各種産業の展開については多くの研究があるが，おのずから研究の集中する分野がある。絹織物業では，先秦から唐まで出土品・生産・流通について佐藤武敏［1977-78］が体系的に論じ，漢代では山東・河南・河北が中心であったのが，魏晋南北朝時代に江淮に拡大し，唐代にさらに生産地を広げたことを明らかにし，松井秀一［1976］［1990-92］は唐宋における養蚕と絹織業の地域性を詳論した。塩法が

漢および唐以後の課利の中核であることから、塩業の生産形態・地域性についても多くの研究がある（吉田寅編［1989］）。戦国時代から漢代にかけて影山剛［1984］が塩業の成立・各地の生産工程・専売制以前の経営形態と流通機構を論じ、宋では河上光一［1992］が産地・生産額・生産形態・流通等を全国的に明らかにした。生産技術書である元代の陳椿『熬波図』には訳注がある（吉田寅［1983］）。窯業では、愛宕松男［1987］が産業史の観点から宋代における陶磁器業の成立・生産組織・課税を論じ、南宋の蔣祈『陶記』の訳注を行った。佐々木達夫［1985］は元明の陶磁器生産技術と流通を考古学的に論じ、佐久間重男［1999］は景徳鎮の窯業に焦点を当てた。漁業では、中村治兵衛［1995］が唐宋明における法規定等の政策・販売流通・漁法・漁具・漁場を明らかにし、古林森廣［1987］が宋代の漁法・養魚・流通等を取り上げた。なお産業別の通史の大略を知るのに加藤繁［1944］の概説は今なお有用である。

2　流　　通

商品流通・商人の存在形態・商業組織

　春秋時代、営利を目的とする商業が現れ、戦国時代、塩・鉄器（農具）・麻や絹の織物を扱う商業が急速に拡大した。秦漢時代、都市内に成立した商業区（市）は君主に直属し、市租を納入した。商人は市籍につけられ他の民衆と区別されたり、官吏になれない七つのカテゴリーすなわち七科謫に入れられたり、二十等爵の範囲外に置かれたりというように、法制的な身分において賤民扱いであった（影山剛［1984］）。

　魏晋南北朝時代における商品流通の水準をはかるのは難しい。かつては金属貨幣の史料上に現れる頻度から南朝の貨幣経済、北朝の自然経済と見る見解もあった（川勝義雄［1982］第Ⅲ部第3章）。しかし貨幣には金属製に限らず布帛という実物貨幣がある上、そもそも貨幣の機能は商品流通の媒介だけでなく、国家の財政運用手段（欽定的支払手段）としても重要であるから、南北の違いは貨幣経済の内容に起因すると判断できる（宮澤知之［2000］）。

　確実に全国的に商品流通の規模が拡大したと推定できるのは、客商の輸送する商品に商税が課せられた8世紀後半以降のことである。商品流通の拡大は諸産業

の発展，商業の組織化，商慣行の高度化，定期市等の発達等の現象に現れる。加藤繁［1952-53］や斯波義信［1968］をはじめ多くの研究が宋代を対象にこれらの現象を論じ，商品流通が発展したことを明らかにした。ただし唐宋変革における商業の発達の位置づけ方では意見が分かれる。自然経済から貨幣経済への移行という見方（宮崎市定［1992a］），大塚久雄［1969］の前期的資本概念を応用した見解（斯波義信［1968］），専制国家論からの議論（宮澤知之［2011a］）というように様々である。また2000年以後商税統計を統計学的に整理して市場圏の復元を目指す研究も出現した（後藤久勝［2000］，清木場東［2005］）。

　元代の流通事情に関しては宋元と並べることで商品経済の隆盛を想定し，元末の反乱で社会が疲弊し，明代前半の実物経済もしくは自然経済的状況に後退したとする見方が一般的であるが，そもそも宋代の全国的流通は国家財政が誘導した結果であり，社会的分業や生産力の発達による市場は唐五代よりも拡大したものの，明代中期以後と比較すると宋元を通してまだ低位の段階にあると見ることも可能である（宮澤知之［2013］）。

　古来，商人は商賈すなわち客商と坐賈に区分される。都市内の取引場は市と称し，唐ではこれを市制という。中唐以後，市制は次第に崩れ商業が都市内に拡散した。市制下で客商と坐賈を媒介したのは邸店・牙人であったが，それぞれ周旋業の域を出なかったのが，宋代には邸店は問屋，牙人は仲買人としての機能をもつに至り，清代までの商業組織の構成要素が出揃った。また商工業者の組織「行」はギルドでなく官府が行籍を通じて管理する行役の賦課単位である（宮澤知之［1998］第1部第3章）。

貨幣・有価証券・貨幣経済

　中国の鋳造貨幣は，春秋戦国時代に国家財政の形成時期と時を同じくして出現した。清末まで継承される形態が完成したのは前漢の五銖銭の時である。鋳造・青銅製・小額一文銭・計数貨幣・方孔円銭・文字の刻印という特徴は後世に東アジア共通の形態となる。また唐宋時代に各種の有価証券が現れ，その発展形態として紙幣も出現した。地金を秤量する金銀も古くからある。これら銅銭・紙幣・有価証券・金銀の研究は第1期から盛んに行われ，特に宋代について基礎的な事項が明らかにされた。機能を中心に論じた加藤繁［1925-26］の金銀研究，紙幣・有価証券に関する加藤繁［1952-53］・日野開三郎［1983b］の多くの研究，

産業保護の観点から五代の通貨事情を論じた宮崎市定［1992b］の研究は現在でもまず参照すべきものである。他の時代は宋代に比べると研究は多くないが，関野雄［1956］による春秋戦国貨幣の考古学的研究，岡崎文夫［1935］による魏晋南北朝貨幣の研究が代表的なものである。

　第2期の貨幣史研究はやや少ないながらも重要な研究がある。牧野巽［1985］が漢代をピークとする古代の貨幣経済の隆盛を論じて，古代貨幣経済・中世自然経済の貨幣史的論拠を与え，川勝義雄［1982］第Ⅲ部第3章は南朝における貨幣流通の二元的構造を論じた。第2期の貨幣研究で活況を呈したのは元代で，数多の論考が発表された。とりわけ前田直典［1973b］の一連の研究は，紙幣制度の概要・変遷・価値変動など重要な事項について通説を形成したものとして重要である。

　第3期は再び貨幣研究が盛んになる。春秋戦国時代では江村治樹［2011］が出土史料を大量利用して各種銅銭の系譜関係や，鋳込まれる地名から流通範囲や鋳造の主体を論じ，宮澤知之［2011b］は戦国時代3通りあった貨幣計算の方法が漢代に統一される過程を論じた。漢代では山田勝芳［2000］が伝統的な史料解釈による貨幣史を展開したのに対し，佐原康夫［2002］は実物貨幣としての布帛の重要性を指摘したほか，非市場社会における互酬的交換経済，財政手段としての機能が大きい貨幣を論じて貨幣経済の新しい解釈を示した。また柿沼陽平［2011］は貝貨から漢代まで布帛と銭貨の貨幣機能に着目して一連の研究を行い，宮澤知之［2000］は南北朝における貨幣単位の成立を論じた。宋代には特に多くの研究があるが，これらについては宮澤知之［2007］を参照されたい。金元代では高橋弘臣［2000］が鈔に着目して宋金から元への連続性を捉えたのをはじめ注目すべき研究が次々と現れた。

　この時期の特筆すべき研究課題は，中国銭貨の東アジア一帯での流通状況，経済圏の問題である。宋銭の日本への流入は森克己［1975］をはじめ多くの研究から周知の事実であるが，足立啓二［2012］第3部第6章は日本中世経済が中国経済圏に包摂されたことを意味するとし，大田由紀夫［1995］は中国が銅銭の通用を禁じたとき日本に流入したとして反対した。また三宅俊彦［2005］は出土史料から東アジアにおける宋銭の流通を統計的に明らかにした。総じて第3期の研究は，実物も含む資料の豊富化，単純な金属主義でない貨幣論の応用，布帛等実物貨幣への視野の拡大，一国史にとどまらない経済圏の想定など第1期・第2期と

は性格を一新した。

交通――漕運と海運

隋が開鑿した大運河は北宋まで江南と北辺・国都を結ぶ大動脈として機能した。金と南宋が対立した時代に大運河は閉塞したが，元が江南を支配下に置くと再び整備した。ただし元は大運河漕運よりも海運に力を入れた。大運河の通史を書いた星斌夫［1971］は漕運から海運に切り換えたとするが，大運河は海運拡大の後も機能を保持したとする見解があり対立する（矢澤知行［2006］）。なお大運河開鑿以前について佐久間吉也［1980］は三国時代の漕運の状況を明らかにしている。そのほか青山定雄［1963］第1篇は唐宋時代の陸路を論じ，斯波義信［1968］第2章は船舶・労働・経営等，宋代運輸業を多面的に研究した。

貿易――日中貿易・南海貿易・東西貿易

貿易研究は第1期から現在までずっと盛んである。しかしこの間，問題関心が一定であったのではない。第1期の国家の経済政策としての貿易と，第3期の海域史・経済交流史を観点とする貿易とでは，貿易のもつ意義が異なる。中国の対外貿易は概ね日中貿易・南海貿易・東西貿易の3方面に分けることができる。第1期・第2期における日中貿易研究の最大の成果は森克己［1975］の膨大な日宋・日元貿易研究であり，貿易関係の推移・交易品等，基礎的事実を数多く発掘した。第3期は考古学的な貿易研究の進展，文献史料のさらなる発掘等とともに，新しい海域史の視点も徐々に明確になり，日宋貿易について以前の通説の書き換えが進行し，日元貿易についても研究成果が蓄積されてきた（山内晋次［2003］，榎本渉［2007］）。研究の遅れていた唐五代時期については山崎覚士［2010］が両浙に焦点を当てて論じた。

南海貿易は前漢時代に航海路の記録があり，その後もしばしば史料に現れるが，藤田豊八［1932］が唐五代宋の貿易港・市舶司の興廃の研究を進めて以後，研究は盛んとなった。金字塔的な研究は，桑原隲蔵［1968b］の宋末元初の提挙市舶蒲寿庚を主人公とした研究である。単なる伝記でなく，南海貿易に関連する多くの事柄が詳細な考証を伴って論じられ，その後の研究の基礎となった。南海貿易は貿易品に着目した分野が充実しており，三上次男［1987-88］の陶磁器貿易，山田憲太郎［1976］の香料貿易の研究はその代表的なものである。藤善眞澄訳注

［1991］は南海貿易の重要史料である宋の趙汝适『諸蕃志』に詳細な訳注を施した。日中・南海貿易に関しては周到な文献案内がある（桃木至朗編［2008］）。

　ここでいう東西貿易は北アジア・中央アジアを陸路経由する中国と西方の陸路の貿易である。ルートは二つある。北アジア（モンゴル高原）のステップ草原に住む遊牧民は馬をはじめとする畜産品を中国の絹と交換し，ステップを横断するルートを通じて西方に伝え，西方の物品を獲得した。スキタイの金銀器がモンゴル高原の遺跡から数多く出土するように，この交易路は古来盛んであった。いわゆる草原の道である。モンゴル高原の遊牧民は華北と互市を通じて絹のほか，穀物の獲得も必要であり，しばしば秋になると華北に侵入した。もう一つのルートは，中央アジアのタクラマカン砂漠の南北に点在するオアシスをつなぐ交易路である。ドイツの地理学者リヒトホーフェンが名付けた「絹の道」として有名であり，古来ユーラシア大陸の東西間における流通を担った。ただしこの「絹の道」という名称は，中央アジアを物資流通の経路としてのみ評価し，独自の文化や経済が展開したことを軽視するという問題が含まれ（杉山正明［1997］），また絹の通り道という実態はステップ・ルートや南海航路にも当てはまる。オアシスではカーレーズ（地下水路）を建設して農業が展開した。中央アジアの東部（東トルキスタン）は現在の新疆省に大体相当するが，砂漠の東端（甘粛省の西端）に位置する敦煌は，そのようなオアシスの一つであり，貿易の中継地として栄えた。東西貿易については松田壽男［1986-87］に多くの研究がある。東西貿易の前提となる交通制度は荒川正晴［2010］が唐代について論じる。

3　財　政

　中国前近代の国家財政を通じて見られる基本的な特徴は，地方財政が中央政府の財政指揮のもとに置かれ限定的であったこと，歳入では財貨を徴収する税と労働を徴発する役の2本立てで，財貨のうち田賦は実物徴収を中心とすること，唐以後基本的に貨幣徴収である課利が加わり3本立てとなったこと，支出では軍事関係の占める割合が極めて高く，次に官僚の俸給であること，財政全般に関わることとして量入為出と量出制入という歳出入の関係の重視や，いわゆる原額主義という財政原理のあること等である。宋代財政の諸問題については宮澤知之

［2010］を参照されたい。

中央財政と地方

　地方政府が独自の税を制定することは原則的にできず，中央の財政指揮のもとにあるといっても，地方独自の可処分部分については時代によって差がある。唐後半，地方で徴収した財貨は上供・留使・留州に3分割して運用し（日野開三郎［1982］），北宋初期，地方経費以外すべて上供することとなった。渡辺信一郎［2010］は，これらの過程を含め漢から唐まで中央政府の財政指揮権が次第に確立してゆく過程を体系的に論じた。なおモンゴル帝国では投下と称する領地・領民を封建領主に配分した（村上正二［1993］）。これはかなり限定的ではあるが，国家財政の分与である。

税と役――田賦・徭役・課利・都市課税

　税制は王朝によって異なり，古い時代ほど内容の確定は難しい。ここでは税制出現の問題と統一王朝である漢唐宋元の税制に触れておく。国家財政が明確な形を現したのは国家機構が整いつつあった春秋戦国時代で，軍役から賦が分かれ，祭祀の力役から租が分かれ穀物の納入が始まったとされる（宮崎市定［1991］）。漢では，実物で徴収する田租，貨幣（布または銭）で徴収する算賦・口銭（人頭税）・貲算（財産税），労働を徴発する徭役がある。ただしそれらの内容については多くの議論がある。唐前半の中核的な税制は租調役で租は穀物を，調は絹帛を，役は労働力を徴発する。徴収額は均田制で規定する田地額に対応せず，丁を対象に決めることから人頭税の性格が強い。開元年間に役を絹帛で徴収する租調庸制となった（渡辺信一郎［2010］）。租調庸の研究は非常に多く，最も大部なものは日野開三郎［1974-77］である。

　両税法は所有田土を中核とする資産に課税するという意味で財産税であり，職役とあわせ税役の体系となった。唐代両税法は日野開三郎［1982］が多方面から研究し6原則にまとめたが，その後両税法の内容は日野の構想とはかなり異なるものとなった。中でも両税法は土地税としての両税斛斗・青苗銭と資産税としての両税銭の2本立てで，穀物建て徴収と銭額銭納から成り立つとした船越泰次［1996］の見解は両税法研究の画期となった。両税法は施行以後，制度的変遷を重ねてゆく。島居一康［1993］は五代を経て北宋に至る複雑な過程を詳細に追跡

し，両税が土地税であることを主張する。元は腹裏では税糧（丁税と地税）・科差（糸料と包銀），江南では両税というように南北で税制を異にした。腹裏の税糧と科差は，初め合戸制に基づく均一な戸割課税であったが，丙申年（1236 年）以後，戸等に基づく課税に変更された（愛宕松男［1988］）。

　労働力の直接的な徴収である徭役は兵役・力役・色役（職役）の範疇に分けられる。ただし現実には秦漢から中唐までこれらは截然と区別できず，明確に分かれたのは中唐以後である。兵役はどの時代でも存在した。秦漢から唐まで一般の農民を，元は戸計制の軍戸に登録した農民を徴発した。その間中唐から宋にかけて施行された募兵制は軍籍登載の職業軍人制である。ただし軍籍からの離脱は困難であり自由な職業選択制の募兵ではない。力役は社会の道路・水路等インフラ整備のために徴発するものである。制度上両税法施行で消滅し，以後和雇などを通じて調達する雇傭労働となったが，現実には財政負担となる労賃の支給はしばしば行われず事実上の力役負担であることも多かった。色役（職役）は地方官府における現業的事務的労働である。治安維持・徴税・戸籍管理等多様な内容をもち，両税法施行時に廃止されなかった。北宋以後職役の一部は胥吏として世襲の専門職となった。官府には中央，地方を問わず公務に従事する胥吏がいたが，特に地方官府では官僚の数が少なく大部分が職役・胥吏で運営される。

　前漢，山林叢沢の生産物（塩・鉄等々）・市税は帝室収入となり，田租等の賦税収入が一般財政を構成した（加藤繁［1952］）。山林叢沢の生産物が田賦とは別系統の体系をなし，田賦とならぶ収入（課利・課程）として国家財政の柱となったのは唐代以後のことである。課利の対象である各種生産物のうち中心となるのは塩である。塩法の研究はその重要性から特に多い。通史に佐伯富［1987］がある。塩茶に代表されるいわゆる専売は，宋では権法と通商法に分けるが茶法の通商法が専売に当たるかどうか意見が分かれるように，専売概念に曖昧さのあることから，島居一康［2012］は税の徴収方法の違いに過ぎないとしていずれも課利概念で包括した。なお商品の流通過程で課税する商税も課利の一部を構成する。

　都市的課税については不明瞭なことが多い。唐にごく一時期間架税があり，宋では屋税・地税があるが，全国にわたるあるいは都市固有の税ではなかった（熊本崇［1980］）。資料は少ないながら，城郭内の耕地は両税を課徴，基地は非課税と考えられ，役法では郷村戸に対して区別された坊郭戸に戸等を通じて各種の差役・科率等が課せられた。不完全ながら都市民を体系的な税役体制に捉えたのは

宋からである（山崎覚士［2013］）。

財政的物流

　北辺の守りと国都の維持が財政の目的である。歳出額が軍事と俸給で大半を占めるのもこのためであるが，物資をいかに効率よく北辺や国都に輸送するかが課題である。北辺・国都が江南経済と大運河でつながった隋以後，物資を全国的に大規模に動かす体制が構築された。大まかにいえば中唐以前は秦漢以来の官軍・徭役を用いる国家自運であり，その後商人を財政的に誘導する方式が取り入れられて宋代はほぼ商人の輸送となった。元の海運は国家自運である。商人を誘導するため講じられた施策では塩法と絡む方式が重要であり，代価支払いや行塩地分の指定などを通じて，全土に大きな物流が形成された。唐後半・北宋・南宋・元・明の全国的規模の物流を描くと，それぞれまったく異なるものとなる（丸橋充拓［2006］，渡辺信一郎［2010］第 13 章，日野開三郎［1983a］，長井千秋［2008］，宮澤知之［2002］［2013］）。これは自然の地文・水文を超えた物流であり，社会内部から成長する市場的流通ではない。財政的物流と市場的流通は相互関係にあり，総じて明中期までは財政的物流が優勢であった。ただし宋元を例にとると，北宋では商人の入中に伴って一般商品の流通も活発化したのに対し，国家自運の海運を主力とした元では商品流通は低水準にとどまったように，相互関係といってもベクトルが反対になることもあった。

財政原理

　国家財政における最大の支出は養兵費を含む軍事費であり，特に募兵制下の宋代では歳出のおよそ 7 割に及んだ。一般民戸の兵役や軍戸制の時代においては養兵費の負担は宋よりかなり軽減される。軍事行動の支出はそれなりに大きかったと推測できるものの具体的には不明である。社会の再生産・国都や宮殿の建設・祭祀等の費用は，雇役のほか物資や労働の無償調達でまかなわれる部分が大きく計算は困難である。官僚（および募兵制下の兵員）を除くと人件費を算出できないのが中国前近代財政の特徴の一つである。

　田賦は穀物で徴収するのが基本で，次いで布帛である。秦漢は布（麻），それ以後帛（絹）の徴収が一般的である。そのほか多種類の物品を徴収したが，これらの物品について財政が必要とする量を確保し歳出入の均衡をとる仕組みが必要

である。その一つが量入為出であり，歳入に合わせて歳出を調整する方法である。財政規模が拡大した8世紀前半に新たな財務の仕組みとして収支にわたる定額制が導入され，次いで両税法が施行されると量出制入が財政の原理となった（渡辺信一郎［2013］）。唐後半は銭物兼行・銭重物軽（物は絹帛）という財政貨幣の問題から量出制入・定額制の実効には不安定な面があるようだが，宋代財政では徹底した。唐の定額は，宋で祖額，元で正額，明で原額というのが普通である。元までは事情に応じて額を改訂したのに対し，明では固定化の傾向が強まった。なお定額を通じて徴収される実物の徴収は使用価値を形式的に積算する「貫石両匹……」のような複合単位を生み出し，これによって財政規模を表現したように，徴収・分配・支出・会計等およそ財政を貫く根源的な原理は実物（使用価値）の運用である。

　価値法則に基づく市場価格が存在しない時代において，物資すなわち使用価値ごとの定額制は統一王朝が全国的に画一的な財務運営を実現する方式である。だがそれでも各物資の過不足を貨幣によって調整することが必要である。これを唐は絹帛で，北宋は銅銭で，元は鈔で行うのを基本とし，調達にさいして時估・虚估ほか各種の估価の制度を機能させた（渡辺信一郎［2012］）。だが絹帛という実物貨幣の場合，空間的時間的な価格の変動が大きく深刻な財政問題を惹起したが，銭・鈔で行った宋元では財務運営における估価制度の有効性は大きかった。

（宮澤知之）

⇒文献一覧 pp. 269-274

第 2 章

前近代 II：
明代・清代前期——14〜18 世紀

はじめに

　前近代 I と同様，明〜清前期の中国経済史に関しても，日本における研究史は，大きく 3 期に分けることができる。即ち，1910 年代から 40 年代までの第 1 期，1950 年代から 70 年代までの第 2 期，および 1980 年代以後現在に至る第 3 期，である。

　日清戦争後，台湾の植民地化を契機として始まった臨時台湾旧慣調査会の『台湾私法』（1909〜11 年刊行），『清国行政法』（1905〜13 年刊行）などの大規模な調査事業の中には，すでに土地契約や財政など経済史に関わる内容が含まれていた。日本の中国経済史研究の開拓者とされる加藤繁も，『清国行政法』の編纂に加わり，土地制度，産業，貨幣等の分野を担当していた。ただ，これらの調査は現状調査の性格をもっており，歴史研究としての関心に基づく明清経済史研究が始まったのは，1920 年代末からであったといえよう。

　1930 年代の中国では，社会調査所（後の中央研究院社会科学研究所，現在の中国社会科学院経済研究所）を中心に清朝檔案（公文書）を用いた清代経済史研究のプロジェクトが始まっており，リーダーの湯象龍をはじめ，梁方仲，羅玉東など当時の若手学者が分野を分担して重厚な研究を進めていた。それに対し，第 1 期の日本では，清朝檔案へのアクセスは困難であり，会典や実録を中心とする編纂資料に基づく制度史研究，あるいはモースのイギリス東インド会社中国貿易編年誌

などを主要資料とした貿易・貨幣研究が主流を占めた。後者の例としては，小竹文夫［1942］，百瀬弘［1980］に収録された諸研究があり，特に百瀬のスペインドルの流通に関する研究は，1930年代の著作ではあるが，現在でも参照される重要論文である。制度史的な側面では，清水泰次が土地制度・賦役制度を中心とする明代経済史の広範な領域で研究を進め，その成果は清水泰次［1950］［1968］に収録されている。また，加藤繁の提唱で始まった歴代食貨志研究会の活動の一環として行われた明史食貨志訳注の研究会は，戦後にかけて，参与した研究者たちによる多くの関連研究を生み出した。星斌夫の漕運研究，藤井宏の塩法研究，佐久間重男の商税・貿易研究などであり，それらを含む1950年代半ばまでの論文リストは，研究会の直接の成果である和田清編［1957］に収録されている。

1949年の中華人民共和国成立以後，1950年代半ばから中国では，資本主義の自生的発展をめぐってマルクス主義的発展段階論に基づくいわゆる「資本主義萌芽」論争が展開されたが，戦後の日本でも同じ頃，地主制や商品生産の問題を中心として明清経済の発展の契機を問う研究が活発化した。日本では特に，西洋史の大塚久雄の理論の影響を受けて，農民の手工業生産の動向が注目された。農村棉業に関する西嶋定生［1966］所収の1940年代後半の諸研究はその嚆矢であり，地方志・文集を活用して比較史的視点から農村経済の動向を考察するその手法は，第2期の明清社会経済史研究の一つのスタイルを作り上げた。西嶋の研究は，明末における農村棉業の発達を実証しつつも，専制権力による高率租税のために生産者の資本蓄積は不可能であったという結論を導くものであり，田中正俊（［1973］［2004］），小山正明（［1992］），足立啓二（［2012］）など多数の研究者を巻き込んで，活発な議論が行われた（岩井茂樹［1993］参照）。

1960年前後から，明清農村経済研究は，発展の契機に対する関心を持続させながら，国家の支配体制との関連で基層社会の動向を捉える，より構造的な観点へと重心を移していった。その結果，研究の焦点となったのは，国家と階級支配との関係を問う賦役制度や，地方社会の支配者としての郷紳（官僚経験者・科挙資格保有者である地方名士）の問題であった。研究者によって関心の対象は異なるが，この時期の賦役制度に関する研究としては，鶴見尚弘［1965］，山根幸夫［1966］，栗林宣夫［1971］，岩見宏［1986］，谷口規矩雄［1998］，重田徳［1975］，小山正明［1992］，森正夫［1988］［2006］，濱島敦俊［1982］，川勝守［1980］などがあり，このうち，郷紳と国家権力との結びつきを一つの根拠として明末清初

に中国型の封建制が成立したとする重田・小山の所説をめぐっては，活発な議論が行われた。

　第2期を特色づけるもう一つの潮流としては，京都大学人文科学研究所を中心に，1944年以来20年余りにわたり続けられていた『雍正硃批論旨』研究班の活動が挙げられる。この研究会の成果は，『東洋史研究』の4回の特集号にまとめられ，さらにそれらを集成した東洋史研究会編［1986］が出版されている。その内，経済史関係の論文としては，安部健夫の米穀流通や財政に関する研究（安部健夫［1971］にも収録），佐伯富の通貨や貿易・財政に関する研究（佐伯富［1971］［1977］にも収録），岩見宏の財政に関する研究などがある。清代の奏摺などの檔案がほとんど利用できなかったこの時期にあって，雍正帝（在位1722～35年）のコメント付きの奏摺の一部を改訂収録した『雍正硃批論旨』は，地方志や文集とは異なる角度から清代の国家と社会を生き生きと描写する史料として，多くの新味ある研究の基礎となった。

　以上，第2期までの明清史研究については，山根幸夫編［1983］において網羅的な紹介がなされ，経済史についても多くの紙幅をさき，外国の主要研究も含めて挙げられているので，詳細は該書を参照されたい。

　1980年前後から，中国における改革開放政策の推進に伴い，日本の中国研究者の研究環境も大きく変化した。明清史研究においては特に，公刊・未公刊の大量の一次史料（中央・地方政府の公文書や民間の地方文書）の利用が可能になったこと，中国大陸でのフィールドワークの機会も得られるようになったこと，が新たな研究機会を開いた。また，研究の理論的枠組みについて見れば，「封建制から資本主義へ」といった発展段階論の影響力がこの時期を境に消滅していったことが主な変化として挙げられるだろう。いわゆる「世界史の基本法則」の機械的適用については，早くから批判が行われてきたとはいえ，第2期までの「理論」志向の研究は，やはり中国の諸現象をいかに発展の枠組みの中で捉えるかという問題に，少なからぬ精力を投入してきた。第3期においてはそのようなしばりが弱まったことと史料の豊富化の結果，問題関心の多様化・分散化が生じたといえる。しかしその中にもいくつかの新しい焦点を見出すことができる。

　経済史研究についていえば，第一に，研究の重心が土地所有や商品生産といった生産関係の問題から，貨幣や市場といった流通面の問題へと転換していったことである。流通といってもそれは，例えば商人の活動といった商業そのものへの

関心というよりは，流通を通じて相互に結びついた産業構造——生産をも含み込んだ経済システム——の問題として把握されていることに注目すべきである。黒田明伸［1994］［2003］の貨幣研究，山本進［2002a］の市場圏研究などはその例である。このような観点は，岩井茂樹［2004b］，山本進［2002b］，上田裕之［2009］，黨武彦［2011］などに見られるように，財政・貨幣・流通に関わる中央・地方政府の政策への注目を通じて，国家構造研究へと結合されている。

　第二に，宗族などの団体や地域社会の構造を，秩序生成的な観点から捉えようとするアプローチの進展である。第2期の研究が，階級論的な観点から団体の構造的性格を発展段階的に位置づけようとする傾向をもっていたのに対し，上田信［1995］，山田賢［1995］，菊池秀明［1998］などに代表される第3期の研究はむしろ，団体を形成する人々の意図と動機に着目しつつ，地域・時期によって異なる状況のもとで団体ないし地域社会の秩序がいかに形成されたのかを問おうとした。森正夫の主唱した「地域社会論」（森正夫［2006］第3巻参照）の潮流とも深く関わるこれらの研究は，その具体的な環境への着目によって，自然環境，移住といった領域と結びつくとともに，白蓮教徒の反乱や太平天国といった政治的大事件を内在的に理解するための新たな視点を切り開いている。

　第三に，一国史的な視点を超えて，東アジアないしグローバルな視野のもとで明清経済史を捉えようとする動向である。個別の対外貿易史研究は従来から行われてきたが，第3期の特徴は，国家を前提にその貿易関係を考察するというよりは，国家と必ずしも重なり合わない交易圏・貨幣流通圏の視点から国家を逆照射する点にあるといえよう。浜下武志［1997］の「朝貢（貿易）システム」論およびそれをめぐる論争，黒田明伸［1999］，大田由紀夫［1998］，足立啓二［2012］の銭貨流通圏に関する研究などは，その例である。これらを含めた近年の「海域アジア史」の動向については，桃木至朗編［2008］が詳しく解説している。

　以下の第1〜3節では，分野ごとに主な研究を紹介する。次節では，人口・資源・生産などに関する問題を扱う。

1 経済規模の拡大——人口・生産・環境

人口・移住

　人口・耕地などに関わる統計は，経済史研究の基礎ともいえるものだが，日本の学界ではこのようなマクロな数値を扱う研究は少なく，外国の研究に頼っている状況である。中国の歴代文献に見られる人口・耕地などの数値を集成した資料集として＊梁方仲編［1980］があるが，これは「人丁」の意味など統計上の問題点には触れず，史料上の数値をそのまま収録している。統計上の問題点を探究した明清人口史の古典的研究として，Ho［1959］があるが，現在では＊曹樹基［2000］［2001］がスタンダードな著作として引照される場合が多い。田土統計の根拠となる賦役全書の史料的性格について論じた研究に，高嶋航［2000］がある。なお，明代の疆域管理に行政・軍事の2系統があることから人口・田土統計もこの2系統に分けて作成されていたとする顧誠の見解とそれをめぐる論争につき，戦前以来の清水泰次・藤井宏らの見解をも踏まえて新宮学［1998］が丁寧に解説している。族譜や戸籍類を用いて明清時代の人口動態を分析する研究は，海外ではリー（李中清），劉翠溶らによって進められているが，日本では上田信［1988］以外ほとんど見られない。

　移住・開発は，近年の研究の注目点の一つであるが，人口流動の数値的検討というよりは，移住社会における秩序形成についての問題関心が優勢である。主な著作として，湖広に関する呉金成［1990］，四川に関する山田賢［1995］・森紀子［1987］，浙江山間部に関する上田信［1995］，広西に関する菊池秀明［1998］，広東に関する西川喜久子［1981］［1994, 96］・片山剛［2004］，台湾・華南に関する松田吉郎［2002］，などがある。また，荒武達朗［2008］は，主に近代の東北移民に関する著書だが，清代中期以前についても，戦前の研究を批判的に踏まえつつ検討を行っている。山間部の開発を担った移動労働者である棚民に関しては，渋谷裕子［2000］，安野省三［2013］などがある。移住・開発というテーマは環境問題とも切り離せない。明清環境史の研究は日本ではまだ始まったばかりといえようが，上田信［2002］，宮嶄洋一［1994］［1997］などがある。

生　産

　日本の中国農業史研究においては，農業技術的な側面よりも農業経営のあり方に関心が集中する傾向があったが，1979年に農学専門家と歴史研究者とが合同で行ったシンポジウムは，自然科学的知見と文献研究とを突き合わせる試みとして，中国社会経済史学界に大きな刺激を与えた（その記録は渡部忠世・桜井由躬雄編［1984］）。そのほか，稲など主要作物の品種や栽培技術に着目した研究としては，天野元之助［1989］，川勝守［1992］がある。地主経営の動向については，北村敬直［1972］の先駆的研究以後，農書，家訓や小作料徴収簿などを用いた事例研究が行われてきた（古島和雄［1982］第2篇，岸本美緒［1997］第10章，川勝守［1992］第6章など）が，ここでは，技術的側面にも留意して華北・江南の農業経営の実証的検討を行った足立啓二［2012］の研究を代表的なものとして挙げておく。該書において足立は，小経営生産様式の発展という立場から，それまで主流であった封建制論や零細過小農論に基づく議論を批判的に検討しており，1980年代の議論の焦点を把握することができる。清代の地主的土地所有の規模については，＊鶴見尚弘［1989］が清初の魚鱗冊を用いた一連の研究を行ってきたが，足立も清初と清末の魚鱗冊を史料として長期的な動向の検出を試みた。商品作物の生産を中心に扱った研究としては，藍・桑・タバコなどを扱った田尻利［1999］［2006］や甘蔗栽培に関するダニエルス［1992］がある。

　鉱工業部門に関しては，農村副業としての棉業や生糸絹織業（それぞれ西嶋定生［1966］，田中正俊［1973］［2004］など）が資本主義の自生的発展の契機に関わる問題として，第2期の研究の焦点となった。棉布の仕上げ工程である踹布業（つやだし業）については，関連の碑刻史料が存在することもあって，横山英［1972］や寺田隆信［1972］などの研究が行われ，布商と職人との間に介在する包頭の存在を明らかにした。それ以外の特色ある産業の研究としては，雲南・湖南の銅・鉛などの鉱業に関する里井彦七郎［1972］，石炭業に関する宮嵜洋一［1991］，製糖業・製紙業に関するダニエルス［1988］［1995］，四川の井塩業に関する森紀子［1983］，窯業に関する金沢陽［2010］などがある。鉱工業の技術に関しては，明末の技術書『天工開物』に関する藪内清編［1953］があり，『天工開物』の注解とともに関連の論文を収載している。

　林業関係では，徽州や貴州の山林経営に関する契約文書が近年整理出版されたこともあって，研究が活発化している。唐立（ダニエルス）・楊有賡・武内房司編

［2003］は，貴州の苗（ミャオ）族の山林経営文書853件を写真版で収録するとともに，関連の研究（ダニエルス，楊有賡，武内房司，相原佳之，岸本美緒）を収載している。徽州文書を用いた山林経営の研究としては，渋谷裕子［2002］がある。

　水利に関しては，森田明［1974］［1990］［2002］に収録された一連の研究が，治水や農業水利から都市水利に至る広範な問題を取り扱う。谷光隆［1991］は，明代の大運河の河工に関する論文の集成である。水利の問題は単に技術面・生産面での重要問題であるのみならず，社会構造・国家支配といった観点からも注目されてきた。例えば，農業水利の維持管理に共同体や国家がいかに関与したかという問題は，社会の全体構造や時代規定に関わる重要テーマとして第2期に注目を集めた。江南の圩田（低湿地で堤を築いてクリークに排水することによって造成された農地）に関する濱島敦俊［1982］所収の諸論文はそのような関心に基づく代表的な研究である。また華北，特に「畿輔」（首都圏）における水利開発の課題は，華中南から華北へと米穀などの物資が運送されてゆく経済構造（即ち，経済の中心と政治の中心との乖離）の改変に関わる問題であり，明末以来政治的な議論の的ともなってきた。この方面に関わる研究としては，田口宏二朗［1997］や黨武彦［2011］第2部所収の諸論文がある。清代内モンゴルの水利開発に関する鉄山博［1999］所収の論文は，清代内モンゴル社会経済の変容に関わる鉄山の一連の研究の一環である。

2　貨幣経済の展開――市場・流通

物流・交通

　本節では，流通に関わる問題を扱う。流通という場合，一般に貨幣を媒介とした商品流通が想定されるであろうが，前近代中国の場合，徴税と結びついた国家的物流も重要で，それは市場的流通と切り離し難い関係にある。国家的物流と商品流通とを含む広義の流通に関わる諸研究については，宋から清を範囲とする田口宏二朗［1999］の整理がある。

　まず，物流・交通については，漕運（税として徴収された穀物の首都への輸送）や駅伝に関する星斌夫［1963］［1971］の研究があり，近年では川勝守［2009］が，長江を通じての雲南銅の輸送や大運河を通じての貢品輸送など広範な問題を扱っ

ている。そのほか，水運関係では，内河航運や沿海交易に関する松浦章［2004］［2009］［2010］の一連の研究がある。

　星や川勝の研究で扱われる流通は国家的物流と深く関わっているが，明末以降の商業発展を象徴する徽州商人や山西商人も，北辺の軍事地帯に物資を輸送する国家的物流に参与することによって巨富を積んだ特権商人であった。山西商人の活動については，寺田隆信［1972］の研究のほか，清朝の興起と山西商人の関係を論じた佐伯富［1971］所収の論文がある。徽州商人に関しては，藤井宏［1953-54］の論文が今日でもしばしば引照されており，また近年では，徽州の民間文書を用いて典当業（質屋）の経営や家産分割などの問題を扱った臼井佐知子［2005］がある。

貿易・貨幣

　対外貿易に関しては，貿易の量的な推移よりも，商人の活動や貿易管理に重点を置いた研究が多い。交易先ごとに主な研究書を挙げると，対日貿易に関しては，日明貿易を扱った佐久間重男［1992］，清代の対日貿易を扱った松浦章［2002］がある。日本側から対中貿易を検討したものは多いが，太田勝也［1992］は数量的データを比較的多く含み，また永積洋子編［1987］はオランダ史料を用いて，唐船の積み荷を網羅的にリストアップしている。ポルトガル人を介した日中貿易としての南蛮貿易については，岡美穂子［2010］があり，輸出入品の構成についても検討されている。清朝と琉球との間の交易については，宮田俊彦［1984］，松浦章［2003］がある。東北方面では，馬市に関して江嶋寿雄［1999］などの研究がある。対朝鮮の経済関係については，寺内威太郎［1998］などの一連の論文や山本進［2014］が挙げられる。

　ロシアとの交易については，ロシア語史料を用いてキャフタ貿易の考察を行った森永貴子［2010］があり，また塩谷昌史編［2009］にも関連の論文が数編収録されている。西北でのカザフ貿易については，佐口透［1963］がある。広州の対欧米交易については，百瀬弘［1980］に収録された戦前の論文が今日でも有用であるが，海外でも，中国への銀流入に注目した研究が盛んに行われている。清代中期以前の粤海関（広州の税関）の貿易管理に関しては，岡本隆司［1999］が初めの数章で扱っている。明清中国の対外交易の全体像を数量的に捉えようとする研究はあまりないが，岸本美緒［1997］第5章は，その初歩的な試みである。

中国史上の対外貿易においては，経済的な側面と政治的・イデオロギー的な側面とが切り離せない形で存在しているが，近年，清代の対外貿易を「朝貢システム」という形で明代と連続して捉えるか，あるいは明末から清代にかけての「朝貢から互市へ」の転換を重視するかという問題が注目を集めている。浜下武志［1997］などの「朝貢システム」論への批判として，岩井茂樹［2004a］［2007］は，明代の朝貢一元体制から商業ベースでの交易を主とする清代の互市体制への変化を強調する見解を打ち出した。岩井の主張に関しては，岡本隆司［2010］や檀上寛［2013］なども加わって議論が展開されている。

　貿易と深く関わるのが，貨幣の問題である。明清時代の銀流通に関しては，百瀬弘［1980］所収の戦前の論文以来の研究蓄積があるが，近年は銅銭も含めた明清時代の貨幣制度のあり方に関心が集まっている。黒田明伸［1994］は，銀銭二貨制の意味について学界の注目を喚起した著作であり，世界的な視野から比較史的に清代中国の貨幣制度を位置づける方法は，黒田明伸［2003］において，さらに展開されている。足立啓二［2012］第3部所収の銅銭関係の諸論文は，国家による物流編成から市場経済へ，という問題関心の中で，明代の銅銭体系の解体と銀経済への移行，さらに清代における銅銭流通の復興の過程を考察している。黒田明伸［1999］，足立啓二［2012］，および大田由紀夫［1998］のように，東アジアの銭貨流通圏を視野に入れた銅銭研究は，日本経済史研究との対話の契機ともなっている。上田裕之［2009］，黨武彦［2011］は，黒田らの議論と問題関心を共有しつつ，大量の未公刊檔案を用いて，清代の銅銭政策を検討している。市古尚三［1977］［2004］は，それぞれ明代と清代の貨幣史に関する市古の論稿の集成である。なお，貨幣と関連する利子率の問題に関しては，日山美紀［1996］がある。物価史関連では，岸本美緒［1997］があり，海外の研究を含むサーベイを収録している。海外からの貨幣流入が中国経済にどのような影響を与えたかという点に関しては，アトウェル，フォン・グラーン，林満紅らの間で論争があり，岸本美緒［2013］は，論争を整理するとともに，銀流入が明清経済に与えた影響を重視する立場を主張している。

市　場

　市場に関する研究も，近年活発である。定期市など農村市場については，華北に関する山根幸夫［1995］，広東に関する林和生［1980］，人文地理学の手法を用

いた石原潤［1980］などがある。農村部の商業中心地である市鎮については，川勝守［1999］が江南市鎮の空間構造を中心に多方面の論文を集成している。森正夫編［1992］は，歴史学と地理学の研究者が共同で行った上海近郊の朱家角鎮のフィールドワークに基づく論集である。城郭都市については，川勝守［2004］が城壁修築などのハード面とともに都市社会の諸相を検討している。則松彰文［1998］や井上充幸［2004］が示すように，都市の奢侈的消費も経済史上の興味ある課題である。

　明清時代の市場秩序と深く関わる行会（同業ギルド）に関しては，戦前・戦中に根岸佶，仁井田陞，今堀誠二らによって行われた調査をもとに多くの著作が刊行されているが，ここでは，比較史的視野のもとで中国のギルドの特色を論じた仁井田陞［1951］を挙げておく。仁井田の調査した北京ギルドの碑文などの史料は，佐伯有一・田仲一成編註［1975-83］に整理されている。佐藤［1987］は一連の論文で，都市の同業組織と公権力の関係を論じ，公権力の収奪への対抗として同業組織の結束力が強まってきたことを指摘する。山本進［2002b］は，牙行（仲介業者）に焦点を当てて，公権力との関係を論ずる。中国の行会は，中世ヨーロッパ都市のギルドなどと比較した場合，自治機構としての規制力が弱いというその私人性・任意団体性を欠如論的に指摘される場合が多かったが，現在はむしろ，活発な取引がこのような私人的機構によって支えられていた明清時代の市場秩序の独自性に関心が集まっているといえよう。

　第3期の市場研究の一つの特徴は，市場圏の形成，その重層性と相互の対抗などに関する研究の多彩な展開である。浜下武志の朝貢システム論や，黒田明伸の銀銭二貨制論が示唆する「市場の多層性」も，その一環といえよう。山本進［2002a］は，近世ヨーロッパにおける国民経済の成立になぞらえつつ，清代中期における「省市場圏の自立化」――即ち省レベルで主穀と主要手工業産品との分業が完結的に形成される傾向――というシェーマを明示的に提出した。清時代における米穀など諸商品の長距離流通やそれをめぐる地域的対抗関係は，安部健夫［1971］や重田徳［1975］の米市場研究において早くから注目されていたものであったが，三木聡［2002］の抗租（小作料不払い運動）研究，則松彰文［1992］の食糧問題研究，また清代の食糧騒擾事件の網羅的リストアップを含む堀地明［2011］などは，食糧をめぐる対立抗争が単なる階級矛盾ではなく，市場圏の特質に深く関わっていることを示している。

売買契約や取引関係の紛争など，民事法や民事紛争に関する問題も，近年研究の盛んな分野であるが，大島立子編［2009］に小川快之作成の網羅的な文献目録（中国語・英語・韓国語を含む）があり，サーベイ論文も収録されているので，詳細は該書に譲りたい。

3 経済秩序の再編──財政・経済政策

賦役制度

第2期には在地の階級関係と国家支配の問題をつなぐ環として，賦役制度研究が活発に行われた。里甲制については鶴見尚弘［1965］，栗林宣夫［1971］があり，森正夫［1988］は官田制度の詳細な検討を行った。山根幸夫［1966］，岩見宏［1986］，谷口規矩雄［1998］，小山正明［1992］は明初から明末の一条鞭法に至る徭役制度を論じ，濱島敦俊［1982］，川勝守［1980］は江南の水利関係徭役や均田均役法を中心に考察を行った。また重田徳［1975］は一条鞭法から地丁銀に至る賦役制度の変化を，清代における国家権力と郷紳支配との結合という論点と結びつけた。西村元照［1974］［1976］や山本英史［2007］の扱う包攬（徴税の私的請負）も，国家権力と在地勢力との関係という問題関心に基づくものであった。これらの研究に対し，岩井茂樹［2004b］は同様の問題を財政構造という異なる角度から扱い，里甲制の変質過程に関する新しい事実発見とともに，変化を通底する一貫した特質として，中央政府による制度上の集権支配の外側に公私曖昧で非制度的な実質的地方財政が成長してくるという重層的構図を描き出した。

上記の賦役制度研究は，主に土地を基準に課せられる税や徭役を扱っているが，そのほかの税についても，相当数の研究がある。塩税や塩の専売制度については，佐伯富［1956］をはじめとする塩政研究があり，関税や常関（内地税関）に関しては，香坂昌紀［1972, 75, 83-84］や滝野正二郎［1985］など，一連の研究がある。香坂や滝野の常関研究は，商品の長距離流通に関しても興味深い事実を明らかにしている。明代の徭役の一環でもあった軍馬の飼育については，谷光隆［1972］がある。明末の鉱税・商税徴収は，宦官による収奪が民衆暴動を引き起こした事例として否定的に見られることが多いが，田口宏二朗［2004］は財政的見地からこれらの徴税の意味を再検討した。

財政・社会政策

　明清財政の構造を数量的に示すという点からいうと，全体像の提示を目指す Huang［1974］の明代財政研究や Wang［1973］の清代財政研究に比べて，日本の研究は特定の史料に即した検討という傾向をもつ。その例として，『万暦会計録』を使用した岩見宏［1989］，明末の畢自厳の記録を用いた吉尾寛［2004］，嘉慶年間の清単を用いた香坂昌紀［1993］などが挙げられる。

　財政支出の面では，平瀬巳之吉［1942］が指摘したように，支出の大半が軍事費であったことは疑いない。明代の軍事支出については，奥山憲夫［2003］が扱う。軍事費以外の公共支出の中で注目されているのは，常平倉などの倉貯政策で，これらは価格調整や飢饉時の救済など，庶民にとってのセーフティーネットの役割を果たしていた。星斌夫［1985］は清代の常平倉や社倉・義倉を中心とした研究であり，そのほか，森正夫［2006］，黒田明伸［1994］，山本進［2002a］にも，それぞれの観点からの倉貯政策・救荒政策に関する論文が収録されている。このような救済事業においては，国家のイニシアティブと民間の慈善団体のイニシアティブが往々にして交じり合い，複雑な様相を呈している。夫馬進［1997］は，豊富な史料を用いて「善会・善堂」などと称される明清時代の慈善事業組織を考察し，欧米学界における「公共圏」論にも言及している。

　内藤湖南［1972］が注目したように，中国では，政府が行うべき行政サービスが民間の団体の「自治」的活動に任されるという局面がしばしば見られた。そのような団体の代表的存在が男系血縁に基づく宗族であり，第3期において宗族研究が活況を呈していることは，「はじめに」で述べた通りである。国家権力のプレゼンスが希薄な新開地で宗族の活発な形成が見られるために，近年の宗族研究は第1節で述べた移住開発の研究と重なるところが多いが（山田賢［1995］，上田信［1995］，菊池秀明［1998］［2008］など），新開地における相互扶助というよりは科挙による社会的上昇に宗族形成の契機を見る井上徹［2000］のような研究もある。片山剛［1982］は，広東の珠江デルタで宗族が徴税単位となっている事例を論ずる。中島楽章［2002］，熊遠報［2003］は，徽州の宗族を扱っている。宗族に関する研究は数多いが，井上徹・遠藤隆俊編［2005］に両編者によるサーベイ論文が含まれているので，詳細は該書を参照されたい。　　　　　　（岸本美緒）

⇒文献一覧 pp. 274-279

第 3 章

近現代 I：
19～20 世紀初頭

はじめに

　本章では 19 世紀から 20 世紀初頭の第一次世界大戦期までについての研究を紹介する。この時期は清代後期から民国初期に相当し，社会経済史的に以下のような意味をもった時代と捉えることができる。中国は人口が 18 世紀中に 2 倍強の増加を示し，19 世紀には次第にその圧力が中国社会に重くのしかかるようになった。人々の移動と流動化による社会的なひずみや多発する戦乱・災害もそのことと深く関係していた。19 世紀の中国は，前世紀から引き継いだ問題への対処に苦慮する一方で，政治・経済・社会・文化面でそれまでにない新しい経験に遭遇し，世界経済の諸変動の中でそれらと格闘しながらも 20 世紀初頭には中国近代の社会を形成しつつあった。しかし同時に，市場の秩序やそれを支える制度は，人々の経済活動がたどってきた経路に依存的であるので容易には変化しにくい側面があった。

　近年の研究は，アヘン戦争を近代の開始と捉えることの多かった従来の研究に比して，より長期的な視野の中で時代を見渡そうとする傾向が出てきたように思われる。空間的にも，イギリスを中心とする西欧との対外関係に加えて，アジア諸地域との関係を視野に入れて中国をめぐる広域の経済秩序をアジア経済史の中に位置づけようとする動きが出てきた。また中国に固有の制度や市場秩序をどのように捉えるのかも重要な問題関心となった。

経済史・社会史の概説としてはイーストマン［1994］，狭間直樹他［1996］，＊汪敬虞主編［2000］，飯島渉・久保亨・村田雄二郎編［2009］，吉澤誠一郎［2010］，樺山紘一他編［1999］などが，また卒論執筆の手引書として田中比呂志・飯島渉編［2005］がある。近代中国の文献紹介・研究史整理は日本語のものだけに限っても，坂野正高［1973］の文献解題，坂野正高他編［1974］，島田虔次他編［1983］，辛亥革命研究会編［1992］，小島晋治・並木頼寿編［1993］，井上裕正・村上衛［2006］，グローブ［2009］，久保亨［2012］，岡本隆司・吉澤誠一郎編［2012］など数多くあるし，経済史に絞ったものとして久保亨編［2012］が分野別に詳しい整理を行っている。台湾については林玉茹・李毓中［2004］がある。いずれも出版された時代の研究関心を反映した整理がなされているので適宜参照していただきたい。

本章では当該期中国経済史に関する重要な文献を中心に整理したが，アジア経済史を横断的に比較したりアジアの他地域と中国との関係を考察したりする上で参考になると思われる文献については意識的に取り上げる努力をした。また，従来の研究史整理で言及が少ない人口・環境・移住・生活水準については記述を厚くした。

1 転換期の経済——人口・環境・移住・生産

人口・環境・移住・生活水準

人口については先駆的研究として Ho［1959］，Liu［1978］が，近年の成果として Lee and Campbell［1997］，Lee and Wang［1999］，＊曹樹基［2001］が重要である。また斎藤修［2002］によるサーベイがある。人口は社会経済を規定する最も重要な要素の一つであるが，西欧や日本の歴史人口学（historical demography）が教区簿冊や宗門人別改帳などを用いて重要な成果を上げてきたのと比較して，中国の人口動態は史料的制約もあって充分に明らかにされてはいない。人口史料には族譜，世帯登録，清朝皇族戸籍があるが，いずれも中国の人口行動を示す典型的な史料とはいえない。利用可能な世帯登録は今のところ遼寧省（1750～1909年）と日本植民地下台湾（1895～1945年）に限られる。また江南を中心に多数存在する族譜（宗族の系図）は過去に遡及して作られた形成物であり，庶民ではな

く社会上層部が対象であること，何よりも男子中心の記載であるために家族復元作業上の限界を有している．上記の Liu［1978］は族譜を用いた研究であり，Lee and Campbell［1997］は漢人八旗ゆえの特有の人口・世帯登録制度により残っていたデータを用いて，1774〜1873年の遼寧省道義の社会組織と人口行動を分析したものである．

　Lee and Wang［1999］はミクロの人口行動について，早婚と女子の皆婚という中国的結婚パターンの中で，第一子の出生を遅らせたり出生間隔を開けたり最終出産年齢を低くするなど様々な方法で婚内出生力を抑えたこと，その水準は近代以前のヨーロッパと比べて高いとはいえず中位であったこと，また女児の間引きや堕胎によって人口をコントロールしたことを指摘した．マルサスは，文明の程度が下がるほど予防的制限よりも積極的制限が強く作用するとして，伝統中国を高出生率・高死亡率を特徴とする貧困と飢饉の社会と捉えたが，リーとワンの分析はマルサスの中国像が歴史的な事実とは異なることを主張したものである．これに対して，＊曹樹基［2001］は清代の府レベルのデータを積み上げて各省の人口を推計するいわゆる人口史（population history）の成果であり，限られた史料に依拠するリーとワンの歴史人口学的見解には批判的である．マクロの人口推計はいくつかあるが，曹は3.83億人（1820年），4.36億人（1851年），3.64億人（1880年），4.36億人（1910年）という数字を挙げている．

　飢饉については，1876〜78年に華北5省を襲った大旱魃とその官民による救済を社会史の視点から見事に描いた高橋孝助［2006］がある．一方，L. M. Li［2007］は華北の飢饉を3世紀にわたって検討した．同書は人口についてマルサス的な前提を取っていないが，上記の Lee and Wang［1999］が飢饉は比較的少なくその影響も限られていたとする議論を批判し，中国における女児の間引き慣行は人口制御にとって「合理的」などではなく経済的困難の結果以外の何物でもないとする．同書は直隷省の穀物価格・降雨記録・収穫の程度を長期に収集し，18世紀に比し19世紀は人口増，環境悪化，国家介入の低下すべてが関係して穀物価格の安定性は低下したこと，洪水・旱魃の年は穀物価格が急騰するが文献史料で記述されているほど顕著な急騰ではなかったとする．1855年，黄河は流路を大きく変えて山東半島の北側，渤海に注ぐようになった．Pomeranz［1993］はこの黄河と大運河が交差する華北内陸部に焦点を当てて，大運河の機能低下・漕運廃止と海運への変更で国家からも見捨てられ，環境的にも厳しい貧困地域が作

り出される過程を分析した。近代の災害史については＊李文海他［1994］など人民大学清史研究所のグループを中心に研究が進んでいる。なお19世紀後半は中国だけではなくインド（本書第8章も参照されたい），ブラジルその他多くの地域でも旱魃が起き，エル・ニーニョとの関連などグローバルな地域間比較は今後の課題である。食糧暴動は自然災害や飢饉だけでなく食糧流通や国家の政策にも深く関わる問題である。堀地明［2011］では，18世紀から19世紀前半に機能していた常平倉を中心とする官による穀物備蓄とその廉売・借与による価格安定策が19世紀半ばに崩壊し，19世紀末から20世紀初頭に江蘇・浙江省を中心に食糧暴動が頻発したことが指摘される。

　清代中国は人の流動性が極めて高い社会であった。この点は同じく小農社会であった徳川日本にはない特徴である。清代の移住は人口密度の高い先進地域から大きく西へ，北西へ，東への波があったが，西部・北西部では1800年頃から人口が増え（イーストマン［1994］），19世紀後半には満洲や東南アジアが重要な移動先になった。満洲は清朝の故地として漢民族の移住は制限されていた。荒武達朗［2008］は封禁政策の漸次解除や農業移民需要の高まりを受けて1870年代および20世紀転換期に山東半島を中心に満洲への顕著な移動増が見られたこと，移動は頻繁な往復運動の様相を呈し，その中から両岸にまたがった血縁組織が形成された様子を活写している。一方，労働力や女子の売買による広東省からの流出については可児弘明［1979］による実証研究がある。東南アジアへの人の流れは早くから存在したが，19世紀後半には東南沿海諸省の人口圧によるプッシュ要因に欧米植民地下に置かれた東南アジアにおける労働力需要というプル要因が加わったことで移民が急増した。杉原薫［1996］は19世紀末〜1930年代の華僑の出国数・帰国数を整理している。そこから明らかになるのは帰国率8割という高さであって，華僑の東南アジア移民は実態としてはアジア域内の労働力移動であったといえる。

　こうしたマクロの人口移動の他に，それぞれの地域におけるミクロの人口移動も重要な意味をもった。例えば山地の開発，湿地の排水，湖沼の干拓で新たに耕地を造成しそこで生業を営むための移動である。18世紀には簡単な小屋に住む棚民と呼ばれる人々が山地の痩せた土地でトウモロコシを栽培・自給しながら商品作物生産をしたり，商人の投資による製材・製鉄所（木炭を燃料とする）での労働に従事したが，18世紀末には森林伐採による土壌流出が頻発し過剰開発に

よる環境破壊が問題化していた。上田信［1994］では陝西省秦嶺山脈で展開していた山区経済がその略奪的な生産方法のために自壊し，19世紀前半には衰退したことが明らかにされる。こうした人口移動は漢民族の周辺への拡大を意味したので，入植地での先住民族との軋轢という問題を内包していた。菊池秀明［1998］は太平天国の運動を広西移民社会における軋轢を通して分析し，武内房司［1982］は貴州に入植した漢人に対する苗（ミャオ）族の蜂起を検討している。

　生活水準の指標には1人当たりGDP，実質賃金，平均余命，乳幼児死亡率，疾病・栄養，体位，識字率などがある。Maddison［2003］は1500～2001年の長期推計を行い，西欧の1人当たりGDPは1820年以前の水準で中国・日本を上回り，その格差は19世紀中に拡大し，特に1820年以降1913年までの中国は下降が顕著であるとする。ただしすでに指摘されているように，マディソン推計はデータの積み上げによるものではなく，成長率を仮定することで1820年以降の系列をそれ以前に遡るもので，推計法には問題がある。グローバル・ヒストリーの文脈から経済の最先進地である長江下流域と西ヨーロッパを比較したPomeranz［2000］は，1750年頃までの両地域の発展は平均余命，消費，市場（商品・要素），世帯の経済戦略の点で同レベルであったが，ヨーロッパの中核地域は19世紀に近隣に埋蔵された石炭の利用と新大陸からの資源輸入による労働力の土地からの解放というある意味偶然的な要因によって資源集約／労働節約的発展に移行したこと，これに対して中国の中核地域は石炭もなく東アジアの後背地からの資源輸入も得ることができず，労働集約／資源節約的径路に止まったことが発展を阻害する結果となったとする。このようにポメランツの議論は資源制約（とそこからの解放）にポイントが置かれている点に新しさと意義がある（逆にいえば，大分岐の要因が日本の中国経済史の実証レベルから見ると単純に思えるのは，19世紀以降の制度や中華帝国経済の分析が必ずしも充分でないことによる）。

　実質賃金は長期の時系列が描け，生活水準の最もよい指標の一つと考えられてきた。19世紀中国については，北京近郊の商店帳簿を用いて日雇い不熟練労働者賃金のデータをそろえたGamble［1943］がある。近年の成果としてバッシーノ・馬徳斌・斎藤修［2005］，斎藤修［2008］が18世紀から第一次世界大戦までの不熟練労働について生存水準倍率によって北西欧・南欧・中国・日本の実質賃金を比較した。その結果，全期間を通じて南欧・中国・日本が北西欧を下回り，東アジアと南欧はほぼ同水準，中国と南欧・日本が分岐し始めたのは19世紀末，

本格的には20世紀に入ってからであることが分かった。ただし斎藤が指摘しているように，対象社会を賃金収入のみで生活する人々からなる社会と見なして比較する意味は限定的であること，東アジア・南欧は小農経済が優位であるため非農業的副業からの所得を考慮することも必要である。

生　産

　小農社会とは，農業社会において，基本的には家族労働力によって零細な土地——所有か借入かを問わず——を独立して経営する「小農」が支配的な存在である社会のことをいう。世界の中で，ある時期の東アジア（中国，日本，朝鮮など）ほど小農の存在が圧倒的であった地域はない（宮嶋博史［1994］）（朝鮮の小農社会は本書第5章で言及されている）。中国では人口圧力と土地制約のもとで農民の生活は生存レベルすれすれの状況に置かれ，小農経済は複数作物の輪作・商業的農業・農家副業の存在なしに成立しなかった。Huang［1985］［1990］はそれぞれ華北（18世紀〜1930年代）と長江デルタ（1350〜1988年）の農家経済を分析し，年間収入は副業など家族労働力の極限までの投入によって増大したとしても，その限界労働生産性は減少したことを強調し，これを involutionary growth と呼んで真の「発展なき成長」であるとした。ホアンの結論をめぐってはアメリカの研究者の間で激しい論争が起きた。中国では B. Li［1998］が Huang［1990］を批判し，清代中期（1736〜1850年）の江南では農地サイズは縮小したものの，一年二作の輪作と，家族内の女性が農業から養蚕製糸・綿業へシフトし男性が1人で作業可能な10畝程度の狭い土地での農耕に従事したことが男女の労働生産性を上げて，結果として年間の世帯当たり労働生産性は上昇したとする。言い換えれば江南では10畝以上を耕作することが必ずしも最適ではなかったということであり，こうした状態は1850年代以降も存続したという。

　農家の耕地は狭いだけでなく，それらはさらに小さな地片に分かれて散在することが多かった。その地片ごとに地主—小作関係が成立する場合，その錯綜した関係を管理するためには一定の組織が必要となり，近代江南には租桟という組織が存在した。村松祐次［1970］は，地主が他の地主からその所有地の管理経営を委託されて自己の所有地などと共に一括管理し，小作料を徴収し税を代納する様を実証した先駆的研究である。また夏井春喜［2001］は太平天国期から1930年代の江南の租桟関係史料を統計処理し，小作料の決定や公権力の介入による徴収

の実態を分析した。1895〜1927年に焦点を当てた中国農業については＊汪敬虞主編［2000］第2篇がある。農業では伝統的封建経済の基本は維持されつつも，土地・農作物・労働力の商品化のもとで地主―小作関係の変化や雇用労働の短期化（1日化），東北・内モンゴルの土地開発・農業生産の発展に伴う牧畜区域の縮小と牧畜業の占める比重のさらなる低下など一定の変化があったとしている。Enatsu［2004］は清末東北南部の土地所有と地方政治の関連を漢人八旗に焦点を当てて分析し，近世と近代の連続を強調する。

　明清以来盛んであった在来の手工業（本書第2章参照）は，19世紀後半以降世界経済との関係が深まるとともにその再編が進んだ。生糸については秦惟人［1981］，古田和子［1985］が主産地湖州の対応を分析している。綿業は棉花を栽培しそれを紡いで綿布に織るという従来の家内生産が分解し，機械製紡績糸（インド綿糸や上海綿糸など）を購入して手織りの綿布を生産する場合も多くなった。在来綿業の再編についてはChao［1977］をはじめ，機械製綿糸流入の地域別分析をした小山正明［1992］，江南における手織綿布（土布・改良土布）の存続を詳述した＊徐新吾主編［1992］など多くの研究があり，それらを整理した瀬戸林政孝［2012］が参考になる。

　工業については波多野善大［1961］が上海機器織布局創設をめぐる諸事情を，鈴木智夫［1992］が草創期の紡織業と器械製糸業を検討した。綿紡績業では厳中平［1966］の研究をはじめ，中井英基［1996］が張謇の設立にかかる大生紗廠と通海墾牧公司（開墾・植棉）を分析した。近代工業の中心となった上海については＊徐新吾・黄漢民主編［1998］が綿紡織・製糸業，製粉・マッチなどの軽工業を概観している。

2　市場の変容と広域経済・世界経済の展開——市場・流通・経済秩序

市場・流通・貿易

　中国の市場構造を全体としてどう捉えるかも重要な問題であった。Skinner (ed.)［1977］は1843〜93年の農業地帯中国（でかつ満洲・台湾を除く）を水系と交通の観点から8個の「大地域」に分けてその相対的自立性を主張したのに対し，スキナーに批判的なBrandt［1985］は各地の米価の相関から市場の連動性を指摘し，

国内の米市場は，輸入量は少なかったにもかかわらず19世紀末までに国際市場に統合されたとしている。市場構造については清代史からも研究が進み，明末から18世紀を対象に岸本美緒［1997］［2013］が提起している開放性を基調とした地域「連鎖型」モデルに対して，清初から開港前後を検討した山本進［2002a］は長江流域と華南に自立した地域市場圏の成立を見る。開港後については，小瀬一［1989］が1899年時点の開港場間流通を分析した。木越義則［2012］は海関統計を用いて市場圏の変遷をマクロに検討し，19世紀末の開港場市場圏の形成とその役割を議論している。市場構造を対象としていないが，電信や鉄道など近代交通の視点から清帝国の変容を分析した千葉正史［2006］も重要である。

　商品流通については＊呉承明［1985］が数量的検討を試み，1840年頃（アヘン戦争前）の穀物と綿布の商品化率をそれぞれ10.5％，52.8％と推計した（穀物は1894年に約16％，1919年に22％前後に増大したとする）。米は栗原純［1984］が19世紀前半における台湾米の福建への移出を，金田真滋［2000］は米の集散地としての香港から東アジア開港の意味を，菊池道樹［1993］はベトナムからの米輸入を分析している。大豆粕は宮田道昭［2006］が伝統的中国船による沿岸交易の存続を明らかにした。棉花については瀬戸林政孝［2006］が品種（長繊維棉花）に注目して流通の変化を分析した。

　中国社会に深刻な影響を与えたアヘンについては林満紅［2007］，井上裕正［2004］，新村容子［2000］が清朝やイギリスの対応を，また1870年頃から輸入代替が進んだ国産アヘンについて新村容子［2000］が生産を，林満紅［2013］が流通経路を詳述した。18世紀以来重要な輸出品であった茶は重田徳［1975］が湖南茶の発展を，＊陳慈玉［1982］が世界市場における中国茶を，左近幸村［2012］が対ロシア貿易を扱う。主要輸出品である生糸に関連して田尻利［1999］が桑葉の流通を，L. M. Li［1981］が貿易を検討している。砂糖は品質・技術の観点からダニエルス［1984］が，20世紀初頭東アジア市場の観点から平井健介［2007］が議論する。19世紀末以降進展する胡麻など工業原料としての一次産品輸出は黒田明伸［1994］がその意義を検討している。台湾については＊林満紅［1997］が茶，砂糖，樟脳の貿易を，平井健介［2010］が米・砂糖の対日移出拡大がそれらを入れる包装袋のアジアからの輸入を誘発したことを明らかにしている。なお個別貿易品については吉田建一郎［2012］による研究史整理が参考になる。貿易統計としてHsiao［1974］が有用である。

辺境・対外関係・広域経済秩序

　清朝は，非漢民族が漢民族とその他の人口規模の大きい非漢民族（モンゴル，チベット，ウイグル等）をも支配した王朝であったが，その統治関係は清末にかけて大きく変化した。片岡一忠［1991］は藩部として間接統治下にあった新疆が1884年に省になった経緯を詳述する。モンゴルについては広川佐保［2009］，中見立夫［1994］がそれぞれ藩部と内地との関係変化，ハルハの独立を扱う。満洲については，満洲を漢人の移住植民地とロシア・日本の投資植民地という二重構造をもった特殊な植民地経済と捉えた石田興平［1964］の先駆的研究がある。

　対外経済関係もまた18世紀末以降大きな変動にさらされた。その背景を理解するためには坂野正高［1973］，吉田金一［1974］，川島真［2004］，岡本隆司［2004］などの外交史・国際関係史も必読である。また Morse［1910, 18］は1834～1911年の通史として，Morse［1921］は海関に勤務した当事者による貿易・通貨・財政の解説として今も有用である。衞藤瀋吉［1968］，田中正俊［1973］はアヘン戦争期の貿易を描き，Fairbank［1953］はアヘン戦争後の条約締結から1854年までの中国社会の対応の混乱を描いた古典的研究である。近年の成果としては，ジャーディン・マセソン商会の活動を中国との関係，イギリス本国との関係の両面から分析した石井摩耶子［1998］がある。一方，外国商人に対する中国商人の優位を早くから指摘していた宮田道昭［2006］は，中国の沿海市場が開港後も1890年代まで強固に維持されたことを重視する。また，本野英一［2004］は後に紹介する Motono［2000］の議論に加えて，「不平等条約」特権を利用する中国人への在華イギリス商人と在華イギリス当局の対応の相違を分析した。同書は西洋の衝撃の重要性を主張するが，その衝撃が「英語を話す中国商人」によって与えられたことを重視する点で従来の西洋衝撃論とは少しく異なる。

　欧米との関係に加えて，アジア諸地域との関係を経済史的に解明する作業も進んだ。従来の研究では，近代アジアの経済は主として欧米のプレゼンスを契機として変化したことが暗黙の前提とされることが多く，そのためにアジア域内の経済関係や分業体制を分析する必要性は充分には認識されていなかった。浜下武志，杉原薫，川勝平太らが1980年代半ばに組織した社会経済史学会の共通論題はこの点を明確に指摘したものであり，銀流通（浜下武志［1990］所収），アジア間貿易（杉原薫［1996］所収），アジア木綿市場（川勝平太［1985］）が分析対象として取り上げられた。

開港後の東アジアで展開した中国商人の経済活動を東アジア近代史の中に位置づける研究も進み，日本史の側から籠谷直人［2000］が近代日本における中国人貿易商の活動をアジアからの衝撃として捉え，それへの対抗を通して国民経済を立ち上げる明治期日本の通商秩序形成を検討し，山岡由佳［1995］，廖赤陽［2000］，＊翁其銀［2001］は個別経営史料を用いて長崎を拠点にした中国商人の活動を描いた。一方，古田和子［2000］は 1870〜90 年代前半の上海に視点を置いてアジア経済史における上海の役割を考察した。上海に輸入されたイギリス綿布が中国商人の手によって中国各地，神戸や長崎，朝鮮の仁川に再輸出された事実を明らかにし，イギリス産業資本とアジア消費市場の間に存在した上海ネットワークという流通部分を検討する意味を提起するとともに，1890 年代初期には在朝中国商人と在朝日本商人による韓銭の授受を通して上海・仁川・大阪間に商品と金・銀を媒介とする緊密な連関が存在したことを指摘している。朝鮮の中国商人については本書第 5 章を参照されたい。東南アジアについては，濱下武志［2013］が華僑送金の運用を通してアジア経済史におけるシンガポールや香港の役割を指摘する。杉原薫［1996］は，1880〜1910 年代アジアに綿業を基軸とした国際分業体制が形成されたこと，東南アジアの対欧米輸出の進展はプランテーションや鉱山で働く華僑労働力の流入を増加させ，彼らの生活必需品需要の拡大がアジア域内貿易も進展させる関係が存在したことを明らかにした。その他，シリーズ『アジアから考える』（溝口雄三他編［1993-94］），杉山伸也・グローブ編［1999］，Sugihara (ed.)［2005］所収の諸論考が相次いで出された。

中国をめぐる広域の経済秩序をどう捉えるのかも重要な論点になった。古田和子［1999］は 20 世紀転換期以降の東アジアを中国商人による境域の経済秩序と日本の国家的な秩序構築との間のせめぎあいと見るのに対して，籠谷直人［2003］，籠谷直人・脇村孝平編［2009］，杉原薫［2003］は，東南アジアでは華僑ネットワークとイギリス帝国の国際地域秩序形成との間には相互依存関係が成立していたとしている（東南アジアとの関係については本書第 11 章も参照）。また，福建人の世界に注目して中国の沿海秩序を考察した村上衛［2013］は，東シナ海・南シナ海に広がる無数の商人・船員・海賊・漁民らのバラバラな行動こそが列強の中国国内への影響を最小限にとどめ，中国を新たな時代へ向かわせたことを清朝官僚やイギリス領事の対応も視野に入れて明らかにしている。

市場秩序・商人組織・都市社会史

　清代の市場秩序は，比較的自由な競争が外からの規制ではなく内生的に自ずと形づくる秩序のあり方に特徴があった。市場を支える秩序には，国家による法整備などのように市場の外から規制する秩序と，市場の中にあって市場参加者がその働き方を規定する秩序がある。後者の場合，分権的であるにもかかわらずそこに自ずと秩序が形成されるのは，競争や危険回避，不安解消の仕方などが人々にある程度予想され共有されていることによる。それは個々の人々の経済活動の行い方を規定し，人々がなぜかしら拘束されるものである（古田和子編著［2013］）。寺田浩明［1997］は，管業来歴慣行に代表される清代の民間秩序は，多数の家々が生業の確保をめぐって激しい競争をする状況の中でその都度探られる適切な均衡点として存在したとする。黒田明伸［1994］は地域で農産物買い付けに調達される現地通貨において，商人の発行する銭票が自ずと信任されて流通する秩序を「自己組織的」秩序と呼んでいる。

　市場秩序を最も早期に正面から論じたのは，柏祐賢［1947-48］と村松祐次［1949］であった。分析対象は民国期であるが，基底にある議論の方向性は中国経済の「個性」を探ろうとするものである。中国の経済秩序の本質を自由と規定する柏は自然・社会環境の不安定さ・不確実性を請負の連鎖で確定する「包」的な規律の存在を重視しており，経済秩序を人の主体的な社会秩序として把握したいという強い欲求が感じ取られる。村松は中国の市場秩序を徹底した「自由競争」と一見古風なまでの「私人的保証」の併存と見る。言い換えれば，経済を外から規制する秩序が政府の統治・身分・伝統のいずれによっても与えられていないことの中に，極度に自由な価格競争が行われる理由があり，同時に市場を秩序づける保証を私人的保証に求めざるをえない不安があるという理解である。柏や村松の議論を現在の研究史がどう位置づけるべきかについては岸本美緒［1997］［2006］の整理が参考になる。また古田和子［2004］は，近年の経済学では市場概念の広がりを受けて人々がもつ情報の不完全性とそれを補う私的秩序統治の重要性が評価されるようになったことを指摘し，中国における私人的保証の代表とされてきた仲介を考察して中国経済「個性」論の相対化を試みている。なお，市場秩序については岸本美緒［2002］，古田和子［2012］が研究史の整理をしている。市場秩序の考察は現代中国の理解にも必須の課題であり，類型化と相対化の両方の視点をもつことが今後も重要である。

商人の同郷同業団体・商業慣行については，戦前に現地調査した資料を用いた東亜研究所［1943］，根岸佶［1951］［1953］，仁井田陞［1951］，今堀誠二［1953］をはじめ，Rowe［1984］［1989］，Goodman［1995］，帆刈浩之［1994］などの豊富な研究蓄積がある。Rowe［1984］は漢口では商人の同郷結合は19世紀末に消滅し，代わって漢口アイデンティティが生まれたとするのに対し，上海を検討したGoodman［1995］は同郷性は存続しナショナリズムとも共存したとしてロウに批判的である。19世紀末から20世紀初頭に創設された商務局，商部，商会については，曽田三郎［1992］がそれらをめぐる地方，中央，商人の関係を検討し，商会については＊虞和平［1993］が，商部による産業政策については劉世龍［2002］がある。また，Motono［2000］は「不平等条約」特権を利用する中国人人脈の出現が同郷同業団体に依存した清朝の徴税体制を崩したこと，商務局政策，商務部＝商会体制の整備は伝統的な商業秩序の崩壊を防ごうとする清朝の対応策であったとする。

都市史の分野では，吉澤誠一郎［2002］が清末天津における新しい社会状況に注目し政治文化と社会統合を考察して地域の「近代」を論じた点が注目される。また，斯波義信［2002］が長期的視野で中国の都市を，高橋孝助・古厩忠夫編［1995］，＊陳正書［1999］は上海を，天津地域史研究会編［1999］は天津を，＊張仲礼・熊月之・沈祖煒主編［2002］は長江沿いの諸都市を，浅田進史［2011］はドイツ統治下の青島を分析する。都市内部の較差を蘇北を例に扱ったHonig［1992］もある。衛生や疾病の点から近代の制度化を論じたRogaski［2004］，飯島渉［2000］，日本の植民地医学の起点となった台湾統治をマラリアを通して検討した飯島渉［2005］も重要である。近代アジアにおける疾病・医療史の基本問題を論じた見市雅俊他編［2001］とあわせて参照されたい。

3　帝国経済の変容——貨幣・金融・財政・中央と地方

貨幣・金融

19世紀前期における金融史については，浜下武志［1990］第3章が1830〜40年代の銀価騰貴を，第4章がイギリス東インド会社の金融機能の限界を契機に1850年代に進出したイギリス植民地銀行の金融利害を分析し，ジェントルマン

資本主義論が提起されるはるか以前に，産業利害ではなく金融利害からイギリスの対中進出を描いた論考として重要である。King［1987］は本店を香港に置いてアジアに適合的な経営を行った香港上海銀行の活動を，西村閑也・鈴木俊夫・赤川元章編著［2014］はアジアにおける国際銀行各行の活動を1870～1913年を対象に分析している。国内の為替送金業者として公金為替も扱うようになった票号については＊黃鑒暉［2002］がある。19世紀初頭から半ばには中国からの銀流出が問題になったが，Lin［2006］はその要因としてアヘンの輸入増だけではなく，輸出（茶・生糸）の不振やラテンアメリカ諸国独立による世界的な銀産出量減少の影響を強調する。

中華帝国経済の特徴を貨幣の側面から掘り下げた論考として黒田明伸［1994］がある。中華帝国は地域固有の流動性を維持するために現地通貨（銅銭）と地域間決済通貨（銀）の兌換性を制限し，その結果個々人の債権債務関係は領域的な地域経済の制約から解放されて超地域的な展開が容易になったとする。また清末から辛亥革命期の湖北省の幣制・財政改革について分省化傾向とその限界を明らかにしている。黒田明伸［2014］は時空を自在に移動しながら多元的に存在する貨幣の世界史を論じたものである。

財政・中央と地方

19世紀後半以降，清朝の財政はかつてないほどに膨張し，北京の戸部は各地の財庫の収支とは無関係に必要な支出を割り付けるようになった。財源として新たに創設された釐金（内地流通税）については＊羅玉東［1936］の各省釐金額統計が有用である。釐金とともに清末財政の財源として重要になったのが海関からの税収であった。海関と清末経済・財政等については＊戴一峰［1993］，濱下武志［1989］が，各海関の税収とその配分については＊湯象龍編著［1992］の歴年統計がある。また岡本隆司［1999］は海関を正面にすえて明末清初から国民政府期に至る中国史の再構築を志向した論考である。同書は19世紀半ばの海関（洋関）の成立を外からの力によるものとしてのみ描く従来の諸説を批判し，成立の背後にあった内在的要因として取引と徴税が一体化（牙行が取引を仲介し，同時に徴税を請け負う）した清朝の経済構造の存在を重視する。また清末に顕著となった税収の為替送金はそれを銀号・票号内部の資金為替に組み込む仕組みであり，それでも送金額が不足した場合には彼らの信用で海関税の先取りとして外国商

社・銀行からの借款で融通したことが明らかにされる。

　総督・巡撫の主導による財政改革を検討した山本進［2002b］は19世紀後半に地方財政の形成が見られた省があるとする。これに対し，明清以来の正額と正額外からなる重層的・分散的な財政構造を論じる岩井茂樹［2004］は，太平天国期以降の省の財政改革もこの構造を転換するものではなく重層性と分散性をさらに高めるものだったと分析している。　　　　　　　　　　　　　　　（古田和子）

⇒文献一覧 pp. 279-284

第4章

近現代 II：
20～21世紀

はじめに

　21世紀に入り，ユーラシア大陸の巨大な工業国家として中国が出現しようとしている。そこに至る大きな変化が始まった20世紀初め以来の歴史的な過程について，われわれの理解の基礎となるような研究文献を紹介するのが本章の課題である。

　中国で国内市場向けの機械制鉱工業生産が本格的に始まったのは19世紀末から20世紀初めにかけてであった。それに先行していた世界市場向け農産品輸出が牽引する形で対外貿易が伸長し，その対外貿易と国内市場の拡大につれて金融制度の形成が進み，一連の動きに対応した経済法制の整備も20世紀に入ってから本格化する。19世紀末以降，現在に至るまでの100年以上にわたる工業化，ないし広くは経済を中心にした近代化の過程は，決して順調に進んだものではなく，戦争や内乱，恐慌や災害の影響を受けながらの曲折に満ちたものであった。第一次世界大戦，日中戦争，第二次世界大戦，朝鮮戦争などは，それぞれ異なった意味において中国経済の展開過程に甚大な影響を及ぼしている。この間には，1912年の清朝滅亡と中華民国の成立，1928年の国民党政権成立，1949年の共産党政権成立といった政治的激変も起きた。では全体として見ると，以上の過程はどのようなものであったのか。その問いに答えるものとして，様々な統計を配した簡便な概説である久保亨［1995］があり，膨大な量の統計数値を総合し20世

紀から 21 世紀にかけての国民経済計算を示す共同研究の成果として南亮進・牧野文夫編著［2014］も刊行された。

　ここで挙げた 2 冊の内容を紹介する前に，近現代中国の経済統計について触れておこう。19 世紀半ば以降，各開港都市に置かれた「海関」（税関）は，外国人総税務司の指揮の下，詳細な貿易統計を含む年次報告（海関報告：時期によって *Annual Returns of Trade*（1859-64），*Returns of Trade*（1865-81），*Returns of Trade and Trade Reports*（1882-1919），*Foreign Trade of China*（1920-31），*The Trade of China*（1932-47）などの異なった名称をもつ）を作成していた。年次報告とは別に 10 年ごとの総括報告や商品別の特別報告なども編まれている。その要約版である Hsiao［1974］を見れば明らかなように，海関報告は，中国における近代的経済統計とそれに基づく調査研究の源流に位置するといっても過言ではない。しかし，その他の政府機構が経済統計の作成を目指すのは，清朝政府農工商部による統計表（190〜08 年），同郵伝部による鉄道統計・郵便統計，中華民国北京政府農商部による農商統計（1914〜24 年）など，20 世紀に入ってからであり，統計作成機構自体が未整備であったこともあり，公刊された統計の多くは信頼性に乏しいものであった。

　そうした状況は，1920 年代から 30 年代にかけ大きく変わり始める。物価統計，金融統計などの整備が進むとともに，中華民国国民政府の国防設計委員会が中国経済研究所に委託して実施した全国的な工業調査（1933〜34 年）や農林部中央農業実験所が実施した農産物生産量調査（1933 年開始）などによって，ある程度信頼しうる工業統計や農業統計も整備されるようになった。こうしたデータを総合し中国最初の国民経済計算を試みたのが＊巫宝三編［1947］である。同書は，中国側の調査を拒んだ外資系工場の数値や日本の占領下にあった東北の数値も種々の情報によって補い，手工業部門についても可能な限りの推計を試み，中国経済の全貌を初めて統計的に描き出した。

　経済統計の作成にとって，それを支える人材養成と学術研究体制の充実は，欠くべからざる基礎的条件である。この時期，中国においては欧米や日本の統計学教科書が次々に翻訳され，金陵大学，南開大学などで統計学を専攻する学生が育てられ，1930 年には中国経済学社という専門の学会が国民政府の支援を受けながら誕生した（＊孫大権［2006］）。

　1949 年に成立した中華人民共和国も，当初は，20 世紀前半の成果と人材を引

き継ぎ，＊国家統計局工業統計司編［1958］に代表される経済統計の作成に取り組むとともに，＊厳中平等編［1955］のような歴史的統計資料の整備にも力を注いだ。しかし1950年代末の「大躍進」運動は，各地の地方政府と共産党組織が誇大な生産業績を競い合うものとなり，政治的圧力と干渉の下，中央・地方政府の統計部門は事実上機能マヒの状態に陥る。1960年代から70年代にかけての「文化大革命」期にも，同様な事態がさらに大規模な形で再現され，国家統計局の業務の多くが中断した。計画経済期の経済計画の多くは，実は統計的根拠を欠いた空しい期待の表明でしかなかった。この時期，中国では近現代の経済史に関する研究もほとんど中断状態に陥った。ある程度信頼しうる全国統計が国家統計局『中国統計年鑑』によって毎年発表されるようになるのは，「改革・開放」期を迎えた1980年代以降である。統計を基礎に置いた経済史研究も，＊許滌新・呉承明編［1993］に見られるように，ようやく中国国内で本格的に取り組まれるようになる。こうした状況を背景に，簡明な内容だったとはいえ，多くの産業統計を配した久保亨［1995］のような近現代経済史の概観も可能になった。

　以上のような変遷を経てきた中国の経済統計を歴史的に総括した共同作業が，アジア長期経済統計の中国巻を編集する作業であった。各分野別に20世紀初めから21世紀にかけての統計を網羅的に整理し，相互に関連づけ，中国経済の全体像を描き出そうとする試みは，結局，十数年の歳月を費やし，前掲の南亮進・牧野文夫編著［2014］に結実した（以下，「長期統計中国巻」と略）。同書には，多数の統計表とその典拠となる資料の性格や算出手続を説明した本文に加え，それらの基礎となった諸論稿までがCD-ROM版で収録されており，あらゆる領域において，今後の中国近現代経済史研究の基礎を築いたものといっても過言ではない。

　長期統計中国巻によれば，1932～36年に年平均2.10％の成長率を示し499億元に達した中国のGDPは，日中戦争が勃発した1937年に落ち込み，1940年まではほぼ横ばい状態で推移した（1952年参照価格表示，以下同様）。その後，1941年から51年まではデータを作成できない状態が続くが，1952年には679億元に上昇しており，この間に相当の経済成長があった可能性が示されている。その後，いわゆる計画経済期を中心にした1952～78年のGDP成長率は5.65％，市場経済移行期に当たる1978～2010年は8.67％というのが同書の示す数値である。一方，人口増が影響する1人当たりGDPの推移は，以上の数値より低い値となる。

長期統計中国巻がカバーする範囲は，基本的に 2013 年現在，中華人民共和国が領土と主張している範囲で，台湾，香港，澳門（マカオ）を除いた領域である。台湾は，1945 年から 49 年までの短い期間を除き，1895 年の日清講和条約以降現在に至るまで中国大陸から切り離され独自の経済発展をたどってきており，ほとんどの経済統計が別個に作成されてきた。そのためアジア長期経済統計のシリーズでも別個に溝口敏行編著［2008］が刊行されている。香港の経済統計については，さしあたり (Hong Kong) Census & Statistics Dept.［1969］や＊香港政府統計處［1991］が手がかりになるであろう。

なお 1905 年の日露講和条約以降，関東州などに日本の租借地が置かれ，1931 年末から 45 年 8 月まで日本の占領下に置かれた東北地域（満洲）でも，多くの経済統計が独自に作成されていたため，長期統計中国巻の第 9 章は，戦前期の満洲経済統計の整理と検討にあてられた。「満洲国」時代の経済全般については，山本有造［2003］が基本文献である。

1　工業化の急展開——生産・人口・環境

工業史

中国に機械制近代工業が誕生した 19 世紀後半の時点では，洋務運動と呼ばれる清朝政府の近代化政策の下，兵器工業や機械工業が先陣を切る一方，広州や上海などの開港地で外国船の修理・部品製造のための小さな機械工場が多数設立されるようになった。その後，19 世紀末から 20 世紀初めにかけ，主に輸出用器械糸をつくる製糸業や国内市場向け紡績糸をつくる綿紡績業が勃興した。清末の工業史全般については波多野善大［1961］が先駆的に論じており，特に黎明期の製糸業・紡績業については鈴木智夫［1992］が，世界市場を対象にした製糸業のその後の展開過程については曽田三郎［1994］，奥村哲［2004］，清川雪彦［2009］などが資本と技術のあり方に即して詳細に検討している。また初期の紡績業経営を代表する大生紡とその経営者張謇に関するまとまった研究が中井英基［1996］であり，日本資本の在華紡と中国資本紡との間の棲み分けをはじめ綿製品の市場構造に着目した分析が森時彦［2001］，1920～30 年代の紡績業経営の地帯構造と経営類型に関する考察が久保亨［2005］である。さらに在華日本資本からの技術

移転の検討など近年の研究成果を集めた富澤芳亜・久保亨・萩原充編著［2011］は，19世紀末から日中戦争期を経て戦後に至るまでの発展過程を展望した。

そのほか製鉄業と鉄道業を論じた研究として萩原充［2000］，鉱業部門に関する注目すべき成果として石炭産業の二重構造を論じたWright［1984］がある。21世紀初頭の中国で問題にされた機械化が進んだ近代的炭鉱と手掘に依存する在来の小規模炭鉱という二重構造は，20世紀前半の中国にすでに存在していた。なお，同じエネルギー産業の電力産業については，王樹槐［2010］が日本語で読めるまとまった専著である。

1920年代半ば以降，工業発展の過程や工場経営に関し，同時代の中国人研究者によって本格的な調査分析が行われるようになった。その中にはFong［1932］や＊王子建・王鎮中編［1935］の綿業に関する調査研究のように今でも参照に値する成果があり，久保亨［2005］などで利用されている。ただし工業発展全般について信頼するに足る全国的な工業調査が実施されたのは，1930年代前半のことであった。それが劉大鈞らによって1933～34年に実施された全国工業調査である。調査は国民政府参謀本部の国防設計委員会（1935年に所属と名称が変更され，軍事委員会傘下の資源委員会になった）が中国経済統計研究所（劉大鈞主宰）に実施を委託し，訓練を受けた調査員たちが実際に各工場を訪れ，直接，担当者に面接調査する形で進められた。調査対象工場については工場法適用対象工場の条件である「原動力使用・労働者数30人以上」との規定が援用され，中国資本2,435工場がリストアップされた。その一方，外国資本の工場に対する調査は実施されなかったし，辺境諸省および日本の占領下にあった東北地区も対象からはずされている。このような制約を別にすれば，大部分の対象工場に対し調査が実施され，結果は＊劉大鈞［1937］にまとめられた。

工業発展の全般的傾向を把握する一つの方法に工業生産指数の算出がある。工業製品の品目ごとに生産量の年次推移を整理するとともに，工業製品の価額構成に基づき各品目のウェイトを算定し，両者を乗じた数値の合計の年次推移を指数化したものである。膨大な量のデータが必要となるこの作業に先鞭を付けたのは，Chang［1969］であった。中華民国時期（1912～49年）を対象に，中国語史料はもちろんのこと，英語や日本語のものも含め，様々な調査報告類，年鑑類に掲載された鉱工業生産と製品価格に関するデータを博捜し，それを工業生産指数という形で総合した研究である。久保亨［2009a］（前掲の長期統計中国巻の付録CD-

ROMにも収録）は，チャンの方法を援用し，1980年代以降に刊行された数多くの企業史史料や日本語史料を活用してカバリッジを広げ，信頼度を高め，新たな工業生産指数を算出した。

産業立地という視角から20世紀半ばまでの工業発展を適確に跡づけた研究が尾上悦三 [1971] である。当時利用可能であった資料を深く読み込み，貨物輸送，エネルギー産業，鉄鋼業，綿紡織業などが抱えていた構造的特質を捉えることに成功している。

また1930年代の機械工業，化学工業に関する自らの研究成果を踏まえながら，Rawski [1989] は，工業部門のみならず，交通通信の拡充，通貨金融システムの整備，投資の拡大などにも視野を広げ，第二次世界大戦以前の中国における経済成長全般を総括的に論じた。

20世紀前半の工業化が20世紀後半の工業化とどのように関わったか，あるいは関わらなかったかという問題は，中華民国時期と中華人民共和国時期の経済発展の連続性を考える上でも検討に値する重要な問題である。田島俊雄編 [2005] [2008]，田島俊雄・朱蔭貴・加島潤編著 [2010] は，化学工業，電力産業，セメント産業に着目して論じた。満洲の製鉄業における連続性の問題については松本俊郎 [2000] が考察しており，同じく化学工業に関しては峰毅 [2009] の専論がある。日本の植民地時代の遺産と大陸から移ってきた技術者や資金を継承した台湾における連続性の問題は，加島潤他 [2012] が様々な事例に即して考察した。また久保亨・波多野澄雄・西村成雄 [2014] に収録された経済史関係の論稿は，戦後への連続性も意識し日中戦争期の中国経済の動向を追っている。

農業史

近現代中国における農業生産の実態に関するデータは多くない。清朝政府や中華民国北京政府がまとめた農業統計は工業統計よりもさらに精度が低いものであったし，国民政府の中央農業実験所がまとめた農産物統計は調査年数と調査項目が非常に限定されていた。こうした史料的な限界に留意しつつ，Perkins [1969] は，様々な推計作業を重ね，1910年代から30年代にかけ農業生産にも発展が見られたことを指摘した。一方，Buck [1930] の農家経営に関する調査とBuck [1937] の農村の土地利用に関する調査は，バックが在職していた金陵大学（南京）の学生の協力を得て，彼らの出身地をカバーした全国規模の貴重な調査資料

であった。そのため当時，日本の学界でも注目を集め，英文による分厚い調査報告書だったにもかかわらず，邦訳・出版されている。同時期に行われた他の中国の研究機関や日本の満鉄などの調査機関が個別に実施した農村調査も，それぞれの特徴に留意して使うならば多くの識見を得られるであろう。商業的農業が進展する中で生じた農家経営の新たな動向を検討した柳澤和也［2000］はその一例であり，奥村哲［2004］も江南における農村調査を素材として農民層分解を検討し，中農標準化に向かっていた可能性を論じている。また，農村調査を読み込み農業と農村経済の発展を支えた個々の要因を検討した弁納才一［2004］は，稲，麦，蚕などの品種改良や手織綿布生産の展開を追いながら近代中国農村に生じていた変化を考察した。

　それに対し＊馮和法編［1933-35］に収録された調査報告類は，主に『中国農村』誌に論稿を発表し中国農村派と呼ばれた研究者たちによるものである。彼らは地主─小作関係の実態解明を重視する一方，農業の資本主義的発展に着目する『中国経済』誌に拠るグループを厳しく批判していた。中国農村派の調査報告類は，1930年代中国農村のある一面を伝える貴重な記録になっているとはいえ，自作農・自小作農の経営が中国農業において占めた比重とそれが農業経済の発展に対して果たした役割を十分に評価するものになっていない。また華北における農村調査の結果を利用しながらも，やはり近代中国における農業生産の発展の可能性に対し否定的な見方を出しているのが Huang［1985］である。ホアンの場合，ジャワの水田農業に関する文化人類学者ギアツの研究を援用し，可耕地に限界があるという条件の下，技術改良などを行わず，労働投入を増大させることによって産出量の増加を実現する内包的な発展 involution にとどまっていたとの見方を提起した。時期と地域を限定すれば成り立つ議論だとはいえ，前に挙げたような研究を踏まえるならば，中国農業全体の発展過程を説明するものとはいい難い。

人口史
　中国歴代の王朝は，戸籍に基づき税を徴収するため戸口統計を整備していた。ただし，ある時期に作成された統計が何十年も（場合によっては何百年も）引き継がれるのが普通であったこと，王朝の統治能力により戸口統計の対象となる地域や人々が大きく変動したこと，などを考慮すると，戸口統計自体の数値を直接人口推計の基礎数字とすることはできない。しかし，その数値に種々の改訂を加え，

中国の人口を推計する作業が多くの研究者によって試みられてきた。近世から現代にかけての時期についていえば、先駆的な研究として Ho［1959］、近年の代表的成果として＊曹樹基［2001］が挙げられる。また中華民国期から人民共和国期にかけての 20 世紀中国の人口に関する最新の推計作業としては、前にも触れた長期統計中国巻の中の論稿が注意されなければならない。同書の推計に拠れば、1912～2010 年の人口増加率は年平均 11.44‰であった。ただし時期による変動が大きく、1912～36 年は年率 8.65‰だったのに対し、日中戦争期から戦後直後にかけては 2.29‰に落ち込み、1949～78 年は 18.80‰、などとなっている。

環境史

長期にわたる地質変動、気候変動と人類の経済活動の影響の下で、中国の環境は大きな変動を繰り返してきた。それを振り返る学術研究は、極めて重要であるにもかかわらず、まだ端緒を開いた段階に過ぎない。日本における中国環境史のパイオニア的研究として上田信［1999］、中国各地の水資源問題について中国史研究者の視点を生かした成果として小林善文［2014］、また黄土高原の環境史に関する最新の成果として松永光平［2013］を挙げておく。いうまでもなく水資源問題は、水利灌漑事業のあり方と深く関わっている。川井悟［2012］はその点を詳しく論じており、三峡ダム建設をめぐる戴晴編［1996］のような議論とあわせ、参照に値する。

2　開かれゆく市場——市場・流通・金融

広域的な市場圏の成立

近代以前から、中国には相当高い水準の商品経済が発達していた。その市場構造は、北村敬直［1972］によれば、一方において遠隔地間の商品流通に支えられた遠隔地市場圏が存在し、他方においては、それと重なり合いながら、狭い範囲の地域的な商品流通に支えられた各地の局地市場圏が存在するというものであった。両者の比重と相対的な位置関係は、商品・地域・時期によって様々に異なっていたとはいえ、遠隔地市場圏が比較的大きな比重を占めたのは米穀類・手織綿布など一部商品の流通に限られていた。＊呉承明［1985］は米穀類・手織綿布な

第 4 章　近現代 II：20〜21 世紀　71

どの場合においてすら当該商品の全流通量の 15〜20％程度に過ぎなかったと試算している。しかし 19 世紀末から 20 世紀代にかけ，遠隔地市場圏の比重と影響力が持続的に増大し国内市場が統合されていく過程が進み，近現代中国の市場構造への変化が進展した。

　各地の局地的市場圏がどのような関係を取り結びながら広域的経済圏を形成していったかという問題については，日中戦争期の調査に基づくスキナー［1979］の興味深い研究がある。

市場構造への歴史的接近

　中国という地域には，歴史的に中国固有の市場構造が成立していた。その特質を契約のあり方に求めたのが柏祐賢［1948］である。前近代の中国では土地や建物の売買貸借，商取引などに際し，文書による無数の契約関係が張りめぐらされ，その契約の内容には請負を意味する「包」的な関係が規定される場合が多かった。柏は中国の経済秩序を貫くのは「包」的倫理であるとし，その要因として，中国経済の不確実性に伴う危険性を分散し，他に転嫁する志向が存在したことを指摘している。請負を重ね一つの経済的行為をいくつかの段階に区分し，それぞれの段階ごとの責任者を請負契約によって決めておけば，危険が生じた場合，すべての人が責任を負う必要はなくなるからである。

　一方，類似する問題意識をもった村松祐次［1949］も，自由放任の政府の下，個別主義的な社会が生まれ，それが貨殖主義と貧困と自由放任を助長し，再び個別主義的社会に帰結するという構図によって中国経済を描き出そうとした。ここにいう自由放任の政府とは，西欧近代に生まれた自由主義的経済秩序を支える近代国家のことではない。社会経済の展開には関心をもたず，宮廷財政を維持することのみに汲々としていた前近代の中国政府のことを指している。

　このような先行研究を踏まえつつ，古田和子［2004］は，中国における市場の発展を支えた諸要素を考察しており，古田和子編著［2013］にはさらに多面的に中国の市場構造の特質を検討した諸論稿が掲載されている。本書第 3 章の古田による紹介も参照されたい。加藤弘之・久保亨［2009］が指摘するように，こうした中国市場の歴史的特質に対する理解は，近現代の中国経済を考察するに際しても不可欠である。

貿易史・対外経済関係史・通貨金融史

　20 世紀前半を中心に国際市場の中における中国経済を総合的に論じた古典的名著が Cheng ［1956］ であり，木越義則 ［2012］ は中国海関が作成していた膨大な量の貿易統計を駆使し，近代中国における広域市場圏の成立と展開を解明した最新の研究成果である。

　19 世紀末から 20 世紀半ばにかけ，中国には多くの外国資本が投下された。その詳細な調査資料は，Remer ［1933］，東亜研究所第一調査委員会編 ［1942］，東亜研究所編 ［1942-43］ などにまとめられており，外国資本の果たした役割について様々な角度から論じたのが Hou ［1965］ である。

　一次史料の丹念な分析に基づいて中英間の経済紛争の実相を考察し，新たなタイプの中国人商人の台頭を指摘した本野英一 ［2004］ は，対外経済関係の展開を中国の市場構造の特質から解明した貴重な成果であった。

　市場の理解のためには，通貨金融システムが果たした機能とその変遷に関する考察が極めて重要なものになる。1920 年代から 30 年代にかけ，国際市場において銀価の低落と高騰が生じ，それが中国の通貨である銀元の為替レートを左右し，中国経済に大きな影響を及ぼした。そうした状況に対応すべく 1935 年に実施された幣制改革とその劇的な効果，国際的背景などに関する共同研究が野沢豊編 ［1981］，その後の研究も踏まえ大恐慌に対する中国経済の対応をまとめたのが城山智子 ［2011］，内陸の四川省における金融制度と近代的銀行の発展過程を考察したのが林幸司 ［2009］ である。

　その後，日中戦争期の通貨の状況については，国民政府により統一された通貨（法幣），共産党支配地域において発行された独自の通貨，日中戦争期に日本軍が占領地域で発行した通貨（連銀券，儲備券）などが入り乱れて流通していた状況について，膨大な日本側史料と中国で編纂された史料集，新聞史料などを基礎に考察した岩武照彦 ［1990］ がある。また，特に日本軍占領地における通貨流通の実態に関しては，当事者の立場に身を置いていた経済学者が，戦後，非常に精緻な分析である桑野仁 ［1965］ を発表した。

　物価史に関する専論はないので，基本的な史料集として ＊ 中国科学院上海経済研究所・上海社会科学院経済研究所編 ［1958］ を挙げておくにとどめる。

第4章　近現代II：20〜21世紀　73

3　国民国家への道──経済財政政策

経済行政と経済法制

　これまで述べてきた諸産業の発展と市場の拡大は，近現代中国における国民国家の形成を促すとともに，その国民国家の政策によって様々な影響を受けることにもなった。軍需工業，製糸業，綿紡織業，石炭産業などをはじめとする鉱工業や交通産業に対する個々の産業振興策に関しては，各領域に即して第1節で挙げた論稿がそれぞれ扱っており，国民党政権の基幹的な経済行政機関になった資源委員会については，＊鄭友揆・程麟蓀・張伝洪［1991］が全般的に論じた。20世紀初め以来の会社法，鉱業法等の制定実施過程を全般的に整理した富澤芳亜［2009］も見落とすわけにいかない。また国民政府の農業政策に関する分析としては，限られた地域であったとはいえ土地調査に基づく課税と土地改革が志向されていたことを明らかにした笹川裕史［2002］，江南地域で展開された協同組合事業（信用合作社）とそれに基づく農業金融を考察した飯塚靖［2005］などがある。

財　政

　1910年代から30年代初めにかけての中国財政に関しては，財政官僚自身が政策の要点をまとめている＊賈士毅［1917］［1932-34］が，まず参照されなければならない。また1920年代末から40年代にかけての国民党政権の財政に関しては，同政権の財政顧問に就き，多くの資料を直接入手するとともに個々の政策決定の現場にも立ち会っていたヤングが著したYoung［1965］［1971］が研究を進めるための基本文献になる。日本では，中華民国北京政府期の財政に関して金子肇［2008］が論じており，国民党政権の関税通貨政策に関する研究が久保亨［1999］である。人民共和国期の財政に関しては，計画経済期から改革開放期にかけての財政金融制度を概観したのが南部稔［1991］，地方政府による独自の政策が大きな影響を及ぼしている現代中国の財政金融を考察したのが梶谷懐［2011］である。

全般的趨勢

　では中国の経済財政政策は，全体としてどこに向かっており，今どのような状

況にあるのだろうか。中華民国期の経済発展全般を踏まえつつ，個々の経済財政政策に関する高水準の分析を配した論文集として今でも参照に値する存在が＊朱斯煌編［1948］である。人民共和国の成立以降に関しては，ここでは，計画経済へ移る以前の経済政策に関する鋭い分析として＊董志凱編［1996］，計画経済期の農業部門から工業部門への資金移動を解明した石川滋［1960］，計画経済を志向した中国経済が存外に計画性の乏しい経済であったことを具体的に明らかにしたエルマン［1982］，1970年代末から「改革開放」政策が始まり，農村から都市へ，沿海から内陸へと急速に市場経済が浸透していく過程を考察した加藤弘之［1997］，清末民国期を含め20世紀から21世紀にかけ統制と開放の間を揺れ動いてきた過程を総括した久保亨［2009b］を挙げておくにとどめたい。また，大陸とは異なる道を歩んだ戦後の台湾経済について論じた日本語文献には，劉進慶［1975］，隅谷三喜男・劉進慶・涂照彦［1992］，石田浩［1999］などがある。

　近現代中国経済の行方はなお見きわめ難く，現状を的確に把握するとともに，歴史的視角から多くの研究を積み重ねていくことが求められている。（久保　亨）

⇒文献一覧 pp. 284-288

第5章

古代〜現代：
朝　鮮

はじめに

　朝鮮史の一環としての経済史研究は，おおむね民族の自律性や内発性を重視する立場を取ってきた。例えば，前近代の制度について中国王朝のそれから安易に類推したり，植民地期の経済変化を外来的なものとのみ捉えたりする姿勢は批判され，朝鮮社会の内在的な論理の中で考えようとする努力が積み重ねられてきた。そうした姿勢は，戦前の「他律性史観」を乗り越える豊かな成果を生み出してきたと評価できるが，一方で，他の地域との関係史的，比較史的な検討をなおざりにする副作用をもたらしたとはいえないだろうか。日本・中国ほか他地域の経済史研究との交流の中で，これまでの蓄積が活用され，新たな視角の構築につながることを期待したい。

1　統一新羅・高麗時代

　ここでは統一新羅・高麗に関する近年の日本語での研究を中心に紹介する。韓国を含めた研究状況については朝鮮史研究会編［2011］をあわせて参照されたい。

統一新羅時代

　統一新羅時代の社会経済史に関する史料は極めて少ない。その中で日本の正倉院で発見された新羅村落文書（新羅帳籍）は貴重な一次史料で，多くの研究がある。文書の構造について旗田巍［1972］，武田幸男［1976］が基本的研究となっており，その他1980年代までの研究状況は濱田耕策［1986］が整理している。ただし文書の年代や，対象とする村落の性格など，基本的な問題に関する論争がいまだ決着を見ていない（木村誠［2004］）。

　また，統一新羅の対外交易については9世紀に全羅道を拠点として活動した海商張保皐の活動が有名である（李基東［2001］）。なお渤海については石井正敏［2001］がその8世紀後半からの対日貿易政策を取り上げている。

高麗時代

　高麗については土地制度をめぐる研究の蓄積が多い。かつて主流であった土地国有論は1960年代には力を失い，私的土地所有の存在が認められるようになったが（旗田巍［1972］がその代表），国家と土地の関係についてはなお議論が尽きない。例えば高麗時代の土地制度を多面的に論じた浜中昇［1986］について，六反田豊［2011］は，朝鮮前近代の土地制度史を「収租権に立脚した土地支配」から「所有権に立脚した土地支配」への一方向的な移行として描く通説を否定している点で重要であると評する。また浜中昇［2003］は，土地制度に関して史料に現れる「公」や「私」，「民」などの概念について，中国とも比較しながら論じている。

　高麗後期になると権勢家による私的大土地支配，いわゆる農荘が拡大する。これを浜中昇［1976］［1986］は土地私有権の進展ではなく収租権の集積だとする。また森平雅彦［1996］は国王からの賜牌によって収租権地を獲得した被給者の性格について論じる。六反田豊［1997］は高麗末期に成立した科田法について，それが収租権の法的根拠の確立という意義をもったことを強調する。

　高麗の商業については，王朝の商業政策を論じた須川英徳［1997a］，首都開京の常設市について論じた北村秀人［1990］がある。貨幣政策については須川英徳［1993］［1997b］がある。また，税穀を輸送する漕運について北村秀人［1978］［1979］，六反田豊［1993］がある。

　高麗の対外貿易については森克己［2008］［2009a］［2009b］が古典的な研究であ

る。山内晋次［2003］は，高麗を拠点に越境的に活動した海商について，日本や東南アジアの状況とも比較しつつ論じている。1350年代から活発化した前期倭寇の活動については，その民族的出自をめぐって論争がある。田中健夫［1987］，高橋公明［1987］は高麗側の勢力の参加を主張し，浜中昇［1996］，李領［1999］はこれを批判している。

2　「伝統社会」の成立——朝鮮時代

　ここでは朝鮮王朝の時期（1392〜1910年）について，開港以前を中心に取り上げる。この時期は一般に朝鮮時代と呼ばれる。王朝の中央集権的な官僚制国家としての体制は，経済や社会のあり方にも強く影響した。しかしその内実には豊臣秀吉と女真（清）の侵略の前後では相当の変化が見られ，研究上でもこれを境に朝鮮前期・朝鮮後期と分けることが多い。
　朝鮮時代の経済史研究においては，1960年代以来，社会内部に資本主義化に向かう自生的な動きがあったとする資本主義萌芽論が強い影響を与えてきた。しかしこれには，西洋の経験に基づく発展段階の考え方をそのまま朝鮮に適用し，それに適合する面だけを抽出しているという批判があり，1980年代になると，朝鮮に固有の経済構造や論理に注目する研究が増えた。そうした研究全体の流れと成果については，李憲昶［2004］が，特に韓国学界の動向を念頭に整理している。

農業と土地制度

　富農による大規模経営を重視する萌芽論的な見方もあるが，支配的だったのは家族単位の小農による集約的農業であったと見るのが一般的である。気候条件に応じて半島の南半部では水稲耕作が拡大する一方，北半部では一貫して雑穀の畑作が中心であったが，いずれでも労働力を多投して土地生産性を高める工夫が見られた（宮嶋博史［1980］［1981］）。朝鮮の伝統農法については同時代の農書類のほか，農林省熱帯農業研究センター編［1976］，高橋昇［1998］など植民地期の調査も重要な資料となっている。
　15〜16世紀に農地開発の主体となり，新農法を普及させたのは在地の中小地

主層であった。彼らは科挙を通じて官界に進出し，両班と通称される支配層を形成していった（宮嶋博史［1995］，李泰鎮［2000］）。両班を頂点とする身分構造とその変化については吉田光男［1998］が整理している。

　伝統社会の成熟期に小農の集約経営が発達したのは朝鮮だけではない。日本や中国でも水稲耕作を中心とした小農経営が発達し，それぞれに農業生産の拡大と人口の増加をもたらした。宮嶋博史［1994］は朝鮮と日本・中国における小農経営の確立過程を，家族や支配理念のあり方とも関連づけて「小農社会」というキーワードで論じている。また中村哲［1991］，安秉直［2005］は，小農社会の成立が，近代化の道筋にも影響を与えることになったと論じる。

　土地制度についていうと実質的な私的所有権は次第に明確なものとなり，売買も盛んに行われるようになった。一方で特定の土地から租税を収納する権利＝収租権を，私的土地所有との関連でどう位置づけるかが議論となってきた。官僚に収租権を分与する科田法・職田法は 16 世紀半ばには廃絶する。だが宮嶋博史［1991］は，宮房などの権力機関に対する収租権の分与は朝鮮後期にも続き，最終的には植民地期の土地調査事業で廃棄されるとする。この見解は，土地調査事業の意義づけという観点からも議論を呼んだ。

財政・商業と対外交易

　朝鮮王朝の収取制度では，土地に対して課す田税のほか，王室・政府が必要とする物品を地方官に割り当て現物の形で取り立てる貢納，また，労働力そのものを徴発する賦役（代表的なものが軍務に就かせる軍役）の 3 種類が中心であった。これら収納される物品やサービスの種類は多様であったが，次第に布や穀物に収斂してゆき，賦課基準も土地税と人頭税に整理されていった。こうした収取制度とその変遷については六反田豊［2013］が整理している。また貢納制については田川孝三［1964］が現在でも基礎となる研究である。

　経済全体に占める財政の比重や意味を考えるには史料の制約が大きい。上のような財政改革が商業に刺激を与えたという見方もあるが，李榮薫・朴二澤［2007］は数量経済史の成果（後述）を援用しつつ，現物形態の財政的物流が 18 世紀になっても経済体制の中で大きな比重を占める一方，商人的物流は微弱であったと判断している。今後の議論が期待される分野である。

　朝鮮時代の商業は国家財政と密接な関係をもって展開した。例えば 17 世紀か

ら貢物が地税化されて穀物や布で納入されるようになると（大同法），それを給付されて必要物品を調達する商人＝貢人が出現した（金東哲 [2001]）。官に物品やサービスを納付することを義務づけられた商人は他にも各種あり，当該品目の独占権などの特権を反対給付されることが多かった。

　かつての萌芽論の理解では，こうした特権商人は次第に衰え，自生的な商品流通に基盤をもつ民間商人＝私商に取って代わられると見てきた。しかし近年ではこうした見方は大きく変更を迫られている。例えば須川英徳 [1994] は，代表的な私商とされる「乱廛」商人も，宮房や軍門などの権力機関と結託していたことを強調した。このことは各権力機関が非法定的な商業課税を財源として確保しようとした，財政面での変化とも関連づけて理解される。

　貨幣については朝鮮前期まで王朝の発行する貨幣が広く流通することはなく，布が貨幣としての機能を帯びて用いられた。王朝の銅銭（常平通宝）が広く流通するようになったのは 17 世紀後半のことである。一時は銀も利用されたが，19 世紀初めまでに銅銭のみが専一的に利用される体制が形成された。朝鮮時代の貨幣と貨幣政策については須川英徳 [1998] [2001] [2014] などがある。

　対外交易について，中国との関係では，北京への定期的な使節の往来に伴う貿易（使行貿易）が重要である。朝鮮後期の使行貿易については *張存武 [1978] が包括的に整理している。17 世紀から 18 世紀前半にかけては，日本銀がこの経路によって中国に流出し，反対に中国産の生糸が朝鮮を経て日本に輸出されるという，国際的な中継貿易が盛行した（田代和生 [1981] [2007] [2011]）。日本銀の海外輸出の縮小によってこの中継貿易が衰退すると，朝鮮では新たな中国への輸出品として人蔘の栽培が拡大した。これについては *柳承宙・李哲成 [2002] のほか，今村鞆 [1971] が史料集としてなお有用である。

数量経済史

　朝鮮時代の経済統計を得ることは長らく困難であったが，近年では地主家の日記など在地史料の収集が進み，物価等の長期統計が作成されるようになった。それらを用いた数量経済史的な研究も韓国で進展しており，その一端は李榮薫 [2004]，須川英徳 [2005] で知ることができる。

　李榮薫はその成果に基づき，19 世紀前半の農業生産力は山林荒廃などを背景として急速に下落しており，そのことが政治・社会全般に危機的な影響を与え

たと主張する（李榮薰［2005］［2008］）。これは朝鮮王朝が，開港と植民地化を待つことなく倒壊の危機に瀕していたという認識につながることから（李榮薰［2009］），議論を呼んでいる。

3　国際社会への開放と衝撃

　本節では1876年の日朝修好条規による「開港」から，1910年の韓国併合＝植民地化までの時期を中心に取り上げる。朝鮮史において「近代」がいつ始まるかについては議論がある。例えば韓国の研究入門書である＊河元鎬［2008］では，近代の起点として「1860年代説」「1876年説」「1894年説」が並立していると説く。1876年説は開港を近代の起点と見るものである。対して1860年代説は政府の排外政策と民衆反乱に「反侵略と反封建運動」の胎動を見出す考えであり，1894年説は日清戦争中に実施された政府機構の改革を念頭に「資本主義的生産様式」に照応した政治体制の成立を重視する。これらは大まかに近代の契機を国際化に求めるか，社会の内的発展に求めるかという視角（また近代の定義）の違いによるといえる。

貿易と国際分業
　朝鮮の開港後，終始最大の貿易相手国だったのは日本である。この時期の日朝貿易については村上勝彦［1975］が古典的であり，1890年代に日本綿織物を朝鮮米と交換する「米綿交換体制」が成立したとする。ただしそこで関心が寄せられているのは日本の産業革命から見た朝鮮の役割であり，朝鮮に視点をおいて見るなら，多角的な国際市場の中で対日貿易がいかに成長していったかを問い直す必要がある。そのような意味で，朝鮮をめぐる国際秩序の変容を東アジア史の中で論じた浜下武志［1997］や岡本隆司［2008］，中国人商人の広域的な商業ネットワークの中に朝鮮開港場を位置づけた古田和子［2000］，石川亮太［2005］が参考になる。
　貿易統計はこの時期に得られる数少ない体系的な経済統計であり，経済史全般に活用できる。ただし編成や公刊の形がしばしば変わったため，一貫したデータを得ることは容易ではない。貿易統計を整理した堀和生・木越義則［2008］，そ

れに基づいて朝鮮の貿易構造を概観した堀和生［2009］［2013］が参考になる。

市場と商業・商人

　貿易の拡大は国内産業の構造を大きく組み替えた。例えば輸入品の大宗を占めた機械綿織物は，農家副業として行われてきた在来綿業に深刻な打撃を与えた（梶村秀樹［1977］など）。その背景としては，不平等条約の下で有効な保護政策が採られなかった等の政治的要因に加え，在来綿業の工程間分業が未発達であったことから，輸入綿糸を利用した織物業の生き残りが困難だったことが指摘されている。また米穀や大豆などの輸出増加は，積極的に対応して商業的経営を拡大する農家層を生み出した反面（宮嶋博史［1974］），伝統的な食糧の需給メカニズムに変調をきたした。吉野誠［1978］，＊河元鎬［1997］は，特定地方からの米穀搬出を禁じる防穀令の頻発も，それを反映した現象だという。

　開港後の外国貿易は，日本や中国と同様，いわゆる居留地貿易の形で行われた。開港場で外国人商人の取引を仲介した商人は開港場客主と呼ばれる。開港場客主は，商業金融を通じて外国人商人に従属したという評価がある一方で，特定の権力機関からの庇護を受けた競争制限的な行動が摩擦を引き起こすこともあった。（須川英徳［1994］，李秀允［2001］）。また外国人商人は国内市場にも積極的に進出した。中国においては外国人の国内市場進出が容易に進まなかったことを考えると，朝鮮でそれが盛行したことは，単に条約上の規定に帰せられない背景があったと考えられ，検討を要する。ただし商業取引の具体相を示す史料は少ない。石川亮太［2007］はソウルでの中国人・朝鮮人商人間の取引のあり方を紛争事例から考察している。

　外国人商人の大半を占めた日本人商人の進出過程と活動については木村健二［1989］［1999］がある。日本と朝鮮の開港場を結び，日本人商人の活動を支えたサービス部門については，高嶋雅明［1978］が日系銀行による貿易金融を，小風秀雅［1995］が日本郵船の近海航路網の構築過程を検討している。やはり日本資本による鉄道の建設と運営については鄭在貞［2008］が詳しい。

　なお，この時期には「会社」を名乗る組織が叢生し，商業や製造業，運輸業など様々な事業に従事した（その網羅的な把握を目指したものとして＊全遇容［2011］）。そのほとんどは短期で消滅し，経営実態は不明だが，在来の商人と同様に権力と結びつき，事業収益よりも特権からの収入に依存したと見られる例が少なくない。

藤永壮［1991］は官吏出身で会社設立に参加した朴琪淙の例を取り上げ，朴が政府の営業免許を独占特権と同一視していた側面を指摘する。また，＊李承烈［2007］は代表的な朝鮮人銀行である大韓天一銀行を取り上げ，同行が高位官僚と結びついて財政資金の運用を柱に活動したこと，さらに植民地期には総督府と結びついて生き残りを図る過程を明らかにする。

財政・通貨

朝鮮政府は日清戦争を機にいわゆる甲午改革を実施し，財政についても担当官庁の一元化や予算会計制度の導入，租税金納化などが図られた（堀和生［1980］）。さらに朝鮮は1897年に大韓帝国と改称し，皇帝権の強化を軸とした国制改革を進めた。その過程で皇室財政は，通貨発行権さえその中に吸収しつつ急速に膨張していった。これについて近年の研究動向を検討した趙映俊［2013］，日本の皇室財政と比較して論じた金載昊［2000a］［2000b］がある。また李榮薰［2013］は，肥大化した皇室財政が「虚礼と浪費」に蕩尽され王朝の敗亡を招いたとするが，これは近代化政策における皇帝の主導性を高く評価する李泰鎮［2006］らと鋭く対立する。

通貨については本位制の施行が何度か試みられたものの挫折し，数種類の銅銭と外国通貨がそれぞれに異なる機能を帯びて併用される状況が続いた。最終的な幣制統一は保護国期の貨幣整理事業により，日本円との通貨統合という形で実現された。その過程を植民地幣制の形成という視角から論じた羽鳥敬彦［1986］，在地の小額通貨流通の変容という視角から論じた石川亮太［2006］がある。

農業と土地制度

金容燮［2002］は，米穀輸出による利益を元に土地集積を進めた朝鮮人地主の具体相を明らかにしている。土地制度については，日清戦争後に地籍調査＝光武量田が着手されたものの完遂されなかった。宮嶋博史［1991］はこの流れを開港前からの私的土地所有権の成長を反映したものと見る一方で，この段階ではまだその上位に国家の「収租権的土地支配」が残存しており，それを最終的に廃棄したのは土地調査事業であったとする。この見解に対しては土地調査事業の外来性・植民地性を強調する立場からの批判がある。

4　植民地支配と独立

　1910年に植民地とされた朝鮮は，1945年の日本敗戦＝解放を経て，1948年に分断国家として独立した。植民地期の経済史についての見方は，韓国の急速な経済成長につれて大きく変化した。その最大の論点は，植民地期の経済変化が解放・独立後に連続するようなものであったかという問題であろう。計量的分析の深化を背景として，植民地期の経済に不可逆的な変化が生じていたことはすでに共通の理解になっているといってよい。だが，それが直ちに戦後韓国の経済成長に基盤を準備したものといえるかどうかは即断し難い。

　松本武祝 [2011]，金洛年 [2008] は植民地期の経済についての認識や方法論の変化を学説史的に整理している。また李昇一他 [2012] は，経済史家の議論が市場成長というポイントに偏っているという批判的な立場から，植民地における「近代」の意味を問い直した論文集である。

経済成長

　計量経済学の手法を利用して植民地期のマクロ経済統計を整理・分析した溝口敏行・梅村又次編 [1988]，金洛年編 [2008] が，また，朝鮮を含む日本帝国全体を対象とした山本有造 [1992] がある。

　金洛年 [2002] は，これらの成果を踏まえて植民地期の再生産構造を捉えようとする。日本からの資本輸出が農業・工業の両部面を包摂してゆく過程を明らかにすると同時に，農業開発の結果が工業化のあり方を規定するという形で，朝鮮に固有のダイナミズムが作用したことにも注目している。

　さて植民地期をマクロ経済の視角から検討する場合，その対象をどの範囲に設定するか――帝国全体か朝鮮のみか，全居住者を対象とするか民族別に区分するか――が問題となる。許粹烈 [2008a][2008b] は民族別の区分を重視して統計を再検討し，植民地期の開発は「日本人たちの，日本人たちによる，日本人たちのための開発」であり，解放後への影響は極めて限定的だったとする。

農　業

　植民地化当初の朝鮮は農業中心の社会であり，1930年代初めにかけて日本に

大量の米穀を供給した。河合和男［1986］は，米穀生産力の引き上げを目標として朝鮮総督府が実施した産米増殖計画（1920〜34 年）についての基礎的研究である。また農地改良の担い手となった水利組合については松本武祝［1991］，宮嶋博史他［1992］がある。

　植民地期の農業については，かねて地主制の問題が注目されてきた（浅田喬二［1989］，金容燮［2002］）。これに対し朴ソプ［1995］は，直接生産者である小農民に注目し，その独立経営者としての行動と総督府の政策を取り上げた。また松本武祝［1998］は，そうした小農民を中心とする農村社会の秩序が，植民地下でどのように変容したかを検討している。

工業化と労働者・企業

　1930 年代以後の朝鮮では急速な工業化が生じた。堀和生［1995］は，そうした工業化が軍需工業の移植に過ぎず，朝鮮人の生産・消費に影響を与えなかったという見方を否定し，朝鮮内部において資本主義的な生産様式への変化が不可逆的なレベルで進んでいたと主張する。また堀は，その過程で日朝間の分業関係が深化したことを強調するが，堀和生［2009］では視野を日本帝国全体に広げ，そこに一体として「東アジア資本主義」が成立していたことが，戦後韓国・台湾の輸出志向型工業化にも影響を与えたとする。

　植民地期の経済成長・工業化が解放後に与えた影響については，物的資本だけでなく人的資本の蓄積も論点となってきた。安秉直［1990］［1993］は，特に戦時期において工業部門で朝鮮人の労働者が急激に増加し，質的にも一定の成長が見られたとする。対して林采成［2005］は，戦時期の朝鮮国鉄の運営についての分析において，日本人の代用として朝鮮人の採用が急増したことは事実だが，その質は極めて低く，解放直後の朝鮮人による自主運行は困難な状態であったとする。

　また宣在源［2006］は小野田セメントの事例を中心に植民地期の雇用システムについて検討し，朝鮮人労働者が企業の中で人的資本を蓄積し，競争を通じて待遇の向上を獲得する内部労働市場が存在していたこと，しかし労務管理における民族間格差はついに解消されなかったことを指摘する。

　企業家・企業の側についての研究を見ておこう。1919 年に京城紡織を創立した金性洙は植民地期を代表する朝鮮人企業家である。エッカート［2004］は，金性洙が朝鮮総督府や朝鮮殖産銀行の庇護の下で事業を拡大したことを強調し，そ

のような朝鮮人企業家の活動パターンが，独立後の朴正熙政権下における国家主導的な経済成長の過程にも引き継がれたとする。同じく京城紡織を取り上げた朱益鍾［2011］は，利潤追求という目的の下での合理的な企業行動という視点から同社の事業内容を分析し，それを民族主義的な価値尺度によって批判するのは誤りだとする。

　日本人企業・企業家を扱った研究としては，東洋拓殖会社についての河合和男他［2000］，黒瀬郁二［2003］，日窒コンツェルンを扱った姜在彦編［1985］などがある。また小林英夫・李光宰［2011］，李光宰［2013］は，植民地期の電力業が「日本人たち」のものであり，解放・独立後に再建された韓国の電力業とは人的・物的にも，制度的にも断絶したものであったことを強調する。

　企業に関する制度・政策については，会社設立を（届出制ではなく）許可制とした朝鮮会社令（1911〜20年）が知られる。小林英夫編［1994］は同令によって会社の設立が日本人・朝鮮人を問わず制約されたものの，1910年代半ばには形骸化して，日本からの直接投資が急増したとする。

国外移動と動員

　植民地期の社会変化に伴い，朝鮮人は広く移動を経験するようになり，その範囲は日本・満洲・極東ロシアほかに及んだ（水野直樹［1999］）。日本への移動に限ると，外村大［2004］がその送出から日本での定着，社会形成の過程まで幅広く取り上げる。河明生［1997］，杉原達［1998］は大阪を中心に就業構造などを検討し，西成田豊［1997］は政策面に詳しい。

　1937年の日中開戦後には政策的な労働力動員，いわゆる強制連行が開始される。その解明に先鞭をつけたのは朴慶植［1965］であり，強制連行の定義や動員者数等について整理した金英達［2003］，外村大［2012］などが続いている。

解放後への展望

　いくつかの研究について言及したように，植民地期の経済史研究では，その解放後に与えた影響が重要な関心事となる。解放後の時期を扱った研究のうち上で触れなかったものに，南半部における日本人企業の処理過程に注目した李大根［1990］［1993］，北半部での初期経済政策を朝鮮戦争時の米軍鹵獲文書から検討した木村光彦［1999］などがある。

1960年代の朴正熙政権成立後の韓国経済成長の過程については，開発経済学など歴史学以外のアプローチによる研究が蓄積されているが，その時期を植民地期とつなぐ1950年代についての研究は多くない。原朗・宣在源編著［2013］の諸論稿では，李承晩政権期の経済政策が従来考えられていたよりも大きな影響を後の時代に与えていたことを強調し，その分，朴政権期の変化を植民地期の遺産と捉える見方については慎重な立場を取る。　　　　　　　　　　（石川亮太）

⇒文献一覧 pp. 288-292

第 II 部
南アジア

高度な都市文明を生んだインダス文明をはじめとし，ガンダーラを代表とする美術作品や，仏教，ジャイナ教，ヒンドゥー教，イスラム教などの多くの信仰を生み出してきたインドは，その一方で，中国と並んで，近世に至る世界の経済活動の牽引者でもあったといってよいだろう。世界最高峰となるヒマラヤ山脈からデカン高原を経てインド洋へと連なる地球上最大の高低差，激しい暑さと零下の冷え込みが襲う寒暖差，モンスーン気候特有の乾期と雨期の降水差などのいくつもの極端さを抱えながら，現在に至るまで世界有数の巨大な人口を支えてきた農業生産に加えて，その高度な技術性とデザイン力でヨーロッパからアフリカ，東南アジア，そして東アジアの市場に近世まで圧倒的な影響力をもった綿布を中心に，非農業部門においてもインドの存在は傑出していた。

　このような状況にあったインドは，しかし産業革命を引き起こしながら大西洋貿易とインド洋貿易を掌中に収めるようになったイギリスによる植民地支配を受け，19世紀にはその地位を大きく低下させていくことになる。そして，2世紀近くにわたる長期の植民地支配を経て20世紀半ばにようやく独立を果たしたインドは，計画経済を基本とした開発の道を歩む。しかしその発展は紆余曲折をたどり，アジアの奇跡と呼ばれる日本や韓国，シンガポール，さらには中国が牽引した高度成長からははるか遠くに置いていかれてしまった。そうした停滞期を経たインドは，しかし20世紀の終わりになってようやく高度成長軌道に乗り，現在では21世紀の世界の動向を左右するような力を有するようになったと評価する向きさえある。

　インドを中心とした南アジアの経済動向とそれに対する歴史研究の流れを解説しようとする第II部は，大きく前近代I：インダス文明〜12世紀，前近代II：13〜18世紀，近現代I：18世紀〜第一次世界大戦，近現代II：第一次世界大戦以降の四つの章に分けて叙述される。まず史料状況であるが，中国とその周辺の東アジアの国々が「正史」あるいはそれに類する多くの記録を残したのに対し，南アジアでは宗教に関わるものを除いてほとんど文書は残されなかった。そのため，研究者は，ブラフミー文字やタミル文字をはじめとする文字や各種言語で銅板や寺院の壁などに残された刻文をほぼ唯一の頼りに，稀には旅行者が残した記録を

もとに研究を進めてきた。幸い，刻文はインド考古局が中心となって組織的に公刊されており，未公刊のものも含めてマイソールのインド考古局刻文支所に集められている。また，外部からの旅行者の記録については多くが英訳され，日本語に翻訳されているものも少なくない。

　こうした厳しい史料状況が一変するのは，東インド会社を代表とするヨーロッパの商業勢力がインドと本格的に関係をもつようになる17世紀以降のことである。綿布という世界商品を求めてやってきたそれらのヨーロッパ勢力は，その取引内容を記録した。とりわけ，18世紀半ばからついにはインドを面的に統治し始めるようになったイギリス東インド会社と，会社を引き継いでインド全体を19世紀後半から統治することになったインド植民地政府は，その統治の目的に合わせて膨大な記録を残した。こうした欧米の言語によって記録されたいわゆる植民地資料は，インド各地の文書館，デリーの国立博物館，ロンドンの英国図書館，同図書館から資料を譲り受けたシカゴ大学などに保管され，利用に供されている。

　このような史料状況から，経済史はもとより，インド研究を志す者は，長くインドやイギリスに滞在し，資料を書き写すなどして研究を行ってきた。現在でも，もちろん長期留学を前提として研究が行われている。しかし，日本でも近年大型科学研究費などの獲得によって各種一次資料のマイクロフィルムやデジタルスキャンコピーが整備されるようになってきた。東京大学東洋文化研究所，東京大学文学部東洋史学研究室，東京外国語大学，同アジア・アフリカ言語文化研究所，京都大学，アジア経済研究所をはじめとする研究・教育機関がそれらを利用に供している。また，1990年代に入ってからは，インド政府からの各種行政資料や統計類がデジタルで入手可能となり，主なものは整備されるようになった。現代に関する限りは日本での研究環境は大きく改善されたということができる。

　研究状況の経緯を見ておくと，以前はインド史研究会，インド考古研究会，南インド研究会をはじめとする有志の集まりや，アジア・アフリカ言語文化研究所やアジア経済研究所が組織する共同研究プロジェクトが中心となって研究が進められた。その流れの中で1988年に日本南アジア学会が設立され，初期には経済史研究者が構成員のかなりの割合を占めていた。しかし近年，多様なディシプリンに関わる者が集まるようになったことから人数的には少数派となっている。その一方で，20世紀の終わりからのインド経済の台頭という状況の中で，2010年

に人間文化研究機構が現代インド研究拠点を全国の六つの大学や研究機関に設置して研究強化を図ったこともあり，インドの最近の変化の性格をより長期的な視点から捉えるために経済史研究が重要であることが再認識されることとなった。その結果，人口や環境，農業生産，都市などの長期的な動きを対象とした研究が次第に盛んとなり，方法的にも，歴史地理情報システムのような新たな手法が用いられ，インド内部の地域格差の分析にも用いられるようになった。もう一つの新たな動きとしては，インドを他の世界と切り離して扱うのではなく，いわゆるグローバル・ヒストリーの文脈の中に位置づけようとするものがある。グローバル・ヒストリーは，貿易や人の移動，商品流通や国際金融，疫病や環境など，そもそも現在の国境を超えた地域間の相互関係を扱う研究が主であったが，近年では生活水準や身体，人口変動など，内的な問題まで対象が広がっている。新たな手法を取り入れながらインドをグローバル・ヒストリーの文脈に位置づけながら大きな経済変動とその地域的特徴を剔抉することが南アジア経済史研究の当面の課題であろう。　　　　　　　　　　　　　　　　　　　　　（水島　司）

第6章

前近代 I：
インダス文明〜12世紀

はじめに

　本章が対象とするインダス文明期から12世紀までの期間は，大きな時代区分としては，①インダス文明期，②前1000年頃〜グプタ期（あるいは前1000年頃〜後300年頃，いわゆる「古代（ancient time）」），③600年頃〜1200年頃（あるいはグプタ期〜1200年頃，いわゆる「中世初期（early medieval time）」）の三つに分けられ，それぞれ研究者の専門とする時代も概ねこの枠組みに入るといってよいように思われる。この間の大きな歴史的動向を経済的な中心地域のあり方から概観すれば，①の時代には南アジアの経済的中心地域はインダス川流域およびグジャラートにあったが，②の時代になると中心地域がガンジス流域にシフトし，そこを中核とする巨大な帝国が形成される。ところが③の時代になると辺境地域の開発が進行し，デカンを含む南インドの勢力がガンジス川流域の勢力を凌駕していくとともに，11〜12世紀には南アジア各地に地域国家が形成され，経済的中心が多極化していく。

　当該期に関わる経済史に特化した南アジア史の概論は邦語文献では存在しないが，古い時代は政治・社会と経済が分かち難く結びついているので，むしろ経済に十分言及している一般的な南アジア史概論の方が南アジア経済史を理解する上でもよいだろう。そうした概論として邦訳文献では，世界的に読まれている好著ターパル［1970-72］がある。彼女は近年，1300年までの南アジア史の概論を書

いており，こちらも内外で高く評価されている（Thapar [2002]）。そこでは前掲の邦語文献とはかなり視点を変えて，チャットーパディヤーヤらが提唱している地域国家形成論（後述）を前面に出している（山崎利男 [2004] 参照）。シャルマ [1985] は，経済史に重点を置き史的唯物論に基づいた古代史の概論である。また，同様に史的唯物論に基づきつつインド古代史を捉えようとしたコーサンビー [1966] もある。この書では著者のもう一つの方法論であるフィールドワークの知見が盛り込まれている。彼独自の生産様式論を前面に出しているのは，前近代南アジア史の概論にして彼の代表作『インド史研究序説』である（Kosambi [1975]）。こちらは出版当時から世界的に知られていた名著である。

　邦語文献の概論としては，15世紀までの南アジア史の流れをたどった山崎元一 [1999] がある。また近年，多数の論者による概論が公刊されている（山崎元一・小西正捷編 [2007]，小谷汪之編 [2007]，辛島昇編 [2007]）。各章はそれぞれの専門家によって書かれており，最新の研究成果が盛り込まれている。

　英語文献の概論としてすでに紹介したもの以外で特筆すべきものは，Singh [2009] であろう。先史時代から12世紀までの概論であるが，高等教育での教科書を意識した書で，カラー刷りの地図・図版が豊富であり，代表的な研究トピックや史料の部分訳を多く欄外に掲載し，研究入門的な概論としてよくできている。英語文献の経済史概論として筆者が最も評価するものは，ビルマ史を専門とするリーバーマンによる比較前近代史研究の南アジア地域の叙述である（Lieberman [2009]）。最新の研究成果をバランスよく取り入れており，全体として政治経済史に重点を置いた一貫した論述となっている。彼の全体的な枠組みについては異論もあろうが，わずか100ページでここまで目配りの利いた南アジア経済史の論述を，邦語文献でも英語文献でも筆者は寡聞にして知らない。

　なお，この時代の研究の手引，文献案内として今なお極めて有用なのが山崎利男 [1984] である。工具書についてはこちらを参照されたい。また，この時代に関する歴史地図が最近刊行された（Habib and Habib [2012]）。扱っている時代は8世紀までであるが，解説が詳細であり，政治的版図と経済地図が時代ごとに提示される構成で，資源分布も掲載されている。

1 インダス文明

インダス文明について，日本では30年以上前に非常に優れた書籍が編まれている（辛島昇他［1980］）。そして近年では総合地球環境学研究所がインダス文明の発掘調査を積極的に行ってきた。その成果は長田俊樹編著［2013］としてまとめられている。また，上杉彰紀［2010］はこれまで発掘された遺跡各々についてその概況をまとめている。

都市文明の特質と交易

概ね前2600〜1900年に北西インドを中心に，都市文明圏としては異例なほど広大な地域で，煉瓦規格や度量衡など高度に統一された都市文明が展開した。にもかかわらず，強力な中央権力者のいない非集権的な文明であり，また，必ずしも大河川に依存した文明でもなかったことが指摘されている（長田俊樹［2013］）。特に近年の研究ではメソポタミア方面との交易をはじめ，インダス文明が西アジア・中央アジアの広大な経済圏・文化圏に組み込まれていた側面に注意が向けられている。その中で，それまでの陸上交易・交流に加えてインダス文明期からペルシア湾の海上交易が本格的に始まったこと，前3000年紀末にはバハレーン島周辺のティルムンが両地域の中継貿易を展開したため，インダス商人がメソポタミアに赴くことがなくなったことなど，交易の展開において重要な知見が提示されている（近藤英夫［2011］）。また近年の研究動向として，輸出工芸品の製作技術とその職人集団に焦点を置いた研究が進展している（Kenoyer［1998］）。

インダス文明からガンジス文明へ

インダス文明衰退後について，かつては後代のガンジス川流域の都市文明との歴史的文化的断絶が強調されていたが，近年の発掘の進展により，インダス文明崩壊後の文化が連続的にガンジス川流域の都市文明へと継承されていることが明らかにされつつあり（近藤英夫［2011］），今後の発掘・研究の進展によってこの都市文明の位置づけが明確になることが期待される。

2　古代——前1000〜後600年

経済史と国家システム

　この時代の一つのピークがマウリヤ帝国にあるという歴史認識から，当該期の経済史を俯瞰する代表的な視点もマウリヤ朝を典型とする古代国家の捉え方と関わっており，それには大きく分けて二つある。一つの立場はそれを中央集権的な官僚制的専制国家と考えるものであり，現在に至るまで通説とされてきた。邦訳でこの立場を明確にしているのは前掲のシャルマ［1985］である。マウリヤ朝はよく整備された巨大な官僚機構を通じて隅々まで統制しようとしていたが，グプタ朝から国家の中央集権性が崩れだし，国家・社会が封建化へと向かうとしている。他方，もう一つの立場から書かれた邦訳としてはターパル［1986］がある。彼女はかつてマウリヤ朝史研究の基本文献 Thapar［1961］を著し，中央集権的国家像を提示していたが，その後，社会史研究を展開する中で大きく視点を変えて同書を書いた。考古学の成果を積極的に取り入れて，後述する分節国家（segmentary state）論を援用しつつマウリヤ帝国の形成を論じ，ガンジス川流域などの先進的な中心地域だけでなく社会の発展段階が大きく異なる周辺地域をも統合したために，地方支配者を介した画一的でない統治体制をとっていたとした。この試論をさらに発展させて概論としたのが，前掲の Thapar［2002］である。

ヴァルナ制

　前1000年紀前半は鉄器の導入，王制国家の出現，ヴァルナ制の形成が見られ，古代社会の基盤を作り上げた，いわばインド古代史の大きな画期といいうる時期である。ヴァルナ制は現実には必ずしも法典通りに適用されず，むしろバラモンの理念上の産物であるとされているが，そのヴァルナ制の形成・展開や不可触民の問題を，法典にとどまらず古代インドの主要文献を渉猟して真正面から論じているのが山崎元一［1987］である。ヴァルナ制だけでなく，グプタ朝時代までの雇用労働者や奴隷などについても詳しく，商業的に繁栄したこの時代の社会編成や労働のあり方を調べる上で道標となる文献である。

鉄器と農業

　鉄器の導入は，インド農業を飛躍的に発展させてガンジス川流域に都市社会を生み出し，仏教など新興宗教の勃興を促し，ひいては古代帝国を創り出したとするのが通説である。これについて考古学資料と文献史料とを整合させて実証しようとした代表的研究が Sharma［1983］であろう。しかし近年はこうした理解が必ずしも共通理解にはなっていない。その典型として，前1000年紀のガンジス川流域について鉄器導入に関する議論を集成した Sahu (ed.)［2006］がある。そこでは前掲のシャルマの理解に対して疑義が提示されており，考古学資料の示す鉄器の普及・影響は極めて長期にわたってゆっくりと進行したのであり，都市社会形成の前提と考えることはできないとされている。このことは，鉄器技術の社会へのインパクトに関する問題の複雑さを示すだけでなく，文献史料から得たイメージを考古学資料で補強することの問題性をも物語るものであろう。

　この時代の土地制度について具体的な状況が分かるのはグプタ朝時代のベンガルである。ここでは銅板の土地売買文書が多数発見されており，土地売買に対して中央政府，ベンガルの地方行政機関（viṣayādhikaraṇa），在地社会が関わっていることが判明する。この文書を分析して当時の土地制度とグプタ朝の地方支配のあり方を論じたのが山崎利男［1959］である。これに対して在地社会側の関与を重視して，ポスト・グプタ期まで見通そうとした研究が古井龍介［2001］である。

　この時代の農業技術について論じた邦語文献としては岩本裕［1963］があり，技術や用語法に関して網羅的に概観している。他方，個別の技術ではなく，耕起から刈り取りまで一連の技術としてこの時代の稲作農法を論じたものに三田昌彦［1992］がある。移植法ではなく直播法こそがインド古代の稲作の中心的農法だとしている。

都市と商業

　当時の都市社会と商人の生活については，本節の「経済史と国家システム」で取り上げた諸文献にもよく描かれているが，史料的根拠を丁寧に提示するものとして山崎元一［1987］がある。山崎利男［1971］は6世紀末の商人ギルドの法規定を刻んだ珍しい刻文を分析したもので，この刻文は当時の商人集団と国家の具体的な関係を伝えるほとんど唯一の史料として重要である。

　インドの古典文献には理念的な都城・都市の形態的構造が論じられており，工

学書シルパ・シャーストラや建築学書ヴァーストゥ・シャーストラなどからそれを紹介しているのが布野修司［2006］，実利論などを根拠に中国など他地域のアジアの都城との比較を通して論じているのが応地利明［2011］であり，いずれも図版を使いながら分かりやすくまとめている。

南アジアの交易ルートに関しては，インダス文明期から前200年までについては Lahiri［1992］があり，Chakrabarti［2005］は，ガンジス川流域とデカンとを結ぶ交易ルートを主として考古学データから示すとともに，中近世の旅行記と比較しており，交易路の歴史的変遷に関する端緒的研究として興味深い。

インド洋交易

マウリヤ帝国崩壊後の前1世紀から後3世紀はインド洋交易がさかんになり，交易の研究が分厚くなる。中国との交易については邦訳文献では劉欣如［1995］が詳しい。主要輸入品は絹であるが，クシャーナ朝の影響の下，ローマ方面への絹もクシャーナ朝領域から南下してバルバリコンやバルーチの港から出荷されていた。また仏僧と商人との関係についても詳しく，僧院が商人から寄進を受けると同時に，仏僧自身も交易に携わっていたことが明らかにされている。

一方，東南アジアとの交易に関しては Ray［1994］が仏教との関係を論じており，菩薩が船乗りや旅行者の救済者として現れること，東南アジアでの仏教の拡大は交易ルートをたどるように展開していることなどが指摘されている。なお，初期の東南アジアとの交易（貴石製ビーズ・回転紋土器の輸出）はかつて，東南アジアの「インド化」として論じられたことがあったが（Majumdar［1927］，Cœdès［1944］），現在ではこれは交易関係に過ぎず，4世紀以降に見られるサンスクリット文化の導入（本章第3節の「経済史全般」参照）とは無関係だと考えられている。

この時代の東南アジアとの交易の拠点であったコロマンデル海岸の諸港について，西方のローマとの交易とも関連させてそのネットワークを論じているものに辛島昇［2001］があり，交易品や諸港の出土品についても詳しい。ローマ交易に関して Ray［1994］，蔀勇造［1999］は，4世紀に東南アジアから地中海への香辛料交易におけるインドの中継拠点が亜大陸南端部にシフトし，スリランカの重要性が高まったことを指摘する。蔀勇造［1999］はまた，インドからインド洋沿海地域へは穀物・砂糖・木綿など日用品が主要交易品となっている点に注意を促しており，奢侈品交易とされるローマ交易だけではなかった当時の交易のあり方

として重要な指摘である。

3　中世初期——600〜1200年

経済史全般

　この時代の経済史に関しては，まず封建化論を取り上げるべきであろう。早くから提唱していたのがKosambi［1975］で，グプタ朝時代頃から，まず上層の支配層（総督など）から分権化し始め（「上からの封建化」），その後ゆっくりと村落レベルの領主化が進行していく（「下からの封建化」）と見た。それとは別の視角から封建化を論じたのがSharma［1980］であり，グプタ朝時代からバラモンや寺院への土地施与（寄進），商業・交易の後退と貨幣経済から実物経済への転換，官吏・家臣への土地給与の展開などが徐々に進行していき，国家の分権化，社会の封建化が12世紀まで進んだとする。Kosambi［1975］よりも具体的なプロセスを提示して，概ね1980年頃までインドの歴史学界に大きな影響を与えた。その頃までのこの時代に関する研究史をまとめた邦語の基本文献が山崎利男［1982］であり，シャルマの封建化論に対して一定の距離を置きつつ，この時代の変化に焦点を当てて諸学説を紹介している。

　1980年前後からチャットーパディヤーヤやクルケらが，封建化論への本格的な批判を展開し，地域国家形成論を提唱した（Chattopadhyaya［2012］，Kulke［1995］）。前掲ターパル［1986］と同様，古代帝国は内部に非国家社会を多く含む分節的な国家だとし，ポスト・グプタ時代からそうした周縁地域で地域的な国家統合が進展し，ヴァルナ制に基づく国家社会へと本格的に移行していくと考えた。したがってこの時代は商業・交易が後退したのではなく，むしろ周縁において大きく発展したと見る。

　さらにクルケは近年，同時代に東南アジアでも進行していたサンスクリット的王権化を，南インドで進行していた国家統合のプロセスと同様の並行現象と見て，ベンガル湾を挟んだ東西の国家・社会の同質化（convergence）を指摘した（Kulke［1990］）。辛島昇［2001］も，北インドから南インドへと伝播・変容したものが段階的に東南アジアへと運ばれたとし，南インドと東南アジアを「兄弟の関係」と考えている。これらに対して，当初，東南アジア史研究からの反応は芳しくな

かったが，最近になって南アジア・東南アジア両地域の歴史研究者の注目を集めている。この問題について，東南アジア史の側から積極的に応えているのが青山亨［2010］であり，海外では両地域を越えたインターディシプリンの共同研究（考古学・歴史学・美術史学など）も進展している（Manguin, Mani and Wade (eds.)［2011］）。

　南インド史では近年，辛島昇が長年の研究成果を，11・12～15世紀の社会経済的な変動を中心にまとめている（Karashima［2009］）。土地売買の進展と大土地所有の展開，山岳部族民の定着・領主化，下層ジャーティ集団の組織化，商人ギルドの活発化など，こうした変化を南インドの古代から中世への転換と見ることについては異論もあるが，11世紀以降の変化を重要視する視角は近年のユーラシア各地の歴史研究の動きと相通ずるものがあり（後述する「仏教・イスラームの拡大と交易」で紹介するもの以外では，Arnason and Wittrock (eds.)［2011］，Lieberman［2003, 09］など），今後の地域を越えた共同研究に期待されるトピックでもあろう。邦語では，辛島昇編［2007］においても彼の論点は一部展開されている。

国家システム

　この時代の国家システムに関する研究史を網羅的に述べているのは Kulke (ed.)［1995］の Introduction であろう。また Inden［1990］も研究史として有用であり，19世紀以来の王権・国家に関する捉え方として中央集権的な専制国家像と分裂が常態である部族的王権像との二つの潮流の存在を指摘する。

　近年では，北インドやデカンでは重層的な王権で構成される国家体制が注目されており，「サーマンタ体制（*sāmanta* system）」と称されることもある。前掲の Inden［1990］はラーシュトラクータ朝を事例に，Inden［1981］はチャウルキヤ朝を事例に，統合性の高いシステムとして重層的王権の帝国システムを描いている。また，サーマンタ体制をこの時代の特徴的な国家システムとして，地域国家形成論の中に位置づけているのが Chattopadhyaya［2012］である。邦語では三田昌彦［1999］がラージプートのサーマンタ体制について事例を提示する。また石川寛［1999］はデカンを対象に，宗主王権による直属の従属王権への支配の強化は，かえって後者に従属する王権の自立性を促しやすく，中央集権化が行われにくいシステムであったと述べる。これはこの時代の国家の構造的な特質として重要な指摘である。

南インドでは特にチョーラ朝を対象に，中央集権的専制国家と理解する考え方（Sastri [1955]，辛島昇編 [2007]）と，チョーラ王が地方支配者に及ぼせる権力は儀礼的なものでしかなく後者の領域にまでは政治的実権が及ばないとする分節国家論（Stein [1980]）とが対立している。分節国家論はサーマンタ体制と比較しやすく，同種の国家システムとして興味深い。しかし，このシステムが南インド国家の不変的な構造として提示された点に対しては，多くの歴史研究者が疑義を呈している。批判については辛島昇 [1999] が詳しい。

ヴァルナ制とジャーティ

山崎利男 [1982] にもあるように，この時代の後半には徐々にジャーティ集団が形成されてくる。山崎元一 [1994] は不可触民についてこの問題を論じ，古代には村落社会の周辺に部族として存在していた不可触民が，この時代からサービス・カーストとして村落内に分散定着してくるとする仮説を提示している。ベンガルについては，刻文史料調査の知見からまとめた古井龍介 [2013] があり，バラモンとシュードラから成るベンガルのジャーティ集団の形成のプロセスについて，バラモンと同業者集団の交渉などを具体的に提示している点で重要である。

また，この時代に差別に苦しんだ下層カーストが，ムスリム支配期に差別から脱するためにイスラムに改宗したとする考え方が以前からあり，かつてハビーブは，市壁外居住を強いられていた下層民が市壁内に居住するようになったとする「都市革命説」を提唱した（M. Habib [1952]）。その史料的前提を成したビールーニーの描いた職人カースト，不可触民の状況（Sachau [2002]）が，実は現実を反映していないことを長島弘 [1994] が明らかにしている。

農業と土地制度

この時代の末期にあたる 11〜13 世紀には，ラージャスターンからデカンにかけての半乾燥地帯において井戸や貯水池の灌漑施設がさかんに造られた。特に井戸灌漑の揚水機として欠かせないペルシア式揚水機については，その西アジアからの導入時期をこの時代と見るかデリー・スルタン朝期以降と見るかで大きく分かれており，前者を代表するのが Gopal [1980]，後者を代表するのが I. Habib [1969] である。さらに Chattopadhyaya [2012] はギア付の完成形態まで段階を追ってこの時代から発展していったと解している。この論争は Mukhia [1993]

に詳しい（本書第7章第1節の「農業と手工業」，第15章第1節の「技術革新と社会分業」参照）。また南インドの灌漑技術については Srinivasan [1991] がある。その他の農業技術について古代からこの時代まで網羅的に述べる文献に，Gopal [1980]，Randhawa [1983] がある。

稲作については興味深い仮説が提示されている。渡部忠世 [1983] は，煉瓦に含まれている稲籾を調査し，10世紀までラウンドタイプの稲が主流であったのが，11世紀以降スレンダータイプの稲に取って代わられていくとする。この時代のインド稲作農業の変化を，インディカ米への転換として考えてみる必要があるかもしれない。

当該期の租税や土地所有権など土地制度全般について述べている古典的研究は Ghoshal [1929] であろうが，研究者によって注目されてきたのは，この時代にさかんになる王による土地や村落の施与（寄進）であった。これをインド社会の封建化のはじまりと見た前掲シャルマの議論（Sharma [1980]）を批判的に紹介し，北インドの豊富な事例から土地・村落施与のメカニズムを解明しようとしているのが山崎利男 [1969] である。また，土地施与の出現プロセスとその証書である銅板勅書の形式について網羅的に論じた山崎利男 [1977] は，銅板勅書を研究する上で邦語の基本文献である。

南インドでは辛島昇がこの時代末期における土地制度の変化を共同所有から私的所有への転換と捉える（Karashima [1984]）。中でも，チョーラ朝後半期から刻文に現れる土地に対する権利カーニ（kāni）は，その移譲の際に土地だけでなく様々な諸権利までも，その土地の割合に応じて付随して与えられており（辛島昇編 [2007]），近世の南インドのミーラース権，デカンのワタン権と同様の権利である可能性がある（本書第7章第2節の「手工業と農業」参照）。このことは，近世社会への展開を考えるとき極めて重要であろう。

都市と交易

シャルマは自身の封建化論の一つの柱である都市・商業の衰退を実証するため，インド全域にわたる膨大な考古学データをもとに地域ごとに都市規模の衰退を跡づけた労作を著している（Sharma [1987]）。7～10世紀のイスラムの拡張期およびアッバース朝期にインドの交易・商業が衰退したと見る見解は，ヨーロッパ中世に関するかつてのピレンヌ・テーゼを思い起こさせる。しかし，この時代のイ

スラムがインドを国際交易ネットワークに取り込んで繁栄した事実を考えれば，やはりピレンヌ・テーゼと同様，すでに古くなってしまった観がある（本書第15章第1節の「ピレンヌ・テーゼとイスラム経済史」参照）。

　実際，シャルマの議論は極論だとして批判されている。Chattopadhyaya［2012］は，衰退している大都市は一部に過ぎず，ガンジス川流域以外ではむしろ7世紀以降，中小規模の都市が増大しており，商業ネットワークも緻密化していることを刻文史料から明らかにしている。11世紀以降その傾向がさらに進展していることを論じているのはJain［1990］であり，グジャラート・ラージャスターンを対象に域内交易・対外交易，為替手形（huṇḍikā）（本書第7章第2節の「商業と金融業の発展」の「手形（フンディ）」と同じ）の利用，商人のギルド組織などについて豊富な史料からまとめている。それによれば，11～13世紀のヒンドゥーやジャイナ教徒の商人は沿岸交易と内陸交易に携わり，遠洋交易を行うムスリム商人とすみ分けており，また主要輸出品は高級織物や香辛料だけでなく，新たに日用的な砂糖や亜麻，木綿，皮革，武器（剣・槍）が加わったことが指摘されている。日用品の交易はローマ交易時代において同趣旨を述べる前掲蔀勇造［1999］と関連させて再検討を要する重要な課題である。

　ムスリム商人との共存関係について興味深い文献はChakravarti［2002］であり，13世紀にホルムズの海上商人（nākhudā）が港市ソームナートに拠点をもち，現地のシヴァ派の人々からモスク用地を与えられて交易に従事する様を描いている。

貨　幣
　この時代の社会・経済の封建化・農村化を主張したシャルマは，6～10世紀に北インドの金貨・銀貨が激減していたという通説（例えばグプタ［2001］を見よ）を基礎に，貨幣経済から実物経済への転換が起こったために宗教的な土地施与や官吏への土地下賜が進行したと説いた（Sharma［1980］）。それに対して，チャットーパディヤーヤは南インドの出土貨幣や刻文史料を調査し，この時期に南インドでも土地施与や土地下賜がさかんになったにもかかわらず，金貨・銀貨の減少が見られず，両者は無関係だと批判した（Chattopadhyaya［1977］）。他方，この時代の北インドの出土貨幣量やその流通範囲を本格的に研究したのはデイェルである。彼の調査によれば，封建論者らが主張していた貨幣出土量の減少は誤りであり，6～10世紀も北インドの貨幣量は減少するどころか一貫して増大しており，

さらに 11〜13 世紀前半の西アジアやインドで見られた銀不足の時も，北インドでは銀銅合金貨を大量に流通させることで対応していたことなどを説いた (Deyell [1990])。デイエルの研究成果は非常に高く評価されているにもかかわらず，北インド経済史研究はこれを十分取り入れることに成功しておらず，今後の課題である。なお，この時代の貨幣研究史については Subrahmanyam (ed.) [1994] の Introduction が有用である。

仏教・イスラムの拡大と交易——10〜11 世紀の画期

この時代の東・東南アジアとの交流・交易を印中関係を中心に仏教と関連させて論じているのが Sen [2004] である。そこでは，7〜9 世紀までは印中の交流は仏教文化の伝播（仏典の輸出）を中心に展開したが，9〜10 世紀には中央アジア・中国で政治変動が起こり，さらに中国が新たな仏教の中心地に位置づけられ，仏教文化の輸入に頼る必要もなくなると，11 世紀以降はもっぱら交易を中心とした交流へと転換するという道筋が提示されている。

一方，この時代の西方方面との交流・交易についてはイスラムの拡大が関係してくる。稲葉穣 [1999] は，海上交易拠点の確保を目的とした 8 世紀のシンド征服は，インド沿岸部にムスリム商人のコロニーを作るなどインド洋海域のイスラム化に寄与し，11 世紀以降のテュルク系軍事集団による北インド進出はムスリム政権の樹立とともに，テュルク系・アフガン系の人々の移住をもたらしたと論じている。

このようなイスラムの東方拡大の異なる 2 段階のうち，後者であるガズナ朝の動きは，近年 10〜11 世紀の世界史上の画期の中で論じられることが多い。10〜11 世紀の画期性について海上交易から議論を展開しているのが家島彦一 [1991]（さらに Chaudhuri [1985]）であり，この時期は交易ネットワークがペルシア湾軸から紅海軸へと重点が移動し，東アフリカや南インド南端部の港市の重要性が高まっただけでなく，中央ユーラシア・北アフリカではガズナ朝をはじめ遊牧諸集団の活動が活発化し，地中海世界でも覇権勢力の存在しない状況が生まれるなど，大きな時代の画期を成していたことが説かれる。一方，こうした 10〜11 世紀の画期を，辺境乾燥地帯の移動民（遊牧民・商人・軍人）が定着農耕地帯へと進出し，両地域にまたがる帝国を形成する起点として論じるのが Gommans [1998] である。南アジアへのテュルク＝イスラム勢力の進出はもちろん，同時代に南ア

ジア世界内部で展開した半乾燥地帯での地域的な国家形成も，この動きの一部として位置づけられている。他方，Wink［1990, 97］は，この遊牧民の動きを前掲家島彦一［1991］と同様，海上交易ネットワークの拡大と結びつけて，イスラムのインドへの拡大を論ずる。南アジア前近代史をインド洋＝ユーラシア史の動きと結びつけて論じようとする意欲的な大作である（三田昌彦［2013b］参照）。同様の視角でこの時代の地政学的な構造の変化から仮説を展開しているのに三田昌彦［2013a］がある。

　最後ではあるが，「ヒンドゥー時代」「イスラム時代」という区分けの問題性が指摘されて久しい。本章では便宜上12世紀末で区切っているが，現在の研究ではデリー・スルタン朝の成立によってインド経済・社会ががらりと変わるとする見解は過去のものになりつつある。紙幅の関係上，それについて，特に文献を挙げることはできなかったが，ここに挙げた多くの文献も同様の認識をもっていることに触れておきたい。
　　　　　　　　　　　　　　　　　　　　　　　　　　（三田昌彦）
⇒**文献一覧** pp. 292-296

第7章

前近代 II：
13〜18 世紀

はじめに

　デリー・スルタン朝のもとで北インドを中心に広範な地域が政治的に統合されると，都市と貨幣・商品経済の発展がさらに加速化した。農村社会では，英領期にも見られたような在地有力者層や，再生産のための分業と再配分の体制（「職分制」）の原型が形成されたと推測される。14世紀後半にデリー・スルタン朝は弱体化するが，海に面したベンガル，グジャラート，南インドでは海上交易が賑わい，綿織物などの手工業が発達した。これらの地方に拠点をもつ商人の海上交易での活躍が顕著になり，新たな港市の台頭も見られた。ポルトガルをはじめとするヨーロッパ勢力の参入によってインド洋交易はさらなる活況を呈するようになり，胡椒や綿織物をはじめとするインド産品が世界各地に運ばれ，その対価として新大陸産の銀やアフリカ産の金などの地金が大量にインドに流入した。貨幣・商品経済化の進行と並行する形で，ムガル朝は地租を貨幣で徴収する仕組みを整え，金納された地租は主に手形で広大な領内を移送されるようになった。18世紀に入ると，ムガル朝は急速に解体し，「大交易時代」の終焉とあいまって，インドの海上交易構造にも変化が見られた。その一方で，ムガル朝衰退後に各地に成立した地域政権のもとで，在地有力者や商人・金融業者とより緊密に連携した統治体制が構築され，貨幣・商品経済の深化と拡大が続いた。
　デリー・スルタン朝期から植民化の時代までを対象とした経済史の概説として

は，Raychaudhuri and Habib (eds.) [1982] があるが，出版から歳月がたち，特に16世紀以降の部分は，その後の研究の展開が大きいので注意が必要である。デリー・スルタン朝期については，新たに Habib et al. [2011] がある。なお，チャンドラ [1999] にも，デリー・スルタン朝期とムガル朝期の社会経済生活をそれぞれ扱う章があり，初学者には有用であろう。綿布はこの時代を通じてインドを代表する産品の一つであったが，Parthasarathi [2009]，ルミア [2006]，Lemire [2009] はその生産と交易を通史的に俯瞰する。経済史研究と関わりが深い人口史の比較的新しい研究として Guha [2001] があるが，植民地期以前の部分は稀少な史料に依拠した推測としての色合いが濃い。近年，環境史への関心が高まっているが，植民地期以前に関しては初歩的な段階にとどまっている。ここでは，Habib [2010] を挙げておく。社会経済史関連の歴史地図は，Schwartzberg (ed.) [1992] と Habib [1982a] を参照のこと。

1　デリー・スルタン朝期——13〜16世紀前半

地租徴収体制と財政

　デリー・スルタン朝は同時代の西アジアのムスリム諸王朝と同様，国家制度の土台をイクター制に置いたが，国家やイクター保有者による地租徴収の仕組みはよく分かっていない。歴代スルタンの中でもハルジー朝アラーウッディーンは土地測量，地租の金納化，デリーの市場における商品価格の統制など積極的な経済・財政政策を採用したことで知られる。デリー・スルタン朝の地租徴収・配分方法を含む経済的施策は Habib [1982b]，Habib et al. [2011] が概観する。南インドを広く支配したヴィジャヤナガラ王国の統治・地租徴収の仕組みについては，交易・手工業の概容とあわせて，古くなったが Mahalingam [1969-75] がある。

　デリー・スルタン朝のもとでは高純度のタンカー銀貨をはじめとする各種の金属貨幣が鋳造された。Moosvi [1989-90] と Haider [1998] によれば，トゥグルク朝後半からのスルタン権力衰退とともにタンカー銀貨の鋳造量が低下し，合金貨と銅貨が主に流通するようになり，ローディー朝では地租現物納化が行われた。対照的に，トゥグルク朝から自立化したベンガル地方のイルヤース・シャーヒー朝のもとで高純度タンカー銀貨の鋳造が続いたことについては，Deyell [2010]

が詳しい。

農業と手工業

　北インドでは，西アジアの揚水用水車（「ペルシア式水車」）が伝播，普及したこともあり，開墾が進展した。農業的発展を背景に，ザミンダールと総称される村落レベルの領主層が形成されたと考えられる。トゥグルク朝ムハンマドは，用水路の建設や耕作農民への前貸し金の支給などの農業振興策をはかったが，その背景には飢饉や疫病による農業危機があったと推測される（Habib［1982b］, Habib et al.［2011］）。南インド農村社会では，それまでの「ナードゥ」地域共同体が変容し土地権益の重層化・複雑化が進展したが，この過程は Stein［1980］, Granda［1984］, Karashima［1992］［2009］が詳しい。

　手工業では，古くからの綿織物業で紡ぎ車や綿弓，捺染法といった新技術の普及があり，質量ともに向上が見られた。織物業をはじめとする手工業の発展については，Habib［1982c］と Habib et al.［2011］がある。上記の新技術は，異説もあるが Habib［1985a］は西アジアから伝播したとする。南インドの綿織物業については，Ramaswamy［2006］が詳しい。ムスリム勢力の進出とともに伝わった技術には，ほかに製紙法がある。製紙業の成立と展開については，小西正捷［1980］がある。

都市と交易

　貨幣制度と交通網の整備，都市を支配拠点として重視するムスリム権力者の登場などにより，デリー・スルタン朝期は都市と交易が繁栄した時代として捉えられている。支配の拠点であるとともに商業・手工業の中心でもある大都市が各地に成立した（Habib［1982c］, Habib et al.［2011］）。海上交易では，元代以降，中国のジャンク船がマラバール海岸のコッラム（クイロン）をはじめとするインドの港を頻繁に訪れるようになった。西方からのダウ船も来航するそれらの諸港はインド洋交易の結節点として機能した。明も元に続いてインド諸地域に遣使したが，鄭和の遠征が結果としてジャンク船による中国とインドの直接的な交流の最後となった。海の道を通じての交易・交流の変遷については Sen［2003］［2006］と家島彦一［1993］［2006］が詳しい。ジャンク船撤退後，ベンガル，コロマンデル，グジャラートのムスリムを含む商人がベンガル湾交易で中心的な役割を担うよう

になり，マラッカなどの東南アジア諸港に居留地を形成したが，これについては Bouchon［1999］，Hall［2010］を参照のこと。

　インド洋におけるムスリム商人の活動やイスラム教聖者・学者の移動・交流が活発化する中，インド西海岸の港市にムスリム居留地が形成された。Engineer［1989］は，ボーホラーやホージャといった西インドの代表的なムスリム商人コミュニティは，デリー・スルタン朝期にヒンドゥー教徒からの改宗者を母体として形成されたとする。エジプトのカーリミー商人によるインド・紅海交易の盛衰とコーリコード（カリカット）やコチ（コーチン），ディーウといったインド西海岸の新興港市の台頭については，Aubin［2000］，Bouchon［2000］，Malekandathil［2007］，家島彦一［1993］がある。

2　ムガル朝期——16世紀前半〜17世紀

地租徴収体制と貨幣制度

　デリー・スルタン朝と異なるムガル朝の特徴の一つとして統治体制の集権性がある。地租徴収の仕組みが体系化され，土地測量とともに過去の平均収穫高と農作物価格の調査が行われ，それらに基づいて地租額が算出された（ザブト制）。地租制度については，農村社会の社会経済構造，さらには制度と実態の乖離も含めて，Habib［1999］が依然として基本的文献である。アクバル時代に行われた全国的な測量・調査の結果は，Moosvi［1987］［2000］などにより他地域との共時的比較，あるいは，インドの通時的分析の基礎データとして利用されている。領主制や農村社会構造については，深沢宏［1972］と近藤治［2003］もある。

　ムガル朝権力構造の土台には，特定地域（ジャーギール）からの地租徴収権を高官（マンサブダール）に付与するジャーギール・マンサブ制があった。同制度については，Athar Ali［1985］と小名康之［1985］がある。地租金納を原則化したムガル朝は高純度のルーピヤ銀貨をはじめとする金銀銅の三貨を鋳造し，その他の貨幣の流通を原則として禁じた。ムガル朝の貨幣制度については，Deyell［1987］とPrakash［1988］が詳しい。ムガル朝支配が17世紀末まで及ばなかった南インドの金貨を中心とした貨幣体制については，Prakash［1987］を参照のこと。

海陸遠距離交易の活況

　16世紀以降に本格化したヨーロッパ勢力のインド洋進出は，インドを取り巻く海上交易を大いに刺激した。ヨーロッパ勢力のインドにおける交易活動の全体像については Prakash［1998］が統計資料を援用して手際よく示す。国別の研究としては，ポルトガルは Subrahmanyam［1990b］，Malekandathil［2001］，オランダは Raychaudhuri［1962］，Prakash［1985］，Winius and Vink［1991］，イギリスは Chaudhuri［1965］［1978］，Chaudhury［1975］，Arasaratnam［1986］［1996］，Roy［2012］，フランスは I. Ray［1999］，A. Ray［2004］，Wellington［2006］が詳しい。

　ヨーロッパ勢力が活動する上で，インドの現地商人・金融業者の存在は不可欠であり，Furber［1969］，Kling and Pearson (eds.)［1979］のように両者の「協調」にこの時代の特徴を求める見方もあったが，一般的にはヨーロッパ勢力（あるいはヨーロッパ向けの交易）の存在と影響力の大きさに力点が置かれてきた。それに対して近年では，現地商人の活動に焦点を絞った研究も多い。ムガル朝最大の港市スーラトを含むグジャラート地方の商人・金融業者については，Das Gupta［1979］［2000］，Nadri［2007］，長島弘［1982］がある。Subrahmanyam［1988a］［1992］はゴールコンダ王国の港市マスリパトナムなどを拠点としたペルシア系商人の活動を取り上げ，Malekandathil［2012］はポルトガル・インド帝国の影響下で東アフリカや南インド内陸部で活動を拡大したインド商人に関する論考を含む。Rudner［1995］は南インドを代表する商人カーストの集団形成を17世紀頃からたどる。英蘭東インド会社は胡椒や綿布などのインド産品を購入するために大量の地金をもたらしたが，Brennig［1983］は，主に紅海・ペルシア湾経由で現地商人が搬入した地金の量はそれを凌駕していたとする。

　現地商人の活動についての探究は，Chaudhuri［1985］が提起し，Das Gupta and Pearson (eds.)［1987］，McPherson［1993］に見られるように広く共有されるようになった「インド洋世界」における交易の全体像を描き出す試みにも欠かせない。インド洋交易に関しては，ヨーロッパ勢力による新たなアジア内交易ルート・商品の開発（その一例であるオランダによる日本銅のインドへの輸出については，島田竜登［2003］を参照のこと），さらには，仲介機能を担ったアルメニア商人の活躍（Chaudhury［2005］）など，ヨーロッパ勢力対現地商人という単純な図式を超えた多角的・多元的な解明が進行中である。ヨーロッパ勢力と現地商人の関係

については，Subrahmanyam［1990a］が主に南インドの事例から「抑制された対立」として捉え直す。

ヨーロッパ勢力による海上交易を中心とした近世インド経済史叙述を相対化する上で，Levi (ed.)［2007］に主要論文がまとめられた陸上遠距離交易に関する研究も重要である。西北インドの拠点からペルシア，中央アジア，さらにはロシアまで活動範囲を広げたムルターニー商人については，Dale［1994］，Levi［2002］が詳しい。陸上交易関連では，隊商を組んで広域的に活動した半武装交易集団バンジャーラーについて，Habib［1990］と佐藤正哲［2003］がある。内陸交通インフラについては，交易用船舶とあわせて Deloche［1993-94］が詳しい。

商業と金融業の発展

都市と商業の発展について，Habib［1985b］はムガル朝の地租徴収機構に依存した歪んだ発展とする一方，ピアスン［1984］によれば商人・金融業者と政治権力者の関係は相互不干渉・無関心によって特徴づけられるものであった。商人と政治の関係については，Subrahmanyam and Bayly［1990］が徴税請負などを通じて統治に関与する商人・金融業者（ポートフォリオ・キャピタリスト）の存在を指摘し，また，F. Hasan［2004］と長島弘［1982］は，ムガル朝のスーラト統治策が人事面でも政策面でも商人・金融業者の意向を反映していたとする。政治権力と商業が没交渉であったとするのは極論であろうが，都市と商業の成長を支えた原動力は，政治権力による保護も規制も相対的に及ばない「自由」の中で営まれた商人・金融業者の活動であったと捉える見方が主流となりつつある。例えば，Perlin［1985］は，貨幣・商品経済の拡大は地租金納化の結果ではなく，反対に，政治的境界をしばしば超えて広がる経済的ネットワークの存在が国家の地租徴収機構を機能させたとする。手形（フンディ）制度が遠隔地間の送金や決済のため17世紀までに発達したが，商秩序を維持したのは，権力や法ではなく商人・金融業者の信用であった。手形制度と金融業に関しては，Habib［1972］と Haider［2002］がある。新大陸産の銀や日本産の金・銀，さらには東アフリカ産の金など，インド洋・アジア域内で地金の流通量が増大すると，インドにも大量の金・銀が流入した。A. Hasan［1994］は銀の大量流入が，同時代ヨーロッパの「価格革命」と同様の物価上昇を惹き起したとした。ムガル朝衰退の主要因の一つを，

物価上昇による農村社会の疲弊あるいは混乱に求める歴史解釈があったが，近年では 18 世紀以前に関しては，Subrahmanyam［1994］，Prakash［2001］のように急激な物価上昇を否定する研究者が多い。地金の大量流入にもかかわらず「価格革命」が起きなかったのはなぜか，複数の仮説が提起されているが，その機制の解明は今後の課題であろう。

手工業と農業

　インド洋交易の活発化とともにインド綿布はアジア各地に大量に輸出され，17 世紀後半以降はヨーロッパにも膨大な量の綿布が輸出された。また，ベンガル地方では 15 世紀頃から養蚕が本格化し，17 世紀までには世界的な絹布産地へと発展した（Habib［1976］）。織物の品質や規格，量を確保するために商人が織工に貸し付けを行うことが多く見られたが，全体としては競争的な市場の中で織工に対する商人の管理・統制はほとんど及ばなかった。織物の生産と取引については Chaudhuri［1974］，Habib［1976］，Riello and Roy（eds.）［2009］がある。織物業以外の製造業では，デリー・スルタン朝以来の製紙業を小西正捷［1985］が概観する。また，釘を用いない伝統的製法とヨーロッパ流製法の双方を取り入れた造船業の発展については，カイサル［1998］，Subrahmanyam［1988b］がある。

　貨幣・商品経済は地租金納化以外の経路・機制でも農村社会に確実に波及していた。Subrahmanyam［1990c］が明らかにしたように，沿海部の手工業生産拠点に原料と食糧を供給するネットワークは内陸農村地域に深く伸びていた。また，綿布生産は各工程の分業が進み，その一部は貧農や女性にも現金収入獲得の機会となっていたことを Wendt［2009］が論じる。商品作物（藍，アヘン，新大陸原産品など）の栽培拡大は，前貸し金など商人の農業への関与を深めたが，土地を集積した商人＝地主による単一栽培という形をとらなかった。長島弘［1980］にあるように，土地の多くは自給的耕作農民のもとにとどまり，商品作物は彼らの手によって主穀と並んで栽培された。

　農村社会における生産と秩序を維持する機制として，職分制（ワタン体制，ミーラース体制）が多くの地域で見られた。職分制の具体的機制は小谷汪之［1989］と水島司［2008］が詳しい。職分権保有者だけが正式な構成員であるという意味で閉鎖的な地域社会の内部で，貨幣を介さずにモノ・サービスの交換が行われる職分制は貨幣・商品経済とは異質のようにも見えるが，職分権は売買の対象であ

った。小谷汪之［1989］は職分制が商品・貨幣経済を内部に組み入れて複雑化していったとし，Guha［2004］は職分制成立の条件として商品経済の浸透を挙げる。Washbrook［2007］は，自給的，生存維持志向の経済と商業的，市場志向の経済が相互依存的に絡み合っていたことを，近世インド経済の特徴として積極的に評価する。

近世世界経済の中のインド

　ワールド・ヒストリーの研究潮流の中で，近世世界経済に占めたインドの位置を他地域との比較と関係の視点から再考することが試みられている。かつての前近代インド経済史研究では，Habib［1985b］やTchitcherov［1998］のように，資本主義的発展の模範である西ヨーロッパ史との違いが強調され，「順調」な発展を阻害したインド特有の要因が議論された。それに対して近年では，インドにおける商品・貨幣経済の拡大をより積極的に評価し，それを可能にした要因を探る方向に議論が展開する。ポメランツの「大分岐」論を批判的に継承したParthasarathi［2011］は，近世期のインドと西欧の先進地域では，生産と取引の技術や組織，賃金水準といった経済発展の度合いに顕著な差異が見られなかったとする。しかし一方で，数量データの解析から，近世期における両者の差異をあらためて強調する見解も見られる。Broadberry and Gupta［2006］は，16世紀の時点ですでにインドの経済的先進地域における銀換算賃金水準は西欧のそれを大きく下回り，その格差が近世期を通じて拡大したことを指摘する。斎藤修［2013］はそうした経済活動の水準の相対的な低さの要因が「カースト制」に求められるのではとの仮説的見通しを示す。Haider［2007］が論じるように，賃金水準の通時的変化の解明や比較史的分析には資料的制約が伴い方法論的にも課題が多いが，1980年代以降の研究が描き出してきた肯定的な近世期インド経済像の再見直しが進むのかが注目される。

3　ポスト・ムガル朝期——18世紀

ムガル朝衰退と海上交易の変動

　ムガル朝が実質的に解体し，「継承諸国家」を含む自立的な地域政権が勢力争

いを繰り広げた 18 世紀は，かつては「暗黒の時代」として，経済史的にも停滞・衰退によって特徴づけられてきた。経済と政治の中心であるスーラトとデリーの衰退，イギリス東インド会社・私商人による交易・海運の拡大，現地豪商の没落など，それを裏付けるような事象が見られたことは現在でも否定されていない。また，17 世紀末に東南アジアが「大交易時代」の終焉を迎えたことは，インドにも相当の影響を及ぼした。Prakash ［1985］はベンガルの対東南アジア交易衰退を指摘し，Bhattacharya ［1999］は東南アジア交易に従事するコロマンデル商人の経営・取引規模が 18 世紀に縮小したとする。対照的に，ベンガル・コロマンデル両地方からのヨーロッパ市場向けの綿布輸出は 17 世紀後半から急拡大した。Gaastra ［1983］によれば，ヨーロッパからインドを含むアジアに向けて直接輸出された金・銀の量も同じ頃から急増した。また，島田竜登 ［2003］は，18 世紀中頃，日本銅に代わりイギリス銅の流入が急増したとする。このように 18 世紀に入りヨーロッパ勢力の活動がインド経済に占める比重が大きくなったことが想定される一方，Chaudhury ［1999］などはそうした想定があたらないことを強調する。なお，18 世紀に物価上昇が加速化したことを，Gupta and Moosvi ［1975］がラージャスターン地方東部について，Datta ［2000］がベンガル地方について指摘する。

地域政権と商品・貨幣経済の深化

地域政権による支配は，集権的なムガル朝体制崩壊の結果として否定的に描かれることが多かったが，1980 年代以降，地域政権による財政基盤強化の試みに注目が集まっている。ザミンダール層や商人・金融業者と政治権力の連携が緊密化し，特に商人・金融業者は徴税請負などを通して統治体制に深く食い込み「権力の商業化」(Bayly ［1983］)を進めた。そもそもムガル朝が急速に解体したのも，彼らの支持が地域政権に向かったことが大きいと Leonard ［1979］はいう。また，ムガル朝権力と直結した大都市の一部が衰退に向かう一方で，北インドを中心に各地で中小市場町が簇生し (Bayly ［1983］, 佐藤正哲 ［1994］)，小額銅貨を鋳造する中小鋳造所の数が増加したように (Perlin ［1987］, Kulkarni ［2002］)，貨幣・商品経済がより広範な社会階層を巻き込んで拡大・深化した。他方，Roy ［2013］は「見直し」が進む 18 世紀史研究を紹介，整理した上で，地域政権の政治的・経済的脆弱性と，貨幣・商品経済化の度合に見られる地域差にあらためて注意を

促す。

　18世紀における貨幣・商品経済の拡大・深化は，社会経済的発展の新しい次元・局面を開いたのであろうか。Washbrook［1997］［2010］は，相互に提携した権力と資本が労働・生産に対する管理・統制を強化するというイギリス植民地支配を先取りするような状況が見られたことを指摘しつつ，国家と市場の「攻勢」の中で土地保有などに関する共同体的体制が頑強に存続し，結果として社会全体の混迷と動揺を招いたとする。水島司［2008］は商品・貨幣経済の拡大による農村社会の職分権体制の動揺を，Stein［1997］は国家による共同体的体制の浸食をいう。対して，Parthasarathi［2001］とSubramanian［2009］は，織工の生産活動について植民地支配確立までは従来通り基本的に自由で競争的な市場の中で営まれていたとする。　　　　　　　　　　　　　　　　　　　（太田信宏）

⇒文献一覧 pp. 296-302

第 8 章

近現代 I：
18 世紀～第一次世界大戦

はじめに

　本章は，18 世紀半ばから第一次世界大戦までを主な対象とする。この時期は，植民地化の開始からインドの経済活動が独立に向かって本格化する直前の時期に相当する。

　この時期に関する研究は，日本での本格的なインド経済史研究が，インドを含むアジア・アフリカの新興独立国家が長い植民地支配を経て世界の将来を左右する勢力として登場したことに刺激を受けて開始されたこともあり，多くの研究者を引きつけてきた。村落共同体の問題を扱った荒松雄［1951］を嚆矢に，欧米での研究成果を吸収したインド通史である山本達郎編［1960］を経て，主に土地制度や村落共同体の問題を一次資料で分析する論文を集めた松井透・山崎利男編［1969］，松井透編［1971］，辛島昇編［1976］などの初期の論集には，この時代に関するものがそれぞれ収録されている。その後，次第にインド全体ではなく，地域ごとに特化した研究が主流となり，東部についての高畠稔［1959a］［1959b, 60］［1970］，谷口晋吉［1978］［1981］［1982］［1987］［1990, 92, 94］［1996］［2002-05］，中里成章［1981］［1983］［1987］，多田博一［1969a］［1969b］，西部に関する小谷汪之［1982］，今田秀作［2000］，北部に関する松井透［1971］［1977］，南部に関する柳澤悠［1991］［1992］［2003］，Yanagisawa［1996］，水島司［1977］［1978］［2008］などが生み出されてきた。こうした地域ごとの研究の深化を受けて，近年再びイ

第 8 章　近現代 I：18 世紀～第一次世界大戦　115

ンド全体もしくは南インドを対象にした論集が出されるようになった。辛島昇編［2007］，小谷汪之編［2007］，Karashima (ed.)［2014］などがそうした例であり，水島司［2013］［2014］も 18 世紀後半からの通時的な動きを扱っている。欧米では，早くから通史が出されてきており，Kumar (ed.)［1982］には本章が対象とする時期に関する経済活動の様々な分野に関する論文が収録されている。また，逐一紹介しないが，欧米では「インド通史ブーム」と呼べるような *A History of India* の出版ブームも見られた。

　本章では，この期間を，大きく第 1 期：植民地体制への移行期（18 世紀半ば～19 世紀前半），第 2 期：植民地体制の確立期（19 世紀前半～1870 年代），第 3 期：民族資本の成長期（1870 年代～第一次世界大戦前後）と区分し，主な研究を紹介することにしたい。なお，この時期区分は，大きな経済の流れを理解するためのものであり，分野によって截然としない場合があることをあらかじめ断っておきたい。

1　植民地体制への移行期——18 世紀半ば～19 世紀前半

　インド亜大陸では，18 世紀初めのアウラングゼーブ帝の死後，急速にムガル権力が名目だけの存在になっていく。そして，世紀後半の東インドでのプラッシーの戦い，南インドでのカーナティック戦争・マイソール戦争，19 世紀に入っての西インドでのシク戦争を経て，19 世紀半ばにその全域がイギリス東インド会社の実質的支配の下に入り，最終的にはインド大反乱の鎮圧と東インド会社の解散によるインド帝国の成立によって，イギリスによる植民地支配が完成することになる。

18 世紀論争

　このムガル支配からインド帝国への移行過程の評価をめぐって生じた論争が，いわゆる「18 世紀論争」である。論争は，「長い 18 世紀」とも呼ばれるこの大きな政治変動期に，インド社会に根本的な変化が生じたか否かをめぐってのものであった。近藤治［1996］，中里成章［1999］，Alavi (ed.)［2002］，Marshall (ed.)［2003］，水島司［2008］がそれらの論争の意義を論じている。論争は，大きくム

ガル支配の終焉の問題と植民地支配の評価の問題に分かれるが，本章では，18世紀半ば以降を対象とすることから，後者の植民地支配をどう評価するかという部分についてのみ扱うこととする。

　この論争は，植民地支配は一方的・一元的でインド社会とは無関係に形成されたという断絶論と，植民地支配下での変化は相互交流的で，植民地支配はインド社会にあったものの多くを継承したという継承論の対立として整理されてきた。いくつかの論点があるが，そのうち，第一の中心的な論点は，イギリスが導入した土地制度の評価についてである。植民地下で導入された土地制度としては，永代ザミンダーリー制とライヤットワーリー制の二つが代表的なものである。永代ザミンダーリー制が導入されたベンガルについて，従来，この制度がそれまでの徴税請負制とは対照的に土地の私的所有権を確立し，土地市場を成立させ，農民の階層変動をもたらしたと，それ以前の社会との断絶的側面を強調するという説が支配的であった。それに対して，村落レベルでは基本的には変化は生じず，ザミンダールの所有権も植民地以前の時期に同様な権利を享受していた人々に賦与されたものであり，植民地支配以前にもあった権利が明瞭に定義されたに過ぎない，したがってザミンダーリー制はそれ以前の状況に大きな変化をもたらすようなものではないという継承論と分類しうる議論が Bhattacharya［1982］らによって展開された。また，排他的な小農的土地所有権を確立したと従来理解されてきたライヤットワーリー制についても，従来の社会関係を根本的に変えるものではなかったと継承的側面を重視する Mukherjee and Frykenberg［1969］などの議論がある。

　この問題の決着は，当然ながら具体的な実証研究によってなされるべきであろう。その際，一般的には，ライヤットワーリー制が実施された地域では，村落からさらにその下の地片レベルまでの記録が残されていることから，より詳しい変化を明らかにできる可能性が高いのに対して，ザミンダーリー制地域では領内の村レベルまでの記録が残されていないことが多く，個人レベルまでの実態の解明は難しい。しかし，ザミンダーリー制の実施に際しては村落レベルのデータも収集されており，19世紀後半の立法処置に関連して作成された史料と組み合わせることによって植民地支配のインパクトに関する議論をさらに精緻化しうる可能性がある。ザミンダーリー制が実施されたベンガル地方の18世紀から19世紀を通じての変容に関しては谷口晋吉［1978］，中里成章［1987］，Datta［2000］等

が，ライヤットワーリー制がとられた地域については水島司［2008］，Yanagisawa［1996］が，それらの植民地的土地制度の導入に際して特に注意が払われた免税地などの特権的土地所有については Frykenberg (ed.)［1977］がある。それらにおいて，中里成章［1999］はザミンダーリー制に形式的な近代性と前近代的な性格の残存の両方を見出す中立的な視点を示し，Kotani, Mita and Mizushima［2008］，Mizushima［2002］はライヤットワーリー制が従来の職分と手当から構成される再生産関係を地片を単位とした関係へと根本的に変えるものであったと断絶性を主張している。土地制度に関しては，Frykenberg (ed.)［1969］の論集や Kumar［1998］などもあるが，土地所有制度からインド史の展開を考えようとするいわゆる土地制度史観に対して，小谷汪之［1979］［1982］は根本的な批判を展開している。

18世紀論争では，東インド会社の交易活動についても議論が闘わされた。断絶論としては，18世紀前半まではヨーロッパ系東インド会社やアジア商人の輸出活動によって経済的に繁栄していたが，1765年にイギリス東インド会社がベンガルの徴税権を獲得して「地金による商品取引（bullion for good）」が終焉して以降経済的危機を迎えた，あるいは，東インド会社は従来のインドの経済活動を混乱させ，外部的・搾取的であり，会社による徴税権獲得はインドへの地金流入を縮小させ，富の流出を促し，19世紀以降のマイナスの産業化をもたらしたとする議論がある。それに対し，インド貿易は18世紀半ばまでは不振に喘いだが，世紀後半には回復し，交易条件はインド人生産者にとって不利となっていったものの，プラッシーの戦い後も基本的には生産構造は壊滅することなく持続したと継承面を強調する議論がある。前者については Bhattacharya［1982］，Habib［1985］［1998］，後者については Datta［1999］，Prakash［2002］が参考になる。

18世紀までの交易の中心となった綿業生産そのものに関しては，主に南インドに関して，インド産綿製品の国際競争力の高さを裏打ちした綿業従事者の賃金に関し，その安さの要因がインド農業の高い生産性による農産物価格の相対的な安さにあると主張する Parthasarathi［2001］や，東インド会社の手織工に対する低賃金政策が東インドでの生産量と品質の低下を招いたとする Hossain［1988］がある。いずれも，18世紀後半からの綿業生産の衰退を，東インド会社の綿業生産に関する統制の進行と手織工への直接支配の強化によるものとしており，断絶論といえる。

このように，18世紀問題と呼ばれる論争は，大きくは断絶論対継承論という形で図式的に整理できる。その場合，断絶論が18世紀半ばから進行した植民地化のインパクトを重視するために，インド亜大陸全体を一つのものとして捉えようとするのに対して，継承論はインド経済が大きな地域差，時間差をもちながら展開してきたことを重視するため，植民地化の歴史的意味を無視してしまうという特徴を見出すこともできる。しかし，必ずしもそうした単純な図式にあてはまらない議論も少なくない。例えばベンガルを対象としたMarshall［1987］は，プラッシーの戦いとその後の徴税権獲得からのベンガル社会の明白な変化を認めるものの，それより以前の時点から大きな変化が始まっていたと主張する。今後も，変化の動向を地域ごと，時期ごとに具体的に解明しながら，全体としてどのようにこの時代を性格づけることができるのかを考えていく必要がある。

中間者論

　さて，そもそもこの18世紀論争を引き起こす大きなインパクトをもった研究がBayly［1983］であった。この研究では「継承国家」論をはじめいくつもの重要な分析視点が提示されたが，その中でもムガル支配から植民地支配への移行について通時的な枠組みを提供したのが「中間者論」である。ムガル支配下で地方国家が叢生してくる継承国家論との関連で，ベイリーはこの時代をムガルの中央権力から地方勢力が分離し拠点化していくと捉え，その変化の原因を，①カーストの垣根を越えた商人組織が出現し，彼らが徴税請負を通じて政治に関与したこと，②新たな地方権力に仕える官吏層が地方都市への投資などによって郷紳化する中でまとまっていったこと，③大量の軍を維持するため，財政収入を増大させることを目的として軍を徴税に深く関わらせる「軍事財政主義（military fiscalism）」を採ったこと，という三つの重要な発展の結果であると見なした。そのうち，ベイリーが最も強調したのは，①の商人，②の郷紳に代表される「中間者」の台頭であった。これらの中間者の活動は，徴税請負から金融・商品取引，インド洋交易に至る「無任所資本家」と形容されるような多岐にわたるものであり，彼らの台頭が地方の経済発展を導いたとする。しかし，これら中間者は，伝統的商業センターが衰退していくにしたがい植民地都市へと吸い寄せられ，イギリス人とインド人との合同による商業構造が成長していくと，その活動はしだいにヨーロッパからの競争者によって取って代わられるようになる。また植民地支配が

確立する中で，植民地政府も徴税請負の廃止などの施策によって中間領域にあるこれらの階層を一掃した。このように，ベイリーは「中間者」あるいは「無任所」という間口の広い概念を用いることによって，この時期に登場する様々な階層の動きを分析することを可能とさせ，この時期の研究に大きな影響を与えた。なお，このベイリーの「中間者」が南インドでは村落領主層に相当するとして，18〜19世紀にかけての通時的な枠組みを提供したものとして水島司［2008］がある。

2 植民地体制の確立期——19世紀前半〜1870年代

イギリス東インド会社による植民地支配が本格化する19世紀初頭から，インド大反乱を経てインドがイギリス本国政府によって直接統治されることになる1870年代までの時期は，植民地統治制度と統治機構が様々な試行錯誤を経て整備されていく時期にあたる。そのため，研究の多くは，イギリス東インド会社の動向や，植民地的土地制度・統治体制の整備過程とそれがもたらした農村社会構造の変化の問題を対象としてきた。この時代はまた，イギリスの主導権のもと，政治的には，ヨーロッパ勢力による植民地体制が世界的に進行するとともに，経済面では自由貿易体制へ移行していく時期にあたる。従来の経済活動はそれとともに再編されていくことになるが，その最も重要な動きは，強力な生産力により価格競争力をもちはじめたイギリス工業生産物を，インド亜大陸の隅々まで浸透させる体制が推進されたことである。インド国内では，イギリス産品が有利となるような内陸関税の調整，度量衡の統一，通貨の統一が図られた。

東インド会社と交易活動

重商主義の象徴であった東インド会社の貿易独占権は，1813年の特許法の改正によって廃止され，それまでアジア間で活躍していた私商人あるいは地方商人と呼ばれるヨーロッパ人商人たちの活動が拡大した。東インド会社の交易活動の推移自体は，古典となっているChaudhuri［1978］の研究が1760年で終わっていることから，個別の一次産品の輸出に関しては研究があるものの，東インド会社解散までの貿易の全体状況はよく分からなかった。18世紀までの私商人の活動

に関しては浅田實［2001］が，個別の産品に関しては，インディゴについて中里成章［1981］，アヘンについて加藤祐三［1981］，綿花について今田秀作［2000］，塩・穀物について神田さやこ［2009］，三木さやこ［2000］［2002］などがある。しかし，近年になり，Bowen［2008］や杉原薫［2009］が19世紀前半までの東インド会社やインドの貿易統計を整理・分析したことから，19世紀に入ってからのインド貿易の全体像もようやく明らかになってきた。このうち，杉原は，ベンガルやボンベイへの綿布輸入・移入におけるイギリス綿布の比重が19世紀に入って圧倒的になったのに対して，マドラスではその比重は低いままであったという事実を引き出し，インド亜大陸の内部にある地域差の存在を示唆している。

他方，ヨーロッパ系の私商人・地方商人たちの一部は経営代理商会（Agency House）を立ち上げた。これらの私商人・地方商人たちは，元々東インド会社の職員や軍人であることが多く，会社勤務によって得た給料を元にしだいに商取引に従事するようになり，さらに離職後も東インド会社の業務代理，下請け業を兼ねて自分で商業や貿易を営むに至ったものである。こうして漸次形成されていった経営代理商会は，アヘン，綿花を中国へ，インディゴをイギリスへ送り，インド，中国，イギリスをつなぐ手形取引にも携わり，保険やさらには銀行業務にも乗り出した。大半は1829～32年の商業危機によって破産したものの，一部は世紀後半になって有力な経営代理会社へと変身していった。また，1829～32年の商業危機以降，株式形式の銀行が設立されるようになったが，本格的になるのは無限責任制から有限責任制へと転換し，次第に安定した取引となっていく1860年代以降のことであった。土着銀行家と呼ばれる近代的な金融機関出現以前からのインド人金貸しを含む現在に至る金融制度については，Jain［1929］，アジア経済研究所編［1962］，Ray (ed.)［1992］，Bagchi［1987］［1989］［1997］，川村朋貴［2005］［2009］などがある。また，インド各地域の商人グループの域外での活動については，Markovits［2000］［2008］，大石高志［2002］，水島司［2003］などがある。

生産活動

このような貿易や金融などの非製造業のサービス部門の経済活動に関してはそれなりに研究が蓄積されてきたものの，農業生産や工業生産，あるいは人口や耕地の動きなど，生産活動の基本に関する本格的な研究は意外に少ない。この時期

はブラックボックスに入っているともいえる。植民地インドの経済史に関する古典的研究であり，「富の流出」論によってイギリスの植民地支配を厳しく批判した Dutt［1902］［1904］の研究は，現在でも読み応えのあるものであるが，植民地支配を批判することが主な意図であったこともあり，実態よりも政策の推移とその批判に重点がある観は否めない。また，Raju［1941］は，19世紀前半のマドラス管区を対象にして農業，製鉄や綿業，輸出入，価格動向，生活水準などを扱っているが，現在の水準からすれば概説としての域を出ない。18世紀まで，世界の製造業のトップを走り，Riello and Roy (eds.)［2009］に示されるような世界各地に大きな市場を有していた綿業生産に関しても，マルクスの手織業従事者に関する不正確な描写は別として，世紀前半に綿業がどのような状況に置かれたかを具体的に示す研究は柳沢悠［2007］など数少ない。

　第2期がこのような研究状況となっている理由は，第一に，それらを議論しうる統計類が全インド的に整備されてくるのがイギリスによる直接統治が始まる第3期になってからで，この時期にはまだ統計的整備がなされていないか，統計そのものが乏しいためである。第二に，それまで世界に冠たる製造業であった綿業を中心としたインドの工業生産が，19世紀に入ってすっかり目立たなくなってしまったからでもある。

人口と環境変動

　人口に関しては，早くは Davis［1951］がある。近年では，Visaria and Visaria［1982］が，ムガル期から現代にかけての人口動向に関する諸研究をサーベイしている。インド全体を対象とするセンサス（国勢調査）は1870年代初頭からスタートするために，それ以前のプレ・センサス期の人口動向に関しては様々な類推が行われているものの，実態はほとんど分かっていない。多少明らかになってきたのは，一つは人口動向に地域的差異があり，南インドにより高い人口増傾向が見られることであり，斎藤修［2002］，Guha［2001］，Gopinath［2010］らがこの問題を論じている。他方，高橋昭子・水島司［2014］，Mizushima［2014］，水島司［2015］は南インドの一地域の人口と耕地開発に関する19世紀初頭の村落資料から，19世紀に入って南インドで耕地開発が大きく進み，人口も大きく増加したとし，そのような動きは東南アジアを含む19世紀の環インド洋世界に共通の動きであるとしている。斎藤や水島の論は，インド史をより広いグローバ

ル・ヒストリーの中に位置づけようとする近年の新しい研究動向を反映している。

　人口・耕地の変動は環境のあり方を大きく左右するが，環境を構成するのはそれらだけではない。18世紀にはまだ広く見られた多くの森林は，植民地期に入って大きな変化を示すのであるが，その変化は森林の利用と保全をめぐる地域社会のあり方，あるいは国家と地域とのせめぎ合いに大きく影響されることになる。吉住知文［2002］は植民地政府の森林政策の変遷と住民の関係を跡づけ，Sivaramakrishnan［1999］はインド東部，Guha［1999］はインド西部のマハラーシュトラをそれぞれ対象にして，森林のあり方とそれにまつわる人々の動きを分析している。Gadgil and Guha［1992］は，森林とその利用に関する通史を扱っており，森林や遊牧，水利用，淡水漁業，大気汚染などに関する論文を集めたものとしてArnold and Guha(eds.)［1995］がある。

工業生産

　工業生産活動全般に関しては，第2期を衰退期と捉える研究が一般的である。例えばWashbrook［2004］は，対象とする南インドに関して，18世紀を工業化，19世紀前半を農業化・非工業化，19世紀終わり頃からは多少の再工業化が生じた時代であるとそれぞれ整理し，19世紀前半は工業から農業へ逆に戻っていく時期であると特徴づけている。イギリスにとって南インドはグローバルな軍事行動を補助する位置にあり，そのための税（地税）を確保することが主眼であったことから経済発展が著しく緩慢なものとなったという。ウォッシュブルックはさらに，18世紀問題との関連で，この時期の経済停滞の要因を，農業経済への内向，従来の消費層・購買層を構成していた在地のエリート層がどのような状況となっていったかという国内消費市場の問題，イギリスの世界支配の中におけるインドの軍事的役割，インドの外部・環インド洋世界でのプランテーション開発などへの労働力供給など，より広い世界との関わりとの関連で解明すべきだと提案する。

　ウォッシュブルックが非工業化と呼ぶ19世紀前半の工業の停滞の要因については，実は植民地時代から議論が続いてきた。Gadgil［1924］は，インドの投資家は，一般に商業や金貸し業での収益の方が高いことから工業投資による長期的な資本固定を忌避する性向がある，そのため製造業への資本の動員が困難であると経済的要因を挙げた。他方，Buchanan［1934］は，インドの企業家は労働管理

の経験がなく,企業家精神も業の観念やカーストなどの宗教的・社会的要因によって阻害されてきたことからインド人企業家は輩出せず,工業化の牽引者となりえたのはそうした要因から自由であったヨーロッパ人とインドの外からやってきたパールシーなどの混合グループだけであったとし,宗教的・社会的要因を挙げた。Bagchi［1972］は,本国とのつながりのゆえにヨーロッパ人が綿布生産や鉄鋼業への進出を控えたことや,植民地政府の人種差別政策とカルテルがインド人の競争相手に対して制度的な有利性を有していたとし,植民地的・制度的要因を挙げた。これに対して,Morris［1982］は,インド人による製造業への参入の遅れは,機械の導入や新たな技術の導入を阻むような労賃の安さ,労働集約的な技術水準,狭隘な市場構造,国際的な情報収集ネットワークの欠如という内的な条件が重要であったとし,Tomlinson［1981］は,ヨーロッパ人は投資基準に厳格に従って活動していたのであり,政治的に有利な要因が重要であったわけではないと反論した。インドの企業家と工業発展について論じた Ray (ed.)［1992］は,19世紀を通じて工業従事者の6割強を占めた手織工と紡糸工を中心に工業従事者人口は低下しており,インド人企業家の事例はあるものの工業化の動きに転ずるのはようやく19世紀末であったとする。いずれにせよ近代的製造業へのインド人の進出は,第3期を待たなければならないという理解が一般的である。

商業と金融

製造業についてよりも,むしろ進んできたのが,東インド会社の役割を引き継ぎ,イギリスが牽引するグローバル・エコノミーの拡大とリンクする商業・金融活動に関しての研究である。東インド会社が独占していたインドとヨーロッパとの間の貿易は,1813年の特許状改正によりヨーロッパ人の私商人にも開かれるようになり,先に紹介したように,代理商会の活動がはじまるのであるが,その一部はその後19世紀後半になって大規模化し,経営代理会社となっていく。経営代理制度については,小池賢治［1979］が詳しい。

3 民族資本の成長期——1870年代〜第一次世界大戦前後

インフラストラクチャーの整備

　インド大反乱後のイギリスによる直轄支配の開始は，イギリスが主導する自由貿易体制を軸とするグローバル・エコノミーにインドを組み込んでいくための政治体制の確立を意味する。この前後，外との関係では，スエズ運河が開通して海運インフラが整備され，内では鉄道建設の躍進によってインド亜大陸の内部が世界市場へと結びつけられ，電信・電話線網がインド洋を渡ってヨーロッパと結ばれることによって情報基盤が確立する。例えば1853年から着手された鉄道は，5％の投資利率を政府が保証する元利保証制によってイギリスでの投資ブームを引き起こし，爆発的な勢いで拡大した。その反面，鉄道に用いられる資材の大半がイギリスから輸入され，インドでの関連産業の発展は促されなかったという事態も，鉄道建設をきっかけに工業発展が導かれた他の国々との比較という点で重要である。こうした鉄道に関連した動きについては，松井透［1969］，渡辺昭一［1985］［1999a］［1999b］，角山栄［1973］，牧野博［1970］［1977］，藤田暁男［1974］など多くの研究が蓄積されてきている。他方，鉄道以外の道路，港湾，上下水道，電力などのインフラ部門に関する研究は極めて少ない。主にムガル期までの水陸交通全般を扱った Deloche［1993-94］や東部インド（ビハール）を対象に鉄道と連携したコミュニケーションの動きを扱った Sinha［2012］，19世紀からの電力部門の整備状況を扱った福味敦［2013］などが，その少ない例である。

　グローバル・エコノミーの緊密化を促す各種インフラの整備の結果，インドは，イギリス製造業の市場および原料供給地としての役割と，軍事費や退役軍人・官吏への年金支払い，利子保証など一般に本国費と呼ばれる巨額な資本をイギリスに送金するという重要な役割を負わされた。それにより，流出していった資本をイギリス以外の国々との貿易黒字で補うことが不可欠となったが，イギリスを中心としたインドを含む植民地の位置を資本や貿易関係から論じたものとして山田秀雄［1971］が，インド軍と帝国財政との関係を論じたものとして秋田茂［2003］がある。

貿易と農業生産

　イギリスへの資本流出を他の諸国との貿易黒字で補うというインドの貿易体制は，単に欧米だけではなく，アジア諸地域との貿易関係の重要性を指し示すものである。まず，世界貿易の中でのアジア間貿易の歴史的意義については杉原薫［1996］があり，そこではインド綿業が果たしたアジア間貿易での役割が指摘されている。また，世界市場の形成の中でのインドの位置づけに関しては松井透［1991］がある。一次産品の輸出品として重要であったのは，アヘンと綿花であり，そのうちアヘンについては杉原薫［1997］，Richards［2004］が，綿花については今田秀作［2000］がある。また，綿花は南北戦争による世界的な原綿不足を背景として一時的に大きなブームが生じ，その反動で大きな経済困難をインド農村部にもたらしたが，そのうちのデカンで発生した農民反乱に関しては深沢宏［1976a］［1976b］がある。ヨーロッパ市場との関係の深まりの中で新たに広がっていった落花生については水島司［1977］，柳澤悠［2014］が言及している。

　農業生産動向に関しては，1880年代から全国的な統計が出てくるようになる。その前後の時期から北インドの連合州を対象にして農産物価格動向を大量の統計から算出し，19世紀後期から順調に農産物価格の上昇があったことを示したのは松井透［1977］である。より長期にわたる農業生産の全国的な価格動向や作付け動向を明らかにしたのはBlyn［1966］，Sivasubramonian［2000］，黒崎卓［2010］［2015］などであり，また，Guha(ed.)［1992］には関連する諸論文が収録されている。全体としては，独立までの時期の食料作物生産の停滞と非食料作物生産の増加傾向が明らかになっている。また，黒崎卓・和田一哉［2015］は，これらの動きを県単位で分析し，長期的動向を明らかにしている。従来の農業生産の質的転換に大きく関わるのは，灌漑の進展を前提とした集約的農業の展開であるが，灌漑については古くからの灌漑の状況と植民地支配下での進展を論じた多田博一［2014］やWhitcombe［1982］がある。

工業生産と資本家

　工業生産の発展に関しては，イギリスによる植民地支配の負の側面を強調し，インドは植民地的収奪によって経済的に停滞した——独立後の時期を含めて——とするインド人研究者の民族主義的な性格の強い経済史研究が有力であった。この流れは，現在も健在であり，Chandra［2009］がその代表的なものであ

る。こうした見解に対し，植民地支配下においても一定の経済成長が見られたとする見解が主に欧米の研究者から提出され，1970年代にはMorris [1963] の主張に対して，Chandra [1968] やMatsui [1968] が反論し，両者の間に激しい論争が展開した。19世紀後半から経済成長が広く見られたという説は，近年ではRoy [2000][2010] が継承し，Mukherjee [2007] が激しく反論するなど，論争は現在も継続中である。

　製造業の展開を担ったインド人資本家については，ボンベイとカルカッタ（コルカタ）との間に地域差が見られることが知られている。製造業の中で，ジュートと綿業がとりわけ重要な役割を果たしたが，アジアの工業化におけるインド綿業の歴史的役割に関しては秋田茂 [2013] が論じている。産業別の展開に関しては，Morris [1982] がジュート，綿業，鉄鋼業についてその特徴を論じ，Roy [1999] が手織業をはじめとする伝統的ないくつかの産業の動きを扱っている。その他の部門別の展開については，製鉄に関する石上悦郎 [2008]，食品に関するAchaya [1994]，化学に関するTyabji [1995] などがある。また，工業発展における旧藩王の役割に関しては石井一郎 [1982] が，紡績株式会社と経営代理制度との関係については米川伸一 [1994] がある。また，こうした製造業の発展を担ったインド人企業家自体に関しては，いくつかの著名なコミュニティが存在することが知られており，Siddiqi (ed.) [1995]，Dorin (ed.) [2003]，Tripathi (ed.) [1984]，Ray (ed.) [1992] などがそれらを扱っている。企業家コミュニティの一部は，いわゆる日本のかつての財閥に類似した大企業群をいくつも形成しており，海外においてもHarris [1958] の研究がある。インド財閥研究は日本人研究者の関心を引きつけており，著名なタタやビルラなどの民族資本の事例研究が伊藤正二編 [1983]，広田勇 [1982]，三上敦司 [1993]，小島眞 [2008] などによって行われてきている。これらの古くからの財閥に加え，インド各地で現在まで叢生してきた企業家たちの出自とその特色を明らかにしたものとしてDamodaran [2008] があり，企業家像を知る上で重要である。なお，このような製造業の企業家の出現と対となるべき工場労働者に関してはMorris [1965]，木曽順子 [2003] などがあり，手織工が経験した変化についてはRoy [1993] がある。

人口と移民

　人口動向に関して地域差が見られるという点については先に述べたが，センサ

スが開始された1870年代以降の動きについては，1870年代から1921年センサスまでは人口停滞であったのが，1920年代に入って急増期に転換したことが知られている。それに関して，先に紹介したいくつかの人口研究に加えて，宇佐美好文［2014］は疫病を中心とした死因の分析から北インドと南インドの間に大きな地域差があることを論証し，南インドを対象にしたMizushima［2014］は，1870年代から1921年センサスまでの人口停滞が19世紀以降の長期的動向の中では例外であり，19世紀に入ってからの過剰農業開発と人口急増が気候変化への脆弱性を生んだとの仮説を提示している。また，脇村孝平［2002］は，19世紀に進んだ大規模灌漑開発と疫病・飢饉との連関を取り上げ，大きな犠牲を生んだ疫病の発生が，基本的には開発によって引き起こされた開発原病であると性格づけている。

　第3期における大飢饉の発生は，飢饉救済事業の実施によって農村に住む者に農村外での新たな労働経験を積ませるものであったが，この時期に進んだ国内外のプランテーション開発も，同様な意味をもった。国内では，アッサム・南インドで茶・コーヒーの開発が進み，国外では，19世紀に入っての世界の労働市場におけるアフリカの黒人奴隷からアジアの契約労働移民への転換に関連して，カリブ海沿岸地域やインド洋のモーリシャスへの海外移民が始まっていた。それらのうち，大きな規模で動くのは，セイロン，マレー半島，ビルマなどの環インド洋世界へのものであった。これらの労働移民に関しては，杉原薫［1996］，重松伸司［1999］，脇村孝平［1999］が，また金貸しや商人を中心とした中間層の移動に関してはMarkovits［2000］，水島司［2003］，大石高志［2002］が環インド洋世界や中央アジアを対象に行っている。

　他方，一般的に最も基本的な移動である農村から都市への移動に関しては，一方でのガリヴァー的な巨大植民地都市の成長に比して地方都市の成長が遅く，都市化が遅々として進まなかったことから，都市への移動に関しての研究は少ない。むしろ，農村部に滞留する労働力の問題は，かつては「未完の原蓄」という枠組みで理解されてきた。しかし，一部とはいえ植民地的諸行政・司法機構や高等教育機関が整備され，またグローバル・エコノミーとの連携を担う商人層を集めた巨大な植民地都市が成長し，サービス業を中心とした非農業部門での雇用が増えたことは確かである。サービス業を中心とした都市中間層の成長は現在大きな関心を引いていることからしても，この時期におけるインドの都市研究は今後早急

に進められなければならない課題の一つである。

農村社会と消費

　19世紀後期からの各産業の展開や雇用構造の変化などの経済変動全般の中で，インド社会は，多様な地域差を示しながら大きく変容していく。長期的な変動の中での農村社会の動きを分析したものとしては，主に南部を対象としたYanagisawa［1996］, Kumar［1965］, Ludden［1985］, 東部のビハールを対象としたYang［1989］, 西部のマハラーシュトラを対象としたCharlesworth［1985］, Kotani［2002］などがある。

　近年の新たな研究動向として，生産よりは消費の側面から経済活動を分析する新たな動きがある。Haynes et al. (eds.)［2010］所収の論文には，イギリスの製造品をはじめとする各種商品がインド社会に与えたインパクトが分析されている。

　以上のような19世紀後期からの動きは，第一次世界大戦に入り，疲弊するイギリス本国の工業生産の補塡の役割がインドに求められると大きく変化し，インド人の進出が大きく進むことになっていく。　　　　　　　　　　（水島　司）

⇒文献一覧 pp. 302-309

第 9 章

近現代 II：
第一次世界大戦以降

はじめに

　第一次世界大戦以降のインド経済は，植民地支配のもとで大戦以前の経済と社会の特徴を継続するとともに，政策・工業発展の上でも，農業や農村社会の変化の上でも，独立以降の変化の芽が胎動し始め，現代のインド経済の発展につながる重要な特徴が出てくる時期であった。

　20世紀全体のインドの経済成長率を算出した Sivasubramonian ［2000］によれば，植民地時代の20世紀前半の成長率は1％にも満たない低成長であったが，独立以降は，3％を超える経済成長を達成し，1980年前後以降は，5〜6％を超える成長率となっている。その意味では，独立以前の経済停滞の最大の理由は，次節で示すように，当時の GDP の圧倒的な部分を占めた農業の停滞であった。

　しかし，従来停滞の側面が強調されてきた工業については，決して停滞とはいえない重要な発展があったことを強調したのが，Kumar (ed.) ［1983］の中の Morris の論文である。彼は，世界恐慌を挟む両大戦間期に，世界の主要国が製造業の生産の停滞を体験したのと対照的に，インドの製造業はかなり顕著に成長したことを指摘した。政府の政策も，部分的にせよ保護関税政策を採るなど，従来のレッセ・フェール政策からの変化が見られ，大規模工業や中小・零細工業の発展が見られた。GDP に占める貿易の比率は低下し，インド経済は，輸入していた工業製品の代わりに国内で生産する工業化，すなわち輸入代替工業化を始めた

のである。

　1947年のインド独立以降1980年代末までの経済発展の基本的特徴は国家主導の輸入代替工業化といってよいが、それは、こうした両大戦間期の動向を一層発展させて、全面化したものだった。インドのGDPがこの時期に3％を超える成長率を達成したことは前述したが、工業生産も独立前の時期より成長率を上げた。この間に、技術の導入やインドに合った技術の開発、企業や資本家の発展、特に製薬業などいくつかの新興産業の基礎形成など、1990年代から経済自由化が発展していく基礎が作られる時期であった。

　同時に、1960年代半ばからは工業成長率が鈍化し、内外の競争関係が欠落するためにインド経済が「高コスト経済」に陥っていったことにも、注意を払う必要がある。

　独立以降の時期は、農業や農村社会の変化や発展も顕著であった。両大戦間期の農産物価格の低下のもとで停滞していたインド農業は、1950年代からは土地生産性の上昇を含めて発展を遂げ、1960年代の半ばから始まる「緑の革命」を通じて、後進地域を含めて農業生産の増大が見られるようになり、農村社会の経済発展の基盤が作りだされた。農村社会の構造にも重要な変化が見られた。ごく少数の有力村民の統制下で農業労働者や小作人として働いていた大多数の村民が次第に自立的となって発言力を増し、農業労働者の賃金も上昇するなど、下層民の経済的社会的な地位の上昇が見られた。「緑の革命」の時期から農業外の諸職業に就く人々も増大して、こうした農村下層の人々の上昇を促進した。農村社会は下層民を含めて工業品やサービスへの購買力を増やしていったのである。

　こうした1950年から80年までの経済と社会の発展の達成を基礎に、インドは1980年前後に成長率をそれまでの3％台から5％を超える率に上昇させた。また安価な製品を求める農村需要に先導されて、インフォーマル部門の工業やサービス業も発展した。大企業部門では、1991年の国家主導の輸入代替化政策から自由化・対外開放政策への根本的な政策転換が、「高コスト経済」の大企業部門の製品やサービスの価格を引き下げて、その質の改善をもたらし、農村部を含めた大衆的な市場への製品やサービスの浸透を可能にした。製薬業やIT産業など技術集約産業は、1990年までの蓄積を基礎に、国際市場での競争力を強めた。インド経済は、新たな発展段階を迎えたのである。

　この長期の社会経済変動については、柳澤悠［2014a］が議論を出しているが、

佐藤宏編［1991］も日本における研究のサーベイを行っており，参考になる。

1　第一次世界大戦後の農村・農業社会と工業発展

農業の停滞と農村社会の中の胎動

　農業が圧倒的に重要であった当時のインド経済にとって，農業生産の変動の影響は大きい。この分野の古典ともいうべき Blyn［1966］によれば，インドの農業生産は1880年代から1910年前後までは増大し，1人当たりの食糧生産も増大したが，第一次世界大戦期を境に，1920年代以降は停滞あるいは後退の兆候を示し始めた。ブリンによれば，英領インドにおける食糧生産の成長率は，それ以前の時期の0.61％から0.03％に大幅に低下してほとんど停滞状況となり，他方で，この時期に人口成長率は極めて大きくなり，人口1人当たりの食糧生産の大きさは大幅に低下することになった。1920年代以降のこの農業生産の停滞については，統計の取り方によるものであって実際に停滞したのではないという説もあるが，大方の研究者は停滞説に同意している。Guha (ed.)［1992］は，この論争をまとめている。20世紀全体のインド農業の変化を統計的に分析した黒崎卓［2014］も，同様の結論に達している。この農業の停滞が，独立前のインド経済の低成長の最大の理由であった。

　なぜ，1920年代以降インド農業は停滞したのであろうか。柳澤悠［2014b］は，その原因を，世界農業不況と世界恐慌の影響によってインドの農産物価格の下落が始まり，その結果，農民が井戸の掘削や肥料などへの投資を止めてしまったためであると主張している。植民地支配下のインド農業は，世界経済と密接に結合されていたため，世界の農産物価格の変動がインド農業に直接的な影響を与えるようになった。世界経済の影響は，農産物や原料に対する世界需要が旺盛に拡大していた時期にはインドの農業を刺激したが，いったん世界的な不況期に入るとインド農業に停滞をもたらしたといえよう。

　第一次世界大戦以降に，農業生産は停滞したが，農村社会の中では重要な変化が起こり始めていた。例えば，南インドの水田農村などでは，かつては村落のごく少数の上位カーストの有力者が耕地の大半をもち，土地をまったくもたないか，ごく零細な土地しかもたない大半の村民は，有力者の土地で農業労働者として雇

用されるか，小作人の地位にあった。農業労働者の場合は，被差別カースト（のちに，「指定カースト」と呼ばれる）に属することが多く，雇主から借金をしていて移動も自由にできないなど，隷属的な状態にあった。柳澤悠［1991］は，そこに次のような変化が生じたという。19世紀末以降，この農業労働者の中から，スリランカなど海外のプランテーションに出稼ぎに行くものが増大し始めた。村外に雇用の機会ができたことで，それまでのように村内の有力農民のみに依存する必要性が低下し，彼らから自立していく傾向がでてきた。

　こうした労働者層の自立への動向は，北インドでも見られた。Kessinger［1979］やMukherjee［2005］の研究が示すように，パンジャーブ地方では，村内の中核的な土地保有層に労働力を提供するセピダールという制度があったが，1920年代前後にキャナール灌漑拡大地域や鉄道建設などからの労働需要によって吸引されて，セピダールなどは村内の有力者層から自立する傾向を示した。

　この時期の農村社会や農業の変化については，西部インドについてのCharlesworth［1985］や，アーンドラ地方に関するSatyanarayana［1990］，ベンガル地方のジュート経済を扱ったKawai［1986, 87］などが重要である。

工業化への胎動

　先に述べたように，世界恐慌を挟んだ両大戦間期に世界の主要国の工業生産は停滞したが，インドでは重要な工業発展を見た。それまでイギリス本国政府の圧力のもとで，インド政府はインドの近代的な産業を保護する政策を一切採ってこなかったが，第一次世界大戦以降，部分的に保護関税を採用するなど，政策上の変化が生じた。

　いくつかの重要産業の保護を含む関税政策や一部工業の育成方針が採用された背景には，いくつかの要因が考えられる。第一に，軍事的理由である。Dewey［1979］の研究によれば，すでに第一次世界大戦以前から，英帝国の軍事戦略上，インドにおいて軍需産業を設立する必要が指摘されており，設立されたインド軍需委員会は軍需産業の育成に努めた。鉄鋼業なども保護の対象となるが，そこにもイギリス側の軍事的理由があった。第二に，インド市場をめぐる諸列強間の競争関係の複雑化である。後発工業国のドイツや日本が第一次世界大戦以降は次第にインドの工業製品市場への浸透を試み始めたのである（吉岡昭彦［1975］）。

　ケインとホプキンスの「ジェントルマン資本主義」論（ケイン／ホプキンス

[1997]）は，イギリスの経済政策を主導したのはロンドンの金融的な利害であり，その立場から見て，インドがイギリスに対する金融的な義務を果たせるよう，インドの貿易収支の改善や輸出の拡大が重要であり，そのためにインド市場確保を要求するイギリス製造業の利害と対立してインド産業を保護・発展させる政策をとった，という説を提出した。この議論との関係では，1930年代に日本とインドとの間で行われた日印会商についての日本，インド，イギリス3カ国の一次資料が利用可能であり，いくつかの優れた研究が出ている。籠谷直人［2000］は，ケイン・ホプキンズ説を基本的に支持する理解を示し，柳沢悠［2001］はイギリス製造業の市場確保がイギリスの会商に関する政策の基調であり続けたと主張し，保護政策の採用に関しては，インドの民族運動の圧力を重視している。この時期のイギリスの対インド経済政策についての実証的研究であるChatterji［1992］も，綿製品関税引き上げの多くがインド民族運動の強い要求によって余儀なくされたと指摘している。

インド民族運動が，自国産業の保護を強く要求しだした背景には，当時の綿工業の国際的な競争環境の変化があった。19世紀後半から発展したボンベイなど西部インドを中心とした近代的な大規模綿工業は，紡績部門を中心に発展し，中国市場やインド内の手織工向けの紡績糸を生産していた。しかし，日本の綿工業の発展により，20世紀に入ってからは中国市場から駆逐されてしまった。中国市場を失ったボンベイなどの綿工業は，織布生産に乗り出して，イギリスからの輸入綿布と直接的な競争関係に入ったのである。こうして，インドの民族的な綿工業資本が，インドの国内市場向けに本格的に工業化を開始したのである。

綿工業だけでなく，多くの工業が，選択的な保護関税の導入による刺激も受けて，国内市場向けに発展を始めた。両大戦間期にいくつかの分野で輸入製品に代わって国内産業が発展する輸入代替工業化が始まったといってよい。この工業発展については，開拓者的な研究といってよいBagchi［1972］やRay［1979］が詳細な情報を提供している。インドの工場製織物市場における工場製品の占める率は20世紀初頭にはおおよそ2割に過ぎず，残りは輸入織物が占めていたが，1930年台後半には8割を超えて，工場製綿工業における輸入代替化をほぼ達成した。鉄鋼業の分野では，1907年に設立されたタタ鉄鋼会社が政府による買い付けなどの保護を受けて発展し，1933年には同社の製品がインドの国内鉄鋼消費の3分の2をまかなうようになった。ただ，同社の主たる市場は，鉄道のレー

ル，軍需など政府関係の需要で，本来は鉄鋼業の重要市場となる可能性のある機械産業からの需要は小さかった。紡績機や織機などを生産する機械産業への保護はなく，それらの機械はイギリスからの輸入に依存していた。機械産業を含めた生産財部門の輸入代替工業化は，独立を待たねばならなかった（清水学 [1970]）。近年の Nomura [2011][2012] は，植民地下のインド鉄鋼業を新たな視角から照射している。

このほか，製糖業，マッチ製造業，製紙業，セメント生産など国内市場向けの産業の輸入代替化による発展が進む一方で，輸出依存型の代表的な産業であるジュート産業では，1929 年の世界恐慌以降は海外需要が低迷し，縮小の方向に転じた。

こうして，両大戦間期には，独立以降に全面的に展開される輸入代替工業化が部分的に進行したが，国家による主導と統制のもとで計画経済によって経済を建設するという政策への移行過程も，この時期から第二次世界大戦期を通じて進行したことを，Chattopadhyay [1987] や Nakazato [2001] は明らかにしている。計画経済の必要性については，イギリス人の植民地官僚やインドのビジネス層を含めて，コンセンサスができていたのである。これらの研究は，独立以降のインドの国家主導の輸入代替工業化戦略の採用を，独立インドのネルー首相の「社会主義志向」に主因を求める議論の不十分さを示している。

こうした大規模工業の発展は，インド社会の中に工場労働者という新たな階層が形成されることを意味した。この時期のインドの工場労働者が農村社会とどのような関係をもっていたかについては，Morris [1965], Chandavarkar [1994], 柳沢悠 [1975], 木曽順子 [1995] などの研究がある。また，野村親義 [2004] は，タタ鉄鋼会社における技術教育の歴史的な意義を社内資料に基づき明らかにしている。

在来工業，中小・零細企業の展開

インドの工業を見る場合に，大規模綿工業のような近代的な工場部門を見るだけでは不十分である。工業生産などに従事する人々の圧倒的多数は，家族経営やごく少人数の労働者を雇用するような零細・小企業部門で働いている。

その代表が，在来の手織業である。インドの在来的な綿工業については，イギリスの機械制綿工業の発展の結果，イギリス綿製品の流入により壊滅的な打撃を

受けたという説が長く通説であった。綿花から糸を生産する手紡生産は，19世紀後半以降にインドの内部で発展した大規模紡績工場の発展によって衰退したが，手織についてはそう簡単ではなかった。確かに手織も，19世紀にはイギリス製の綿布との競争で大きな打撃を受けた。しかし，打撃を最も強く受けたのは，やや細い糸を原糸として使っていたイギリスの機械製綿布と競合したインドの都市向けのもので，農村の日常品需要向けの太糸を使用した綿布や，結婚式などの儀式用高級品の生産は，イギリスとの競争にもかかわらず生き残った。他方，中国市場向けに紡績糸を生産していたボンベイなどの大規模綿工業製品が中国市場から駆逐されると，20世紀に入って，インド内の大規模綿工業はインド市場向けに織物生産を始めた。この大規模工場の製品はインドの短繊維綿花を使った太糸の日常品であったため，イギリスとの競争では生き残ることのできた農村の日常品市場向けの手織生産も，大きな打撃を受けることになった。

　しかし，この競争を受けて，手織生産者は製品の種類を変更するなどして生き残っただけでなく，1920年代や30年代には，インドの織物市場の中で，むしろ市場シェアを拡大した。この点を明らかにしたのは，Roy (ed.) [1996] 所収の Roy 論文であった。彼は，手織生産者は，大規模な工場生産では作れない絹織物など高級品の生産を拡大し，それらの生産者が生産した織物が，1930年代には価額の上ではインドの織物市場の半分以上を占めるようになったこと，かつそのシェアは1930年代に増大したことを明らかにした。こうして高級品への転換を行った手織生産者グループのほかに，工場綿布よりも太い糸を使った粗布の分野で生き残った者もいた。

　このように手織生産者たちがこぞって高級品生産に移行したならば，過剰生産を招いたであろうが，そうとはならなかった。この点について，儀式用織物など手織生産に適合的な織物に対する需要の拡大があったことを明らかにしたのが，Roy (ed.) [1996] 所収の Yanagisawa 論文である（邦語では，柳澤悠 [1992]）。19世紀の南インドでは，衣服についてカーストや階層による差異が大きかった。それはカーストによる規制が重要な要因であった。20世紀の前半には，そうした規制が弱まり，バラモン以外の富裕層が絹織物を着始めたり，下層の女性も儀式用の人造絹糸のサリーを購入しだすなど，手織品への需要の増大が生じた。これが，手織業の生き残りと発展を支えた重要な一因となった。

　こうした製品の上での転換のほかに，20世紀の前半にはそれまでの投梭に代

わって導入された飛梭が生産効率を上げるなど，いくつかの技術的な改良が導入されて，手織生産の競争力の強化に役立った。また，経営のあり方も変化した。19世紀には独立の手織工が多かったが，商人や織元から原料を受け取って織賃をもらう，問屋制度のもとに従属的になる手織工も多くなった（柳沢悠［1971-72］）。資本を蓄積した織元の中からは，数人の手織工を集めて小規模な作業場を経営する資本家も出現し，西部インドでは，そこに動力織機を導入した「パワールーム」工場も出現するようになった。Roy［2002］は，手織業における資本の蓄積が，技術改良の推進力だったという。

こうした在来の産業だけでなく，20世紀前半に南インドやいくつかの地域では，近代的技術をも取り入れた零細規模・小規模の経営の発展があった。今日のタミル・ナードゥ州にあたる地域では，精米，落花生からの製油，ビーディー（安価なたばこ）生産，綿繰などの分野で零細・小企業の発展があった。さらに，カルカッタ（コルカタ）などのいくつの地域では，メリヤス製品をつくる小規模工場が叢生した。タミル地方における発展を詳細に明らかにした Baker［1984］は，1930年代の農業不況のために，農村金融に用いられていた資本がこれらの小規模工業に投資されるようになったと主張した。これらの製品が農村や都市の下層階層によって需要されていることに注目した柳澤悠［2004］は，下層階層が社会的に自立を強める過程で，今まで消費しなかった様々な製品を消費するようになったことが重要な要因であった，と主張している。メリヤス産業の場合は，大規模綿工場内のメリヤス部門もあったが，中小・零細企業はそれと競争して発展することができた。独立以降も発展するインフォーマル部門の原型がこの時代に作られたといってよいだろう。

2 独立インドの経済社会の発展と変容——工業・サービス業の発展を中心に

国家主導の輸入代替工業化

独立後のインドの GDP は，20世紀前半の植民地期の年0.9％成長という停滞状況から転換して，3～4％台の成長を開始した。高い成長率を示したのは，工業など第二次産業で，20世紀前半の年率1.5％から，1950～64年度平均6.8％という高い上昇を記録した。工業生産は，単に量的に拡大しただけではない。

Sivasubramonian［2004］の推計では，工業など農業外の部門における総要素生産性の年成長率も1950～64年度には1.21％を記録し，生産性のかなりの上昇が見られたことが分かる。

　独立を挟んで20世紀全体のGDPの長期変動を推計したSivasubramonian［2000］［2004］の刊行は，1980年以降の経済成長との対比で「停滞的な時代」と見られていた独立以降の国民経済形成期への評価を大きく変え，植民地期と比べて独立インドの経済や工業がダイナミックな発展をしたことを印象づけるものといってよい。

　独立以降1980年代末までのインドの基本的な経済発展戦略は，それまで輸入していた工業製品を国内で自力で生産できる体制の確立を，輸入への禁止や制限，外資への規制，外国技術導入の統制，外国為替管理などの方法によって実現しようとする輸入代替化工業化戦略であった。その際に，国家の先導と統制によって工業化を進める構想が，植民地後期から第二次世界大戦期にかけて形成されたことは，前述した。この工業化戦略については，中村平治編［1972］，下山瑛二・佐藤宏［1986］，西口章雄［1982］などが考察している。資本財の多くを輸入に頼っていたインドが，重工業生産の比率を拡大して輸入比率を低下させるなどの成果については，近年の研究ではChandrasekhar［2011］やMcCartney［2009］などが，積極的な評価を行っている。

　工業生産の技術的な基礎の形成の面でも重要な進展があった。先進国から移転した技術を国内で使うためには，技術を変化させる必要がある。投入財を現地の必要に適応させることや，規模や技術に合わせて生産過程を変更すること，地域の需要条件に合わせて生産物を適応させることなどである。Kathuria［1995］は，製品輸入や技術輸入の制限政策や，工場内の研究開発への奨励などの政策の結果，様々な分野で，主導的な製造企業が奥行きが深く多様性をもった技術的能力を獲得していった，と指摘している。Mascarenhas［1982］は，海外から輸入した技術の土着化に成功したHMT（Hindustan Machine Tools Company）の事例研究である。

　しかし，こうした技術的基盤の確立の上で重要な人的な資源について，他の途上国に比して大きな遅れがあるというKathuria［1995］の指摘は重要である。例えば，1980～82年に25歳以上の人口の73％は何らの学校教育も受けておらず，途上国の中でもその水準は低い。インド政府は，高等教育の発展に多くの力を注ぎ，のちのIT産業等の発展の人的な基盤をつくったが，Drèze and Sen［1995］

も指摘するように，基礎教育分野での進展の遅れは，その後の経済発展の全体に大きな制約となっている。

工業発展の減速・「高コスト経済」化と新産業の育成

1950年代に入って成長率を飛躍させたインドの工業部門も，1965年から80年の時期には成長率を低下させた。第二次産業の年平均成長率は，1950～64年度の6.8％から1965～79年度の4.3％へと低下し，非農業部門の総要素生産性の年平均成長率は，1950～64年度の1.21％から1965～79年度の0.07％に低下した。

この工業生産の停滞については，いくつかの要因が指摘されてきた。まず，工業成長の重要な部分を占めていた輸入代替化の過程が1965年頃にはかなり進展し，新たな代替化の進展速度が鈍化してきたことが停滞の一部を成すとする議論である（Ahluwalia [1985], Chandrasekhar [2011]）。公共投資が1960年代半ばから減少したことも，工業投資の低下に大きく影響した（Balakrishnan [2010]）。大野昭彦［2001］は，増大してきた穀物輸入が外貨制約を深刻化させた結果，政府の開発資金の不足をもたらして重工業部門の成長率を鈍化させたという。1960年代における工業製品への需要の構造も，この工業生産停滞の背景として重要である。大衆的な工業消費財に対する国内市場のこの狭隘さが，この時期の工業の停滞の背景としてあることも間違いないであろう。

これらの需要側の要因とともに，政府の政策やそれと関連した工業生産の高コスト化や独占的な企業行動の広がりも，工業発展の停滞の背景として重要である。保護された市場の中で，企業活動への制限が強まり，参入と退出が制限されることによって，多くの産業分野で非効率な企業が残存するなど，時代遅れの技術に基づく，低生産性で，高コストの，低質な生産が広がった（Ahluwaria [1985]）。

インドの民間企業の中では，植民地期から，財閥的なビジネス・グループが工業部門の中で支配的位置を占めていたが，これら企業の独占的な位置はライセンス体制の中でむしろ強化されてきた。これら企業の独占的な企業行動によって，需要に対する供給不足の状態が維持されることも少なくなかった（Kathuria [1995]）。

こうして，インド経済が「高コスト，低質経済」というべき状態に陥ったことは，1991年を画期とするインド経済改革との関係で重要である。この高コスト

経済については，伊藤正二編［1988］，絵所秀紀［1987］などの分析があるし，バラスブラマニヤム［1988］も，独立以降のインド経済の全体を見ながら，このインド経済の問題をまとめている。

1960年代半ば以降は，このように高コスト経済化が顕著になると同時に，1990年代以降のインド経済のグローバルな展開の中で先導的な役割を果たす重要産業の基礎が形成された時期でもあった。その代表は製薬業で，インド政府は，それまでインド市場を支配していた外国企業の活動に制約を課し，特許法を改正してインド企業による製薬生産の保護・育成を強力に進めた（Chaudhuri［2004］）。インドを代表する産業に育っていったIT産業についても，Balakrishnan［2006］は，1970年代にIBMなど多国籍企業の活動に制約を課して国内産業としての発展を保護・育成するなどの政府の介入主義的な政策の結果，ITソフトウェア産業の競争力の基礎は1991年以前に形成されていたという。また，島根良枝［2006］は，1990年代以降に発展する自動車産業の発展を支える部品生産の諸企業の中核が1970年代に形成されたなど，自動車国産化計画の下での蓄積が1990年代の発展の基礎を形成していると論じている。

1980年代からのインドの経済発展パターンを検討したKochhar et al.［2006］は，他の対応する発展途上国と比較して，インドでは，労働集約産業よりも技術集約産業の発展がより顕著であるが，そうした特徴はすでに1980年の時点で見られたという。1980年までの，高等教育を重視し技術集約的な産業の発展を目指してきた国家主導の発展政策によって作り上げられたインド経済の能力が，その後の経済発展の基盤を形成したといえよう。

工業化を進める経営者層の中でも，重要な変化が進みつつあった。独立以降，工業化を中心的に担ったのは，19世紀には遠距離交易などに従事してきた財閥的なビジネス・グループであったが，1960年代から，農村出身の経営者がいくつかの地域で成長し，製薬業，電子産業など，新興産業の中で主導的な役割を果たし始めた。これらの「新しい資本家」層は，技術志向的で，グローバル志向が強いといわれている。Damodaran［2008］は，この「新しい資本家」の具体像を生き生きと記述しているが，これをインド工業家の中での「静かな革命」と呼ぶPedersen［2000］は，1991年のインド経済政策の転換の社会的な背景として，この「静かな革命」があるのではないか，と示唆している。さらに，こうした地域を基盤とする新たな経営者層の形成は，1990年代以降の地域的な経済発展の差

異の問題とも密接に関連しているように思われる。なお，石上悦朗・上池あつ子・佐藤隆広 [2014] は，財閥や「新しい資本家」，企業団体の変化などについても手際よくまとめており，インドの経済発展における地域差についても，佐藤宏 [1994] の研究を踏まえながら，示唆に富む議論を展開している。

インフォーマル工業の発展

1980年前後の時期に，インド経済の成長率はそれまでの3～4％台から5％を超える水準に上昇する。1960年代後半から成長率が停滞していた工業も，1980年代に入って上昇する。大規模工業も拡大するが，雇用者数などの面では，雇用者数10人未満の工場法未登録工場（「インフォーマル部門」と呼ばれる）や小規模工場が成長を主導した。工業発展を主導した繊維産業の場合も，インドの製造業輸出の中核を担ったのも，零細・小規模工業部門であった。

こうしたインフォーマル部門が大企業部門よりも旺盛に拡大した事実については，大規模工業部門では，政府による様々な産業規制や労働法規によってその経済活動が制限された一方で，小規模企業には逆に保護政策があったため，大規模工業の発展・拡大が抑制されてインフォーマル部門や小規模工業の肥大化が進むという「歪んだ発展」の結果である，という説が有力である（Mazumdar and Sarkar [2008]，石上悦朗 [2011]）。

しかし，この政府による規制に主因を求める説に対しては，異論が提出されている。数台の動力織機を備えた零細規模織物工場であるパワールーム工場との競争に，大規模綿工場（ミル）の織布生産が敗北していったインドの繊維産業を検討した Roy [1998] は，これらの諸規制が一定の歪みを与えていることは確かであるが，これらの議論が前提としている「ミルの方がパワールームより効率的に生産している」という仮定を批判する。織物工場は多種で変化の激しい織物の生産にいかに迅速に対応できるかなどの点が重要であり，工場所有者自らが生産の現場で働くパワールームの経営の方が安価に特殊化された製品を生産できることなどを明らかにした。また，柳澤悠 [2014a] も，政府の諸規制がほとんどなかった独立前のインドで，零細な手織生産者やメリヤス生産者がミル部門と競争しながらも衰退せず，むしろシェアを確保・増大させた事実から，政府による諸規制に主因を求める説を批判し，小規模・インフォーマル部門工業は，分断された市場向けに，変化する安価製品への需要に適合的な生産システムを作り出した，

と主張する。インフォーマル部門は，「近代化の遅れた，貧困な人々」の産業と見られてきたし，そのことは間違いない事実であるが，同時に，そこには零細・小規模生産のダイナミズムも秘められている可能性を注意深く見る必要があるであろう。

小規模・インフォーマル部門の拡大発展の根拠の解明にあたっては，政策体系等から一義的に議論することなく，産業の実態に即して検討する必要がある。いくつかの事例研究は，その実態について豊富な情報を提供している。アーグラー市の履物生産に関する研究をした Knorringa［1996］，インドを代表する輸出アパレル生産の中心地ティルップールを調査した Chari［2004］，ルディヤーナ市の小規模生産者を調べた Tewari［1998］，再生プラスチック産業の事例研究である Gill［2010］などは，特に興味深い。

サービス産業の発展

1980年代から成長率を加速させたインド経済の中で，サービス部門の成長率は最も高く，「サービス部門主導の経済成長」といわれる。事実，サービス部門の成長率は，1951～80年の平均4.5％から1980年代には6.6％に飛躍し，1990年代にはさらに7.5％へと上昇した。サービス産業の発展は，1990年代の経済改革によって刺激を受けたIT産業や通信産業などの近代的なサービス産業の発展によって牽引された，としばしば理解されているが，1990年代末まではこれら近代的なサービス部門は小さく，1980年代からの成長に大きく貢献したのは商業や交通などの「伝統的」なサービス部門で，その大半はインフォーマル部門であった（柳澤悠［2014a］）。

こうした1980年代からのインフォーマル部門の商業や交通の拡大にはどのような背景があったであろうか。この点で，1960年代の半ばから農村地域で拡大した「緑の革命」の影響は大きいといえそうである。北インドの一村落を1930年代から調査した Wiser and Wiser［2000］は，「緑の革命」による農業生産の拡大が，村落や近くの町での商業活動や交通の活発化をもたらしている様子を生き生きと描き出している。柳澤悠［2014a］は，人々の移動の拡大，下層民の住宅建設などの農村社会の変動が，1990年末までのインドのサービス産業や建設産業の拡大に重要な役割を果たしたことを強調している。

2000年以降には，経済改革によって刺激を受けた通信産業やIT関連産業の発

展が，インドの経済成長に顕著に貢献するようになってくる。電話産業の場合，規制緩和以降の競争的な環境のもとで，1994年以降2000年代初めまでの期間に電話料金は8分の1に低下し，電話契約者数が急速に増大し，貧困地域の農村にも急速に普及していった（Mani［2008］，石上悦朗・佐藤隆広編著［2011］）。電話産業が国内市場向けであるのと対照的に，ITソフトウェア産業は海外市場向けである。この産業では，企業が訓練と人的な配置を通じて，海外からアウトソーシングされたサービスを，適時に高質の水準で納品することが必要であり，それには人的資源を管理運営する能力が最も重要な競争力となる。インド企業は，1990年代にこの能力を構築して「メイド・イン・インディア」のブランドを成立させ，電子顧客管理やコールセンターなどのサービス分野の発展へとつなげていった（Athreya［2005］，Okada［2008］，石上悦朗［2009］，内川秀二編［2006］第10章など参照）。

経済自由化政策への転換と現代インドの経済と社会

独立以来，国家主導の輸入代替工業化を追求してきた政府の政策は，1980年代から少しずつ自由化の方向に進んだが，政策転換の画期は1991年の経済自由化改革であった。この経済自由化改革が，その後の経済成長率にどう影響したのかについては，いくつかの議論が提出されてきた。通説的な立場は，経済自由化政策への転換が経済の高度成長をもたらしたというものであるが（例えばPanagariya［2004］），前述のように成長率の上昇が1991年の経済自由化改革より10年早く1980年前後に生じていることから，Kohli［2006］のように，1980年代に政府がビジネスを積極的に支援する「親ビジネス」の方向に転換したことが大きいという議論も出されている。これらの議論については，絵所秀紀［2008］や，柳澤悠［2014a］が論じている。

国家主導の経済建設の体制から，1980年代から90年代にかけて進行した政策の変化の過程や政策分析や産業の分析については，小島眞［1993］や絵所秀紀編［2002］，佐藤隆広［2002］，佐藤隆広編［2009］が考察している。また，絵所秀紀編［2002］，小田尚也編［2009］，石上悦朗・佐藤隆広編著［2011］，絵所秀紀・佐藤隆広編［2014］は，現代インド経済の諸側面を多角的に検討している。経済改革と財政については，山本盤男［1997］［2007］が考察している。また，個別産業の分析でも，自動車産業に関しては馬場敏幸［2011］，鉄鋼業に関しては

石上悦朗［2008］はじめ，興味深い研究が蓄積されている。

これらの大小の企業で働く労働者や，インフォーマル部門の従事者については，フィールドワークに基づく優れた研究が日本人研究者によってなされてきた。中国と比較しつつインドの工場労働者の労働へのコミットメントを分析した清川雪彦［2003］は日本学士院賞に輝く国際的にも画期的な研究であるが，労働者の階層間のモビリティを長期の追跡調査から考察した木曽順子［2003］［2012］や大野昭彦［2007］も貴重な貢献をしている。

経済成長下でいかに貧困の水準や階層間の不平等が変化したかは重要な問題であるが，それについては Kurosaki［2011］や黒崎卓・山崎幸治［2011］が現在の国際的な研究水準を示している。

3　独立後インドの農業と農村社会

農業生産の発展と「緑の革命」

独立以前の時期と比べた場合，農業部門における GDP 成長率の上昇は工業以上に顕著だった。第一次産業の成長率は，1900 年度から 46 年度の間のわずか 0.4％に比して，1947 年度以降 99 年度までの平均は 2.5％に上昇し，インド経済全体の成長率上昇に大きく貢献した。

特に注目されることは，1960 年代の半ばに始まる「緑の革命」以前の時期である 1950 年代に農業生産の上昇があったことである。黒崎卓［2010］［2014］は土地生産性がこの時期に上昇していることを示した重要な研究である。応地利明［1974］によるパンジャーブの農村調査も，1950 年代末から化学肥料の使用が始まり，1950 年代前半に在来種に代わって改良種のバスマティ 370 の導入が見られたと報告している。タミル・ナードゥ州では，「緑の革命」の代表的な高収量品種 IR20 の親品種の一つとなる TKM6 種が，すでに 1952 年には改良されて地域で使用に供されていた（Hazell and Ramasamy［1991］）。高収量品種，肥料の多投入，灌漑の拡大などによって土地生産性を上昇させる「緑の革命」が，インド農業にとってまったく新しい局面を意味したのではなく，それ以前の農業発展との連続性の側面をもつことを示している。

しかし，「緑の革命」には，それ以前の農業発展と比べて重要な違いがある。

それは，農業の新技術が，農業後進地域と見られていた地域にも浸透し，小規模農家など農村社会の下層生産者にも浸透していったことにあるように思われる。それに関連して，管井戸灌漑の普及が「緑の革命」の拡大に重要な貢献をしたという藤田幸一［2002］の議論がある。

こうした1950年代からの農業成長によって，人口1人当たりの穀物生産量は，1950～51年の116.7kg，1960～61年の156.6kgの水準から1990～91年には190.3kgに上昇した。インドが着実な経済成長を遂げた重要な基盤がここにある（藤田幸一［2004］）。

「緑の革命」などの農業生産の上昇が，農村内の様々な階層にどう影響を与えたのかについては，いくつかの議論がある。「緑の革命」が進行し始めた時期には，「緑の革命」の技術の採用は大規模農家に限られ，機械化は農村雇用の減少をもたらすなど農村の下層階層の経済的な位置を低下させるという意見が強かった。しかし，1980年以降には，その技術は小規模層にも普及し，農業労働者の賃金も上昇したことなどが次第に認識されるようになった（Hazell and Ramasamy［1991］，柳澤悠［2014a］，柳澤悠・水島司編［2014］）。

土地改革と土地所有の変動

独立後インドの農業構造を検討する上で，各州で行われた土地改革についての検討を逸することはできない。土地改革は，政府と農民の間に介在したザミンダールなど中間介在者制度の廃止，村落レベルの有力農民とその下の小作人の間に取り結ばれた小作制度の改革，および土地保有上限法の三つを主要な柱としている（浜口恒夫［1972］［1990］）。

中間介在者制度の廃止については，制度としてのザミンダーリー制度の廃止など初期の目的を基本的には達成したが，小作制度改革と土地保有上限法については，それによる変化は極めて限定的であり，西ベンガル州など一部の地域を除いて，インドの農業構造に大きな影響を与えていない，という評価が一般的であった。

しかし，1982年と1999年に収集した農村世帯のデータ分析を行った世界銀行の報告書（World Bank［2007］）は，土地改革は，村落における教育水準を上昇させ，所得と支出の増大に貢献し，この期間の成長の3分の1は土地改革の寄与によるなど，土地改革の効果を積極的に評価しており，注目される。また，藤田幸

一［2014］も，西ベンガル州における土地改革と経済発展の関係を肯定的に捉えている（Besley and Burgess［2000］も参照）。

　土地改革は，土地なし階層による土地の獲得や小作権の強化などの面では農村下層階層のエンパワーメントに貢献したが，中間介在者制度の廃止によってザミンダールが実質的に消滅した点を除けば，ごく少数の村民が耕地の半分以上を所有するという両極化した土地所有構造に基本的な変化を生じさせるような改革は行われなかったことも確かである。この点で，東アジアにおける土地改革（農地改革）とは大きな違いがあった。

農村社会構造の変容

　独立以降の農村では，農業生産が発展しただけでなく，タミル・ナードゥ州など多くの地域で，農村社会の変化も顕著であった。インドでは，行政上の区分と関係して，コミュニティを，「先進カースト（FC）」「後進カースト（OBC）」「指定カースト（SC）・指定部族（ST）」と区分することが多い。まず，村落の有力土地所有者層であったバラモンなど高カースト階層の中核部分は，大学教育など高い教育を子弟に与え，農村から都市へと生活基盤を移行させる過程を一層進展させた。この過程で，高カーストの集団が耕地の多くを所有するという土地所有の基本構造は揺るがないものの，バラモンなどは土地所有を減少させ，村落内の社会経済的な支配力を低下させた。その一方で，村落の耕地の少なくない部分は，高カーストから後進カーストや指定カーストに移動していった。バラモン以外の先進カースト世帯も，農業を兼営しつつも，小規模事業や都市雇用，とくに大企業の熟練工職や公務員への就業を志向する傾向を見せ始めた点も注目される。

　他方で，かつてはほとんど土地を所有していなかった後進カーストの土地所有は顕著に拡大し，後進カーストの一部は，村落の中核的な農業経営者層の地位に上昇していった。多くの地域で，「緑の革命」はこうした後進カーストの農業経営者が重要な担い手となって進められた。

　19世紀末から始まっていた指定カースト，農業労働者や小作人など，村落の下層階層の自立への動向は，1950年以降加速化した。稲藁取引など村落近辺での農業外の仕事や都市の様々な職への就職など，農村社会の下層階層が非農業分野で就業する機会が増大してきた。農業労働者層の中では，彼らの自立意識の増大，日雇い雇用が年中得られるようになったこと，労働者層の小作地の獲得，農

業外就業機会の増大などを背景に，長期雇用の農業労働者になる者は大幅に減少した（柳澤悠［2014d］）。

こうした変化は，いくつかの村落調査などから明らかとなる。ウッタル・プラデーシュ州については Wadley and Derr［1989］，Drèze［2002］，ビハール州については Sharma［2005］，中溝和弥［2012］，マハーラーシュトラ州については Attwood［1992］，タミル・ナードゥ州については Harriss, Jeyaranjan and Nagaraj［2010］，柳澤悠［2014b］などが，変化の方向を伝えている。

農村と都市・移動・教育

こうした農業生産の発展と農村社会の変容は，第3節で述べた，1980年以降の経済成長率の上昇と関連している。柳澤悠［2014c］は，こうした農業の発展・農村下層の地位上昇などの結果，農村市場が拡大したことが，非農業部門の発展を支えてきたことを指摘し，宇佐美好文［2014］は，農村からの大量の労働力移動の存在が都市の工業やサービス業のみならず農村社会の再生産にとっても不可欠の要素となっていることを示唆している。国内の労働移動とともに重要なのは，海外移民である。これについては，古賀正則・内藤雅雄・浜口恒夫編［2000］が重要な研究である。

村落社会の多くの階層は，非農業分野への進出を試みているが，その際にカギを握っているのが，教育である。Sato［2011］は，農村の人々にとって教育がいかに重要かを生き生きと描いている。教育については，押川文子［2013］，佐々木宏［2011］などの研究があるが，課題の重要性を考えると，一層の発展が望まれる。

（柳澤　悠）

⇒文献一覧 pp. 309-314

第III部
東南アジア

ここ数十年間における東南アジア経済の発展は目覚ましい。特に日本企業も東南アジア各国に多数，直接投資で進出していることもあり，成長著しい現在の東南アジア経済を成立させた歴史的歩みに対する関心は増大している。東南アジア経済を深く理解し，さらには日本と東南アジアの経済関係の歩みを心得ておくために，東南アジア経済史の知識は現代を生きる日本人にとって欠くべからざる事項となっている。

　しかしながら，東南アジアの経済史を研究することは，現代的な関心ばかりに支えられているのではないし，東南アジア経済史は東南アジア各国の経済発展の歩みを知るためだけにあるのではない。東南アジアは歴史的にアジア各地や世界各地との関係を取り結んできた。南アジアからは経済的，政治的，文化的，宗教的な影響を様々な形で受けてきたし，それはまた，中国についても同様といえる。また，イスラム教という宗教やムスリム商人を通じて西アジアとの関係も深かった。加えて，16世紀以降はヨーロッパ各国の海域アジアへの進出と植民地化に伴って，欧米各国との結びつきも強い。結局，東南アジアの経済史を知ることは，海域アジアや世界の経済史を理解することでもある。

　東南アジア経済史研究は，ややもすると，曖昧な地域対象を扱うことになることを当初から認識しておかなければならない。遅かれ早かれ，そもそも東南アジアという地域があるのかどうかといったことをについて悩まなければならなくなるだろうからである。ベトナム北部は中国に近く，東アジアの一員として考える方が深い洞察を得ることもあろうし，ムスリムが主要構成員をなすインドネシアやマレーシアといった国の経済は，西アジアやイスラム教に関する知識も必要となる。東南アジアを考えれば考えるほど，本来的に地域的一体性があるのかどうか，共通性があるのかどうかといったことに苦悩することになるであろう。こうした根源的な問題が存在することを心得た上で，本書では，あえて単純に現在のASEAN（東南アジア諸国連合）10カ国ならびに東ティモールを東南アジアとして設定する。これら東南アジア諸国の多くで急速な経済発展を成し遂げており，その歴史的起源を探るとした方が初学者には取り組みやすいと思われるからである。ベトナム北部とスマトラ島は歴史的に見て同じ経済・文化圏に属するかという根

本的な問題を問うことはあえて避けるのである。

　東南アジアに関する三つの章は時代別に区分している。最初の第10章は19世紀半ばまでを扱う。いわゆる海のアジアの中心として，東南アジア経済の歴史的状況を解明する手がかりとなるような文献を紹介する。ここでは，東南アジア世界の自然環境条件を理解することから始め，古代から17世紀前後の近世を概観する。続く第11章は，19世紀半ばから，1930年代の世界恐慌の影響が東南アジアで深刻化し，新たな経済体制が模索される時代以前を扱う。したがって，本章は東南アジアの大部分が欧米の植民地とされた時代の経済史を扱うこととなる。最後の第12章は，世界恐慌以後，21世紀までの経済史をカバーする。この現代経済史の時代は，歴史学的な研究は数少ない。だが，同章では時系列的に細区分を行い，当時の現状分析に関する研究書や資料を紹介することで，今後の研究のための手がかりを提供する。なお，東南アジア史に関する時代区分の問題は第10章の冒頭で触れることにしたい。

　この第III部の三つの章に共通する特徴は，東南アジアを地理的に細かく分けることをできるだけ避け，東南アジアの地域全体を通じた同時代的な傾向を描き出すことに努めていることである。本書の目的は初学者に研究入門にあたるアウトラインと重要文献を紹介することにあり，正確で漏れのない文献目録を提供しているわけではない。むしろ，東南アジア全般の同時代性に注目して理解をすすめて欲しいのである。
　　　　　　　　　　　　　　　　　　　　　　　　　　　　　　　（島田竜登）

第 10 章

前近代：
19 世紀半ばまで

はじめに

　本章は 19 世紀半ば頃までの時代を扱う。そもそも東南アジア前近代史研究では，経済史を独立した分野として扱うことはこれまであまり意識されてこなかった。東南アジア全体ではなく，一国を対象とするものであっても，日本語で経済史の通史を描いたのは宮本謙介［2003］がほぼ唯一であろう。それにもかかわらず，現在の東南アジアを考えるとき，日本や世界にとっての経済的重要性は疑うべくもない。そこで，本章では現在の東南アジア経済の歴史的形成を考えるにあたって，参考となりうる文献を紹介する。日本語での論考があり，それによって芋づる式に国内外の先行諸研究を知ることができるのであれば，その日本語文献を優先し，日本語で適切な文献が存在しないが，国際的には著名な研究があれば英語文献に限って本章で取り上げることとしたい。

　そもそも東南アジア史の時代区分は極めて困難である。『岩波講座東南アジア史』で，桜井由躬雄［2001］は，前植民地期の東南アジア史を次のように区分した。(1)基層的な歴史圏の形成期（前 1000 年紀〜後 10 世紀），(2)広域歴史圏の形成期（11〜14 世紀），(3)商業的歴史圏の形成期（15〜17 世紀），(4)（桜井によれば名称のない）第 4 期（18〜19 世紀初め）である。この『岩波講座東南アジア史』では，(1)の時代を原史，(2)の時代を古代，(3)と(4)の時代を近世と呼んだ。とはいえ，講座の執筆者によっては別の時代区分や名称を用いている場合もあり，統一されて

いるわけではない。換言すれば，東南アジア史に関しては，多くの研究者が同意できるような時代区分は存在しないということなのである。

『岩波講座東南アジア史』では，原則として「中世」とされる時代を打ち立てなかったが，東南アジア史研究者がまったく「中世」という用語を用いないということではない。ベトナム史を自身の研究の基盤とする桃木至朗［2011］は，11世紀から14世紀までの北部ベトナム中世史を研究の対象としているし，桃木至朗編［2008］は，朝鮮半島や日本からインド洋世界までを視野に入れた海域アジア史を論ずるにあたって，9世紀から14世紀前半までを「中世」と名付けている。

一方，「近世」という用語もこれまた厄介である。岸本美緒［1998b］によるまでもなく，中国史においては，かつて「近世」という時代を認めるか，否かの論争があったが，そもそも「近世」とは，「古代」「中世」「近代」という時期区分と同等の独立したものであるのか，それとも西洋史が用いるように「初期近代（early modern）」の意なのかは論者によって異なっている。本章はそのタイトルに示されているように「前近代」を対象とするが，そもそも「近世」を「初期近代」と見なす論者にとっては，すでに「近世」は「近代」なのである。

このような問題はややこしい限りであるが，本章では，便宜的に上述の『岩波講座東南アジア史』の四つの時期区分を採用する。その上で，(1)の時代を古代，(2)の時代を中世とし，(3)と(4)を近世と呼ぶことにする。

一般的に，前近代東南アジア史の研究は，国際商業史や一部の都市の社会史的研究が非常に多い。他方，人口の大多数を形成する農村部の経済史研究が手薄である。これは一つに史料の残存状況に原因がある。社会に内在する文字史料は非常に限られる。紙などに書かれたものは外国語史料中心で，時間を遡るほど，碑文研究や考古学的研究に頼らざるをえない。また，後述するように，語弊を恐れずにいえば，沿岸部から内陸部に入れば入るほど，今の歴史家にとっても未知の世界となる。とはいえ，幸いなことにベトナム北部は相対的に史料の残存状況がよく，その意味で最も研究が進んでいるといえよう。

ところで，東南アジア前近代史に関しては，文献史学や考古学を超えて，地理学や情報学の立場に立って，コンピュータを利用した研究を野心的に進めることもしばしば行われる。その代表作として柴山守［2012］があることをあらかじめ付記しておく。

1　自然環境と人口

自然環境

　東南アジア史研究において，時期区分からして一致した見解が存在しないことの理由の一つは，東南アジアの地理的ならびに自然環境的な多様性にある。地理的には中国とインドに隣接しており，東南アジアの中でも中国に近い地域は中国との関係が強いし，東南アジア西部や南部ではインドや西アジアとの関連が強い。一方，研究者はしばしば東南アジアを大陸部と島嶼部で区分する。現在の国名でいえば，ベトナム，ラオス，カンボジア，ミャンマー（ビルマ），タイは大陸部に分類し，他は島嶼部ということになる。この区分は便宜上というよりも自然環境上の地理区分である。大陸部では大河が複数存在し，川の水はゆったりと流れ，河口部では広大なデルタ地帯が形成されるのに対し，島嶼部は海の世界であるほかに，ジャワ島に見られるごとく河川の流れは急である。これに季節風の変化や雨季・乾季の変化が伴って，東南アジアは非常に多様な世界が形成されるのである。こうした地理的・自然環境的な説明は，野村亨［1994］が簡にして要を得る。また，自然環境的視点を基礎とし，人と自然の関係性を分析することは，京都大学東南アジア研究所（旧東南アジア研究センター）が得意としてきた分野の一つである。高谷好一［1985］のような東南アジア全体の概観を試みたものもあれば，より専門的に，例えば熱帯多雨林世界を分析した山田勇［1991］など，多数の研究書を生み出してきた。

人　口

　前近代東南アジア全般の人口についてはいずれも推定の域を出ない。もっとも東南アジア一般については人口密度の低い地域であったことには間違いはないが，その中で濃淡はあった。坪内良博［1986］［1998］は可能な限り18世紀半ば以降の人口を概観した研究である。また，近世東南アジアの都市人口についてはリード［2002a］が手がかりを与える。

2　古代・中世——14世紀まで

農　業

　古代・中世については経済史専論の著作は少ない。ここでは経済面にも言及する主たる研究を簡単に紹介するにとどめておこう。まず，農業・農村に関しては，桃木至朗［2011］がベトナム中世について論じる。農業や税制のほか，海上貿易についても視野を広げ，ベトナム経済史研究を東アジア史・東南アジア史全般の中で位置づけることを試みる意欲的な著作である。また，ビルマについては，伊東利勝［1980］がビルマの灌漑についての長期的な視野に立ったサーベイ論文を提供している。加えて，塩の生産と流通については，東南アジア考古学会編［2011］が出版された。

商業・都市・貨幣

　商業については，大陸部における，いわゆる東西回廊の問題を扱ったものとして，石井米雄［2009］がある。また，チャンパについて，桃木至朗・樋口英夫・重枝豊［1999］は海外貿易との関係などを論じている。島嶼部では，交易に基盤を置いたシュリーヴィジャヤ王国ないしは三仏斉を議論したものとして，例えば深見純生［1987］がある。そのほか，深見純生［2006］はマレー半島にあったターンブラリンガの時代から13世紀までの東南アジアの商業を概観するとともに，深見純生［1997］は中国語文献である『諸蕃志』をもとに，マジャパイト王国下のジャワの貿易と生産を検討する。インドとの関連では辛島昇［2001］がある。なお，概説書としてはHall［2011］があり，15世紀までの東南アジアの海上貿易全般を扱う一書である。

　都市史では，アンコールワットを中心とした古代カンボジア史について，特に考古学の立場から検討した石澤良昭［2013］が最も知られている。そのほか，考古学の立場からの検討としては，『東南アジア考古学会研究報告』が3度にわたって，東南アジアの都市と都城についての特集を組んでいる（2005～07年）。そのうち，代表的な論考として，山形眞理子［2005］が林邑の都城，平野裕子［2006］が扶南の港市オケオ，下田一太［2006］がプレアンコール期の城市，新田栄治［2005］がドヴァーラヴァティーの都市，伊東利勝［2006］がエーヤーワ

ディー流域の古代都市を扱っている。

貨幣についていえば，伊東利勝［2001］がビルマの旭日銀貨について扱う。また，近年では古銭学の範疇ではあるが Mahlo［2012］がビルマについて，Krisadaolan and Mihailovs［2012］がシャムの通貨について通時的な概観を提供している。

3　「商業の時代」

リードの2巻本『商業の時代（*Age of Commerce*）』（邦題『大航海時代の東南アジア』）の原著が1988年と1993年に出版され，1450年から1680年までの東南アジアは商業の時代と認識されるに至った（リード［2002a］［2002b］）。これはほぼ本章における時代区分の近世前期にあたる。ポルトガルのアジア進出は15世紀末であるから，ヨーロッパ勢力の進出に先立つ時代に「商業の時代」が始まったことになる。鄭和の遠征に代表されるように，すでに15世紀初めには東南アジア海域では長距離航海が発展し始めていた。東南アジア域内外の需要に牽引される形で，経済の発展と社会の変容が促されたのであった。さらに15世紀末になると，第一にヨーロッパ人が到来し，国際商業活動がより活性化されたし，第二に，16世紀に中南米と日本の銀山が開発され，多量の銀がアジアに流れ込み，経済を刺激したのである。結果として，国際商業ベースの経済の発展が東南アジア各地に見られることになったというのが，リードの主張を裏付ける経済的契機である。

ところで，この『商業の時代』の日本語訳版は，かなり多くの批判を浴びた。少なくとも第1巻については改定訳版（新装版）をすすめる。改定訳とはいっても，やはり邦訳第1巻の副題は，「季節風」を「貿易風」と取り違えているし，そもそも「大航海時代」という用語自体が同書の趣旨にそぐわない。というのも，大航海時代というのは，ヨーロッパ勢力のアジア進出の時代，いわゆる「発見の時代（Age of Discovery）」を日本語として定着させるために作られた用語であり，ヨーロッパ勢力のアジア進出以前に開始される「商業の時代」と「大航海時代」とを同一視させることは，はなはだ危険なのである。結局のところ，可能であれば英語の原著を繙くことが最善ということになろう。

貿 易

　東南アジアを含む海域アジアの貿易史研究はまず桃木至朗編［2008］が現在のところ最も優れた文献案内である。ポルトガル人来航前のムラカ（マラッカ）王国の国際関係と貿易については山崎岳［2013］がある。17世紀以降については，具体的な国際商業と輸出向け生産に関して東南アジア各地の事例研究がすでに数多く生み出されている。ベトナム北部のトンキンについてがHoang［2007］があり，輸出向け生糸や陶磁器の生産も論じる。ベトナム南部についてはLi and Reid (eds.)［1993］とLi［1998］とがある。アユッタヤー朝の貿易については17世紀のオランダ東インド会社の貿易を扱ったものとしてSmith［1977］を挙げることができ，鹿皮，鮫皮，蘇木の集荷にも触れる。また，長島弘［1994］はマレー半島のクラ地峡を介したアユッタヤー朝の陸路によるインドとの貿易の実態を紹介している。さらに，ビルマについてはDijk［2006］がオランダ東インド会社との貿易を扱う。

　一方，島嶼部に関してはどうだろうか。マルク諸島（香料諸島）については，西村孝夫［1960］や生田滋［2000］が16・17世紀のポルトガルの進出の概要を伝え，鈴木恒之［2001］がオランダ東インド会社による現在のインドネシア諸島の貿易をサーベイする。また，スマトラ島の胡椒の生産と輸出に関して，鈴木恒之［1976］がアチェ，鈴木恒之［1999］がパレンバンについて言及する。その上，現在のフィリピン諸島，ボルネオ島，インドネシア諸島をはさむ海域世界におけるイスラム諸王国については早瀬晋三［2003］の研究がある。

　東南アジア貿易に参入したオランダ東インド会社については，永積昭［2000］があるが，原著の出版は1971年であり，いささか内容が古い。とりわけ同書のオランダ中心の歴史叙述は植民地主義史観そのものという印象を現在の読者に与えかねない。一方，オランダ以外の国の東インド会社をも扱った羽田正［2007］は近年の研究をよく反映しているが，東南アジア史の専著というわけではない。オランダ東インド会社はアジア域内の貿易を重視した会社であって，それがイギリス東インド会社などの他者を寄せ付けない強さの秘訣であった。島田竜登［2008］によれば，18世紀前半に至ってもこの傾向に変化はなかったという。一方，ポルトガル人による貿易についてはSouza［1986］が定評ある研究である。

　西洋船による貿易ばかりではなくアジア船による貿易についての関心も強い。中でもジャンク船貿易については研究が豊富である。Viraphol［1977］は国際的

にはよく知られたシャムのジャンク船貿易研究であるが，近年ではより高度な実証研究が要求される。Blussé［1986］はバタヴィアと中国とのジャンク船貿易を，菅谷成子［1999］はマニラのジャンク船貿易を扱う。また，長島弘［1989］は17世紀におけるアユッタヤー在住イラン人を介したインドと日本の貿易を明らかにした。

　日本と東南アジアとの貿易については，岩生成一［1985］は古典的名著ではあるが，近年では永積洋子［2001］や蓮田隆志［2015］といった研究があり，岩生の見解が修正されつつある。日本の鎖国後に関しては，飯岡直子［1997］がジャンク船によるシャムと日本との貿易を扱う一方，島田竜登［1999］は東南アジア全般と日本とのジャンク船貿易について検討する。また，島田竜登［2006］は日本とアユッタヤー朝との貿易に絞り，オランダ東インド会社船とジャンク船による貿易の双方を総合的に分析する。

港市国家・都市

　このような国際商業は主に港市を拠点としてなされ，後背地とも結びつき，港市は地域の政治的中心ともなった。いわゆる港市国家論であるが，代表的な研究としては，Kathirithamby-Wells and Villiers (eds.)［1990］が国際的に著名であり，いわゆる港市政体（port polity）論を提起した書である。日本では，この港市政体論とほぼ同様の意味で，生田滋［1991］が港市国家論を提示し，桃木至朗［1996］や弘末雅士［2004］は港市と後背地の関係を説明する川筋モデルを解説するなど入門的な理論を紹介しつつ，事例を提供する。

　具体的な港市国家の研究としては石井米雄［1999］によるアユッタヤー朝の研究が秀逸であるが，上記の様々な貿易史研究も多かれ少なかれ，港市政体に言及している。坂井隆［2002］は港市国家バンテンについて，陶磁貿易を題材に考古学の立場から検討を行っている。また，17世紀のアユッタヤー朝では在住イラン人が商業的な富を蓄えたが，アユッタヤーにおける彼らの居住地を，現存するモスクの由緒から検討したものに今永清二［1993］がある。ベトナムについては，刊行後の内外の研究の進展を考慮に入れることは必須だが，日本ベトナム研究者会議編［1993］がある。

　ヨーロッパ人が海域アジアに至り，現地政権から借地をするなり，軍事的に港を奪うなりした上で建設した都市は，近世植民都市と呼ぶことができよう。こう

した植民都市について最も研究が盛んなのはバタヴィアである。オランダ東インド会社のアジア内の最高拠点があったバタヴィアの人口についてはブリュッセイ［1983］がある。また，バタヴィアの華人の徴税請負制度に関しては中村孝志［1969］がある，さらに，バタヴィアの奴隷社会については島田竜登［2013］が示唆を与える。一方，もう一つの重要植民都市であるマニラについては菅谷成子［2001］がスペイン領マニラの形成史の概観を提供する。

なお，東南アジア各地の日本人町に関しては，大陸部日本人町を明らかにした岩生成一［1966］ならびに島嶼部の日本人について分析した岩生成一［1987］があるが，これもまた部分的には近年，実証研究により岩生の見解は修正されつつある。ホイアンの日本人町については菊池誠一［2003］が考古学の知見から検討している。

農業・山地

かくして，近世東南アジアは海上貿易を重視する港市国家から構成され，後背地の農業などの産業は域内外の市場への生産物供給のためにあると位置づけられることになった。しかし，当該期の東南アジア経済は，たしかに海の交易世界一辺倒の時代であったのだろうか。

実はこの問題に答えることは容易ではない。なるほど海外市場との結びつきの強さは19世紀や現在まで続く東南アジア経済の特徴である。この特徴が「初期近代」に顕著になり始めたというのは説得力のある議論であり，だからこそ「初期近代」といえるのだろう。とはいえ，海の世界とかけ離れた世界が近世東南アジア社会に存在していたこともまた事実である。それは第一に，在地の農村社会においてであり，第二には海からは遠く離れた山地社会においてであった。史料的制約として，社会に内在した文字史料の残存具合が東南アジアでは一般的に悪く，想像以上に歴史研究は外国語史料に依存せざるをえない。もちろん，歴史学は情報を収集して，史料批判を通じて分析をするのであり，現地語史料であろうと，外来者の記録であろうと，言語に優劣はない。しかし，近世において，特にヨーロッパ人来航後の時代に関しては，彼らヨーロッパ人の残した史料をふんだんに利用することができるため，港市に関する歴史研究は山と積る。一方，彼ら外来者が立ち入ることのなかった土地の歴史を扱う研究は，史料的制約から少数になりがちになってしまう。

こうした内陸の地域の歴史研究は貴重であるが，まず，第一の在地社会に関しては，ベトナム農村についての研究が抜きんでている。八尾隆生［2009］の北部ベトナム農村を対象とした研究のほか，嶋尾稔［2011］による17世紀後半の村落の「売亭文契」に関する研究もあり，農村史料の発掘により今後も発展の望める分野である。一方，アユッタヤー朝の徭役制度に関しては小泉順子［2006］の研究がある。

　第二の山地社会の営みについては主に大陸部に関して行われている。いわゆるタイ族に関しては，加藤久美子［2000］や岡田雅志［2014］があるが，より強烈な議論を提示したのはスコット［2013］である。ゾミアと呼ばれる大陸部東南アジアから中国南部にかけての世界には，平地の領域国家を嫌う人々が逃避し，居住したという。国家のつくられる低地地帯はそもそも湿度も高く居住に適していないから，高地に住むことは，ある意味自然環境への能動的適応といった面でも優れている行為といえるのである。このスコットの提起した議論は東南アジア史や人類学の範疇を超えて，社会科学者にも影響を及ぼしつつあるが，もちろん今後のさらなる実証的検証が必要であろうことは言を俟たない。

貨　幣

　なお，「商業の時代」の通貨に関しては，ピチェやカシェと呼ばれるジャワの低質銭貨について Blussé［1986］による研究があり，Shimada［2006］はオランダ東インド会社支配地域で発行された銅貨についての研究である。そのほかベトナムに関しては，Whitmore［1983］による12～18世紀にかけてのサーベイがある。また，考古学からの分析として，インドネシアについては坂井隆［2012］，ベトナムについては阿部百里子・菊池誠一［2012］がある。

　加えて銀についても一言しておこう。「商業の時代」を加速化した要因の一つには先述の通り，日本と中南米からの銀の流入があった。しかし，東南アジアにどの程度の銀が流入したかを解明した実証的研究は今のところない。また，中国とインドが世界的な銀の流入先であったことは間違いないが，いったん東南アジアに流入した銀が中国やインドにどの程度再流出したのか，何割の銀が東南アジアにとどまり，さらにその何割が東南アジアの流通界に存在し続けたのかは誰も知りえていないのである。

4　近代への胎動——18〜19世紀前半

「商業の時代」を終えたのちも東南アジア経済は停滞したわけではなかった。むしろ，18世紀から19世紀前半において，近代の直接的ともいうべき変化が見られつつあったことを指摘する研究が増えてきている。いずれにせよ，近代との接続の連続・不連続を検討することは近世後期を対象とする近年の経済史研究の一大特徴といえるだろう。こうした状況を反映して，Lieberman [2003, 09] は比較と連関の手法で東南アジアを世界史の中に位置づけた。東南アジア島嶼部ではオランダをはじめとした西洋勢力による経済的浸透がなされた一方，大陸部では農業を中心とした自律的発展が見られたとし，対照的な図式を描いている。

農業

農業については，島嶼部ではオランダ東インド会社の商業的ないしは収奪的な農業システムへの介入強化が見られた。太田淳 [2014] はバンテン王国を事例としたバンテンならびにスマトラ島のランポンの胡椒栽培を扱っている。大橋厚子 [2010] はジャワ島のプリアンガン地方のコーヒー栽培を検討する。現地首長層に対し，一定の金額での一定量のコーヒーの出荷，オランダ東インド会社への売り渡しを強制する制度は，義務供出制と呼ばれ，のちに19世紀ジャワで展開された強制栽培制度の先駆けと見なした。Kwee [2006] は18世紀から19世紀初めにかけてのジャワ中部・東部の米の栽培や輸出を扱い，続く栽培制度（日本では強制栽培制度と呼ばれる）については，日本では宮本謙介 [1993] や大木昌 [2006] のジャワ農業に関する研究がある。植民地主義的で収奪主義的であったとする強制栽培制度に関する旧来の見方は，近年では大方の賛同を得られない状況にある。

一方，大陸部に関しては，桃木至朗 [1997] によれば，ベトナム北部では，東アジア同様，小農を中心とした農業の発展があったとされる。この研究成果に基づいて，岸本美緒 [1998a] は，16世紀から18世紀の東アジアと東南アジアの多くの地域では活発な開墾が行われたと論じているほどである。また，ベトナム農村については多数の研究があり，代表的な著作に村落共同体の解明を主眼とした桜井由躬雄 [1987] がある。最近の研究では，上田新也 [2013] が農村社会と

親族集団の関係について検討している。また，ビルマについてはコンバウン期を対象に，その村落コミュニティを分析したのが伊藤利勝［2013］である。また，英領期初期のビルマの土地制度については斎藤照子［1985］がある。

華 人

　この時期には，多数の華人労働者が東南アジア経済に参入した。彼ら華人は単純な肉体労働者ばかりでなく，生産に関わる技術を携えている人々もいた。農業面では，華人労働者や彼らが導入した技術のおかげで，プランテーション的な農業開発の萌芽が見られた。華人史においてはタイのケースを事例にしたスキナー［1981］の研究が古典的労作である。Blussé［1986］のバタヴィア近郊の砂糖キビ栽培の研究は，東南アジアにおける華人労働力を利用したプランテーション栽培の最初期を分析するものといえるであろう。鉱業に関しては，Somers Heidhues［2003］がカリマンタン島（ボルネオ島）の金鉱，同じく Somers Heidhues［1992］がバンカ島のスズ鉱が中国人によって開発されてゆく姿を描く。タイ湾北部ハーティエンの華人政権については北川香子［2001］がある。とまれ，18世紀における東南アジア華人の目覚ましい発展は，Blussé［1999］によれば，まさしく「華人の世紀（Chinese Century）」と呼ぶにふさわしいものであった。さらに，「華人の世紀」論を18世紀ベトナム北部で検証したものに蓮田隆志［2005］がある。加えて，菅谷成子［2006］はスペイン領フィリピンにおける華人史研究の概容を伝える。

貿 易

　近世後期の国際貿易について大きな特徴なすのもまた，華人に関してで，彼らの貿易が発展したのであった。高崎美佐子［1967］は18世紀における中国清朝とアユッタヤー朝との間の米貿易の開始について中国側の史料から明らかにし，Cushman［1993］は，ラタナコーシン朝成立以後，増大するシャムの中国貿易について扱っている。18世紀後半におけるアジア人によるジャワ沿岸貿易に関しては Knaap［1996］，18世紀のマカッサルに関しては Knaap and Sutherland［2004］のすぐれた研究があり，華人のほか，ブギス人やマレー人によっても域内貿易が担われていたことを実証的に明らかにしている。中国人による18世紀後半の福建・マニラ間の貿易は菅谷成子［1989］によってなされている一方，18

世紀後半から19世紀にかけてのスールー王国の発展とその貿易についてはWarren［1981］がある。

また，18世紀末以後の東南アジア全般の貿易については，杉原薫［2009］のサーベイのほか，18世紀後半から19世紀前半にかけて，蘭領から英領に転じるマラッカの出入港船舶を分析したReid and Fernando［1996］もある。さらに，19世紀に関しては，シンガポールを中心とした東南アジア域内貿易を検討した小林篤史［2012］があり，19世紀半ばのインドネシア外島の貿易については太田淳［2013］がある。さらに，黒田景子［1991］はラーマ1世時代におけるプーケット貿易について検討している。

都　市

都市史について最も重要なことは，この時期に事実上新たな都市が建設されたことである。その代表として，スミシーズ［1993］がバンコク，ホイト［1996］がペナン，ジャヤパール［1996］がシンガポールを扱っており，それぞれすぐれた概説書である。また，既存の植民都市バタヴィアについていえば，中村公雄［1978］が1740年のバタヴィアの華人暴動を素材に，バタヴィア華人社会の「自治」組織，すなわち公堂と遺産管理委員会の機能を明らかにしている。18世紀末にオランダ東インド会社が解散したのちには，近世以来の植民都市にも変化が見られ，現にバタヴィアは，宮本謙介［1999］が示すように，19世紀に入ると空間的に拡大し，人口も増加した。さらに，タイに関しては，Terwiel［1989］が西洋人の旅行記をもとにバンコクを中心とした商工業や人々の生活一般について分析している。

労働・貨幣・その他

この時期に関しての労働については，タイの徭役制度を分析した小泉順子［1993］があり，19世紀ビルマの債務奴隷については斎藤照子［2009］がある。一方，伊東利勝［2009］は19世紀後半における地租制度の導入を分析し，上田新也［2008］はベトナム黎鄭政権の財政機構について検討する。さらに，上田新也［2010］は黎鄭政権における徴税について，嶋尾稔［2012］は阮朝の税制と徴兵について扱っている。

貨幣に関しては，ベトナムの阮朝を事例に，その通貨統合政策を扱った多賀良

寛［2011］と銀流通を検討した多賀良寛［2014］とがある。ビルマについては，斎藤照子［2013］が概観を試みている。一方，Ohashi［2012］は，1820年代のジャワへの銀流入の減少を議論の土台とし，19世紀初頭の経済後退論を唱え，それが強制栽培制度につながったという仮説を提起している。

　なお，18世紀末以降には，東南アジアへのイギリスの本格的進出がある。この分野の概説書としては，信夫清三郎［1968］は古典的名著といえるだろう。また，白石隆［2000］も優れた概説書である。　　　　　　　（島田竜登）

⇒文献一覧 pp. 314-319

第 11 章

近現代 I：
19世紀半ば～1930年代

はじめに

　19世紀後半から20世紀前半にかけて，いわゆる東南アジア地域は，タイを除いてほぼ全域が，欧米諸国の植民地となった。加納啓良編［2001］は，この時期の東南アジア植民地経済の形成，発展と凋落を総合的に分析した重要な著作である。その「総説」（加納啓良［2001］）では，近代東南アジア経済の特徴が，欧米の植民地支配と東南アジア経済の発展，東南アジア内の地域間分業，さらには東南アジア植民地経済の国際的連関という視点で解説され，それに続く12編の論稿では，プランテーション型産業の展開，稲作経済の変容，世界経済の中の東南アジアという三つのテーマ別に近代東南アジア経済の諸相が詳述されている。「総説」によれば，19世紀後半から20世紀前半の欧米による植民地支配拡大は，それ以前の主要拠点を結ぶ「点と線の支配」の「前期植民地国家（early colonial states）」から，国境線で囲われた「面の支配」の「後期植民地国家（late colonial states）」へと質的変化を遂げた（加納啓良［2001］）。

　この植民地化の流れは以下のようなものであった。イギリスは，英緬戦争（第一次1824～26年，第二次1852～53年，第三次1885年）を通じて，ビルマ全域を植民地とした。また，イギリスは19世紀前半に海峡植民地を成立させ，1858年にインド省管轄とし，1867年には直轄植民地とした。1885年にはサバ，サラワクなどを保護領とし，1896年マレー半島の四つのスルタン王国を連合州とした。

フランスは，1862年のサイゴン条約でコーチシナ植民地を成立させ，1863年カンボジアを保護国化し，1883年の第二次フエ条約でベトナム全域を植民地化し，1887年には仏領インドシナを成立させた。1893年にはシャムとの武力対立に勝利して，ラオスを1899年仏領インドシナに編入した。また，19世紀後半にはオランダがジャワ島以外へ支配を拡大し，1873年にはスマトラ島のアチェ王国に侵攻を開始し，1912年頃にはおよそ40年に及ぶ戦争を終結させ，蘭領東インド植民地の支配を確立した。16世紀以来，ルソン島などのフィリピン諸島を植民地化していたスペインは，19世紀後半には南部ミンダナオ島への支配を拡大したが，1896年には独立革命が勃発し，1898年の米西戦争終結後にはアメリカがフィリピンを植民地化した。1901年アメリカは，アギナルドらの独立運動を制圧し，植民地支配を本格化させた。英仏の植民地拡大の中で翻弄されながらも独立を保ったシャム以外は，このように欧米諸国の植民地となった（加納啓良[2001]）。以下，世界経済やアジア間貿易の中で東南アジア植民地経済がどのように位置づけられたのかを分析した上で，東南アジア域内各地の経済変容に関わる研究動向を概観する。

1　世界経済と東南アジア——植民地化・アジア間貿易・アジア太平洋市場圏

アジア間貿易と東南アジア

　浜下武志・川勝平太編［1991］は，1980年代に社会経済史学会で活発に議論されたアジア交易圏の近代と前近代の連続／非連続を集大成した総合的な研究成果である。同書に収録された加納啓良［1991］は，17世紀から20世紀に至る欧米諸国による植民地化とアジア交易圏における島嶼部東南アジア経済の変容を，アジア内国際分業関係の拡大という視点から明確に分析した。また，レイサム［1987］は，19世紀後半から第一次世界大戦前における欧米諸国による植民地化の中でアジア・アフリカがどのような社会経済的変化を経験したのかを総合的に分析し，特に，東南アジアの農民，華僑，印僑の社会的対応に焦点を当て，近代における東南アジア経済の変化の諸相を明らかにした。

　さらに，杉原薫［1996］は，19世紀後半から20世紀前半のいわゆる「アジア間貿易」の成長が，欧米中心の世界システムから「相対的自立」であったことを

実証的に明らかにした。その中で，1880年から1913年における東南アジアの世界経済に対する統合過程を，単に欧米との関係だけで捉えるのではなく，他のアジア諸国，例えばインド・中国・日本との経済関係や印僑・華僑の活動の中に位置づけ，その統合過程は欧米および他のアジア諸国による東南アジアの「二層の周辺部化」（杉原薫［1996］）であったとした。また，杉原薫［2001］［2003］は，第一次世界大戦前の東南アジアの貿易が，「最終需要連関効果」の下で発展したことを明らかにし，その発展が「強制された自由貿易」に基づく「英蘭型国際秩序」の下で実現したことも示した。

　他方，永野善子［2001b］は，アメリカ植民地となったフィリピンに着目し，アジア・太平洋市場圏の重要性を強調した。また，加納啓良［1995］は，20世紀前半の島嶼部東南アジアにおけるスズやゴムの生産とアメリカ向け輸出の拡大，東南アジア大陸部の米生産とアジア向け輸出の拡大を示し，東南アジア経済自体が1920年代にはアメリカとの関係を強め，アジア・太平洋市場の中に強く組み込まれたことを明らかにした。

　杉原薫［2009］は19世紀中葉のウェスタン・インパクトを相対化しつつ18世紀末から第一次世界大戦前の「長期の19世紀」をつらぬくアジア貿易史の再検討を進め，19世紀前半の東南アジアを含むアジア各地の多角的貿易の存在を明らかにした。小林篤史［2012］やKobayashi［2013］も，19世紀前半の東南アジア域内交易の成長をシンガポール中心に検討している。また，白石隆［2000］は，東南アジアにおけるイギリスの自由貿易帝国の形成と発展を軸に19世紀から20世紀にかけての「海のアジア」における地域システムの生成と変容をダイナミックに描いた。

企業・通貨・華僑・印僑

　東南アジアで事業展開した企業に焦点を当てた業績としては，R. A. Brown［1994］が重要である。同書は，欧米系資本，華僑系資本，印僑系資本の東南アジアにおける展開を，チーク，スズ，ゴム，米，徴税請負，銀行，織物，不動産を取り上げて総合的に分析している。

　東南アジアの通貨制度については，西村雄志［2014］が，海峡植民地，蘭領東インド，シャム，仏領インドシナにおける銀本位制から金本位制への移行を明らかにした。また，西村雄志［2005］は，海峡植民地における通貨制度が銀本位制

から金為替本位制に移行する過程を，銀貨から政府紙幣への転換を通じて具体的に検証した。19世紀後半の東南アジアの銀行・金融制度の発展については，川村朋貴［2009］が，オリエンタル銀行，チャータード銀行など，いわゆるイースタンバンクの英領インドから海峡植民地への進出過程を明らかにしている。また，西村閑也・鈴木俊夫・赤川元章編著［2014］は，1870年から1913年までの香港上海銀行，チャータード銀行，チャータード・マーカンタイル銀行，マーカンタイル銀行のシンガポール，バタヴィア，バンコクなどの支店情報を分析している。

東南アジア経済における華僑の役割については，斯波義信［1995］が，8世紀から20世紀までの華僑の移住史を総合的に分析した上で，17世紀から19世紀の摩擦・競合・同化および19世紀後半以降の華僑の大量出国という文脈で，華僑の東南アジア進出とその経済的意味を明らかにしている。さらに，浜（濱）下武志［1997］［2013］は，華南，香港，東南アジアの貿易・決済関係を華僑ネットワークという視点で分析している。また，籠谷直人［2003］は，大英帝国の版図に強く依存したインド人移民の「領域的ネットワーク」と自由貿易原則の下で人・モノ・カネを三位一体化した中国人移民の「関係性ネットワーク」を対比して分析した。また，華僑商人ネットワークの具体的な展開を分析した研究としては，Choi［1995］が潮州系華僑の陳一族が香港，シンガポール，バンコク等を拠点に展開した貿易ネットワークと一族内の競合関係について明らかにし，霍啓昌［1999］が高一族によって香港で設立された元発行のバンコクやシンガポールへの事業展開とその凋落のダイナミズムを具体的に描いている。

東南アジアと華南との間の華僑送金については，浜下武志［1990］が，香港と東南アジアを結ぶ華僑送金と欧米系銀行の関係を明らかにし，久末亮一［2012］が，シンガポール，香港，華南の広東系華僑ネットワークを余仁生などの信局を中心に詳述している。

東南アジアにおける印僑，あるいはインド人移民の研究としては，水島司［2013a］［2013b］が，18世紀以降のヨーロピアン・グローバリゼーションの発展とそれに対応して形成された「アジア間コミュニティ」に着目し，南インド出身のナットゥコッタイ・チェッティヤールを事例に，東南アジア，特に，マレー半島の地方都市と近郊農村での金融活動を検証している。また，水島司［2000］では，マレー半島のペラ州クアラ・カンサルにおける，20世紀初頭以降のゴム産業の発展と都市内土地所有の変化，特にナットゥコッタイ・チェッティヤールが

都市金融で果たした役割を実証的に検証している。また，タイにおけるインド人の経済活動については，佐藤宏［1995］が，戦前期のインド・ナショナリズムなどの政治運動も踏まえて総合的にまとめている。

東南アジアと日本

　近代における東南アジアと日本の経済関係については，清水元［2001］が，近代初期の華僑交易ネットワークの重要性，日本からの石炭輸出の拡大，いわゆる「からゆきさん」の増大，さらには1910年代後半以降の「南進」，日本の市場および原料資源供給地としての「東南アジア」概念の成立と日本企業の進出を検証している。特に，両大戦間期の東南アジアと日本との関係については，清水元編［1986］や杉山伸也・ブラウン編著［1990］が日本の南進と東南アジアにおけるイギリス，オランダ，アメリカとの経済摩擦の諸相を分析している。なお，籠谷直人［2000］は，1930年代の東南アジアをめぐるイギリスやオランダと日本の経済関係を論じたが，蘭領東インドをめぐる日蘭会商については，日本綿布の蘭領東インド輸入をオランダ自体は排除しておらず，アジアで展開するオランダ商人にとっても低廉な日本製品が重要であった点を示し，日本とオランダの間に協調外交が展開していたことを明らかにした。

　また，柴田善雅［2005］は，20世紀初頭から第二次世界大戦期を対象に，英領マラヤ，北ボルネオ，蘭領東インド，タイにおける日系ゴム栽培事業，およびフィリピンのダバオにおけるマニラ麻栽培事業の変容を総合的に分析した。日本企業の東南アジア投資に対する日本政府の関与については，中村宗悦［1996］，河西晃祐［2006］や安達宏昭［2011］が在外公館の役割を解説している。また，河原林直人［2004］が半官半民の文化経済団体である南洋協会の特徴や役割について論じている。さらに，清水洋・平川均［1998］は「からゆきさん」の歴史を中心にシンガポールと日本の経済関係を分析した。なお，日本占領期の東南アジア各地の経済状況については，疋田康行編著［1995］や倉沢愛子編［1997］が総合的に研究成果をまとめている。特に倉沢愛子編［1997］では，永野善子［1997］が占領期フィリピンにおける糖業調整政策の政策と実態，小林英夫［1997］がフィリピン・ララップ鉱山を事例にした日本企業の経営実態，倉沢愛子［1997］がビルマとマラヤの米問題，中原道子［1997］が占領期英領マラヤにおける「労務者」と泰緬鉄道をそれぞれ具体的に分析している。

農村社会・都市

　また，東南アジアの農村社会の特徴と変化を総合的に俯瞰した好著として斎藤照子［2008］があげられる。同書は，東南アジア農村社会がどのように語られてきたかを，ブーケの「二重経済論」，ファーニヴァルの「複合社会論」，ギアツの「農業インヴォルーション論」，スコットの「モラルエコノミー論」等を取り上げて解説した上で，ビルマ村落社会における地理的境界と「身体的記憶」との関係，ビルマ，シャム，インドネシアにおける19世紀後半の輸出向け農業の発展と農村の変化を検証している。

　東南アジア主要都市の歴史と経済に関する総合的な研究として，大阪市立大学経済研究所監修の『アジアの大都市』シリーズがあり，19世紀後半から20世紀前半の東南アジア主要4都市の発展をまとめている。バンコクの歴史をまとめた田坂敏雄編［1998］では，友杉孝がバンコクの都市景観の形成を王宮と寺院，運河，道路建設などの歴史を通じて詳述している。また，田坂も国王の財産を管理する内帑局（王庫局）の土地独占と開発を解説している。ジャカルタの都市形成を論じた宮本謙介・小長谷一之編［1999］は，宮本が植民地都市バタヴィアの社会と経済の変容を詳細に論じている。生田真人・松澤俊雄編［2000］は，植民地化とクアラルンプルとシンガポールの都市形成について整理している。マニラについては，中西徹・小玉徹・新津晃一編［2001］において，菅谷成子がスペイン植民都市「マニラ」の形成とアメリカ統治期，日本占領期の変化を解説している。

2　島嶼部東南アジアの経済

英領マラヤ――プランテーション型産業の展開

　英領マラヤの経済的特徴は，マレー半島およびボルネオ北部における，スズ鉱山の開発やゴム栽培などに代表されるプランテーション型産業の展開であり，シンガポールに代表される海峡植民地の自由貿易の拠点化であった。

　こうした英領マラヤの経済変化を，世界的商品となったスズとゴムを中心に，総合的かつ明確に分析したのが水島司［2001］である。19世紀中葉の時点でマレー半島は人口希薄な未開のジャングルであったが，1848年のペラ州ラルットでスズ鉱床が発見されて，鉱山の開発が進むと，華僑移民が急激に増加した。

1906年から38年の世界のスズ輸出の3分の1は英領マラヤが占め，その大半はアメリカに輸出され，英領マラヤのスズ産業は大きく発展した。なお，東條哲郎［2008］は，19世紀後半のペラのキンタ地域におけるスズ採掘拡大に伴って華僑労働者が移動し，労働環境が大きく変化したことを明らかにした。

また，水島司［2001］では，19世紀後半以降のタピオカ，ガンビール，砂糖キビ，コーヒー栽培からゴム栽培への変化も明らかにされている。1890年代末，世界的にコーヒー価格が低迷し，ゴム価格が高騰すると，20世紀初頭以降，ゴムの栽培と輸出が拡大した。ゴム・プランテーションの拡大は，ヨーロッパ人のプランターの投資によるエステート経営と，カンガーニと呼ばれるインド人移民徴募人が集めた南インドからの自由移民の労働力による。同時に，マレー人農民によるゴム栽培も行われ，その規模は1930年代半ばゴム栽培全体の38％にも達した。また，水島司［1990］は，19世紀後半以降のマレー半島におけるプランテーション農業の発展をタピオカ，ガンビール，砂糖キビ，コーヒー，ゴムのみならず，1920年代以降の紅茶のプランテーションにも対象を広げて，イギリス人プランターによる開発と，中国人を経てインド人による経営への移動の歴史を検証している。

19世紀の英帝国のアジア支配，海峡植民地の華僑社会とアヘンの関係を実証的に分析したのがTrocki［1990］である。同書は，マレー半島や海峡植民地における華僑の秘密結社の拡大，秘密結社間の競合，アヘン等をめぐる有力華僑の徴税請負，海峡植民地政庁と有力華僑たちの同盟などを幅広く論じ，英領マラヤと海峡植民地の華僑社会の実相に深く切り込んだ。また，篠崎香織［2004］［2005］は，20世紀初頭のシンガポールやペナンにおける華人商業会議所の設立と清朝との関係を分析した。なお，重松伸司［2012］は，ペナンに移住した華僑商人，アルメニア商人，チェッティといわれるインド人商人の商業活動の歴史を分析しつつ，ペナンの民族と文化の多様性を描いている。

蘭領東インド——プランテーション型産業と稲作経済の展開

宮本謙介［2003］は，先史時代から21世紀を対象に，総合的にインドネシア経済の歴史を総括した業績である。同書は，その第III部で19世紀後半から20世紀前半までの植民地支配の確立と社会経済システムを論じており，強制栽培制度から自由貿易主義の原則に則った植民地政策への転換，ジャワ社会の変容，外

島の植民地化，世界恐慌の影響，日本占領期の経済を詳細に論じている。また，宮本謙介［1993］は，19世紀のジャワと東部スマトラにおける植民地成立期の社会経済構造とその変動を実証的に分析した。ジャワ王侯領の植民地化と農村社会，土地制度の変遷，強制栽培期の在地首長層の存在形態と労働力編成および東部スマトラなど外島の社会経済変動を明らかにした。

　加納啓良［2004］は19世紀半ばから20世紀末までの約150年間にわたるインドネシアの経済史を，国際収支と貿易，砂糖からゴム，石油への主導的輸出産業の推移とその担い手，土地と労働力の供給基盤としてのジャワ農業・農村という三つの角度から分析した好著である。貿易統計を分析の柱とした理由は，19世紀後半から「共通通貨を発行する単一政府のもとで全国をカバーする統計が作成され」，「少なくとも外形的には一つの経済的「まとまり」が今日のインドネシアに相当する地域に形成された」からだという（加納啓良［2004］）。そのインドネシア経済は，頂上部分に主導的輸出産業を備え，過剰人口を抱えた食糧生産農業部門によって裾野を支えられた一つの構造物である。この構造物は，物財の生産，消費，流通によって空間的に統合されてはいなかったとしても，裾野から頂上への労働力の供給によって結合され，一つのシステムとして世界経済に組み込まれてきたとする。なお，加納啓良［1988］では，1916年から80年のオランダ政府植民地省作成の『植民地報告』『東インド報告』などの統計から，人口，耕地面積，稲作などの長期的な推移を分析し，ジャワ農民農業の変容を明らかにしている。また，加納啓良編［1994］は，中部ジャワ・プマラン県の旧チョマル郡で，オランダ人研究者ファン・モルが1903年から05年に行った農家経済調査（24カ村全世帯2,889戸）を参照しつつ，85年後の1990年にあらためて農業生産と農外就業調査を行った成果である。

　大木昌［1984］は，20世紀初頭から1940年までのミナンカバウ（西スマトラ）地方の歴史を，村落レベルの社会経済史としてまとめた。大木昌［2001］は，19世紀中葉から1930年代までのインドネシアの稲作経済の変容についてジャワと西スマトラについて検証した。ジャワ島は19世紀中葉まで米輸出地域であったが，1870年代以降は米を増産したにもかかわらず，人口増加と砂糖キビ，コーヒー等の輸出作物栽培の増大とともに，米輸入超過に転じたことを明らかにした。西スマトラ州では，19世紀中葉から20世紀初頭までコーヒー栽培の増加に伴い米輸入地域となったが，1910年代初頭の米不作以降，米の増産が実現し，米輸

出地域となった。1920年代の輸出作物のブーム期に米輸出は低下するが，世界大恐慌以降，米の増産が進んだという。また，大木昌［2006］は，19世紀初頭から20世紀初頭における中・東部ジャワの「農民の生活史」を稲作に着目して再構築している。

植村泰夫［2001］は，19世紀後半以降，「自由主義」の名のもとに植民地開発の担い手が植民地政庁から欧米資本のプランテーションに移り，砂糖，コーヒー，ゴム，煙草，コプラなど世界市場向け特産物生産地域へと再編され，植民地的輸出経済が展開したとする。また，植村泰夫［1997］は，1930年代の世界恐慌の影響を受けた東ジャワ地域のスラバヤ理事州南部とブスキ理事州で世界市場向け輸出作物栽培と住民農業がどのような影響を受け農村社会経済構造がどう変化したかを分析した。

太田淳［2013］は，1846年から69年のバタヴィアのオランダ植民地政府財務部の作成したスマトラ，カリマンタン，スラウェシ，ティモール，マルク諸島など外島オランダ港の貿易統計を用いて，外島を含む蘭領オランダの貿易の包括的構造を分析した。工藤裕子［2013］は，1900年代から20年代の蘭領東インドに展開したクルチュールバンク最大手のオランダ商事会社，蘭印商業銀行，ジャワ銀行，さらには砂糖販売統制機関のジャワ製糖業者連合会（VJSP）の史料を用いて，クルチュールバンクの製糖工場や華僑への融資貸付やVJSPと華商の取引を分析し，1917年の砂糖危機によるジャワ糖業の変容を金融と砂糖取引の諸相から明らかにした。林陽子［2000］は，1870年代から1950年代までのジャワからの移民労働者に関わる募集業者の変遷を詳細に分析している。また，藤田英里［2009］は1905年から20年代における，スマトラ島南端ランプン地方，特にグドゥン・タターンへのジャワ人移民に焦点を当て，植民地政府の政策およびランプン社会の変容を明らかにした。

フィリピン――プランテーション型産業の展開・銀行業史・日本移民

永野善子［2001a］は，19世紀後半から20世紀前半までのフィリピン経済が，資本主義的世界経済の中に組み込まれ，マニラ麻，砂糖，タバコ，ココナッツなどの一次産品を欧州，アメリカ，日本に輸出し，イギリス，アメリカ，日本などから綿製品を，仏領インドシナやシャムからは米を輸入する経済構造となったと指摘した。

砂糖産業については，永野善子［1986］がアメリカ植民地統治下のフィリピン糖業の変容を製糖業資本の勃興と地主制の発展を主題として総合的に論じた。マニラ麻，砂糖，タバコなどの輸出農産物生産に特化したフィリピン経済の発展と砂糖の重要性を明らかにした上で，20世紀初頭のアメリカ系糖業資本のフィリピン進出過程，フィリピン国立銀行の製糖工場融資の役割，ルソン島とネグロス島の地主制の成立，甘蔗作地帯の土地所有と農業経営方式，製糖工場や農場労働者の雇用・賃金形態や生活水準を検討した。また，永野善子［1990］は，19世紀後半から1980年代を対象にネグロス島がいかに「砂糖の島」に変貌し，変容をとげてきたかを検証した。さらに，永野善子［2003］は，アメリカ植民地期フィリピンにおいて，1916年政府によって設立されたフィリピン国立銀行を中心に，フィリピン輸出経済の展開における金融の役割を論じ，第一次世界大戦後のフィリピン金融危機の歴史的位相を明確化した。特に，第一次世界大戦後の金融危機を経た金為替本位制からドル為替本位制への移行，フィリピン輸出経済と近代的銀行業の展開過程，20世紀初頭のフィリピン政府農業銀行の設立と運営，フィリピン国立銀行と農業融資，第一次世界大戦直後の金融危機とフィリピン国立銀行の商工業融資などを実証的に検証している。

また，千葉芳広［2009］は，19世紀初頭から20世紀前半における中部ルソン，マニラ地域経済圏における労働力移動，都市型労働，農業労働，商品流通や米穀流通を分析し，都市と農村の織り成す生活世界の一端を明らかにした。

早瀬晋三［2012］は，19世紀末から第二次世界大戦期にかけてのフィリピンにおける日本人の経済活動を多面的に分析することを通じて「近代文献史学を超えるための現代の歴史学」を構築しようとした研究成果である。

3　大陸部東南アジアの経済

タイ──資本家形成，土地制度，交通，稲作経済の展開

19世紀後半から1970年代までのタイ経済の変化を総合的に分析した良書がIngram［1971］である。この間の米輸出経済の成長，米産業の変化と政府の役割，スズやチークの輸出拡大，通貨と為替の変動，財政構造の特徴を中心に分析しており，近代タイ経済の変容を理解する上で必須の研究書である。I. Brown

[1988] は，1890 年から 1920 年について，チャオプラヤーデルタの灌漑，スズやチークの輸出，国内銀行の成立などを分析しながら，タイ経済の変容と国王・王族の役割を検証している。また，I. Brown [1992] は，ラーマ 5 世（チュラーロンコーン王）が 1890 年以降本格化させた近代改革である「チャクリー改革」に着目し，特に，財政に関わる中央集権的な権限が強化された大蔵省の改革について検証している。他方，19 世紀後半から 20 世紀前半にかけてのモノカルチャー経済および市場経済が拡大する中で変容した村落経済に関する研究成果がチャティップ [1987] である。同書には，タイ公文書館の一次史料を用いたタイ人研究者によるタイ社会経済史研究に関する末廣昭のサーベイが掲載されており，タイ社会経済の研究概要を知る上で有益である。また，国家による人民の把握と徴税制度の特徴に関しては，小泉順子による一連の研究（小泉順子 [1994][1995][2006]）が重要である。1855 年イギリスとのバウリング条約によって，タイは輸入関税 3％（従価税）という低関税率を受け入れ，いわゆる強制された自由貿易体制の中に組み込まれる。その 19 世紀後半の関税制度の改革と外国貿易統計整備を分析したのが，宮田敏之 [2001a] である。徴税請負制を残した関税制度から，19 世紀末に関税局の中央集権化がなされ，本格的な通関統計が作成されたことを明らかにした。

　タイの資本家形成史研究は，他の東南アジア諸国に比べて，際立った成果を残している。その代表的な研究が Suehiro [1989] である。同書は，1855 年から 1985 年までのタイにおける資本家形成史，あるいは企業発展史を，三つの担い手グループによる「鼎構造（Tripod Structure）」として総合的に分析した。19 世紀後半から 1932 年の立憲革命までの鼎構造は，①国王・王族，②華僑系企業，③欧米系企業であるとし，それぞれのグループの個別組織・企業の歴史と事業分野を詳細に解説している。

　さらに，末廣昭 [1986] は，特に，第二次世界大戦前のライスビジネスの展開を欧米系商会と華僑商人を中心に分析し，立憲革命後については，特に，政府が主導したタイ米穀会社を詳述している。末廣昭 [1991] は，1901 年以降国王勅許会社として設立された企業と 1911 年会社法に基づき設立された登記企業を対象に戦前期タイの登記企業の役員，事業内容，資本金などを網羅的に分析した。末廣昭 [2006] 第 5 章では，「ファミリービジネス」の発展という視点から 19 世紀後半から現代に至る華僑系タイ企業の事業展開を論じた。

また，Cushman［1991］は，タイ南部のプーケットでスズ鉱山を経営した福建系華僑の許一族の歴史，徴税請負，スズ事業の展開およびシャム王室との関係を詳細に分析している。また，タイの砂糖産業については，19世紀中葉までの砂糖輸出，19世紀後半のジャワ糖輸出拡大に伴う，砂糖輸入国への転換，1930年代以降の国営製糖業の発展を山本博史［1998］［2001］が整理している。さらに，南原真［2005］は1924年から39年までの三井物産のタイにおける事業展開を整理し，南原真［2010］は1920年代後半から30年代前半の英国ボルネオ社の事業活動を検証している。

土地所有制度に関しては，内帑局（王庫局）の歴史とバンコクにおける土地の集積を，田坂敏雄・西澤希久男［2003］第1～第8章が詳細に整理している。また，同書第9～第11章が，「ラタナコーシン暦120年地券交付布告」（1901年），「ラタナコーシン暦127年地券交付法」（1907年）および「仏暦2459年地券交付法（第二次）」（1916年），『民商法典』（1929年）などを分析し，土地の所有には利用の義務が伴うこと，すなわち，耕作を放棄した場合は土地所有権を喪失するという地券交付法の特徴を明らかにした。北原淳［2012］は，19世紀末以降の地券交付法施行直前の土地政策から1936年地券交付法（第6部）までの制度的変遷を詳述し，当時の土地政策の特徴を一時的な例外はあるものの小農創出的土地所有権認定政策と指摘した。他方，Larsson［2012］は，地券交付法の制定が20世紀初頭まで遅れた要因として，官僚制度の未整備もさることながら，欧米人および欧米国籍をもつアジア人にタイ国内の土地所有権を付与し，彼らの土地所有が拡大することに，ラーマ5世が危機感をもち，地券交付法の制定が遅れたとした。土地所有権確定に関わる地券交付法の遅れは，土地所有を通じた外国人の経済進出を防ごうとするラーマ5世の意図を反映したものであり，国家の独立を守る「小国の武器」であったと評価している。

タイの鉄道と都市交通の歴史は，柿崎一郎による実証的な一連の研究がある。柿崎一郎［2000］とKakizaki［2005］は，1885年から1935年の鉄道路線の拡張とバンコク中心の経済関係の緊密化を時間距離の計測などにより実証的に明らかにした。また，柿崎一郎［2009］は1935年から75年における道路交通網の急速な整備と商品流通網の発展を分析した。柿崎一郎［2010］とKakizaki［2012］は，19世紀後半から2000年代に至るタイ鉄道の歴史を総合的に分析した労作である。さらに，柿崎一郎［2014］とKakizaki［2014］は，世界有数の激しい渋滞に悩ま

される現代のバンコクにおける都市交通の歴史を，1886年から2012年までの長期にわたって総合的にまとめている。

　稲作経済と米輸出の拡大については，高谷好一［1982］が，チャオプラヤーデルタにおける灌漑網の整備，洪水の影響とデルタ地形の関係，土地利用と稲の作付け方法の関係などについて，総合的に分析している。また，宮田敏之［2001b］は，1855年バウリング条約から1930年代までのタイの米輸出経済の発展を，デルタの開発，精米業・輸出業の発展，さらには香港，シンガポール，欧州など海外米市場の価格動向などをもとに実証的に検証した。また，宮田敏之［2002］は，シンガポール福建華僑の陳金鐘（Tan Kim Ching）が，シンガポールとバンコクを統合した米輸出ビジネスを展開することで，米の需要地シンガポールの市場動向に対応しながら，バンコクの米ビジネスを発展させたことを明らかにした。同時に，陳金鐘がラーマ4世やラーマ5世の私的なシンガポール・エージェントであり，後にシャムの初代領事に任命されたことを指摘し，バンコク，マレー半島，シンガポールの政治経済ネットワークの多様性を示した。さらに，宮田敏之［2003］は，1920年末にバンコクの欧州商社と華僑精米所が米の「品質」に関する管理責任をめぐって対立し，バンコクから欧州向けの米輸出が一時的に停止した事態を取り上げ，戦前期の米貿易においても，米の品種選別や砕米混入に関わる「品質」管理が重要であったことを指摘した。

英領ビルマ──稲作経済の展開

　伊東利勝［2009］は，植民地化が南部で進行していく中，王国を維持し続けていたコンバウン朝ミャンマーにおける地租制度の導入をタッタメーダ税に関する1864年法令を中心に検討した。この法令は地租導入を目指した画期的なものであったが，実際の運用にあたっては困難も多く，貨幣制度の未確立や地方領主の役人化の遅れなどにより，地租導入によっても歳入増はもたらされず，人的支配から土地を介する支配への転換は頓挫したという。また，コンバウン朝期の通貨状況について斎藤照子［2013］が，コンバウン朝の通貨発行権の独占と，地方の私鋳貨幣の流通による独占の挫折を，金属貨幣等の分析を通じて明らかにしている。

　英領ビルマにおける稲作の展開と米輸出経済の変容については，斎藤照子［2001］が総合的に検証した。下ビルマのデルタ開発と米生産の増大により，ヨ

ーロッパやインド向けにビルマの米輸出が拡大し、その輸出量はシャムや仏領コーチシナをはるかに上回っていた。また、米輸出経済を支えた労働力として上ビルマから下ビルマのデルタに大量の農民が移動した。20世紀初頭では米価も上昇し土地価格も高騰したが、第一次世界大戦後はデルタ未開墾地の消滅、米価の不安定化などにより、農民の負債が増え、世界大恐慌後には米輸出の減少と米価格の低落により、多くの農民の負債が増え、ビルマ農民の大半が土地を手放し、小作農化した。この間、農業貸付を担ったのが、インド・マドラス州から進出してきたインド人金融カーストのチェティアたちであった。彼らは借金の返済ができない農民たちの土地を集積していき、やがて1920年代からはビルマ人が「ビルマの国土はビルマ人のもの」というナショナリズムに目覚め、チェティアはそのビルマ・ナショナリズムの標的になっていったと分析した。

また、植民地期ビルマの地租と土地所有権に関しては岡本郁子［1997］、英領期上ビルマにおける地租制度の導入とその改変をタタメダ税やヤシ税の導入を中心に検討した水野明日香［1999］、さらには英領期上ビルマのチャウセー県の村落を対象に農地の所有と質入れについて現地史料を活用して分析した水野明日香［2002］がある。

仏領インドシナ——稲作経済の展開

高田洋子［2001］は、1860年のフランスによるサイゴン米の輸出解禁から1930年代末までを対象に、仏領インドシナにおける米の生産と輸出の変容、メコンデルタの稲単作栽培の形成過程、インドシナの土地制度、開発資金、不在大地主制の特徴を総合的に分析した。輸出用米生産の中心は、メコンデルタを中心とするコーチシナであり、19世紀末以降、植民地政府によって運河開削が積極的に進められた。多くの開拓地は植民地政府がフランス人やフランス国籍のアジア人に払い下げを行ったもので、彼ら大土地所有者が不在地主となり、様々な地域から入植した農民が小作人としてカイ（仲介者）の下で実際の耕作を行った。

また、高田洋子［2014］は、19世紀後半から20世紀のフランスのベトナム支配、仏領インドシナにおける米の重要性、メコンデルタにおける水田開発、大規模な土地の払下げと大土地所有制の発達、世界恐慌と仏領インドシナ農業不安の拡大、さらにはバクリュウ省とカントー省の具体的なデルタ開発の過程を、フランス植民地公文書やメコンデルタの実地調査を踏まえ、総合的かつ実証的に検証

した労作である。同書には，メコンデルタ農村で実施された85名の村人への対面調査の記録が掲載されており，メコンデルタに生きた人々の多様な生の声が再現されている。

　なお，仏領インドシナに対するフランス資本，特に，インドシナ銀行の金融に関しては，権上康男［1985］の優れた実証的研究がある。また，19世紀中葉のサイゴン開港とその後のコーチシナ米経済の変化については，菊池道樹［1988］の研究が重要である。仏領インドシナの米経済の発達を技術史の点から分析したのが，高橋塁［2006］である。コーチシナ精米業に着目し，コーチシナからの米輸出は，玄米から白米へと転換しながら発展した，その過程を詳細に分析し，精米業における近代技術の導入がコーチシナ精米業と米輸出の発展に大きな意味をもっていたことを明らかにした。さらに，関本紀子［2010］は，仏領インドシナにおける植民地統治下の度量衡の統一と，はかりやものさしの伝統と多様性をまとめている。また，関本紀子［2013］は，植民地期北部ベトナムにおける度量衡法令・通達を整理し，度量衡統一政策と各省における実態をトンキン理事長官と各省知事との間の行政文書の分析を通じて，植民地統治とベトナム社会・文化の地域的多様性を明らかにした。　　　　　　　　　　　　　　　　　（宮田敏之）

⇒**文献一覧** pp. 319-324

第 12 章

近現代 II：
1930 年代〜21 世紀初頭

はじめに

　本章の課題は，1930 年代から 21 世紀初めまでの東南アジア経済史について日本で刊行された主な研究文献を取り上げ，その概略を初学者向けに説明することである。なお，第二次世界大戦（あるいはアジア太平洋戦争）が終結した 1945 年 8 月から現在までの時期の東南アジア経済については，それを歴史研究の対象として取り上げた文献は現状では極めて少ない。そのため本章では，同時代に書かれた現状分析の研究を取り上げ，今後行われる歴史的研究のための入門的素材としてそれらを紹介し，また，歴史研究が存在する場合にはそれらに言及することとしたい。他方，このように課題を設定すると，対象になる研究は逆に膨大となり，それらを網羅的に取り上げることは紙数の制約から不可能となる。そこで本章では，基本的に編著を含む単行本のみを取り上げ，雑誌・学術誌などに掲載された個別論文は割愛することとする。

1　戦前・戦後にまたがる経済通史

東南アジア全域の一般通史

　戦前・戦後にまたがる東南アジアの経済史を通史的に扱った日本語の著作から

第 12 章　近現代 II：1930 年代〜21 世紀初頭　179

まず取り上げよう。東南アジア全体の現代経済史一般につき大まかな見取り図を描いたものとしては，鈴木峻［2002］，桐山昇［2008］が挙げられる。一つの国について戦前・戦後の両方を扱った経済史の研究書としては，古代から現代までのインドネシア経済史の概説書である宮本謙介［2003］があり，加納啓良［2004］は，19 世紀から 1990 年までのインドネシア経済史を輸出経済と農業問題の変遷という視点からいくつかの側面を切り出して論じている。

農業史など

東南アジア全体の農業・農村問題については，1950 年代に刊行されたジャコビー［1957］が，戦前期にまで遡ってその起源を論じている。その訳者の一人でフィリピンを中心に東南アジアの農業・農村問題研究をライフワークとした農業経済学者の滝川勉は，1990 年代にその成果を一書にまとめた（滝川勉［1994］）。インドネシアの農業・農村問題については，加納啓良［1988］が戦前期も含めて考察を加えている。また，米，砂糖，コーヒーという東南アジアの輸出農産物の歴史については，『東洋文化』の特集号が複数の論文を収録している（東京大学東洋文化研究所［2008］）。プランテーションの歴史的展開については，深沢八郎編［1965］がインドネシアとマレーシアのケースを包括的に述べ，ストーラー［2007］は 19 世紀末から 1970 年代末までの北スマトラ（植民地期のスマトラ東海岸州）での歴史を詳細に論じている。社会人類学者の仕事だが，経済史研究の文献としても十分に読み応えがある。

戦前・戦後にまたがる砂糖産業の歴史については，二つの重要な業績がある。一つはフィリピンのネグロス島のケースを追った永野善子［1990］であり，もう一つは国民的輸出産業としてのタイの砂糖産業興隆史を論じた山本博史［1998］である。また東南アジアの華僑経済については，戦前・戦後を通じてその歴史を論じた内田直作の仕事がある（内田直作［1982］）。その他に，戦前・戦後にまたがる経済史研究として，タイの鉄道と道路という異色のテーマを詳細に追った柿崎一郎［2009］が注目される。

英語文献

外国人研究者による英語文献としては，1964 年に最初の版が刊行された Cowan (ed.)［1964］は，ほぼ 1950 年代までの東南アジア経済史の様々な問題に

考察を加えている。東南アジア経済史の研究自体がほとんど行われていなかった1960年代に現れた同書の先駆的意義は大きく，半世紀近くを経た2012年に再版が刊行された。以上はともに論文集だが，Brown [1997] は，およそ1830年から1980年までの東南アジア全体の経済史を一人で記述しており，注目される。Dixon [1991] は地理学者によるものだが，主に1980年代の東南アジア経済の全体像を，歴史的観点も踏まえて描いている。

　Lindblad [1998] は，第二次世界大戦後も含め，20世紀全体における東南アジアの経済発展の原動力であった外国投資の内容を経済史家の視点で整理した貴重な業績である。また Elson [1997] は，19世紀と20世紀の200年間にわたる東南アジア全域の農村社会経済の歴史的変化を，実証史家の立場から論じたもので，その最終的結果を「農民層（peasantry）の消滅」という刺激的な枠組みで総括している。

国別研究

　次に，国別の研究の主なものを見ていこう。まずフィリピンについては，Hartendorp [1958] が1950年代までをカバーし，Corpuz [1997] がアメリカ植民地時代末期の1940年までの経済史を記述している。インドネシアについては，Booth [1998] と Dick et al. [2002] がともに19世紀から1990年代までの経済史全体を論じ，Thee [2012] が1945年以後の時期について複数のエッセイをまとめている。マレーシアについては，Drabble [2000] が1990年代までを扱っており，いわば定番の概説書として挙げられる。シンガポールについては，Huff [1994] が20世紀についてまとまった記述を提示している。タイに関しては，Sompop [1989] がタイ人自身の視点から，18世紀半ばから1950年までの発展過程を整理している。また，Dixon [1999] は1990年代までのタイ経済の特質を論じている。ミャンマー（ビルマ）については，Brown [2013] が，20世紀全体を通じる経済史概説を試みている。

　インドシナ3国についての研究は極めて限られている。Luong [2010] はベトナム北部の一農村の経済・社会・政治史を1925年から2006年まで精細に記述した興味深い研究である。またカンボジアについては，20世紀全体の経済史を概説した Slocomb [2010] がほとんど唯一の業績として挙げられる。

2 時期別の現代東南アジア経済史研究

1930年代

　1930年代の東南アジア経済史を専門的に論じた日本語の研究書は，まだ極めて限られている。最初に，第二次世界大戦後に日本人が書いた著作で，1930年代の東南アジア経済についての歴史的記述を含むものを取り上げる。加納啓良編［2001］は，1930年代末までの植民地期の東南アジア（唯一独立国だったタイを含む）の経済について，歴史研究の視点から書かれた複数の論文を収録している。具体的には，インドネシア（砂糖と煙草），マラヤ（スズとゴム），フィリピン（マニラ麻と砂糖），タイ（砂糖）のプランテーション型産業，ビルマ，タイ，インドシナ，インドネシアの稲作経済，および東南アジア経済の国際的連関などが取り上げられている。一方，杉山信也・ブラウン編著［1990］は，日本の進出が欧米植民地支配との間にもたらした戦間期東南アジアの経済摩擦を論じている。

　個々の国について1930年代の経済史を扱った研究書としては，世界恐慌下のジャワのプランテーション産業と農村社会を取り上げた植村泰夫［1997］が挙げられる。また，植民地期フィリピンの糖業史と銀行史を分析した永野善子［1986］［2003］の両著にも，1930年代についての記述が多く含まれる。同じく植民地期フィリピンの都市と農村の生活を社会経済史の視点から扱った千葉芳広［2009］も1930年代をカバーしている。

　次に，第二次世界大戦以前から1950年代までに書かれた著作で，1930年代の研究に資するものを取り上げる。多くは1930年代末にヨーロッパ人の手によって書かれ，ほとんどが占領行政のための参考書として日本語に翻訳され戦時中に（一部は戦後になって）出版されたものである。そこには1930年代の状態についての記述が豊富に含まれており，経済史研究の材料になりうるものも少なくない。代表的なものとしては，インドネシア（オランダ領東インド）について記したファーニバル［1942a］［1942b］とブーケ［1979］，ベトナムを中心に当時のフランス領インドシナについて記したローブカン［1941］［1955］，トゥゼ［1956］，国際労働局編［1942］などが挙げられる。このうち，ファーニバルとローブカンはどちらも2種類の翻訳が出されており，戦時中に多くの日本人に読まれたことが窺われる。また，ビルマについてのファーニバルの著作も戦時中に東亜研究所によ

る翻訳が刊行されている（ファーニバル［1942c］）。

　一方，アジア太平洋戦争開戦直前の 1939 年から 41 年にかけて，満鉄の東亜経済調査局が東南アジアの華僑について一連の調査報告書（満鉄東亜経済調査局編［1939a］［1939b］［1939c］［1939d］［1940］［1941］）を刊行した。また，主に 1930 年代末までに東南アジア各地で作成された統計資料をもとに，日本で再編集された統計書が 1941 年から戦時中にかけて刊行され，やはり占領行政のために利用された。フィリピンに関する法貴三郎・鈴木修二・神宮司瑞郎編［1942］，インドネシアに関する蘭印経済部中央統計局編［1941］，それぞれマラヤとタイに関する国際日本協会編［1942a］［1942b］，インドシナに関する仏印経済部総合統計課編［1942］，東南アジア全域に関する東亜研究所編［1942a］［1942b］，東南アジアを含む「南方圏」全体の貿易統計を編纂した南洋協会編［1943］などが注目される。当時の東南アジアの原統計書は今の日本では直接参照できないものも多いので，これらの統計書の研究資料としての価値は高い。その多くが復刻，出版されていることも心強い。

日本軍占領期

　1941 年 12 月のアジア太平洋戦争開始後，翌 1942 年 5 月までに日本は東南アジアの全域を占領または実質的統制下に収め，占領地域では軍政を実施した。以後 1945 年 8 月 15 日の終戦に至るまでの東南アジアにおける日本軍政期の経済については，当時作成された記録（およびその復刻版）とその後の研究成果の双方が存在する。

　まず東南アジア全域については，日本占領下で地域全体の中央銀行ともいうべき役割を演じた政府金融機関「南方開発金庫」が調査した大がかりな調査の集成である南方開発金庫調査課［1942-44］が見逃せない。戦後の日本人による研究としては，「南方共栄圏」を掲げて行われた日本の東南アジア経済支配を分析した疋田康行編著［1995］と，資源獲得を主な目的として実施された日本の戦時経済政策の実情を東南アジア現地の社会の状況分析と突き合わせて検証した倉沢愛子［2012］が挙げられる。

　戦時中に東南アジア現地で行われた各国別の調査研究の記録としては，まずフィリピンに関する比島調査委員会編［1943］が重要である。次いで，マラヤについて馬来軍政監部調査部［1943-45］，ジャワについてジャワ軍政監部編［1943］

がある。これらはいずれも，1990年以降に復刻版が出版されており，多くの大学・研究機関図書室や公共図書館で閲覧ができる。

　同時期に関する戦後の国別の研究としては，インドネシアについて岩武照彦［1981］，倉沢愛子［1992］，マラヤ・シンガポールについて明石陽至編［2001］，クラトスカ［2005］がある。

第二次世界大戦後～1970年代初め頃

　第二次世界大戦後の東南アジアでは，旧英領ボルネオ地域（サバ，ブルネイ，サラワク）とポルトガル領東ティモールを除く全域が，1950年代末までに欧米植民地支配から脱して国民国家形成の過程に入った。その後，サバ，サラワクは，1963年に旧マラヤ連邦と合体してマレーシアの一部となり，ブルネイは1984年にイギリス保護領から独立国となった。また東ティモールは1976年にいったんインドネシアに併合されたが，2002年に東ティモール民主共和国として独立することになる。

　このような政治的動きの中で，1950年代末から60年代にかけて，国民国家の礎となる経済体制の建設を模索する動きが各国の間で徐々に広がり始めた。日本における東南アジア経済研究の動きは敗戦によってしばらく衰えていたが，1955年から59年にかけてビルマ（現ミャンマー），インドネシア，フィリピンなどとの戦争賠償協定が締結されて国交が再開され，東南アジアとの貿易や投資が拡大し始めた結果，しだいに盛んになった。1958年に財団法人として，次いで1960年に通産省所管の特殊法人として設立されたアジア経済研究所（その後1998年に日本貿易振興会と統合し，2003年に独立行政法人へ移行）を拠点とする研究の発展もそれに弾みをつけた。また，1963年に京都大学に東南アジア研究センター（2004年に東南アジア研究所に改組）が設立されたことも，地域研究の視点からの東南アジア経済研究の成長に大きな刺激を与えた。

　このいわば戦後黎明期の東南アジア経済の歴史について，後世の観点から専門的に研究した成果はまだほとんど存在していないが，同時代に書かれた現状分析の仕事はかなりの点数が残されている。東南アジア全般の経済発展を扱った代表的著作としては，正井正夫［1968］，市村真一編［1975］などがある。またアジア経済研究所からは，旧来の華僑研究の枠組みから踏み出そうとする華人社会研究の試みとして戴国煇編［1974］が刊行されている。国別の研究成果を見ると，

フィリピンについては，経済開発と国際収支に関する恒松制治編［1963］，人口問題を中心に論じた南亮三郎編［1969］，金融事情を研究した高梨博昭編［1971］，農地改革の過程を追った滝川勉［1976］などが目につく。インドネシアについては，戦前・戦中からの古参研究者が編纂した板垣與一編［1963］や，フィリピンと同じく人口問題を取り上げた南亮三郎編［1967］がある。またマレーシアについても，労働事情を取り上げた舟橋尚道編［1963］，フィリピンと同じく金融事情をテーマとする高梨博昭編［1973］などが刊行された。なお松尾弘［1973］は，早い時期に都市国家シンガポールの経済開発進展に着目した研究であった。ビルマ（現ミャンマー）については，ビルマ式社会主義体制移行（1962年）以前の時期について，溝口房雄［1958］が農業経済，高橋武編［1962］が労働事情，黒崎英雄編［1962］が金融事情を解説した。また，クリムコ［1966］により，ソ連の研究者によるビルマの農業問題の研究が紹介された。

1970～80年代

1967年にASEANを結成したフィリピン，インドネシア，マレーシア，シンガポール，タイの5カ国では経済開発を持続的に進める体制が整い，これらの国々への日本の経済的関わりも貿易と直接投資を通じて急速に拡大した。こうした事態を背景に，日本での調査研究も，1970年代から増加と充実の道をたどった。

1970年代の東南アジア全域の経済については，農業における「緑の革命」を起点とする発展を予見したビルマ出身のイギリスの開発経済学者ミントによる著作（ミント［1971］）がいちはやく翻訳・紹介され，広く読まれた。以後，1980年代までの東南アジアの経済発展を総合的に論じた日本人研究者の代表的著作としては，英語で刊行され国際的にも注目を浴びたYoshihara［1988］の他，吉原久仁夫編［1991］や原洋之介［1994］が挙げられる。また，経済発展の主体としての企業経営に着目した研究としては，伊藤禎一［1992］がある。

国別にこの時期の経済発展とそれに伴う諸問題を論じた同時代の著作を見ると，インドネシアについては，現地の経済学者たちが編纂した論文集を翻訳したテー・キアン・ウィー編［1984］が，マレーシアについては，所得格差の問題を論じた渡辺利夫［1975］，民族間の格差是正を目指して導入されたいわゆるブミプトラ政策の帰結を総合的に取り上げた堀井健三・萩原宜之編［1988］などが挙げられる。タイについては1970年代までの経済発展の構造を取り上げた梶田勝

［1978］が，シンガポールについては 1980 年代初めまでの工業化政策の推移を当時者からの聞き取りにより明らかにしたゴー・ケンスウィ［1983］と，1980 年代までの工業化の過程に関する林俊昭編［1990］などがある。

1970 年代は稲作を中心とする「緑の革命」が最初はフィリピン，次いでマレーシア，インドネシアに普及して農業生産力の向上が達成された時代であり，1980 年代以降はその勢いがタイやベトナム，さらにミャンマーにも及んでいった。そのため，「緑の革命」の進展に伴う農業・農村の変化は，1970～80 年代における東南アジア経済研究の最も重要なジャンルの一つとなった。この分野に関し，1980 年代末までに日本で刊行された主な著作としてはまず，1970 年代の「緑の革命」に伴う稲作農村の社会経済変化をフィリピンとインドネシアの事例に即して英語で論じ，国際的にも大きな反響を呼んだ Hayami and Kikuchi［1982］が挙げられる。日本語の著作としては，1970 年代までの東南アジア農村社会構造変動を扱った滝川勉編［1980］，農村低所得階層の存在形態を論じた滝川勉編［1982］，経済開発に伴う東南アジア農業の資本主義化に関する北原淳［1985］，タイ農村の社会経済構造とその変動を論じた北原淳編［1987］，農業技術変革に伴う東南アジア各国の農村社会の変化を描いた滝川勉編［1987］，各国の事例別に農業の商業化を論じた梅原弘光編［1989］，森井淳吉［1989］などが，代表的業績として挙げられる。

1980 年代までのその他の研究としては，華僑を論じた游仲勲［1983］，各国の首座都市を取り上げた田口芳明他［1989］，開発と労働者形成を扱った田坂敏雄編著［1989］などがある。

1990 年代

1975 年に南北統一を達成したベトナムでは，当初進められた経済の社会主義化が行き詰まり，1986 年末を転機に「ドイモイ」の名による市場経済化政策へと舵を切った。一方 1984 年にはブルネイがイギリスから独立して ASEAN に加盟し，続いて 1995 年にはベトナム，1997 年にはラオスとミャンマー，1999 年にはカンボジアがやはり ASEAN に加わり，東ティモールを除く東南アジア 10 カ国のすべてが ASEAN という共通の傘のもとに結集することになった。他方，1985 年から進んだ急激な円高をきっかけに，日本から近隣アジア諸国への製造工業移転が始まり，1980 年代後半から 90 年代にかけて ASEAN 先発 5 カ国を先

頭に，東南アジア諸国における輸出指向工業化にはかつてない強いドライブがかかるようになった。

こうした変化を背景に，1990年代に入ると，当時の東南アジア経済について日本で刊行された研究成果はいっそう増加した。東南アジア全般を論じたものから見ると，前節ですでに触れた吉原久仁夫編［1991］や原洋之介［1994］に続き，東南アジアを含むアジアの新興国の経済発展メカニズムを「キャッチアップ型工業化」という概念に基づき論じた末廣昭［2000］が現れ，その改訂続編である末廣昭［2014］が出された。また，末廣昭編［2002］では，1960年代から90年代までの東南アジアの開発と社会変動の過程を，国別・主題別に14人の執筆者たちが論じている。

国別の成果を見ると，フィリピンについては，福島光丘編［1989］がマルコス政権崩壊（1986年）後の経済再建過程を，森澤恵子［1993］がマルコス政権下（1965～86年）とその後の構造調整期のフィリピン経済をそれぞれ論じた。インドネシアについては，三平則夫・佐藤百合編［1992］がスハルト政権下（1966年以降）の「フルセット主義」工業化の展望を論じ，続いて安中章夫・三平則夫編［1995］が，スハルト政権の30年間における政治と経済の変化を総括した。一方，原不二夫編［1995］は現地の研究者たちと共同で，マレーシアにおけるいわゆるブミプトラ企業の台頭とマレー人と華人の経済協力の問題を論じ，堀井健三［1998］はブミプトラ政策の推移とそのもとでのマレーシア農村社会の変容をフィールドワークを含む実証研究に基づき明らかにした。シンガポールについては，工業化の政治経済学をイギリス植民地期にまで遡って検討したロダン［1992］と，経済政策に関するリム・チョンヤー編著［1995］の論文集の翻訳2点が刊行された。また岩崎育夫［1990］は，シンガポールの華人系企業集団について，それ以外の企業集団と比較しつつ解明した。一方，タイについては糸賀滋編［1993］が，インドシナ3国へと広がるバーツ経済圏形成の可能性について検討した。また高梨和紘編著［1995］がタイ経済の変容過程とそれに伴い派生した諸問題への政策課題を論じた。さらに末廣昭・東茂樹編［2000］は，1997～98年の経済危機を乗り切りブームに転じたタイ経済の政策と制度をセクター別に解明した。竹内郁雄・村野勉編［1996］は，ドイモイ政策により市場経済化を進めるベトナム経済の状況を，企業合同，農業，地域格差，国際分業などの観点から分析し，西澤信善［2000］は，ミャンマーの経済改革と開放政策を論じ軍政の10年間の総括を

試みた。

　1990年代には，都市と労働に関する研究成果が多く現れた。まずフィリピンについて，中西徹［1991］がフィールドワークの成果に基づき，スラムの都市インフォーマル部門経済を論じる一方，中西徹・小玉徹・新津晃一編［2001］は，「アジアの大都市」シリーズの一環としてマニラの社会経済を描いた。さらに青山和佳［2006］は，中西と同じくフィールドワークの方法を駆使してミンダナオ島ダバオ市の少数民族社会を対象に，「貧困の民族誌」を描いた。一方，宮本謙介・小長谷一之編［1999］，次いで宮本謙介［2001］はインドネシアのジャカルタを，また田坂敏雄編［1998］はタイのバンコクを，「アジアの大都市」シリーズの一環として記述している。マレーシアについては吉村真子［1998］が，エスニシティ，ジェンダー，ナショナリティの視点から経済発展と労働力構造を論じた。他方，岩崎育夫［1997］は，「土着化とボーダレスの間で」という視点から東南アジア華人の政治経済学を論じて注目された。

　工業化が進む一方，農業・農村問題の研究も1990年代を通じて進められた。東南アジア全般については，梅原弘光編［1991］，梅原弘光・水野広祐編［1993］，水野広祐編［1995］，水野広祐・重冨真一編［1997］，加納啓良編［1998］などがその代表的業績である。一方，タイについては1980年代までのタイ農村の変化を田坂敏雄［1991］が農民層分解論の観点から論じ，赤木攻・北原淳・竹内隆夫編［2000］が，先に挙げた北原淳［1985］の15年後の続編として刊行された。またそれまで研究成果が乏しかったミャンマーの農村経済について，フィールドワークの成果に基づく高橋昭雄［1992］［2000］の二つの労作が刊行された。

3　現状分析に関する近年の研究動向

東南アジア全般

　1997〜98年のアジア経済危機を乗り切った東南アジアでは，21世紀に入ると十数年にわたり比較的安定した経済成長が続き，先発のシンガポール，マレーシア，タイに続きインドネシアとフィリピンも1人当たり国民所得が3,000ドルを超える中進国の仲間入りを果たした。この時期には，近隣諸国間における国際分業の深化・拡大により，東南アジア域内の貿易が飛躍的に増加した。また，それ

までの日本との関係に加えてその他の東アジア諸国との経済関係が急速に深まった。特に中国との貿易の拡大はめざましく，2015年末に予定されたASEAN共同体結成へと向かう東南アジア域内だけではなく，東アジアとの一体的経済圏の形成がいわれるようになってきている。また，いっそうの市場経済化を目指すベトナム，ミャンマー，カンボジア，ラオスでも工業化と経済発展が加速しており，新たな投資先としての関心が高まった。このような事情を背景に，2001年以降の日本での研究を概観すると次のようになる。

　東南アジア全般について，安場保吉編著［2005］では3人の日本人執筆者と3人の東南アジア側執筆者が分担し，それまでの30年間の社会経済発展（貧困削減，所得の増加，新興工業国への仲間入りなど）を振り返り21世紀の行方を考察している。末廣昭［2006］は，主にタイの事例を精細に分析しながら，後発工業化の担い手としての「ファミリービジネス」の役割を論じている。大西康雄編［2006］は，2010年1月のFTA（自由貿易協定）締結へと向かう中国とASEAN間の貿易・投資関係の深化を，域内各国の視点から9人の執筆者が論じている。「ASEAN共同体」形成へと強まる地域統合への動きとそれに対する日本の対応については，石川幸一・清水一史・助川成也編著［2013］が論じている。

フィリピン，インドネシアとマレーシア

　国別，刊行年次順に見ると，フィリピンについては，貝沼恵美・小田宏信・森島済［2009］が，経済開発と国土空間形成について経済地理学的考察を加えている。インドネシアについては，佐藤百合編［2004］で，アジア経済危機とスハルト政権崩壊後の経済再編について7人の執筆者が論じている。また本台進編著［2004］では，経済危機後のインドネシア農村経済について，やはり7人が分担執筆している。翌2005年に出た石田正美編［2005］は，10人の執筆者が輸送インフラ，人材育成，知的財産権，労働法，地方分権化，累積債務と電力危機，日本や東アジアとの経済関係などを取り上げた。同じ年の水野広祐［2005］では，多数の雑多な非農業職業が存在する農村の産業構造の中にこそ経済復興の可能性があるという観点から，農村工業に緻密な実証調査の光が当てられた。佐藤百合［2011］は，大人口と豊富な資源による潜在的な国力に恵まれたインドネシアは，中国，インドに次ぐ「アジアの大国」になるとして，その成長条件を論じた。

　1970年代からマレーシア，次いでインドネシアでアブラヤシの栽培が21世紀

にかけて急速に拡大し，その果実から得られるパーム油の中国，インドなどアジア向けを中心とする輸出は，両国の経済発展の大きな要因にもなっている．岩佐和幸［2005］は，マレーシアのアブラヤシ栽培拡大に大きな役割を演じてきたFELDA（連邦土地開発庁）を対象に，その事業展開を歴史的に検証し，輸出指向型農業開発のもたらす意義と限界を詳細に論じている．

インドシナ3国とミャンマー

　21世紀の最初の10年間に経済事情についての研究書が最も多く刊行されたのは，ベトナムである．まず，2003年に出版された翻訳書グエン・スアン・オアィン［2003］は，ドイモイ以降のベトナム経済の経緯，現状と課題につき，特に金融・教育改革の面から分析した．レ・タン・ギエップ［2005］は，ドイモイ政策までの歴史過程を回顧し，市場経済化の効果を数量モデルにより測定した．農業・農村を取り上げた長憲次［2005］は，社会主義的協同組合農業から市場経済下の家族小農民経営への転換を概観したのち，紅河デルタ，メコンデルタ，中部高地の3地域ごとに農業の現状を記述している．藤田麻衣編［2006］は，ドイモイ開始後20年間の地場企業に牽引された産業発展の過程と課題について，6人の執筆者が分担して論じている．同じ日本貿易振興機構アジア経済研究所から刊行された坂田正三編［2009］は，国有企業，民間企業の双方にわたる経済主体の生き残りと成長の過程を，8人の執筆者が分担して描いている．トラン・ヴァン・トゥ［2010］は，ベトナム経済の市場経済移行における特徴とそのプロセスについて，1．経済発展と体制移行：歴史と理論，2．ベトナムの市場経済への移行と開発戦略，3．東アジア分業とベトナム，の3部に分けて体系的な考察を加えている．

　21世紀に入ってからは，それまでほとんど研究のなかったカンボジアとラオスの経済についても，まとまった研究が出されるようになった．まず廣畑伸雄［2004］が，ポル・ポト政権後の長期の内戦をくぐり抜け，1993年に誕生した新生カンボジアのもとでの経済の概況を要約的に論じた．同じ年に出た天川直子編［2004］では，新生カンボジア成立後10年を経た時点での社会経済状況について，7人の著者が分担執筆している．天川直子・山田紀彦編［2005］は，一党支配体制下で市場経済化の過程に入ったラオスの政治経済状況を，6人の執筆者が分析している．一方，フランス語からの翻訳であるカム・ヴォーラペット［2010］は，

1975年から2006年までの現代ラオスの政治と経済の流れを六つの章に分けてバランスよく整理・解説している。

　ミャンマー経済の現状分析も増えてきた。藤田幸一編［2005］は，1988年の市場経済化開始から17年間の足跡を，9人の執筆者が分野別に描き出している。尾高煌之助・三重野文晴編著［2012］は，政治，社会・文化，歴史などの隣接分野までを含めて10人の執筆者が分担し，ミャンマー経済全体の構成について発展論の視点から分析を試みた。久保公二編［2013］では，1980年代末同時期に経済改革・開放を始めながら異なる発展経路をたどることになったミャンマーとベトナムの移行戦略を，金融，輸入代替・輸出志向工業，農業を例に，6人の執筆者が比較・考察している。　　　　　　　　　　　　　　　（加納啓良）

⇒**文献一覧** pp. 324-330

第 IV 部
西アジア・中央アジア

西アジア・中央アジアの経済史は人類の物質生活開始以降の長い歴史をもっている。とりわけ西アジアは家畜の飼育と結びついた農耕と都市文化の発祥地であり，四つの古代文明のうちメソポタミア，エジプトの二つの文明を産み出した地である。西インドのインダス文明を西アジアに含めるならば，それは三つになる。さらに，西アジアは，ユダヤ，キリスト，イスラムの三つの一神教の揺籃の地でもある。

　また，西アジア・中央アジアは長い歴史をもっているのみならず，空間的にも広範囲にわたり，そこでの物質生活も多様である。この地ほど，どう呼ぶかで苦労するところはない。それは，この地が日本の歴史学における西洋対東洋，ヨーロッパ対アジアという伝統的な分類において，漠然とその中間の地と意識されてきたからである。そのため，例えば現代では，研究者が西アジアというとき，それは北アフリカを含む中東をイメージすることが多い。

　呼称の困難さは時代区分の困難さにつながる。そのため，通常の入門書におけるこの地の時代区分では，ヨーロッパが世界史の主導権を握る近代とそれまでの前近代とに分けられた上で，支配的な王朝や宗教・文明を基準に歴史が叙述されることが多い。また，前近代の歴史については，通常，7世紀のイスラムの勃興を境にイスラム以前の時代とイスラム時代とに分けられる。しかし，こうした時代区分は，物質生活を扱う経済史の場合，西アジア・中央アジアで展開した経済生活での通時代的な特徴を隠しかねない。

　そこで，参考にすべきは，フランスの歴史家，ブローデルの時間の三層論である。彼は，人間の歴史は長期，中期，短期の波長の異なる時間の流れの重なりの中で展開すると主張した。長期（長期持続），中期（中期局面），短期（出来事）の時間の流れを代表するのが，それぞれ環境・心性，経済，政治の歴史である。そこでは，時代区分は一つの基準によってなされるものではなく，人間の生活領域ごとに複数の時代区分を設定することが可能である。しかし，言うは易く，行うは難い。

　そこで，この第IV部でも，無用な混乱を避け，他の地域との比較を促す意味もあって，「古代I：古代オリエント」，「古代II：イスラム以前の西アジア」，「前

近代:イスラム時代」,「近現代」という西アジア・中央アジアの通説的な通史で採用されてきた時代区分に従った。しかし,具体的な文献紹介ではできる限り,この地に通時代的に観察される物質生活のパターンやトレンドについての情報を盛り込むことに努めた。

　実際,近年におけるアジアの台頭によって,産業革命をもって近代と前近代を峻別して考える経済史像でさえ,過去のものになりつつある。それゆえに,時代区分には注意を払いながらも,時代区分を超えた長期的なパターンやトレンドを明らかにし,経済発展における径路の多様性を指摘することこそ,経済史研究の主要な課題となっている。この第IV部では,こうした観点から,まず西アジア,次いで中央アジアでの物質生活の歴史に関する基本的な文献を紹介する。なお,ここで物質生活とは,精神活動を含む広義の意味で使われている。物質生活の革新は精神の飛躍を伴って初めて可能だからである。　　　　　　（加藤　博）

第 13 章

古代 I：
古代オリエント——前 4 世紀まで

はじめに

　本章では，新石器時代以降ヘレニズム時代以前の古代オリエント世界を扱う。メソポタミアでシュメール人が生み出した文字や文化は，バビロニアとアッシリアに受け継がれ，その一部は周辺のアナトリアやシリア・パレスチナ，イラン高原などに広がり，西アジア一帯に楔形文字文化圏が形成された。一方，エジプトではそれとは異なる文字体系が考案され，独自の文化圏が形成される。前者の研究は欧米では一般にアッシリア学，後者の研究はエジプト学と称され，両者は別個の研究分野として発展してきた。日本では古代に限り「オリエント」の語が西アジアとエジプトをあわせた地域を指す語として定着しているが，実際の研究は近年ますます分化する傾向にある。しかし，両地域の間に早くから存在した経済的・文化的交流や，アッシリアやペルシアなどの世界帝国へと至る歴史を想起すれば，オリエントを一つの歴史的世界として認識することは，今なお十分意義あることと考えられる。古代オリエントの経済史を学ぶにあたっては，まず前田徹・近藤二郎［2002］や樺山紘一他編［1998］などから，全体的な歴史の流れを把握しておくことが必要であろう。本章で言及した文献史料の多くは，歴史学研究会編［2012］に部分的ではあるが収録されており，各史料の解説も参考となるであろう。

1 農耕牧畜の開始と都市の成立

農耕牧畜の開始

およそ10万年前の「出アフリカ」以後西アジアに定着した人々は，長い狩猟採集の生活を経て，農耕・牧畜による食料生産を開始する。チャイルドによって「新石器革命」と名付けられたこの出来事の開始時期や場所，経緯をめぐる理解は，ここ十数年の間に大きく変化している。その最大の原因は，農耕牧畜の開始を認定する基準を，栽培種・家畜種の出現という自然科学的に証明可能な動植物の形質変化に求めた点にある。

近年の研究によれば，麦の栽培種はそれまで考えられていたよりも遅い先土器新石器B期（10500年前）に，アナトリア南東部から北シリアにかけての地域で出現し，その定着までに3000年以上の期間を要したという（丹野研一［2008］［2010］，Tanno and Willcox［2012］）。ただし，ごく最近は，栽培種に先行する野生種の栽培段階に関心が集まっており，大量の野生種麦の出土などから，先土器新石器A期後半（11500〜11000年前）に野生種栽培が始まった可能性も指摘されている（有村誠［2013］）。家畜化については，これまで農耕開始よりもかなり遅れると考えられてきたが，麦の栽培種の出現からそう遅くない時期に，トルコ南東部で羊と山羊の家畜化，シリアで牛の家畜化などが始まったこと，早い時期から肉のほか乳や毛の利用が行われたこと，家畜が威信財と見なされていたことなどが分かってきている（本郷一美［2010］，Vigne and Helmer［2007］）。

家畜の飼育と農耕が本格化し，それを主たる生業とする社会が成立するまでには長い年月を要しており，農耕牧畜は狩猟採集と長期間並行して行われた試行錯誤の結果であった。また，定住生活が農耕牧畜に先立つことは確実だが，必ずしもこうした初期の集落で農耕が始まったわけではなかった。かつて農耕開始の主因と見なされてきた一時的な寒冷化（ヤンガー・ドリアス期）は，レヴァント地方の定住狩猟採集民を再び移動生活に戻らせた可能性が高いという（有村誠［2009］［2013］）。農耕牧畜の開始は，長期的な温暖化・湿潤化への環境適応であると同時に，葬制の変化などに見られる社会や人間の意識の変化と関係するとの指摘もある（西秋良宏［2009］，常木晃［2009］）。なお，西アジアの農耕牧畜に関しては，他に藤井純夫［2001］，谷泰［2010］，ベルウッド［2008］も参照すべき文

都市の成立

　西アジアはまた，都市誕生の地でもある。都市の定義や都市化の経緯については，チャイルドの都市革命理論以来これまで様々な説が提示されてきた。当初，都市は文明と同義と見なされたが，その後国家の成立と結びつけて論じられ，都市も国家も内的な「社会の複雑化」の進展により形成されるという観点が導入されるようになった（小泉龍人 [2001] [2013]，Matthews [2003]）。さらに，都市計画や行政機構，祭祀施設等の存在を社会の複雑化を表す指標として用い，都市をそれ以外の都市的集落および一般集落と区別することや，環境変化に起因する人間の移動や快適な生活への欲求を都市化促進要因に加えることなども提唱されている（小泉龍人 [2010]）。こうした環境に対する人間の意思的な適応を重視する考え方は，先述の農耕牧畜の開始要因の議論とも共通する最近の潮流といえよう。一時期，交易を通じた先進地域（メソポタミア南部）による周辺地域への文化的・経済的支配が論じられた（「ウルク・ワールドシステム論」）（Algaze [1993]）が，近年はむしろ地域ごとの多様性を重視し，都市と国家の成立や文化の拡散を具体的な考古資料に基づいて検証しようとする動きが盛んになっている（Postgate (ed.) [2002]）。

　現在のところ，メソポタミアにおける都市の成立は概ね次のように理解されている。灌漑農耕の始まりが重要な契機となって，ウバイド期末（前5000年紀末）からウルク期（前4000年紀）にかけてメソポタミアで都市化が進展した。ウルク期後期には「都市」と呼びうるものが誕生し，シュメール人を担い手とする都市文明が成立する。こうした都市が，その後独立した統治体制をもつ都市国家へと発展していくのである。

2　メソポタミア文明圏の経済と社会

　メソポタミアで出土する文字史料の多くは粘土板文書であり，その90％は行政・経済文書といわれるが，時代・地域によってその数と内容に大きな差があるため，研究の進展にも偏りがある。この地域の経済史の概略を知る上では，前

田徹他［2000］の各時代別の「社会と経済」の項目や，前川和也［1984］，Yoffee［1995］，Aubet［2013］などが有用である。

初期王朝時代～ウル第三王朝時代

　都市国家の分立した初期王朝時代から，シュメール人の最後の統一王朝であるウル第三王朝にかけての時期については，ラガシュ，シュルッパク，ウンマ，ニップルといったシュメール諸都市のほか，北メソポタミアのマリ，北シリアのエブラなどから多くの粘土板文書が発見されている。その大半は王宮や神殿の経営・管理の記録である。初期王朝時代の代表的な史料であるラガシュ文書は王妃の管理する組織（「王妃の家」）の経営に関する文書群で，耕地の区分（直営地と小作地等）や労働者への食料給付，土地の割り当て，賦役などが記録されており，当時の都市支配層が，広大な耕地と所属員を有する家産的組織を経済基盤としていたことが明らかとなった。同時期には，シュルッパクのように土地の私有や売買が確認できる都市国家もあるが，全体的にはラガシュ型の家産的経済体制が主流であり，私的な経済活動は未発達であった。ウル第三王朝時代には支配者の経済組織はさらに肥大化していく（前田徹他［2000］）。

　この時期の農業に関しては詳細な研究がなされている（前川和也［1989］［1990］［1993］など）。都市単位で管理された灌漑水路網による通年灌漑と，耕地の条件に合わせた耕作法，条播などの農耕技術の導入により，メソポタミアでは30～80倍という麦の平均収量倍率を達成していたといわれる。しかしその集約的灌漑農耕により塩害が生じ，農業生産力が徐々に低下したことも以前から指摘されている。塩害によってシュメール文明が衰退したとする説もあるが，前川は，生産力低下を補うために土地の開墾が行われ，移行が進んだ都市国家から領域国家への支配地域が拡大した結果と解釈している（前川和也［2005］）。塩害については，粘土板自体の科学分析から検証しようとする新たな試みも見られる（渡辺千香子［2013］）。

　メソポタミアでは，農産物以外の石材や木材，金属など生活必需品の多くを周囲の世界に頼らざるをえなかったため，早くから交易が発達し広域流通網が存在したが，この時期の交易は基本的に王家に独占されていたとされている。

古バビロニア時代〜アケメネス朝ペルシア

　前2000年紀前半の古バビロニア時代は，中央集権的な支配体制が強化される一方で，交易の民間委託や私的な土地所有が急増し，私的経済活動が活発化した転換期であった。女性神官による資産運用の例（有賀望［2008］）や個人投資家の存在も知られている。前20世紀半ばから18世紀半ばにかけてのキュルテペ文書（カニシュ文書）からは，バビロニアとアナトリア間の遠隔地貿易に従事したアッシリア商人の私的な商業活動を詳細に知ることができる（川崎康司［2000］，Dercksen［1999］）。また，ユーフラテス中流域の都市マリの王宮址から発見された前18世紀前半の粘土板文書群からは，王室や神殿主導で行われた交易の様子が垣間見られる（ダリー［2010］）。私的経済の展開は，債務奴隷や大土地所有の増加など貧富の格差を拡大させる要因ともなった。債務帳消しの勅命や「ハンムラビ法典」（中田一郎訳［1999］）のような法令の中に，こうした事態を是正し弱者を保護する意図を読み取ることができる。

　ヒッタイトについては，法（ヒッタイト法）の条文に賠償規定が多いことが知られているが，他に経済に関する史料は少ない。これに対し，ヒッタイト支配下のアララハやウガリト，エマルから多くの社会経済関連の粘土板文書が発見されており，ヒッタイト統治のあり方や在地勢力との関係，土地所有などに関する研究が進んでいる（山田雅道［1998］など）。西アジア一帯を前1000年紀に支配したアッシリアは，支配地域を直轄地と宗主権下の属国に分けて統治した。直轄地は長官の統治する行政州に分けられ，州ごとに税が徴収された。王宮がアッシリア経済の中心であったが，実際の王領地の規模は限定的で，神殿や有力者による土地所有も認められていた（前田徹他［2000］，佐藤進［1980］）。一方，前6世紀にオリエント世界全域を支配したアケメネス朝ペルシアの統治に関しては，ヘロドトスらギリシア人の著作からサトラプ制や宿駅制などの詳細が知られているが，近年は帝国内諸地域から発見されたアッカド語やペルシア語，アラム語などの一次史料による研究が進められている。一例としては，王室の経済活動を記したペルセポリス出土のエラム語粘土板文書（城砦文書）を用いて，ペルシア帝国の交通・通信網を検証した研究（川瀬豊子［1998］）や，新バビロニアからアケメネス朝期にかけて活動した一族の私的文書から，当時の民間「企業家」の経済活動や財産の実態を探る研究（渡井葉子［2012］，Joannès［1995］）などがある。

　一般に，硬貨（打刻貨幣）は前7世紀にアナトリア西部のリュディアで初めて

造られたとされているが，メソポタミアでは前3000年紀後半にすでに金や銀が価値基準として用いられていた。古バビロニア時代には秤量貨幣が日常的に使用され，新アッシリア時代には青銅製の動物形小像が通貨として流通していた可能性も指摘されている（川崎康司［2010］，Snell［1995］）。しかし，オリエント世界で貨幣経済が浸透するのはヘレニズム以降であり，ペルシアのダーリック金貨やシグロイ銀貨も国内では退蔵されることが多かった（川瀬豊子［2010］）。

3　エジプトの経済と社会

統一国家の成立と灌漑

　西アジアからエジプト北部（下エジプト）に伝わった農耕牧畜は，前5000年紀末には南部（上エジプト）に広まった。ナカダ文化期（前4000年紀）には，社会の階層化や専門職化が進行し交易も始まっていたことが，墓の副葬品の格差や外部からの搬入品の出土例から判明している。こうした社会の階層化や複雑化が全土に波及し，その過程で上エジプト南部を中心に都市も出現した。しかし，メソポタミアとは異なり都市国家が競合する状況には至らず，上エジプト勢力が下エジプトを統合する形で前3000年頃に国家統一が成し遂げられることになる（高宮いづみ［1998］［2003］，Kemp［2006］，Wengrow［2006］）。統一国家の成立に先立つ前3200年頃には，エジプトでも文字（ヒエログリフ）の使用が始まるが，実際に文字が記録・情報伝達手段として十分に活用されるのは，簡略書体ヒエラティックとパピルスの使用が本格化する古王国時代以降である。ただし，パピルスは石碑や粘土板と比べ耐久性に劣るため，主にパピルスに記されていた行政・経済文書は現存数が少なく，経済史研究もメソポタミアに比して盛んとはいい難い。

　エジプトでは，早くからナイル川の定期的な氾濫を利用した灌漑農耕が行われ，高い農業生産が維持されていた。耕地に水を溜め置いた後，排水を行うこの灌漑法（貯留式灌漑，ベイスン灌漑）は塩害を招きにくく，村落レベルでの管理が可能であった。組織的な灌漑水路の建設は，ナイルの水位低下が続いた古王国末以後になって初めて地方豪族の手で行われた（畑守泰子［2002］，Schenkel［1978］）。農地の多くは王（中央政府）や神殿など公的組織に属していたと見られるが，古王国時代には土地相続の例や個人の葬祭用に土地が指定された例があり，実質的に

は私的土地所有が存在していたと考えられている。中王国時代の史料（ヘカナクト文書）からは，耕地の状態に応じた作物の選択や借地経営が土地保有者によって行われたことも知られる（Allen［2002］）。

国家と神殿経済

　古代エジプトの経済については，ポランニーの「再分配」モデルを適用しようとする試みがなされてきた（近藤二郎［2004］，Bleiberg［1995］）。利潤追求や貨幣の欠如した非市場社会において物資が中央に集められた後に再分配されるという，経済活動統合の一類型として提唱されたモデル（ポランニー［1975］）が，中央集権的指向の強いエジプト社会にうまく合致すると見なされたからである。実際，徴税を目的とする家畜調査は，初期王朝期にはすでに始まっていたことが年代記から知られている（歴史学研究会編［2012］，Wilkinson［2000］）。その一方で，古王国時代の葬祭殿経営文書（「アブシール・パピルス」）などから，王が神殿や葬祭殿（王墓付属神殿）に供物や土地を大量に寄進し，供物の一部が職員に分配されたことも明らかとなっている（屋形禎亮［1998］［2003］，畑守泰子［1998］，Posener-Kriéger［1976］）。最も典型的な例は，ピラミッド建設に従事した数万人の労働者に対する食料給付であり，中央政府による資源の徴収と再分配が広範に存在したことを印象づけている。また，外国との交易が新王国時代末まで国家によって管理されていた点も，この説の重要な論拠となっている。

　しかし，再分配社会論には反論も多い。その急先鋒であるウォーバートンは，新王国時代のパピルス文書や碑文に見られる経済用語の分析を通じて，エジプトでは早くから私的所有と市場経済が存在したと結論づけ，再分配経済の存在を否定した。また，銀と銅を価値基準とする市場経済が，前2000年紀初めからオリエント世界に広範に存在していたとも主張している（Warburton［1997］［2010］）。この見解はやや極端に過ぎるとはいえ，少なくとも新王国時代後半には，国家からの給付により生活を保証されていたはずの墓作り職人の集落デル・エル=メディーナにおいても，銅や銀，穀物などを交換基準とする私的な経済活動が活発に行われていたことが，物価に関する研究（Janssen［1975］）から明らかとなっている。再分配システムはエジプトの国家経済の一部を占めていたものの，その割合は中央集権的な支配が強かった古王国時代で最も大きく，時代が下るに従って小さくなっていった，と考えるのが妥当なところであろう。なお，神殿は早くから

エジプトの国家経済の中で重要な位置を占めていたが，新王国時代以降には，その経済力が次第に王家を凌駕するようになっていった。新王国末の「ウィルバー・パピルス」や「大ハリス・パピルス」などの文書群からは，神殿が広大な領地を所有し，その耕地を様々な職業の人々に貸与していた様子をうかがい知ることができる（Haring［1997］, Katary［1989］）。

　新王国時代以降，エジプトは軍事的・外交的にも経済的にも西アジア世界との関わりを深めてゆく。その後のアッシリアやペルシアなど外国勢力の侵攻や支配を経て，エジプトはオリエント世界に組み込まれていき，やがてギリシア人傭兵や外国人商人の活動を通じて地中海世界とも経済的な結びつきを強めていくことになるのである。
（畑守泰子）

⇒文献一覧 pp. 330-332

第 14 章

古代 II：
イスラム以前の西アジア

はじめに

　本章が扱う「西アジア」の「イスラム以前」は，三つの時代によって整理される。前章が，原初的な歴史時代，つまりアケメネス朝ペルシアまでの時代を扱うのに対し，本章では，①ギリシア人らが植民し，彼らの文化（ヘレニズム文化）が浸透した時代，②そのギリシア人社会を温存しながら，支配層としてこの社会をいわば上書きしたローマ国家の時代，③さらには，このローマ国家（民主政から帝国への変貌を遂げた）に文化要素としてキリスト教の信仰と教会組織が組み込まれ，規定的な作用を及ぼした時代（ビザンツ帝国），である。
　この「イスラム以前」期は，それぞれの時代が打ち消されることなく温存された点に一つの特徴がある。すなわち，7世紀に西アジア社会がイスラム化されたとき，そこには，ギリシア，ローマ社会の遺産がいわば累積していた，と考えてよい。西アジアのイスラム社会を考える場合，この視点は十分に留意されなければならない。

1　ヘレニズム世界の経済社会──前4～前1世紀

　紀元前323年にアレクサンドロス大王がバビロンで急死すると，2度の「ディ

アドコイ戦争」（後継者戦争）を経て三つの王国が誕生した。セレウコス朝シリア（紀元前 312〜63 年），プトレマイオス朝エジプト（紀元前 306〜30 年），アンティゴノス朝マケドニア（紀元前 306〜168 年）である。やがてシリアから，小アジアにアッタロス朝ペルガモンが分立し（紀元前 282〜133 年），ヘレニズム世界の歴史は，以後，四王国を基調として展開した。

オリエント世界のヘレニズム化

　最もダイナミックな歴史を展開したのはシリア王国だった。この国は，アレクサンドロス遺領の最大部分を継承して，ヘレニズム世界を代表する存在だったから，領域内に多くの異民族を抱えていた。この社会状況とも関係して，歴代の王は，40 を超す「ギリシア都市」を建設した。オリエント系の在来都市も，植民により多くがギリシア化された。小アジアからメソポタミア地域に至る一帯には，神殿，劇場，体育堂（ギムナシオン）を備えた都市文化が花開いたのである。現在でも遺構を目にすることができるヘレニズム都市の特徴は，その外観だけではなかった。政治上の自治権をもち，独自の都市財政によって運営された点も重要である。ヘレニズム諸国は専制支配の広域国家だったが，専制君主による集権的国家体制と並行して，自立的な都市経済が営まれていた点に特徴がある。

　都市には参事会（synkretikos）があった。通常「十人委員会」「二十人委員会」といった名称で痕跡を残すこの組織は，有力有産市民から成る合議装置だった。有力市民は，通常，近隣に（遠隔地であることもあった）所領を有していた。彼らの大半は，農業社会からの利得で地域社会を財政的に支える所領主だった。もちろん，シリア台地などでは，遠方（西地中海沿岸地域）にオリーブを輸出する商人的活動を行う者もいた。このオリーブ・プランテーションは，とりわけ 2〜8 世紀に活況を呈し，チャレンコ（Tchalenko [1953]），タト（Tate [1983]）らによる考古学的成果によって広く知られている（渡辺金一 [1980] 第 4 章）。

　シリア王国の首都アンティオキアは，宏壮な館が並ぶ一大都市だった。後にキリスト教化されて以降も経済的活況は続き，後代のものも含めて，壮麗な床モザイクが当時の繁栄ぶりを物語っている（現在はモザイク美術館に収蔵）。

ヘレニズム国家の経済と商業

　ヘレニズム国家は，王国経営のための需要が大きかったから，王宮を中心にし

た消費が増大して経済は活況を呈した，と考えられている（ウェーバー［1959］）。その要因の一つは，大量の傭兵の存在だった。彼らの雇用が，人口移動を促したし，上述の通り，セレウコス朝シリアで顕著に見られた建国初期における多数の都市建設も，経済を刺激する要因だった。ギリシア本土や周域から，雇用を求めて人口が流出し，繁栄の重心は，ギリシア本土より，アレクサンドリア，アンティオキア，セレウキア，ロードスなどの東方諸都市に移った。ギリシア本土では，アテネに代わって「ヘラスの星」と謳われたコリントが栄えるようになっていた。また，前2世紀後半以降はローマから関税を免除された自由港デロスも繁栄した。

　ヘレニズム国家間は，前3世紀の間，勢力均衡状態にあった。シリア，マケドニア，エジプトの3国と，ヒェロン2世治下のシラクーザとには，カルタゴを含めて一円の経済圏が成立していた。他方，東方に向かっては，アケメネス朝ペルシア時代をはるかに凌ぐ大遠隔地交易が，セレウコス朝のもとで行われていた。すなわち，紀元前300年頃，セレウコス1世が，メガステネスを派遣してベンガル地方まで探査させて以来，シリアはインドとの交易に注力して，主に陸路によってインドから香料，胡椒，綿，真珠，宝石などを輸入した。中国産の絹も到来していたようである。

　他方，プトレマイオス朝は，紅海，インド洋に向けての南海貿易に乗り出していた。アレクサンドリア商人たちは，香料や象牙を，アラビアやソマリア方面から運び込んでいた。ローマ帝政期以後になると，インドまで通じる航路が開かれる。このような背景があったからこそ，紀元1世紀に，南海貿易路の航海案内書である『エリュトラ海案内記』が生まれたのである（村川堅太郎訳［2011］）。プトレマイオス朝下のエジプトは，その後も海洋交易を盛んに行っていたようだ。6世紀になると，コスマス・インディコプレウストゥスの『地誌』が登場する。これは，地表面の様子を図示を交えて紹介する，文化史的に極めて注目される書物だった（もちろんいずれもギリシア語文献である）。

2　ローマ帝国の国家と経済——前1〜後4世紀

ローマ帝国の起源

　紀元前31年9月2日，アクティウムの戦いでローマの軍勢に敗北すると，エ

ジプト軍の趨勢は決定的となった。紀元前30年，クレオパトラ7世が自害。ここに，274年にわたったプトレマイオス朝の歴史は幕を閉じた。これより先に，アンティゴノス朝マケドニア，セレウコス朝シリアは，相次いでローマの軍門に降っていたから，ヘレニズム3王国は，すべてローマ帝国の属州となった。

ローマ帝国の起源は，紀元前8世紀中頃にイタリア半島を南下したラテン人の一派が現在のティベレ川のほとりに形成した都市国家ローマだった（王政ローマ）。当初はエトルリア人の王などを戴いていたが，紀元前509年に7代目の王タルクィニウス・スペルブスを追放して，貴族（パトリキ）による共和政を開始した（ブライケン［1984］）。

前3世紀から2世紀，3度にわたるポエニ戦争（紀元前264〜241年，219〜201年，149〜146年）の前後から，イタリア半島では兵役や戦禍により農村が荒廃したという。他方，貴族や騎士階級ら富裕層の収入は増大，貧富の格差が拡大し，これと並行して，元老院や民会では汚職や暴力が横行し，社会的不満が増大していた。ローマ帝国は，イタリア半島に誕生した都市国家から，地中海にまたがる領域国家へと発展した国家だったが，この対外伸張には，かかる社会的不満の解消が図られていた側面もあった。域外からの経済的富の収奪により，富の再分配を行う構造ができあがっていった。

共和制だった都市国家ローマが，他の都市国家を併合していったので，厳密には，帝政に入ってからも国制上は共和制の性格を強く含んでいた。ただ，共和制期より対外戦争を行ったので，版図は拡大し続け，最盛期には地中海沿岸全域から，西北部はブリタニア，東北部はダキア，東部はメソポタミアまで，広大な領域を含むこととなった。

研究史上「帝国」という訳語があてられていることから，「ローマ帝国」は，狭義にはオクタウィアヌスがアウグストゥスの尊称を与えられた紀元前27年からの時代を指す場合がある。しかし，国制に即して考えれば，この場合は帝政ローマ，またはローマ帝政期とした方が正確である。

ローマ帝国没落論

ローマ帝国の繁栄と没落というテーマは，多くの研究者の関心を集めてきた（ギボン［1997］など）。啓蒙期のギボン『ローマ帝国衰亡史』（1776年）以来，代表的な論者に限って見ても，ローマ帝国期の経済を「古代資本主義」と見て，そ

の形成条件の消失に没落原因を求めたウェーバー（ウェーバー［1959］），4世紀におけるコロヌス制（コロナートゥス）の成立に「古代の終焉」を見たウェスターマン（Westermann［1955］，チェインバース［1979］）などがおり，彼らは，社会経済的要因を重視する立場から「ローマ帝国の没落」を論じた（南川高志［2013］，ウォード＝パーキンズ［2014］）。

他方，ロストフツェフは，「3世紀の危機」を都市ブルジョアジーと農民大衆の対立と捉えて，経済的没落原因論を拒否した。ロストフツェフ［2001］における分析では，市場が外延的に拡大したことで，属州の生産地化とイタリア経済の地位低下がもたらされ，これによって，帝国の社会経済的構造が崩壊した，としている。ロストフツェフの立論はその後の研究者に一定の影響力をもった。例えば，ウォールバンクは，国内市場の狭隘と奴隷制という古代経済の構造自体に古典古代的都市国家没落の基因を見出し，ファシズムへの嫌悪を反映して，後期ローマ帝国を「強制」を原理とする「組合国家」と規定した（ウォールバンク［1963］）。

帝国の分裂

395年，テオドシウス1世は，その死の床で帝国を東西に分けて，長男アルカディウスに東半部を，次男ホノリウスに西半部を分担統治させることとした。それは，帝国の一体性を前提に，分割統治させる措置だった。それは，ディオクレティアヌス時代の四分割統治以来，歴代皇帝が行ったのと同様の措置に過ぎなかった。ところが，これ以後帝国の東西領域は再統一されることはなかったから，後代，この年をもって「ローマ帝国の分裂」とする認識が広まった。

経済史的観点からすれば，東方でのササン朝ペルシアとの抗争が激しくなるにつれ，環地中海圏の交易も低調になったかもしれない。オリーブなど，かつてシリア地方の特産品だった物品も，2世紀よりは各地で自給され始め，ガリアにまで運び込まれることは，引き続きあったにしても，時期により乏しくなった。農村構造にもやがて変化が生まれる。「自由農民」（自所有地を保有する農民世帯）に代わり，土地（所領）に緊縛させられた隷属農民（コロヌス）が増大するなど，大土地所有制の展開も見られた（弓削達［1964］［1989］，渡辺金一［1968］）。

3 ビザンツ帝国の経済構造——4〜7世紀

　330年5月11日，ギリシア人が植民した小邑ビュザンティオンに，ローマ帝国の新たな都が開かれた。ローマ帝国の唯一の統治者となったコンスタンティヌス帝（在位306〜337年）は，帝国東方支配の拠点を，前帝ディオクレティアヌス（在位284〜305年）が置いたニコメディアから，このボスポロス海峡とマルマラ海に面した要衝の地に移したのである。
　このときをもってビザンツ帝国の始まりを語るのが，研究史上の通例である。ただ，この政治史上の出来事は，必ずしも帝国社会の実質的な変容を告げるものではない。

中央集権的統治体制
　ビザンツ帝国は，新都コンスタンティノープルを中心とする中央集権的な国家だった。少なくとも，皇帝の施策は，ローマ帝国時代と比べて，中央集権的なものとなるよう志向していたといってよい。その経済史を考える場合も，コンスタンティノープルがもった比重の大きさに注意したい。
　それは，まず何よりも都市ローマを都とした帝国のあり方と，国制面で大きな違いがあったからだ。コンスタンティヌス帝は，ディオクレティアヌスの政治制度改革を継承し，それを推進した。四分統治は瓦解したが，帝国財政を充実するための措置は，国家の基盤をより強固にする方向で作用した。
　けだしローマ帝国は，4世紀初頭にディオクレティアヌス，コンスタンティヌス体制が敷かれて，大きく変貌した。この国制改革は，まさに「後期ローマ帝国」と呼ぶにふさわしい国家改造を行った，といってよい。その特徴は，大きく分けて4点あった。
　第一に，皇帝制度の改変である。オリエンス，イリリクム，イタリア，ガリア。この四つの道管区に，東西2名ずつの皇帝を配置した。これはディオクレティアヌスが行った措置だったが，オリエンスの首都ニコメディアに自らが東の正帝として入った（後に，上述の通りコンスタンティノープルに遷都）。イリリクムには東の副帝ガレリウスを置いた。他方，西の正帝マクシミアヌスは，イタリア道の首都ローマにあり，西の副帝コンスタンティヌス＝クロルスは，ガリアの首都トリ

ーアに駐在した。

　この「四分統治」は，それまで50ほどに区分けされていた「属州」を101個に分断し，地方単位としての管区を設定する，という行政改革を伴った。これが，第二の特徴とつながる。第二の特徴は，これらの属州に配置された長官の職分を，民政に限定したことである。それまでは属州長官たちが，地方において絶大な権力を一身に帯びる可能性を含んでいた。「3世紀の危機」は，彼らが現地勢力と結んでいわば帝位を求めて立ち上がった帝位簒奪の抗争だったといってよい。ディオクレティアヌスによる行政改革は，「3世紀の危機」を収拾すべく行われた。属州には，別途，軍司令官が配置され，属州長官とその下僚は，徴税，司法の領分に限って業務を担うようになった。この軍民分離は，属州の管轄領域を細分化したこととあいまって，帝国内の地方勢力と結びつく勢力の伸張を抑止するための施策だった。

フィスカリテ――財政制度の抜本的整備

　第三の特徴として，財政制度が抜本的に整備されたことである。ディオクレティアヌス＝コンスタンティヌス体制以後，4～5世紀の経過の中で歴代のビザンツ皇帝は，土地税を基幹税として，商取引税などを整備していった。土地税に関しては，5年に一度センサスが行われたが，現代国家のように，土地や不動産の所有者を確定して財産税を課したり，現金収入に対して所得税を徴収することはなかった。ローマ帝国は，現代国家が行っているような定率課税は行っておらず，いわば定額課税を採用していた（カピタチオ＝ユガチオ制）。国家権力によって，「所有権者の確定」つまり「可耕地の全所有者リスト」である「土地・不動産原簿」が作成されるのは，9世紀の初頭，伝来する史料の初出としては810年であり，財務官僚出身のニケフォロス1世の治世下でのことだった（オストロゴルスキー［2001］）。なお，経済史ではないが，ビザンツ論の傑作，ベック［2014］は必読である。

　この徴税機構の抜本的改革と関連して，度量衡が整備されたことも重要だった。現代世界に対する影響という点では，むしろこちらの方がはるかに大きいといってよい。

　よく知られるように，コンスタンティヌス帝は，4世紀の初頭にソリドゥス貨という金貨を発行した（ギリシア語ではNomisma）。ソリドゥス貨は，その後15

世紀に至るまで，地中海世界の基軸通貨として広く流通する。それは，1リトゥラ（約326g）の金塊から72枚が造られたので（当時は鋳造ではなく打造），1ソリドゥス貨の重量は，今日的感覚からすると4.53gだったことになる。金貨での購買は日常的ではなかったから，銀貨，銅貨の補助貨幣も打造された。1ソリドゥスを24ケラティアとし，1ケラティオン（単数形）は0.189gだった。これが，現在も使われている貴金属の単位「カラット」である。

教会の体制内化と「個」の誕生

　さて，ディオクレティアヌス＝コンスタンティヌス体制において，後の世界に大きな影響を与えたのは，キリスト教会の体制内化だった。コンスタンティヌス帝による公認（313年）から国教化（392年）に至る経過は，通常，政治史的プロセスと理解される。しかし，教会および修道院が新たな社会的存在となったことは，帝国の経済史，ひいては西アジアのその後の歴史に多大な影響を及ぼした。

　まず，教会・修道院財産の形成が，西アジアの都市経済にとって基底的な影響を及ぼした点に注意したい。教会機構は，市民生活，また帝国財政に組み込まれていった。それは，市民による寄進が，教会組織に流れ込み，その資産が増大していったことによる。神への贈与（寄進）は人々の贖罪意識によっていたが，寄進財は，やがて教会財政をして都市経済の中核的基軸となっていった。帝国は，教会（5世紀半ばよりは修道院も）を法人格をもった主体と認定していく。財産権，被相続権を得た各々の教会は，「貧民」への慈善活動を通じて，国家より税制特権，財政援助を得て，経済的ポジションを堅固なものとしていった。チャリティーが，経済システムの中に一つの新しい基軸を生んだ，といってよい（大月康弘［2005］，ブラウン［2012］）。

　注意すべき2点目は，以上の体制内化された教会制度とも関係するが，まさに4〜6世紀の過程の中で，「個」が誕生した，という事態である。ブラウンによれば，それは2世紀以来のことだった（ブラウン［2006］）。わが国でも坂口ふみが指摘する古代末期における「個の誕生」のドラマは，イスラム化してからの西アジア地域経済を考える上で，重要な論点といえよう（坂口ふみ［1996］，ティンネフェルト［1984］）。キリスト教世界だった西アジアの「古代末期」では，市民による寄進と，寄進財を集積して財産主体となった教会（また修道院，慈善施設）が，都市経済の重要な一翼を担った。キリスト教の浸透に伴うこの経過は，帝国

システムの中に体制内化されるとともに，ローマ法集成の中で体系化されていったのだった。ここでローマ法修正とは，『テオドシウス法典』(438年)，『ユスティニアヌス法典』(534年)，またユスティニアヌス法典編纂中からユスティニアヌス帝その人が発布した法令を集めた『新法』のことである。　　　（大月康弘）

⇒文献一覧 pp. 332-333

第 15 章

前近代:
イスラム時代——7～19 世紀

はじめに

　7世紀に成立して以降,イスラムという宗教を核とした一つの文明が世界史に大きなインパクトを与えた。西はイベリア半島のアンダルス地方から東は中国の新疆ウイグル地方まで,北アフリカ・ユーラシア大陸のほとんどにおいてイスラム王朝が建設された。それも,その歴史空間の中核は,1世紀足らずの短い期間に形成された。このような短い期間での広域の政治圏の形成は,アレクサンドロス大王の帝国やモンゴル帝国など,歴史的にはいくつも見られた。しかし,これらの帝国は創設者の死去によって瓦解,分裂した。これに対して,イスラム圏は初期のアラブ・イスラム勢力の征服活動後,現代に至るまで続いている。

　イスラム圏の歴史は,イスラム成立からイスラム帝国アッバース朝までの時代(7～11世紀),アッバース朝崩壊以後の諸王朝時代(11～15世紀),三大イスラム朝並立時代(15～19世紀初頭)の三つの時代に分けられて叙述されることが多い。その間,幾多の政治勢力の栄枯盛衰と政治と文化の中心の移動が見られた。イスラム圏の特徴は,その多極性と統一性のダイナミズムにある。このダイナミズムの中で,イスラム圏の経済(以下,イスラム経済と略)は展開した。イスラム圏が多極的な地域構成からなっていたということは,イスラム圏の内部と外部に多くのフロンティアが存在していたことを意味する。このフロンティアの存在が,イスラム経済を政治勢力の栄枯盛衰を超えて活性化させた。以下,該当する文献に

ついて紹介するが，加藤博［2005］はアラブ地域が中心であるものの，イスラム経済を概観したものである。

イスラム圏の中心部は概ね，現在の西アジアと中央アジアに相当する。そして，そこに思想的，イデオロギー的に見て，大きな変化があったことは間違いない（ドナー［2014］，Crone and Cook［1977］）。問題はこうした精神生活での変化に伴って，物質生活の上でも変化が見られたかである。物質生活は精神生活とは無関係ではないが，それとは異なる径路でもって発展するからである。本章は世界経済史の中で「イスラムの時代」が設定されうるとの立場をとる。しかし，イスラム圏は地域的な多極性を特徴としており，そこでの経済の歴史を通史として叙述するのは難しい。

その中で，多くの経済統計を使って，果敢にそれを行ったのがアシュトール（Ashtor［1976］，加藤博［1977］）であり，データの扱い方に批判がなされることもあるが，前近代のイスラム経済史を通時的に俯瞰しようとするときに参照しなければならない文献である。

そこから，本章での主たる目標は，イスラム経済の歴史を時系列的に追うのではなく，イスラム圏という歴史空間の中で展開した経済の歴史に特徴的なパターンとトレンド，それを支えた理念と制度を抽出することである。地域の多極性を特徴とするイスラム圏は広範にわたり，そこで展開した歴史はあまりに多様だからである。そして，そのためには比較の視点は不可欠であるが，従来ではヨーロッパとの比較が多い中で，イスラム世界をアジアとの比較の中で論じ，多くの示唆を与えているのが，三浦徹・岸本美緒・関本照夫編［2004］である。

以下，本章は3節からなるが，「イスラム経済圏の形成と拡大」と「イスラム経済圏の特徴」では，それぞれその多極性と統一性に重点を置いて，イスラム経済の歴史を整理する。そして，「イスラム経済圏の成熟と変革の兆し」において，ヨーロッパとの本格的な接触の中でのイスラム経済の変質を扱う。

1　イスラム経済圏の形成と拡大

ピレンヌ・テーゼとイスラム経済史

イスラム経済圏の形成について，重要な論点を提供しているのが，ピレンヌ・

テーゼである。ピレンヌは，ヨーロッパの古代から中世への移行を，民族大移動というヨーロッパ域内の要因によってではなく，イスラム勢力の台頭による地中海交易の断絶という域外との関係の中で説明した。つまり，当時における地中海世界の経済での交易の重要性に注意を喚起している。

しかし，ピレンヌ・テーゼはヨーロッパ史の立場からの問題設定である（家島彦一［1989］，渡辺金一［1980］）。イスラム史の立場から重要なのは，交易を問題にするとしても，イスラム勢力の進出によって地中海交易が断絶したか否かではなく，当時におけるユーラシア大陸での地域間交易の展開である。地中海は西洋と東洋にまたがって形成されたイスラム圏での交易ルートの西の終着点，でしかないからである。それゆえに，一部の研究者を除いて（Ehrenkreutz［1972］, Ashtor［1970a］［1970b］），イスラム史研究者はピレンヌ・テーゼに興味をもたなかった。

国際交易ネットワークの中のイスラム経済圏

イスラム経済の発展を地域間交易と結びつけて論じることは定説となっている（家島彦一［1991］）。実際，イスラムの成立も交易路の結節点としてのメッカとの関係から論じられ（Simon［1989］），イスラム圏での，もの，ひと，かねの交流の諸相が研究されてきた。その中でWatson［1967］と宮崎市定［1964］は，金銀比価の分析をもとに，ユーラシア大陸からヨーロッパ大陸にかけての貴金属の流通を論じており，イスラム経済圏の特徴を研究する有力な視点を提供している。

つまり，イスラム経済の繁栄が，イスラム圏が一つの経済圏を構成したというよりは，アジア，ヨーロッパ，アフリカの三大陸にまたがる国際交易ネットワークでの結節点として機能したことに求められている。13世紀の世界経済システムを論じたアブー=ルゴド［2014］はその典型である。そこでのキーワードは技術革新（イノベーション）（アルハサン／ヒル［1999］）である。産業革命以前では，新たな技術の導入や新たな市場の開拓の多くは，ひとの移動によってもたらされたからである。

技術革新と社会分業

また，技術革新の観点は，イスラム経済圏での分業システムにも目を向けさせる。技術革新は流通部門のほか，農業（Watson［1983］）や工業（Cahen［1970］, Shatzmiller［1994］）の生産部門での発展をももたらしたからである。イスラム時

代の農業経済に関する Watson［1983］はこのことをよく示している。そこでは，初期のイスラム圏での農業部門における生産性の飛躍的な向上の原因が，インド以東と，アフリカ大陸を起源とする栽培作物の新品種の渡来と灌漑技術の伝播に求められている。

　実際，歴代のイスラム王朝の首都であったバグダード，カイロ，イスタンブルなどはその最盛期に数十万の人口を擁したが，このような大都会は後背地における生産性の高い農業と都市部における多様な産業の存在を抜きにしては考えられない。砂漠性乾燥気候のイスラム圏では，農業は灌漑に頼らざるをえないが，イスラム圏は貴重な水を有効に利用するための高度な灌漑技術を発達させた。それは水の賦存状況に応じたもので，ナイルのベイスン灌漑，チグリス・ユーフラテスの運河灌漑，イラン高原の地下水を利用したカナート灌漑（岡崎正孝［1988］）が有名である。

　以上は，もの，ひと，かねの流通に焦点を当てたイスラム経済史の整理である。これに対して，現在でこそ主流から外れているが，土地制度，農村社会の変容の展開を核に，社会体制の変遷の中にイスラム経済史を叙述する「伝統的な」研究も重要である（カーエン［1988］）。そして，この研究において，日本の研究者は多大な貢献をしてきた（嶋田襄平［1977］，森本公誠［1975］，佐藤次高［1986］）。

2　イスラム経済圏の特徴

イスラムの経済ビジョン

　イスラム経済圏の特徴は，地域的な多極性を超えて統一性を維持したことである。この点を考えるとき，まず指摘すべきは，砂漠の開放性と三大陸の交差点という立地である。砂漠は決して死の世界ではない。そこは遊牧民の生活空間であり，開放性を特徴とした。砂漠に点在するオアシスを結んで交易路が縦横に走っており，遊牧民はときとして商人であった。また，交易路は同時に巡礼路でもあった。その結節点には市が立ち，ものとひとでにぎわった（カーティン［2002］）。

　次いで指摘すべきは，イスラム文明の役割である。ウェーバーはその一連の宗教社会学研究の中で，イスラムの攻撃的で世俗的性格を主張した。しかし，その主張は現在では否定され（ターナー［1986］），イスラムのプラグマティックで都

市的な性格が強調されるようになっている（ロダンソン［1978］）。そもそも，西アジアは都市揺籃の地であり，イスラム文明はその伝統を引き継いだ。

イスラム経済は都市を拠点とし，商業のみならず，農業，工業，遊牧業などを巻き込んだ交換経済であった（加藤博［1995］）。こうした交換を基本とした社会経済をイメージするのに，カイロのユダヤ教徒コミュニティを対象とした Goitein ［1967-88］と地中海周辺地域の関係性を論じた Horden and Purcell ［2000］は有効である。この二つはタイトルにおいて地中海社会の研究と冠されているが，イスラム社会の研究といってもおかしくない内容をもっている。また，Greif ［1994］は地中海世界のユダヤ商人の組織を制度の経済学を使って分析したものであるが，イスラム商人の組織を分析するためにも有用である。

イスラム経済の統一性を担保していたのはイスラムに独特な経済ビジョンであり（Essid ［1995］，加藤博［2010］），それはイスラム的な公正観や秩序観に裏づけられ，イスラム共同体（ウンマ）と結びついたものであった。と同時に，それは異なる時代と地域の社会状況に柔軟に対応した。従来，利子と訳されてきたリバー理解の歴史的な展開には，このイスラムのプラグマティックな性格を見ることができる（両角吉晃［2011］）。

法と貨幣

ビジョンは制度を介して初めて，現実の社会生活の中で実体化される。イスラム経済で，それを担ったのは法と貨幣である。法に関しては，神を立法者とするシャリーア（宗教法）を原則としながらも，国家が立法者であるカーヌーン（国家法），日々の日常的な慣習に基づくウルフ（慣習法）をも取り込んだ多元的なイスラム法体系のもとで，様々なレトリックを駆使して（堀井聡江［2004］，柳橋博之［1998］），複雑な現実に対応していった。このことは，手形など通行，滞在，取引に関わる様々な取引手段（佐藤圭四郎［1981］，川床隆夫編［1982］），ムシャーラカやムダーラバなどの多様な契約形態などにも見てとれる（Udovitch ［1970a］）。

また，貨幣はネットワーク外部性に依存し，高い流動性と国際性を特徴とするイスラム経済を支えたもう一つの制度であった。統治者もこのことを理解し，イスラム圏において貨幣は国家の統治術の手段であった。イスラム貨幣制度は，7世紀末のアブドゥルマリク（在位685～705年）の貨幣改革に始まる（Grierson ［1960］）。この時，具象的な意匠を排した，アラビア文字の刻銘のみをもつディ

ナール金貨，ディルハム銀貨，ファルス銅貨が発行された。三つの貨幣のうち，金貨と銀貨の貴金属貨幣が中央当局の直接管轄下に置かれた法貨であった（加藤博［1976］）。法貨の金銀貨の間には交換比率が設定された。その後，イスラム貨幣制度は時代と地域によって変化した（Ehrenkreuts［1992］，Pamuk［2000］）が，その基本は同じであった。

　以上，法と貨幣の二つの制度が融合したイスラム的な制度として，ヒスバとワクフがある。ヒスバとは，広義には，すべてのイスラム教徒に義務として課せられる「善を勧め，悪を禁じること」を意味したが，狭義には，ムフタシブ（市場監視官）の職務を意味した（アル＝マーワルディー［2006］）。一方，ワクフとは，イスラム教徒に課された宗教的義務の一つである喜捨（ザカート）に基づく寄進行為であり，前近代における社会インフラの整備を支えた（長谷部史彦編著［2004］，五十嵐大介［2011］）。

イスラムの経済思想

　こうして，イスラム経済は独自な経済ビジョンをもって展開したが，その間，いくつもの豊かな経済思想を産み出した。その中でも特筆すべきは，ダマシュキーの商業論（風巻義孝［1976］），イブン・ハルドゥーンの市場論（イブン＝ハルドゥーン［1978-87］），マクリーズィーの貨幣論（Allouche［1994］）である。それらによって，イスラム経済が流通と消費を中心とした高度で体系的な市場経済であったことを知ることができる。

　なお，現在のイスラム経済史研究はテーマと方法論において大きな広がりをもって展開しており，その中で注目すべきは「もの」に焦点を絞った研究と地理情報の歴史研究への応用である。前者については佐藤次高［2008］，ハトックス［1993］が，後者については熊倉和歌子［2013］が興味深い文献である。

（加藤　博）

⇒文献一覧 pp. 333-336

3　イスラム経済圏の成熟と変革の兆し——15〜19世紀初頭

　近世のイスラム圏は対内的には，オスマン帝国，サファヴィー朝，ムガル朝の

巨大なイスラム王朝が並立する時代であった。西アジアを支配したのはオスマン帝国とサファヴィー朝である。また，この時期は対外的には，ヨーロッパとイスラム圏との関係でヨーロッパが優位になる時代であった。

オスマン帝国

　オスマン帝国の社会経済史研究は，アナール学派との相互作用で土地制度や人口論，対欧通商関係を主として発展し，イスラム経済圏を地中海経済圏の一環として統合したブローデルの影響下に飛躍した（Inalcik［1978］）。アナール学派は二つの歴史研究の潮流を生んだ。一つが社会史の発展であり，政治外交・軍事史中心だったオスマン史研究も，経済史や社会史の新分野（教育史やジェンダー史等）へと広がった。もう一つは世界システム論であり，西欧と隣接したオスマン帝国はその主要な研究対象となった（次章第1節の「オスマン帝国」参照）。近年は，制度論やグローバル・ヒストリーの影響下に研究がさらに多様化している。

　前近代オスマン経済史の概観には，通史 Inalcik and Quataert (eds.)［1994］が刊行後20年を経てなお重要である。イナルジクが古典期の14〜16世紀，ファローキーが危機と変革の17世紀，マクガヴァンがアーヤーン（名望家）の台頭する18世紀を担当し，各時代の特徴を網羅的に叙述する。またパムックによる貨幣史の章は Pamuk［2000］に結実した。最近の概説ではケンブリッジ大学出版局のトルコ史（Faroqhi, Fleet and Kasaba (eds.)［2006-13］）1〜3巻所収の経済関連諸論考が参考になる。邦語では永田雄三・羽田正［1998］や林佳世子［2008］の社会経済についての記述が手がかりとなる。

　専論では対欧通商関係が最も研究が進んでいる。国際商業都市に焦点を当てた研究として，イスタンブル，イズミル，アレッポにおける交易活動についての Goffman［1990］，Frangakis-Syrett［1992］，Eldem, Goffman and Masters［1999］，クレタ島における商人の交流を描く Greene［2000］等がある。特定の国家やその商人との関係を扱う研究には，対仏関係ではイスタンブルにおける仏商人の活動を分析した Eldem［1999］，織物のレヴァント交易を描いた深沢克己［2007］，対英・対蘭関係では Kütükoğlu［1974-76］，Hamilton, Groot and van den Boogert (eds.)［2000］，Kadı［2012］がある。イタリア商業都市との関係では，ジェノヴァ商人を対象とした Fleet［2006］，ヴェネツィア関係を扱う堀井優［1997］［2008］他や飯田巳貴［2005］，鴨野洋一郎［2011］のフィレンツェ関係研究等が

挙げられる。法制度や契約関係など焦点は異なるが，これらの研究により地中海を通じた多彩な交流が解明されてきた。Faroqhi［2004］は，近年の研究を踏まえ対欧関係を包括的に論じたものである。

対欧関係に比し対東方関係の研究は，重要性は指摘されつつも著しく遅れている。しかし，インド洋におけるポルトガルとオスマンの角逐を扱うÖzbaren［2009］やCasale［2010］が刊行され，対イラン関係研究も進みつつあると聞く。サファヴィー朝やムガル帝国との比較研究（Dale［2009］）も得られ，今後研究の進展が期待される。帝国内流通に関しては，イスタンブル供給を都市発展とあわせ論じた澤井一彰［2007］［2011］がある。

アナール学派に触発された代表的研究には，ファローキーの手工業・ギルド研究がある。看過されてきたアナトリア中規模都市等の研究（Faroqhi［1984］［2010］他）は，衰退期と目された17世紀の活発な手工業・商業活動を描きだした。彼女の研究は，Yi［2004］によるイスタンブルのギルド分析や藤木健二［2005a］［2005b］の皮革製品組合研究等につながっている。

17世紀以降の衰退史観克服はオスマン経済史の重要課題の一つであり，財政史研究はこれに寄与してきた。Darling［1996］による徴税制度分析に基づく17世紀変容研究，Genç［2000］の終身徴税請負制研究やSalzmann［2004］による徴税請負の具体的流れに関する実証分析は，国家－地方社会間経済関係の実態解明を進展させた。永田雄三のアーヤーン（地方名士）についての一連の先駆的研究も重要であり，長年の研究を踏まえ刊行された永田雄三［2009］は西アナトリアのアーヤーン分析から中央－地方関係を鮮やかに描く。また清水保尚［1999］［2003］は16世紀のムカーター制度を緻密に分析する。これらの研究が前述のファローキーによる研究等とあいまって衰退史観を修正し，17世紀はスペイン銀流入による価格変動や地方内乱の危機を乗り越えた再編・成熟の時代であり，また18世紀の地方名士出現による分権化が必ずしも衰退を意味しないことを明らかにしてきた。

農村経済や土地所有についてはKeyder and Tabak (eds.)［1991］やİslamoglu-İnan［1994］がある。イスタンブルのワクフ運営を実証的に解明する林佳世子［2000］などの研究や，イスラム圏における協業をオスマンの事例から論じたÇizakça［1996］も，オスマン帝国の経済史研究にとって重要な専論である。なお，オスマン帝国下のアラブ地域研究については本章「近世のイスラム経済史」

の項も参照されたい。　　　　　　　　　　　　　　　　　（松井真子）

⇒文献一覧 pp. 336-337

サファヴィー朝

　サファヴィー朝（16～18世紀前半）はエスファハーンを中心として繁栄し，比較的安定した社会状況が現れた。研究動向としては史料の遺されている諸外国との貿易に焦点を当てたものが中心となっている。

　サファヴィー朝が養蚕を奨励し絹製品の生産に力を入れたことは広く知られている。Matthee［1999］はサファヴィー朝の絹貿易研究を通じて市場と政権との関係の再検討を試みている。著者は絹の集荷，販売，国内生産，流通において政府がどのような役割を果たしたかを，ロシアやヨーロッパとの関係，商業エリートとしてのアルメニア人の登用，ヨーロッパ諸国の東インド会社との交渉などを軸に論じる。それを通じて政府が専ら中央集権的な政策を推し進め自由経済に介入したという従来の見方に修正を迫っている。

　McCabe［1999］もまた絹貿易を取り上げているが，議論の焦点は中心的役割を果たしたアルメニア人商人にある。彼らはサファヴィー朝によってコーカサスからエスファハーンの新ジョルファに移住させられ，政府の庇護を受けつつ従来彼らが携わっていた絹貿易の国際ネットワークを完成させた。アルメニア人商人の高度に組織化された貿易システムを解明し，オスマン朝と類似した宗教的マイノリティの登用がサファヴィー朝でも行われていた事実を論じている。

　一方，この時期のインドとイランを含む周辺諸国との貿易関係に注目したDale［1994］は，対ヨーロッパ貿易以外にも西南アジア地域に活発な交易があったことを指摘し，ヨーロッパを中心とした国際商業史に一石を投じている。

　このほかMatthee［2005］はサファヴィー朝期からガージャール朝期にかけてワインやアヘン，タバコ，コーヒーといった嗜好品のイラン社会における受容と定着，消費について検討し，特定のアイテムの国内市場形成を論じている点でユニークである。

　貿易を題材とする研究以外に注目すべきものとして，サファヴィー朝後期の都市部の職能集団であるギルドとバザール商人を取り上げ，それが一つの社会機構としてガージャール朝期まで続いたことを論じたKeyvani［1982］がある。また山口昭彦［2013］ではサファヴィー朝後期のイラン西部の一名家を事例として，

大土地所有の実態や資産保全策，それらを通じて彼らが当該地方の社会資本整備に果たした役割などが考察されている。なお Floor［2000］はこの時期の経済に関する研究史上のトピックを俯瞰するのに役立つ。　　　　　　　　　（岩﨑葉子）

⇒文献一覧 pp. 337-338

近世のイスラム経済史

　以上，近世イスラム経済史研究における学界動向を整理すれば，研究テーマの対西欧関係からイスラム圏の内在的発展への移動である。従来，オスマン経済を中心に，近世イスラム圏の経済史はイスラム経済の衰退過程として叙述されてきた。しかし，現在では，対西欧との関係からイスラム圏経済の衰退を主張する議論は再考を迫られている。

　それに代わって，現在での学界の主流となっているのは，近世を衰退の時代としてではなく，イスラム的な制度や理念が成熟した時代と捉えることである。この学界動向は，すでに先にオスマン帝国研究について言及したが，アラブ地域研究でも同様である。アラブ地域はヨーロッパとの直接的な関係がオスマン帝国ほど強くなかったため，議論では勢い内部での社会変容が強調されることになる。Gibb and Bowen［1950, 57］はオスマン帝国領の中のアラブ世界を論じた古典である。また，Gran［1979］はイスラム経済を起源とする，独自な資本主義への径路の可能性を論じた文献である。

　こうした通説の見直しの背景には，ヨーロッパ中心史観に対する反省とともに，近世に関する現地語資料を使っての研究の進展がある。しかし，近世から近代にかけての世界経済史の中でイスラム圏をどう位置づけるかは，依然として今後の課題である。実際，近年注目されているグローバル・ヒストリーの潮流を作り出したポメランツの大分岐（Great Divergence）論争で主張されているのは，生活水準における産業革命を画期とした近世でのヨーロッパと中国の分岐であり，その議論の中でイスラム圏への言及はほとんどない（ポメランツ／トピック［2013］，ポメランツ［2015］）。後のオスマン帝国研究で触れる Kuran［2011］は，この大分岐論争に触発された研究であるが，イスラム法にイスラム経済の後退原因を求める点において，オリエンタリズムの再来との批判がある。

　グローバル・ヒストリーは一国史観とヨーロッパ中心史観への反省の上に立った議論であるが，もしそれが近代化論，世界経済システム論の焼き直しの議論で

あるならば，そこに新味はない。それが真のグローバル・ヒストリーであるためには，西アジア，中央アジアを含む，世界各地の経済発展の多径路とそれらの関連性を議論するものでなければならないだろう。

イスラム経済圏の衰退については，マムルーク朝の滅亡をもたらした14世紀末から15世紀の初めにかけての経済危機を論じた同時代人マクリーズィーの分析が興味深い。彼が経済危機の原因として挙げているのは，政治の腐敗，土地の値上がり（物価高騰），銅貨の氾濫の三つである（Allouche［1994］）。これらに，ペストによる人口の減少が加わる。イスラム経済の盛衰の背景に人口の推移があったとの説は有力である（Dols［1977］，Udovitch［1970b］，Borsch［2005］，吉村武典［2008］）。

イスラム経済の衰退

近世から近代にかけてのイスラム経済の衰退については，近代の世界経済史が国民国家と資本主義を両輪としてヨーロッパを中心に展開したことから，なぜあれほど市場経済を発達させたイスラム世界が近代において資本主義を作り出すことができず，ヨーロッパ経済の後塵を拝することになったのかとの問いが立てられ，これまでに多くの議論がなされてきた。そして，その中で，イスラム経済の後退と停滞について，いくつもの理由が指摘されてきた（加藤博［2002］）。

まず，貿易路の変更である。この議論は，世界の基幹交易ルートの地中海経由から大西洋経由への変更がイスラム経済の後退をもたらしたとするものであるが，短期的にはともかく中長期的には，イスラム経済の繁栄が交易に大きく依存していたことを考えるならば，有力な主張である。

Steensgaard［1974］は，この議論をユーラシア交易に適用し，その内陸ルートと海上ルートの対抗関係において，内陸ルートが海上ルートに敗北したことをイスラム経済の後退の理由とした。もっとも，そこで議論されているのは，内陸ルートと海上ルートの優劣以上に，内陸ルート交易を活動の場としていた「イスラム商人」が海上ルートを活動の場としていた「ヨーロッパ商人」に交易の主導権を奪われたことである。

イスラム経済の特徴

この問題を，経済システム間の競争として捉えて論じたのがMasters［1988］

である。彼の議論の出発点は，イスラム商人とヨーロッパ商人は異なる経済システムのもとで活動していたとする前提である。この二つの経済システムは，それぞれイスラム経済（Islamic Economy），重商主義（Mercantilism）と呼ばれている。

イスラム経済の特徴は，政治が経済，とりわけ課税に対して中立的であったことにあり，そのため，この経済システムは政治との関係において，驚くほど自由主義的であった。これに対して，ヨーロッパの重商主義の特徴は，政治や軍事と経済との深い結びつきにあった。かくて，この二つの経済システムが対抗関係に置かれたとき，あまりにも自由主義的なイスラム経済は政治と軍隊を味方につけた重商主義に太刀打ちできなかったというのである。

重商主義における政治や軍事と経済との深い結びつきがもたらしたもの，それは巨大な資本蓄積のメカニズムである。この点において，イスラム経済には欠けたところがあった。その理由として，次の三つがこれまでに指摘されてきた。第一は，巨大な信用創造を可能にする株式会社の未発達の原因となった「法人」概念の希薄さである。第二は，身分制度を背景にして財閥へと発展していく商業資本の存在を不可能にした高い社会的流動性の結果として生じた，何世代にもわたる有力大商人家系の不在である（Raymond [1973], Hanna [1998]）。そして第三は，設備投資と長期にわたる経営を困難にしたイスラムにおけるリスク回避のための短期的な契約観である。

以上の議論から引き出すべきは，当時のヨーロッパ経済とは異なるイスラム経済の性格である。重商主義の延長線上で形成された近代資本主義は生産の経済であり，その経営単位である企業は膨大な設備投資を必要とし，高い固定資本比率を特徴とした。これに対してイスラム経済は基本的に流通と消費の経済であり，必要とされるのはもっぱら運転資本であるため，交換のメカニズムは高度に発展させたが，資本の蓄積システムを発展させる必要はなかったのである。

（加藤　博）

⇒文献一覧 pp. 333-336

第 16 章

近現代：
西アジア——19〜21 世紀

はじめに

　18世紀のイギリスに始まる産業革命は，経済史において大きな画期となった。経済史における近代はこの時に始まる。つまり，前近代と近代という時代区分は，ヨーロッパが作り出したものである。これに対して，自らの歴史のいわば外から近代を与えられた非ヨーロッパでは，前近代と近代との時代区分は多分に曖昧である。

　実際，通説的な非ヨーロッパの歴史では，近代を産み出したヨーロッパとの邂逅，そしてそれに始まるヨーロッパを中心とした世界経済の中での経済生活の開始をもって近代の始まりとされている。中東——近現代を扱う本章では，西アジアに代わって，現在西アジアと北アフリカを指すのに一般的に使われている中東という地域名称を使う——の場合，それは概ね，政治史において東方問題が発生した18世紀後半である。東方問題とは，ヨーロッパ列強が領土の分割を目指し，オスマン帝国領で引き起こした一連の政治事件を指す。

　中東は現在の政治体制の中で，1948年建国のイスラエルを除けば，トルコ，アラブ諸国，イランの三つの地域・国からなるが，この三つは異なる歴史伝統を背景にして形成された。トルコは19世紀まで，イランを除く中東のほぼ全域とバルカン地域を支配した世界帝国であるオスマン帝国の中核であり，そのオスマン帝国は帝国から国民国家への困難な移行の過程にあった。

アラブは19世紀までオスマン帝国の属州であったが、地方有力者の台頭とともに、いくつかの国家へと編成されつつあった。中でもエジプトは中央集権的な政治伝統を背景に、国民国家への道の先頭を走った。イランは長らくオスマン帝国と対峙したが、その社会は地方分権的であり、その中で中央集権的な政治形態を模索していた。そして、こうした歴史伝統の違いが三つの地域・国の世界経済への取り込まれ方を異なるものにし、それが中東経済史でのそれぞれの地域や国の特徴を作り出した。

　このように、中東の地域・国は多様な近代史を歩んだ。しかし、中東の近代経済史は、こうした多様性を超えて、一つの共通性を帯びている。それは、これらの三つの地域・国が共通して、イスラム王朝のもとでのイスラム統治システムが解体される過程の中で、それもヨーロッパ列強からの圧力のもとで、国民国家への道を歩んだことである。

　その過程は厳しいものであった。というのも、この二つの統治システムはその性格をまったく異にし、イスラム統治システムが固有の領土を前提にせず、住民を宗教・宗派単位に間接的に支配したのに対して、国民国家システムは領土を前提に、住民を世俗的な民族単位に直接的に支配したからである。

　地中海の北と南において、国民国家というと、まず北のヨーロッパに成立し、次いでそれが南のイスラム世界に伝播したと考えがちである。しかし、アジアとヨーロッパにまたがって統治したオスマン帝国では、すでに18世紀の後半から近代国家への脱皮の試みが開始されており、バルカン地域ではナショナリズムの萌芽も見られた。このように、国民国家の建設において、ヨーロッパ世界がイスラム世界に対して圧倒的に先行していたわけではない。例えば、イタリアのリソルジメント（イタリア統一運動）の終結が1861年、プロイセンを中心にドイツ帝国という形でドイツが統一されたのが1871年、日本の明治維新は1868年であった。

　つまり、国民国家の形成は地中海の周辺で同時並行的に進行していたのであり、そのため、国民国家建設の施策において、イスラム世界がヨーロッパに先んじる状況も生まれていた。19世紀前半において、非ヨーロッパ世界で最も早い近代国家建設の試みの一つがなされたエジプトはその典型である。しかし、中東の国民国家体制への移行は、先に指摘した統治システムの問題のほか、当時の厳しい国際環境のために、容易ではなかった。この統治システムの移行の影響は政治に

とどまらず，住民の歴史的な生活圏が破壊されることによって，住民の生活全般に及ぶことになった。その典型的なテーマが水の問題である。水が絶対的に少ない中東では，恣意的な国境引きは，川であれ地下水であれ水の環境に基づいて営まれてきたそれまでの生活を破壊し，国家間の水をめぐる紛争を多発させることになった（Blake and Schofield (ed.) [1987], Waterbury [2002]）。

こうして，近代の中東の経済を語る上でも，キーワードとなるのは，近代ヨーロッパを支えた国民国家と資本主義という二つの制度である。近代は国民経済を単位とした資本主義の経済体制が形成される時代である。それゆえに，非ヨーロッパ世界でも，近代史（19世紀）は欧米列強の圧力の下で，この二つの制度がどのような形で受容され，形成されたかの歴史として，現代史（20・21世紀）は欧米列強の影響から脱し，どのように自立した国民経済を建設するかを模索した歴史として叙述できる。

以下，中東の近現代経済史を大略，「近代化と植民地化（19世紀）」，「国民経済への道と体制選択（20世紀）」，「グローバルな市場経済の時代（20世紀末〜21世紀）」の三つの時代に分け，それぞれの時代について基本文献を紹介する。取り上げるテーマについては，中東，中央アジアにおいてできるだけ重なるように努めた。中東の場合，まず中東全体に関わるテーマを，次いで順次，トルコ，アラブ，イランに関わるテーマを扱う。

1　近代化と植民地化——19世紀

中東の近代史は，ヨーロッパ勢力の拡張により，ヨーロッパを中心とした世界経済に組み込まれていく時代であったが，それは同時に，中東がヨーロッパ列強によって植民地化される時代でもあった。そのため，研究史においても，19世紀の近代をヨーロッパとの関係の中でどう見るかについて，二つの歴史観が鋭く対立している。そして，この対立は，20世紀前半での体制選択における対立の背景ともなった。

こうした歴史観の対立の典型が，中東のヨーロッパ文化との邂逅をポジティブに捉える「近代化論」と，それをネガティブに捉える「従属論」の対立である。1950年代，60年代の中東研究で主流であった「近代化論」は，ヨーロッパが生

み出した国民国家と資本主義を受容することをもって歴史の必然と考える。したがって，目指すべき国家・社会・経済のモデルとなったのはヨーロッパである。その中で，伝統的な制度や理念は「歴史の負の遺産」として否定的に評価されがちであり，その改革が主たる議題となる。その典型は，少し古くまたエジプト研究ではあるが Polk and Chambers (eds.) [1968]，Baer [1969]，Cook (ed.) [1970] などに見られる。とりわけ「近代化論」に基づく研究を代表するのが Baer [1969] であり，そこでは遊牧民の定住，土地所有制度と農村社会の変容，都市化とギルドの衰退など，都市・農村・遊牧社会での社会改革が幅広く見渡されている。

これに対して，「従属論」は，世界経済での「周辺」である非ヨーロッパの「中心」である欧米への従属関係が強調される。「従属論」は「近代化論」の裏返しである。そこでは「周辺」の非ヨーロッパが世界経済の「中心」である欧米に対する従属構造とその中での「未開発」の開発が指摘され，「周辺」の非ヨーロッパが自立するためには，世界経済の「中心」である欧米との関係を断つことが主張される。この議論の中で，中東はラテンアメリカと並んで，「従属論」が最も妥当する地域とされた。それに関連する文献としては，フランク [1980]，アミン [1981a][1981b] などがある。

もっとも，1991年のソヴィエト連邦消滅によって冷戦体制が崩壊した現在では，こうした歴史認識の対立を背景にした経済体制の選択を問うような議論は下火になった。しかし，それは現在でも残っており，経済政策の次元で一定の影響力をもっている。歴史叙述の次元では，経済体制間の対立よりも，グローバル・ヒストリーを典型とする，欧米・非欧米，先進国・途上国，南北などの対立を超えた，両者の比較・連関とその世界史的意義づけを問う問題設定が主流となっている。

19世紀の近代は，中東社会の決定的な転換期であった。そこで，その経済史的な評価については，先に指摘した二つの対立する歴史観が競い合ったが，大きな研究の障害の一つは，数量的なデータが少ないことであった。そのため，マディソン [2000][2004] のような中東諸国を対象に含む世界各国の数量経済史の試みはあるものの，そのほとんどの研究は近代化と植民地化に伴う体制変容を扱っている。その中で，Issawi [1966]，Issawi (ed.) [1988] は体制変容を定量的に把握することに努めている。

(加藤　博)

⇒文献一覧 pp. 338-341

オスマン帝国（トルコ共和国成立まで）

　オスマン帝国の近代経済史研究はヨーロッパ資本主義経済との関係が一つの大きな焦点となってきた。前章のオスマン帝国の近世を扱った項で触れたように，ブローデルの研究に啓発された世界システム論が展開される中，オスマン帝国はその主要な研究対象地域となり，ウォーラーステインを中心とする米ビンガムトン大学フェルナン・ブローデル・センターの Review 誌でも特集号を含めしばしば扱われた。一方で，こうしたマクロな歴史理論を所与とする見方に対して，飛躍的にアクセスしやすくなったオスマン語史料に基づいた実証研究も進められてきた。

　18 世紀後半以降のオスマン経済史を概観するには，通史 Inalcik and Quataert (eds.) ［1994］の，特にカータートによる第 4 部「改革の時代 1812-1914 年」が最初に読むべき文献となる。また新井政美［2001］は，社会経済史への言及も多く，同時代の様々な動きの中で経済動向の変化を考察する意味でも参照すべき文献である。

　専論では，ヨーロッパ資本主義経済との関係について，ヨーロッパ各国の貿易統計を再構成して分析した Pamuk［1987］，世界システム論を用いて分析した Kasaba［1988］，Keyder (ed.)［1988］，貿易港に着目した Keyder, Özveren and Quataert (eds.)［1993］などがある。Issawi［1980］は，主に英仏の外交文書を中心に抜粋した史料解題形式で 19 世紀以降のオスマン経済史を論じたものである。また Göçek［1996］は，19 世紀の非ムスリム・ブルジョアの台頭と帝国末期におけるその排除を論じた。

　ところで，そもそも地中海を介して近世から常に交易関係を保っていたオスマン経済を，ヨーロッパ経済と分けて考えることができるのか，また別の経済圏だったとしても包摂の時期は何を指標とするかによって研究者の意見が分かれる。このように世界システム論の枠組みを批判しつつ検討した研究として論文集 İslamoğlu-İnan (ed.)［1987］がある。また Quataert［1983］［1993］は，安価なヨーロッパ製品流入による地場産業・手工業衰退を再検討し，19 世紀に活性化した産業部門もあったことを実証的に提示することで，オスマン経済の周縁化自体は前提として認めつつも，その過程を衰退としてのみ捉えることを批判した。また Shields［2000］のモースル研究は，歴史的にヨーロッパとの窓口となってきたイズミルなどと比較し，ヨーロッパ経済との関係の深度が帝国の各地で異なっ

ていたことを示した。

　Toksöz［2010］は綿花生産を通じて19世紀後半に急成長したアナトリアのアダナを扱ったもので，トルコ共和国における同地域の経済発展へと架橋する分析である。またこれまで看過されがちであった遊牧民の定着化についても論じている。交易関係では，一連の研究を結実させた坂本勉［2015］があり，イランとの関係を，アルメニア商人などの交易ネットワークや絨毯・タバコの流通などを通じて論じている。近世史の章で前述した通り，対ヨーロッパ関係に比重が置かれてきた研究に欠けていた対東方関係を扱った貴重な研究である。

　19世紀オスマン経済の規模を考える際に重要であるのは，バルカンを中心とする領土・人口喪失とアナトリアへの移民の影響である。それは経済規模にも著しい影響を及ぼした（McCarthy［1983］［2011］，Karpat［1985］）。

　ところで，ヨーロッパ資本主義との関係を念頭とした研究は，本章の「はじめに」でも触れられている通り，一方で19世紀に至るオスマン経済の実態解明を急務とした。例えばオスマン帝国の経済史研究を国際的にリードしてきたパムックは，通貨の通史 Pamuk［2000］や制度論の影響を受けた Pamuk［2009］を次々に発表し，近年では賃金の変化に着目して研究を進めている。Pamuk［2000］は通貨の通時的検討により，16世紀末以降のスペイン銀流入によるオスマン経済への衝撃が従来過大評価されてきたこと，19世紀初頭の財政危機に対する政府による通貨悪鋳がよりインパクトが大きかったことを明らかにしている。パムックの一連の研究は，オスマン語の文書史料を定量的に用いるモデルを示す一方，国際比較を常に念頭に置いたものであり，オスマン史を特殊な歴史ではなく世界のその他の地域との比較研究の舞台で論じている点にも特色がある。ギルドや消費に関してもカータートらを中心に通時的な研究論集（Quataert (ed.)［1994］［2000］）が出されている。制度論の影響を受けた研究としては「所有権」を分析した Islamoğlu-İnan (ed.)［2004］，İslamoğlu-İnan and Perdue (eds.)［2009］も挙げられる。これらの論集では，オスマン帝国と清朝やムガル帝国との比較が試みられ，ヨーロッパと非ヨーロッパとの対比が相対化される。またイスラムオール-イナンは，従来私的所有権の発達を阻害してきたとされる政府が，19世紀に「近代国家」に変容する中で，土地法を通じて私的所有権を保証したと論じ，国家の役割を新たな文脈の中で捉える。

　金融に関しては，紙幣を扱った Akyıldız［1996］や，ヨーロッパ資本との関係

で重要な銀行についてオスマン銀行を分析したEldem［1999］がある。ヨーロッパ資本およびインフラ整備という点で重要な鉄道建設については，バグダード鉄道に関するMcMurray［2001］が，海運については日本との比較も念頭にした小松香織［2002］がある。

　ヨーロッパをモデルとした単線的近代化論を批判して提唱され，地域によって異なる多様な経済発展径路を分析するという制度論の研究動向を受けて書かれた近年の研究にKuran［2011］がある。しかしクランの，近世以降イスラム法が中東地域の経済発展を阻害したという，オリエンタリズムの典型の再来ともいえる論争的な結論に対してはErgene et al.［2012］など多方面から批判的検討の必要性が提言されている。

　このように世界システム論隆盛以後は，19世紀以降の時代が独立して扱われるよりは，むしろ前近代との関連に研究の焦点が移り，Pamuk［2000］［2009］やQuataert (ed.)［2000］のように前近代からの通時的な分析の中で，前近代との連続ないし非連続性の検討が重視されてきた。

　統計資料については，パムックやベハールらが編纂した貿易統計や人口，価格と賃金の時系列データなどを含むアンカラ歴史統計研究所から刊行されている統計資料シリーズ（Pamuk et al.［1995-］）を挙げておく。なお帝国下のアラブ地域研究については次項を参照されたい。

（松井真子）

⇒文献一覧 pp. 341-343

アラブ

　19世紀は，現在の中東の政治空間，つまり国民国家が形成される時代である。この過程で，アラブ世界は，トルコやイランにはない困難がつきまとっていた。それは，トルコとイランが曲がりなりにも一つの「民族」国家としての道を歩んだのに対して，アラブ世界では，「アラブは一つ」とのスローガンのもとでアラブ統一国家の建設が目指されたこともあったが，現実には，多数の国家群の形成への道を歩んだことである。

　それを大別すれば，エジプトを挟んで東のマシュリク（現在のイラク，シリア，レバノン，ヨルダン，パレスチナ・イスラエル）と西のマグリブ（リビア，チュニジア，アルジェリア，モロッコ），そしてアラビア半島・湾岸地域（サウジアラビア，イエメン，オマーン，アラブ首長国連邦，バハレーン，カタール，クウェート）であ

る。これらの四つの国家群は生態的・歴史的背景の違いから，その経済発展の径路を大きく異にした。

　したがって，これら四つの国家群を一つのアラブ経済史の中で叙述することは難しい。とりわけ，この時代におけるアラビア半島・湾岸地域は遊牧部族の首長が定住を進める過程にあり，アラブ経済史研究においてほとんど言及されない。従来のアラブ経済史研究での主たる対象は，データや資料が多くあるエジプトとマシュリク，中でもエジプトである。エジプトについてのデータの豊富さは，人口統計を見るだけでも明らかである（店田廣文 [1999]）。

　この時期の社会経済史研究の主流は，統計的なデータが限られ，定量的な分析が困難であるところから，経済体制の変容の定性的な分析を中心に，国家と社会の近代化と植民地化を論じるものである。その中にあって，Cuno [1992] のような文書に依拠した手堅い実証的な歴史研究は貴重である。

　中岡三益 [1991] は近代の社会経済体制の変容を論じた代表的な文献である。それは5章から構成されているが，そのタイトルはそれぞれ「開国に先行する社会と経済」，「資本主義市場経済への編入期の社会と経済」，「帝国主義成立期の社会と経済――モノカルチャー型産業構造の確立」，「両大戦間期の社会と経済」，「戦後史」となっており，19世紀から現代までのアラブ経済史における重要課題が示されている。また，社会経済史に特化していないが，「近代化論」が盛んであった1950年代，60年代に編まれた Holt (ed.) [1968] などの論文集では，限られたデータから人口や農業の生産性を推計する試みがなされている。

　文献の数が圧倒的に多いエジプト経済史に関して，テーマごとの研究成果を見てみよう。農業については，灌漑システムの変化に基づく社会の変容を論じた石田進 [1974]，鈴木弘明 [1986]，Waterbury [1979]，長沢栄治 [2013]，技術の革新を中心に多角的に農業発展を論じた Richards [1982]，商品作物綿花栽培の拡大に伴うエジプト経済の世界経済への編入を論じた Owen [1969]，農村社会の変容については，近代的な私的所有権の導入が社会構造に与えた影響を論じた加藤博 [1993]，大土地所有の拡大を時系列的に追った Baer [1962] がある。また，工業については，19世紀の前半における工場制近代工業の創設とその失敗を論じた冨岡倍雄・中村平八編 [1995]，冨岡倍雄 [1997]，ギルドの衰退を19世紀の経済状況と結びつけて論じた Baer [1964]，坂本勉 [1978] がある。

　19世紀末から20世紀初めにかけてはアラブ世界がヨーロッパ列強の植民地統

治下に置かれる時期であり、歴史学では列強の帝国主義と現地の民族主義が渡り合った時代とされる。そのため、この時代の経済史における重要な研究課題は、列強の植民地統治をどう評価するかである。これまでに挙げた文献のこの課題に対するスタンスは多様であるが、一般論として、アラブ諸国の世界経済への編入の評価が植民地統治への評価に影響を与えている。そして、それは先に述べた「近代化論」と「従属論」の対立する歴史認識を反映したものである。

とりわけ、この点は、フランスの委任統治下に置かれたマシュリクとフランスの植民行政下に置かれたマグリブの研究において、先鋭化されて論じられている。中でもマグリブについての研究の多くは、国家形成がフランスの植民地行政との関わりからなされている。基本的な文献として、マシュリクについては The International Bank［1955］, Himadeh［1938］など、マグリブについては Valensi［1985］, Morsy［1984］, Anderson［1986］などが挙げられる。

その一方で、19世紀の前半は近代への過渡期であったところから、前近代との継続を念頭に置いたテーマでの研究も見られる。その多くは交易に関わるものであり、スーダン関係で Walz［1978］, Ewald［1990］, 西アフリカ関係で私市正年［2004］, 坂井信三［2003］などがある。また、Mikhail［2011］は前近代から近代への移行期における自然環境の変化を本格的に扱っている。　　（加藤　博）

⇒文献一覧 pp. 338-341

イラン

イランの近代化期はおおむねガージャール朝期（18世紀末～20世紀初頭）に相当する。後藤晃［2002］が明らかにしているように、この時期、とりわけ19世紀半ば以降、イランもイギリスを中心とした世界経済システムに貿易を通して包摂され、伝統的織物工業が衰退した。工業製品を輸入し、農産物およびその半加工品を輸出するという貿易構造が形成された。主たる貿易相手国はイギリスであったが、19世紀末にはロシアが参入しイラン市場をめぐる英露の競争が激しくなった。貿易と財政の赤字は対外債務を増大させ、それが英露への様々な利権の供与につながった。

利権の供与は金融や鉄道・通信分野が中心であり、中でも1872年にイギリスのロイターが取得した鉱山掘削、森林開発、電信事業などを網羅する包括的利権が知られる。この時期の英露の利権獲得競争については Curzon［1966］, 水田正

史［2003］が詳しい。2国にとってイランは地政学上きわめて重要であり，イギリスのインドへの道とロシアの南下政策の方向がイランで交叉していた関係から，イランにおいて覇権を握ることが資本進出以上に大きな関心事であった。こうして，英露に対するイラン経済の従属化が進行した。

一方，国内の貿易や金融に関わる商人の活動領域が拡大し，商人層は都市における重要な社会層として成長した。当時，財政危機を打開するため政府が行った通貨の悪鋳や銀の国際価格の落ち込みなどの影響によって通貨価値が下落したことを背景に，商人たちは価格の上昇していた農産物を投機の対象とするようになった。商人など都市の上層による土地投機が加速し，生糸，アヘン，綿花，米などの輸出作物の栽培地が転作や農地の開発によって拡大した。

19世紀を中心としたイランの土地保有形態や商人の活動などに関するモノグラフを集めたLambton［1987］がこの時代のイメージを複眼的に膨らませるのに有益だ。著者はこの論文集によって固定的なガージャール朝期像を示すことは目指していないが，19世紀のペルシアが「封建的」であったという見方に疑義を呈している。ちなみに土地保有のあり方から見たイラン農村社会についてはラムトン［1976］によってかなり体系的に明らかにされ，その後20世紀のイラン農村研究の礎となった。

このほか，この時期の研究ではペルシア語文書史料が豊富に利用できることもあって，イラン国内における社会組織や経済制度に着目したものが目をひく。史料の制約から定量的研究が難しい状況を逆手に取り，個別事例を丹念に検討することによってマイクロ・ヒストリカルなアプローチを試みたWerner［2000］は，タブリーズを事例としてガージャール朝初期の社会経済史の叙述に挑戦している。社会的「エリート」たちに関する史料からワクフ，ウラマーの役割，土地所有などのトピックについて論じる。理論的フレームワークに拠らないイラン社会像の抽出を目指しているという点は，ラムトンと通底している。

土地保有や利用実態の観点から西アジアの経済史におけるワクフの機能の分析はきわめて重要である。近藤信彰［2007a］では，サファヴィー朝期からガージャール朝期にかけてのテヘランのバザールの空間的発展とその構成について詳細に論じている。とりわけバザール内の店舗に占めるワクフの割合が従来考えられていたよりずっと少ないこと，むしろ私財としての店舗の所有がウラマーの安定した収入源であったことを指摘している。また近藤信彰［2007b］はあるワクフ

が設定されてから数百年間にそれをめぐって生じた係争に着目し，その土地の範囲や用益形態が変化しつつもワクフとしての実体を保った事例を取り上げている。

このほかに欧語史料を利用して19世紀から20世紀初頭のイランの人口やエスニックグループ，貿易，輸送，産業といったトピックを網羅的に扱った参照用図書としてIssawi (ed.)［1971］がある。　　　　　　　（後藤晃・岩﨑葉子）

⇒文献一覧 pp. 343-344

2　国民経済への道と体制選択──20世紀

ヨーロッパ主導の近代を支えたのは国民国家と資本主義という二つの制度である。19世紀の末から20世紀にかけての中東の近代史は，この二つの制度を背景にしたヨーロッパ列強の帝国主義と，それに反発する現地の民族主義が対峙した時代であり，その中から，現在の国民国家群からなる中東諸国体制が形成された。かくて，当時新たに形成された国家はそれぞれ，中東諸国体制の枠組みの中で，政治的，ついで経済的な独立を目指すことになる。

2度の世界大戦を経験した20世紀の世界経済史は，1917年のロシア革命と30年代の世界恐慌，第二次世界大戦後の東西冷戦によって特徴づけられる。その中で，中東の国家は資本主義と社会主義の二つの体制間を揺れ動くことになった。それらは計画経済，国家資本主義（エタティズム），開発独裁など，様々に呼ばれたが，国家が中央集権的に資源を管理し，効率的な経済成長を目指す点において共通していた。

この時代を一言で表現すれば，それぞれの国家が経済の自立を目指して国民経済の確立を目指した時代であった。そして，国民経済の制度的な到達点は国民所得計算による経済の運営であるところから，そこに至る過程の中で，人口統計をはじめとして各種の社会経済統計が収集・作成された。そのため，20世紀に入って，社会経済統計に基づく数量経済史研究の重要性が増した。その代表的な文献がOwen and Pamuk［1998］である。そこでは，20世紀における経済運営は国家単位でなされるとして，国家の役割を強調し，中東諸国における経済成長，経済の構造変化，所得分配，福祉などについて定量的な評価を加えている（加藤博［2001］）。

こうした数量経済史研究は，他の地域の国家との比較を可能にさせる実証的なデータに基づく経済史研究を中東研究に持ち込んだが，そこには次の二つの問題点あるいは困難がある。第一は，社会経済統計は国単位でしか集計できないが，弱小であり，人工的な国家群からなる中東について，それに基づく国単位での経済史とアラブ世界あるいは中東世界というより広域な地域経済の経済史とをどう結びつけて叙述するかということである。第二は，社会経済統計が国単位で作成されるため，その完備は国民国家の成熟度に応じて，国ごとに大きく異なったということである。そのため，中東の数量経済史研究は，Owen and Pamuk［1998］がそうであるように，豊富な社会経済統計を利用できるトルコとエジプトに関する研究に集中することになる。その中で，トルコとエジプトの比較を念頭に，この2国の経済成長と経済政策を論じた Hansen［1991］は，必ず参照しなければならない文献である。

これに対して，トルコとエジプトを除くほかの国については，まとまった時系列データを得ることが困難である。その多くの国において国民所得推計が整備されるようになるのは，1960年代になってからであり，イランについては，1979年のイラン・イスラム革命によってマクロ経済統計は混乱した。したがって，これらの国については，制度や政策の変遷を議論の中心にすえた社会経済史，政治経済史研究にならざるをえない。この点，山根学・森賀千景［1998］は中東の社会経済体制の変容について目配りの利いた記述をしており，それを手がかりに，特定の国の経済史研究に進むことができる。

また，20世紀の中東政治経済において，決定的な影響を与えたものとして，1948年のイスラエル建国がある。その後のパレスチナ・イスラエル問題に関する文献は枚挙に暇がないが，その出発点は国民国家建設にとって不可欠な「土地とイデオロギー」の問題である。大岩川和正［1983］と Granott［1952］は，この問題を考察するための古典である。 （加藤 博）

⇒文献一覧 pp. 338-341

トルコ

19世紀末から20世紀初頭，第一次世界大戦までは，オスマン帝国が終焉し，1923年にトルコ共和国が成立する時期である。オスマン帝国はすでに莫大な債務を西欧列強に負っており，経済において西欧列強に従属していた。工業部門で

は機械や動力の発達が遅れ，伝統的な手工業が事業所数と就業者数で圧倒的であり，イスタンブルやイズミルなど西部の都市では工業化が見られたものの，分業が進んでいないマニュファクチャの段階にあった。

1923年の共和国建国後のトルコ経済の課題は，経済の再建であった。枢軸側で参戦した第一次世界大戦と大戦後のトルコ独立戦争によって，国土は荒廃した。人口を見ると，この間に350万人ほどが失われた計算になる（Pamuk［2008］）。戦争の災禍で経済も縮小し，加えて帝国の経済を支えていたギリシア系などのマイノリティの資本が逃避した。紡績やタバコなどの一部を除くとほとんどが零細な手工業であった。しかし，政治的な独立は経済的な独立をもって可能であるとする共和国政府の信念から，戦後復興の過程で独立のプログラムとして自律的な工業化が目指された（Keyder［1981］，エルトゥールル［2011］）。

共和国初期には，資本も技術も信用もことごとく欠けていたところから，国家が工業化において主導的な役割を果たさざるをえなかった。1930年代におけるトルコの国家主導の工業保護政策はエタティズムと呼ばれた。エタティズムとは国営企業を軸に計画的に工業化をはかる国家資本主義的な体制のことである。それは1934年における「第一次産業振興計画（五カ年計画）」で始まった。モデルは五カ年計画を進めていたソヴィエト連邦であった（Boratav［1981］）。

エタティズム実施の最も大きな問題は，いかに資金を調達するかであった。政府は財政資金やソ連の援助をそれに当てたが，それだけでは十分でなく，それを補うため，民間の資金を集める目的から，1933年にシュメル銀行が設立された。第一次産業振興計画は当初の予定よりも早く達成され，1936年に3倍の規模をもつ第二次計画が予定された。しかし戦時体制に向かう中で放棄された。

以上の大戦間期におけるトルコ経済において，国際環境は大きな影響を与えた。それは，次の三つに整理できる。第一は世界恐慌が起きたことである。第二は，関税自主権の回復である（Hershulag［1968］）。高関税政策はトルコ経済にとってはプラスに作用した。第三は，1917年のロシア革命である。

第二次世界大戦後のトルコ経済はエタティズム批判から始まった。その背景には，農業部門の相対的停滞に対する不満と，アメリカのマーシャルプランによって多額の援助を得た資本家の自由な経済活動への要求があった。マーシャルプランはトラクター普及を中心に農地の大幅拡大をもたらし，富農，企業的経営者の農業経営を刺激した（Keyder［1987］）。

1950年の民主党の政策はこの路線を推し進めたもので，民間企業と農業重視，国営企業の民営化促進，貿易の自由化，外資導入のための自由主義的な投資法を骨子としていた。その結果，1950年代の前半には，高い経済成長が実現した。しかし，国営企業を軸とする構造に大きな変化はなかったため，1950年代の後半になって，経済成長は止まり，経済は停滞した。

　そのような中，1960年に軍はクーデターを起こした。その結果，経済政策においてエタティズムへの「回帰」が見られ，輸入代替工業化を基本とした15年の開発計画が策定された。その間，トルコ社会も大きく変容し，1950年代に始まる都市化が進行し，ドイツとの二国間協定の締結を背景に，ドイツへの出稼ぎが急増した（護雅夫編［1971］）。

　しかし，輸入代替工業化を基本とした経済政策は1970年代になって行き詰まる。1973年のオイルショック以降は経常収支の赤字が続き，対外債務拡大，外貨危機，物不足，インフレ，通貨切り下げという経済の悪循環に陥り，1970年代末には経済危機を迎えた（Arıcanlı and Rodrik (eds.)［1990］, Barkey［1990］）。そのような中，1980年，再び軍がクーデターを起こした。以後，1980年代のトルコ経済は，オザル長期政権の下で，IMF（国際通貨基金）の構造調整を受け入れ，自由化への道を歩むことになる（Hershlag［1988］, Togan and Balasubramanyam (ed.)［1996］）。

（後藤晃・加藤博）
⇒文献一覧 pp. 341-343

アラブ

　20世紀において，中東は第二次世界大戦の前後で異なる経済体制を経験した。大戦前はヨーロッパ列強の主導のもとに中東諸国体制が形成された時代であったが，自由主義的経済体制が主流であった。これに対して，大戦後は冷戦体制の開始とともに，社会主義的計画経済が基本となった。このように，第二次世界大戦の前後で経済体制は異なったものの，経済運営の主体はあくまでも国家であった。そのため，先に指摘したように，Owen and Pamuk［1998］に代表される数量経済史が大きく台頭した。そこでの課題の一つは，経済体制の異なる第二次世界大戦前後の時系列統計をどう整合的に結びつけるかである。

　データの豊富なトルコとエジプトについては，19世紀末にさかのぼる数量経済史研究の蓄積がなされつつある。とりわけエジプトについては，工業化（Girgis

[1977], Mabro and Radwan [1976])，農工業の資本蓄積（Radwan [1974]），雇用（Hansen and Radwan [1982]）などで研究が蓄積されてきた。しかし，そのほかの中東諸国については，分析に足る時系列データを得ることはできない。1932年に建国を宣言したサウジアラビアを除き，大戦間の湾岸地域では，いまだ遊牧部族の有力家系を主体に国家の萌芽が形成されつつある段階であり，その建国は第二次世界大戦後であった。

　大戦間期のマシュリクのシリア，レバノン，イラク，ヨルダンはアラブ民族主義の政治運動の下，フランスとイギリスの委任統治から独立しつつある段階であった。また，この時期，すでに指摘したように，パレスチナ問題の種が播かれた。マグリブはすでに独立を果たしていたモロッコを除き，チュニジアとアルジェリアはいまだフランスの，リビアはイタリアの植民地行政下にあり，その独立は，熾烈な独立戦争を経た第二次世界大戦後を待たねばならなかった。その結果として，これら地域の経済史研究は植民地統治とそれからの独立の過程で経済と社会がどう変容したかに焦点が合わされている。

　エジプトは20世紀の初頭における民族主義運動の高揚の中で，1923年，イギリスからの独立を勝ち取る。その結果，大戦間期において，イギリス植民地統治からの政治的のみならず経済的な独立が政治課題となった。それは具体的には綿花のモノカルチャー経済からの脱皮であり，そのために，作付け作物の多様化，排水システムの改善による水平的ならびに垂直的な生産拡大，有力地主層による農業組合の組織化（木村喜博 [1977]），工業の育成による経済の多角化（el-Gritly [1947]）などが目指された。また，それを担う主体として民族資本の台頭が見られた（Davis [1983]）。その一方で，貧富の格差に象徴される大土地所有制の弊害も顕著になっていく。労働力過剰で労働集約的なエジプト農業経営が形成され，「貧困」対策が社会問題として取り上げられるようになったのもこの時代であった。

　第二次世界大戦後，アラブ諸国に青年将校による一連の「革命」が起きた。その先鞭をつけ，「革命」のモデルとなったのはナセル（ガマール・アブドゥルナーセル）をリーダーとする1952年7月革命であった。その革命政権は，大戦間期の政治経済体制の払拭を目的とし，冷戦体制の狭間にあって，民間資本の排除による国家主導の計画経済を採用した。そのために，1950年代から60年代にかけて，農地改革，民間企業の国営化を中心に相次いで経済改革を実施した。それら

は大戦間期の政治経済体制の否定という形をとったが，その多くは大戦間の経済改革を引き継いだものであった。

　この時代のエジプト経済事情は Mabro［1974］で，その体制と政策の枠組みは山根学［1986］で整理されている。また，当時の経済問題の焦点は所得分配であった。アミーン［1976］, Abdel-Fadil［1975］［1980］は，こうしたナセルの革命政権時代における経済事情と経済政策を研究する際に不可欠な文献である。エジプト以外のアラブ諸国の研究状況は，データが少ないこともあり，Hinnebusch［1990］に代表される，政治体制の分析に重点を置いた政治経済研究がほとんどである。こうしたエジプト以外のアラブ諸国に関しては，先に指摘した中岡三益［1991］と山根学・森賀千景［1998］に挙げられている文献を参照して欲しい。

（加藤　博）

⇒文献一覧 pp. 338-341

イラン

　19世紀末から20世紀初頭のイランでは，国内資本と一部外資が加わった工業化が試みられたものの，不平等条約によって関税自主権を奪われた状況ではその挫折は不可避であった。岩﨑葉子［1993］では，ガージャール朝末期のイランの繊維産業が，厳しい対欧競争の中で近代的工業化の必要性に迫られながらもそれを果たせなかったことが論じられている。輸出と結びついた農業部門の商品経済化は進展したが，イラン経済の自立の基盤は脆弱であった。水田正史［2010］は，第一次世界大戦期にペルシア帝国銀行を通じてイランの金融システムをコントロールしようとする英（およびロシア）とドイツ・オスマン朝の同盟との攻防を論じている。

　第一次世界大戦後，クーデターを経て1925年にパフラヴィー朝が成立した。レザー＝シャー（在位1925～41年）は，独裁的な権力者として官僚制度と軍の近代化を進めるとともに，経済の自立化を目指した。1927年の国立メッリー銀行の設立など，民間の工業投資を誘導する政策もとられた。これは当時トルコ共和国が採ったエタティズムと同様な戦略であった。Rabizada［1975］はこうした工業化の進展に関する貴重なデータを提供している。

　第一次，第二次世界大戦の戦間期は農業への投資が進み，地主制が発展した時期でもあった（後藤晃［2002］）。農業部門のGNP（国民総生産）シェアは50％を

超えた。しかし，人口の1％に満たない地主が耕地の半分以上を所有し，農業余剰は都市に集積された。その結果，都市と農村の間に二重構造が形成された。

20世紀前半のイラン経済に関する研究はその数が限られるが，Bharier［1971］には，国際機関やイラン国内の公的機関のデータをもとに1900年から70年までの，人的資源，経済成長，金融，貿易，各産業部門などでの様々な経済指標が集められており，イランの経済発展プロセスを俯瞰するのに有益である。

1941年のレザー＝シャーの退位に伴い息子モハンマド＝レザー＝シャーが王位に就いた（在位1941～79年）。第二次世界大戦後しばらくは，イランは引き続き輸入代替工業化路線を踏襲した。しかし，1951年のモサッデグによる石油国有化がイラン経済の転機をもたらし，OPEC（石油輸出国機構）創設や公示価格決定権の掌握へ向けて，産油国としての発言力が強まっていく端緒となった。Ghosh［1960］は石油採掘権をめぐる歴史的経緯や具体的協定を詳細に論じている。

国内基盤の脆弱なシャーは，農地改革によって地主などの旧勢力を弱体化させ，石油収入を投じて公共部門を拡大し都市部の中間層を潤すことによって政権の支持基盤を強化しようとした。その開発戦略は石油収入と米国からの援助・借款を中心に展開し，1970年代になると輸入代替工業化路線を事実上放棄したイランは中東地域での米国の権益を代表する最も安定した親米国となるに至った。

第二次世界大戦後のパフラヴィー朝後期の開発戦略についてはBaldwin［1967］に詳しい。そこでは，第一次開発計画（1949～55年）から第三次開発計画（1962～68年）までの時期の計画の概要と実施状況が記述されている。またLenczowski (ed.)［1978］はパフラヴィー朝の開発戦略の影響や効果を，農地改革や教育など各分野について検討している。

石油収入がイラン経済に与えた影響については，多くの議論がある。ハリデー［1980］やKatouzian［1981］はパフラヴィー朝の独裁体制の性格とイランの経済発展のあり方との関係を批判的に論じている。一方Karshenas［1990］は，石油収入が工業生産の多様化や成長に障害となるという見解に疑問を呈し，イランを事例に石油経済における国家と経済成長との関係を分析した。

シャーの開発戦略は農村部から都市部への急激な人口流入を引き起こした。農地改革が農民間の格差を拡大し，農村部の住民が都市部の雇用機会，より高い賃金，華やかな消費文化に触発されて移動した。そうした労働移動はHakimian

[1990] に詳しい。

この時期のイランの社会経済史研究の対象は主として農村であった。岡崎正孝 [1968] は，前述のラムトンの業績を踏まえて，20世紀中葉における土地所有制度の特徴を明らかにし，各地の農業の類型化や地主・小作関係の概念的整理を試みた。さらに，伝統的灌漑施設カナートの歴史や機能に着目し，イラン農村の社会組織を論じた（岡崎正孝 [1988]）。大野盛雄 [1971] や原隆一 [1997] は，個別の農村での人類学的調査に基づく土地制度や農業組織を研究した。後藤晃編 [2015] では，1970年代から今日に至るファールス州の一地方における農村社会の変容が，地主制や農地改革，遊牧民との関係などを軸に掘り下げられている。また，農業のマクロパフォーマンスや農地改革の評価については Hooglund [1982]，McLachlan [1988]，農業政策の効果に関する実証研究には Moghadam [1996] がある。

（後藤晃・岩崎葉子）

⇒文献一覧 pp. 343-344

3　グローバルな市場経済の時代──20世紀末〜21世紀

1991年のソヴィエト連邦の消滅によって，東西冷戦体制は崩壊した。それは資本主義と競い合った社会主義に基づく体制が権威を失い，世界経済史が新たな段階に入ったことを意味した。そして，この新しい経済は市場経済を前提に，情報化とグローバル化を特徴とした。その結果，程度の差こそあれ，国家による中央集権的管理のもとに置かれていた中東諸国の経済は，一律，経済の自由化，構造調整，規制の緩和に直面することになる。こうして，20世紀末になって，産業革命に始まる産業資本主義体制の変質に伴って，中東社会も大きな転換期を迎えた。それを一言で表現すれば，体制の選択の時代から経済のグローバル化の時代への移行である。また，それを経済政策的に述べるならば，輸入代替の内向き経済から輸出志向の外向き経済への転換である。

経済のグローバル化によって，国境を超えたひと，もの，かねの移動は加速化し，その中で市場経済において金融が突出した役割を担うようになる。と同時に，国際政治でのアメリカの一極化と裏腹に，国際経済では中国を中心とした新興国の台頭が顕著であり，世界経済の中心は欧米からアジアへ移りつつある。その結

果，経済史研究は単に地域・国の経済を数量的に捉えるだけでなく，さらには，いくつかの地域・国家（例えば欧米や中国）の経済発展を比較するだけでなく，そこでの中心・周縁関係を含めて，地域・国家の経済発展における多径路性をモデル化する必要に迫られている。

その中で，中東は大きな役割を果たした。1973年の第一次石油危機，1979年の第二次石油危機以後に生み出され，中東産油国に蓄積された膨大なオイルマネーが欧米の金融市場に還流し，世界経済のグローバル化を推し進めたからである。つまり，中東は石油，天然ガスのエネルギー資源問題を介して，世界経済の中にはめ込まれた。このオイルマネーの還流を通して世界経済のグローバル化を論じたのが杉原薫［2008］［2010］のオイル・トライアングル論である。オイル・トライアングルとは，東アジア，中東，欧米の三つの市場間における地球規模の石油代金の国際決済システムである。

また，中東諸国の政治経済について，経済成長，構造変化，国家の役割，社会アクターなど，様々なテーマから分析したのが Richards and Warterbury［1996］であり，それを経済開発の立場から論じたのが Niblock and Wilson (eds.)［1999］と Wilson［2010］である。とりわけ Richards and Warterbury［1996］は，現代の中東諸国の政治経済を知ろうとするとき，必ず繙かねばならない文献である。

先に指摘したように，中東は石油とそれによってもたらされたオイルマネーによって世界経済に深く埋め込まれた。そのために，中東の政治経済抜きには世界のエネルギー資源問題は語れないし，世界の金融事情はオイルマネーの動向によって左右される。中東の石油問題を論じた文献は多いが，石油の戦略物資としての性格を踏まえたヤーギン［1991］［2012］は臨場感あふれる研究である。

また，オイルマネーの地球規模での還流は，1970年代後半以降，イスラム復興の流れと合流して，経済史において特異な研究領域を作り出した。それは，利子を介さないイスラム銀行・金融の問題である。El-Ashker and Wilson［2006］はその歴史を通観した文献，長岡慎介［2011］と Warde［2000］はその現代金融市場での位置づけと意義を論じた文献，加藤博［2010］はその倫理の特徴を明らかにした文献である。

（加藤　博）

⇒文献一覧 pp. 338-341

トルコ

　1980, 90年代のトルコ経済は停滞していた。貿易の自由化で輸出工業化を目指しながらも, 輸出は労働集約的な軽工業品のシェアが高く, その伸びも小さかった。西欧諸国からの直接投資はそれほど大きくなく, 技術移転の程度も低い水準にとどまった。1994年には, 1991年の湾岸戦争の影響もあって, 経常収支と財政の双子の赤字による対外債務が膨らみ, トルコリラの下落による貨幣危機が起きた。その後も, トルコは繰り返し経済危機を経験した。2000年には新たな経済政策プログラムがだされ, 歳出抑制, 税制・金融改革, 社会保障改革, 国営企業の民営化, 農業補助金や社会保障制度の改革, ポピュリズム的なバラマキの抑制, 汚職撲滅など財政赤字の要因を取り除き, 財政の再建が目指された (Nas [2008], Öniş and Şenses (eds.) [2009])。

　経済が好転したのは, エルドアン率いる公正発展党政権のもとにおいてであった。公正発展党はイスラム化政策を基本に置く政党であるが, 2002年に行われた総選挙において勝利し, 2003年に組閣した。エルドアン政権は軍との対立を避けながら着実に改革を進めた。こうして, 2008年の世界金融危機での落ち込みはあったものの, 5％以上の経済成長率を維持し, マクロ経済的には経済の堅調を維持している。トルコは現在, 日本を含めた外国資本の投資先としても有望視されている。貿易など経済関係はEU（欧州連合）が最も重要であるが, 東のイスラム諸国との関係も強めている。トルコ製品は中東市場においてブランドとなりつつあり, アラブ産油国からの投資も大きく増えている。

　しかし, そのトルコも現在, いくつかの懸念要因を抱えている。まず, 政局におけるイスラム派と世俗派の対立がある。また, 高い失業問題も懸念要因である。トルコでは, マクロ経済指標の好調さとは裏腹に, 失業率は10％強の水準で高止まりしている。とりわけ, 高学歴の若者における高い失業率は大きな社会問題となっている。つまり, 2010年から11年にかけてアラブ諸国を襲った「アラブの春」と同様な社会不安を抱えているのである。

　最後に, 懸念要因とはいえないが, 今後のトルコ経済の方向性を決めるものとしてトルコのEU加盟問題がある。トルコのEUへの加盟については, 議論はEC（欧州共同体）時代の1960年代から始まっていた。トルコ政府は1987年, ECに対して加盟申請を行った。先に見たように, 21世紀に入ってEU加盟への運動が活発化し, 2005年には加盟交渉開始の決定に至った。しかし, 今後の加盟

プロセスについては，依然として不透明である（Hoekman and Togan (eds.) [2005]）。

（後藤晃・加藤博）

⇒文献一覧 pp. 341-343

アラブ

　1967年の第三次中東戦争でのアラブ側の大敗は，1950年代と60年代におけるアラブ民族主義を理念とした計画経済体制の欠陥を露呈させた。そこから，政治的にはイスラム復興への流れが加速することになるが，経済的にはそれまでの保護主義的な政策を放棄し，開放経済を目指さざるをえなくなる。つまり，アラブ諸国も構造調整の時代を迎えることになったのである。この時代，アラブ世界の経済環境を大きく変化させたのは，莫大なオイルマネーの発生であった。その結果，アラブ世界はオイルマネーという潤沢な資金をもつ産油国とそれをもたない非産油国とで経済成長の径路を異にすることになり，経済の中心がエジプト・マシュリクから湾岸地域に移動するとともに，資金をもたない非産油国から豊富な労働力が産油国に出稼ぎとして流れ，資金が海外送金という形で産油国から非産油国に流れるという地域経済のパターン（柏木健一 [2010]）が形成されることになった。

　産油国の課題は将来における石油資源の枯渇を見越して，石油の輸出にだけ依存したモノカルチャー的経済から脱皮し，潤沢なオイルマネーを使って，どう経済の多角化を図るかである。レンティア経済論は，オイルマネーが産油国の経済構造に与える影響をネガティブに評価した議論であり，石油というレント（国民経済の産業にとって外在的な不労所得）が健全な国民経済の発展を妨げ，国際市場での競争力の弱い経済を作り出すと主張する（Beblawi and Luciani (eds.) [1987]，松尾昌樹 [2010]，黒宮貴義 [2011]）。経済の多角化は，急速に拡大する若者層に対する失業対策としても急務である。その結果，今日では，産油国経済は多様に展開している（細井長 [2005]，武石礼司 [2006]）。

　これに対して，非産油国の課題は社会主義経済から自由主義経済への体制移行論と類似の問題であった。つまり，計画経済を修正し開放経済へと移行するためには資金を必要とするが，自己資金をもたない非産油国はその調達をIMFや世界銀行からの融資，先進国からの援助に頼らざるをえない。しかし，その条件として融資元から課される規制緩和は国民の間に社会不安を引き起こす。それを回

避して，いかにすれば開放経済を定着させうるのかということである。

　実際，21世紀に入って多くの食糧暴動が起き，当時，「経済と政治のディレンマ」が議論された。その背景にあったのは，マクロ指標での経済の好調さとは裏腹に進行していた実質所得の減少と資産格差の増大，そしてそれに対する国民，とりわけ急速に肥大化する若者層の間での不満の蓄積であった。この経済事情に政治の汚職と独裁化が重なったとき，「アラブの春」と総称されるアラブ諸国の民主化運動が起こった。「アラブの春」は国ごとに多様に展開しているが，貧困の構造的脆弱性を中心に，エジプトの革命運動を論じたのが加藤博・岩崎えり奈［2013］である。そこで論じられた都市部の経済事情については，岩崎えり奈［2009］，農村部の経済事情については加藤博・岩崎えり奈［2011］に詳しい。また，「アラブの春」のもう一つの背景となった人口動態については，トッド／クルバージュ［2008］が参考になる。　　　　　　　　　　　　　　　（加藤　博）

⇒文献一覧 pp. 338-341

イラン

　1979年，イラン革命が起こり体制は変わった。旧政権の蓄財と不正の結晶と見なされた民間大企業の接収・国有化，農村部の復興・開発，厳しい輸入規制と為替管理の時代がやってきた。Amuzegar［1993］は革命政権の謳う「イスラム的経済秩序」のイデオロギー的枠組みを検討し，イスラム共和国体制下で実施された金融，貿易政策や各産業セクターのパフォーマンスを詳述する。また米国ドルの基軸通貨体制に異議を唱えるイランは，1990年代初めまで極端に過大評価された公定為替レートを維持した。この為替政策が経済全体に与えた影響や補助金による国内の価格体系の歪みについて，燃料，公共料金，パンの実質価格の推移などを見ながらカールシェナース［2000］が実証的に論じている。

　国際社会での孤立やイラン政府の海外資産の凍結や経済封鎖は，イラン・イラク戦争の負担や1980年代の原油価格の下落とあいまって，著しいイランの財政悪化をもたらし，1990年代初頭に「経済自由化」の旗が振られることになった。政府は政治と国際収支に翻弄されながら統制と規制緩和を繰り返したが，このことは企業・バザール研究にも反映されている。

　岩﨑葉子［2004］はイラン革命後から21世紀初頭にかけて，原材料を輸入に依存する国内製造業企業が経営を維持するためにつくりあげたテヘランの物財調

達システムを論じている。Amid and Hadjikhani［2005］は革命後の統制的な貿易・産業政策が国内企業の業績に与える影響を分析した。Iwasaki［2010］はそれをアパレル企業を対象として検証したものである。

　Keshavarzian［2007］は革命後のテヘラン大バザールの変容を論じている。著者によれば，革命まではバザールの市場支配力とその構成員らによる伝統的自律性が国家に対する政治的発言力を担保していた。しかし革命政府による統制的な為替・貿易政策と，その結果出現した巨大な官製ビジネス，また規制の網の目をかいくぐる密輸市場の成長によってバザールは著しく弱体化した。イランの経済発展に多国籍企業の果たした役割を論じた Shahbazzadeh［1994］もユニークだ。いずれも経済史研究における貴重なデータを含んでいる。

　20世紀以降の経済史研究では，数量データが格段に入手しやすくなりマクロ経済の分析が増えたが，上記のようなイランの経済・産業組織に関する研究は，ガージャール朝期の社会経済史的研究の最新の成果とあわせることによって，より歴史的な視野の中に位置づけることが可能だろう。　　　　（岩崎葉子）

⇒文献一覧 pp. 343-344

第 17 章

近現代：
中央アジア——19～21 世紀

はじめに——前近代の概観

　中央アジアという地理概念は極めて多義的だが，本章ではカザフスタン，トルクメニスタン，ウズベキスタン，クルグズスタン（キルギス），タジキスタンという，1991 年にソヴィエト連邦から独立した 5 カ国を指す。中央アジア史の通史・参考書は様々あるが，スタンダードな通史としてまず小松久男編［2000］を読み，調べ物には小松久男他編［2005］を活用するとよい。ロシアの碩学バルトリド［2011］の名著は文化史というタイトルだが，貨幣や農業など経済に関わる記述を随所に含む。歴史と現在の社会・文化・政治・経済にまたがる概説としては，宇山智彦編［2010］が読みやすい。

　本章は近現代の中央アジア経済史を主題とするが，古代以来の歴史をある程度知ることなしには近現代の歴史も奥行きをもって理解することができないため，まず古代・前近代の経済史に簡単に触れておきたい。古代以来の中央アジアといえば，ユーラシアにおける稀少品・贅沢品の遠距離交易圏，いわゆるシルクロードの結節点としてのイメージが強いであろう（東西交易路という言葉も使われるが，南アジア，北アジアなどとの南北交易も決して無視できない）。シルクロードに関する概説書としては長澤和俊［1993］などがある。ただし史料の残存状況や研究者の関心の関係で，日本や欧米のシルクロード研究でいう中央アジアは，中国西部やアフガニスタン北部が中心になっていることが多い。

中央アジア現地の研究者による古代史・シルクロード史研究の例としては，考古学の観点から書かれたルトヴェラゼ［2011］があり，徴税・貨幣に関する情報を含む。ソグディアナ（現在のウズベキスタン中部・タジキスタン北部を中心とする地域）を本拠地としたソグド商人たちは，東方のタリム盆地や河西（現在の中国甘粛省北部）に進出し，4～9世紀のシルクロード貿易の主役となったため，日本でも多くの研究者が注目しており，その成果は荒川正晴［2003］に簡潔にまとめられている。現在のカザフスタン南部・南東部に存在した諸都市とそこでの交易については，カザフスタンの考古学者によるBaipakov［1998］を参照。

　なお，通俗的なシルクロード・イメージの中で中央アジアが交易や文化交流の単なる中継地点として扱われがちなことに，モンゴル帝国期以降の中央アジア史を専門とする日本人研究者は批判的であり，間野英二［1977］による「シルクロード史観」批判以降，現地の人々が書いた史料を重視して中央アジアの歴史を内側から解明しようという姿勢が，ほぼ共有されている。ただし，それによって逆に古代史におけるシルクロードの意義を軽視しかねないことについては，森安孝夫［2007］の批判も傾聴に値する。

　近代までの中央アジアを特徴づける生業の一つである遊牧については，やや古いが後藤冨男［1970］（モンゴルを中心とするが中央アジアにも触れる）による遊牧民の労働・家畜財産をめぐる議論が参考になる。遊牧民が定住民との交易に依存していたのか，自立的な経済を営むことが可能だったのかは古くて新しい論争であり，Khazanov［1994］は前者の，Masanov［1995］は後者の立場を取る。オアシス農業，特に灌漑については，Bartol'd［1965］が今でも参照に値する。都市経済については，8世紀からロシア帝政期までの中央アジア都市史の優れた研究案内である小松久男［1991］を手がかりに，様々な文献を読むとよい。

　いわゆる大航海時代以降，中央アジアと他地域の交易は，世界史の中での相対的位置づけこそ下がったものの，衰退したわけではない。むしろロシア，ムガル帝国（インド），清朝（中国），サファヴィー朝（イラン）の興隆を背景に，16～18世紀に中央アジア・カスピ海地域の国際交易は新たな展開を見せた。これをインド商人・金融業者のネットワークに注目しながら論じたのがLevi［2002］とDale［1994］である。ロシアと中央アジアの貿易については，佐口透［1966］がまず読むべき名著である。また，このテーマを特定の地域に重点を置いて論じたものとしては，ブハラを中心にロシアなど諸方面との外交・通商関係を扱う

Burton［1997］，シベリアと中央アジアとの関係についてのZiiaev［1983］などがある。清朝との関係では，佐口透［1963］の第5章がカザフ人と清朝の交易を絹馬貿易（定住民が織物を，遊牧民が家畜を売る古来の交易パターン）を中心に論じ，第6章がコーカンド・ハン国と清朝（特にカシュガル）の貿易を取り上げる。佐口は主に漢文史料に依拠したが，野田仁［2011］の第6章は多言語史料を用いて，カザフ人の交易を露清貿易の文脈に置き直す。

1　ロシア帝国と中央アジア——19〜20世紀初頭

ロシアの進出と中央アジア社会の変容

　ロシアの中央アジア進出は，1731年にカザフのアブルハイル・ハンがロシア皇帝への臣従を誓ったことを端緒とし，その後間もなく，オレンブルグとカザフ草原を通じてのロシアと中央アジアの通商が発達した（Mikhaleva［1982］。そこでのタタール商人の役割については濱本真実［2009］第6章）。ロシアによる本格的な支配の開始は，カザフ草原北部・中部では1820年代のハン制廃止，それ以外の中央アジア南部地域では1850〜90年代に段階的に進んだ征服・併合以降となる（ロシア帝国史の文脈では，後者から保護国ブハラとヒヴァを除いた地域を，トルキスタンと呼ぶ）。ロシア帝政期・ソ連期の中央アジアの歴史は，ロシア・ソ連史全体を学ぶことなしには理解できない。ロシア・ソ連の通史として，田中陽兒・倉持俊一・和田春樹編［1994］［1997］を座右に置いて常に参照することを勧める。ロシア帝政期の中央アジア史概説としては，Pierce［1960］が経済史も含めて大変目配りがよく，刊行後半世紀を経ても価値を失わない。ロシアの保護国となったブハラ・アミール国とヒヴァ・ハン国については Becker［1968］が定評ある研究で，両国の通商，農業，工業開発，鉄道建設にも触れる。

　ロシア帝政期の社会・経済について，同時代に書かれた総合的な情報源としては各種百科事典のほか，ロシア帝国地理のシリーズに収められたカザフ草原の巻 Sedel'nikov et al.［1903］とトルキスタンの巻 Masal'skii［1913］がある。人口や職業については，1897年に行われたロシア帝国最初で最後の国勢調査のデータを収録した Troinitskii (ed.)［1899-1905］を見るのが基本である。トルキスタン総督の命令により集められた，同時代の中央アジア関連文献・新聞記事等の巨大

なコレクションであるトルキスタン集成（Turkestanskii sbornik）はデジタル画像化されており，京都大学地域研究統合情報センターと北海道大学スラブ・ユーラシア研究センターで閲覧することができる（東京大学文学部でも一部を所蔵）。

トルキスタンの統治改革を目的として 1908～09 年に視察を行った元老院議員パーレン伯の浩瀚な報告書 Palen［1910-11］は，行政，税制，鉱業，農業，移民などの情報を含む。また各種の旅行記も，同時代の外部者による中央アジア社会・経済の描写として有用である。ロシア人・欧米人の書いたものは少なからずあるが，鋭い観察眼で知られるアメリカ人外交官の Schuyler［1876］を特記しておく。明治時代の日本人外交官による稀有な旅行記・現地事情解説としては西徳二郎［1987］がある。なお概説にしても旅行記にしても特定の民族・地域に偏りがちな傾向があり，それを補うには，中央アジアの全主要民族の伝統的生業に関する概説を含む Tolstov et al. (eds.)［1962-63］が有用だが，ソ連民族学の枠組みで図式化されていることに注意する必要がある。

統治制度と遊牧・農業経済

専門研究に関していえば，ロシア帝政期中央アジア史の研究は圧倒的に政治史中心であるが，経済史の理解に有益な記述を含む著作も少なくない。例えば Morrison［2008］は，ロシア領トルキスタンの統治体制を，英領インドと比較しながら論じた秀作であり，経済関係では灌漑・水利，土地管理，税制などのテーマを含む（なお，近年の中央アジア近代史では比較史的な問題関心による成果が次々と出ていることを付言しておく）。

経済史プロパーでは，ソ連の研究者が書いたものに今も頼らざるをえない部分が少なくない。たとえば，征服前後の時期のロシアと中央アジアの経済関係に関する Rozhkova［1963］（征服と経済の関わりを具体的に示した上で，征服の動機としては経済的利益は二義的であったことを論証した点でも意義深い），鉄道建設を中心にトルキスタンの経済発展を論じた Suvorov［1962］などである。しかし近年ようやく，欧米やロシア，日本でも経済史研究が盛んになり始めた。Pravilova［2006］は，ロシア帝国財政の領域的構造を周縁地域に重点を置いて論じる中で，トルキスタンの財政，特に広い裁量権を主張する総督と全国共通の規則を主張する財務省の対立，税制改革などを取り上げ，辺境支配のコストと利益という，同時代から論争の種であった問題を分析する。関連して，ロシアの政治家・企業家

らがトルキスタンの潜在的豊かさを認識しながら，不均等・不十分な資源・経済開発しか行わなかったことについては，Joffe [2003] が論じている。

各論として Pravilova [2011] は，トルキスタン・南カフカスでの土地（農地）所有概念をめぐるヨーロッパ法とイスラム法の交差を，オスマン帝国や仏領アルジェリアと比較しながら論じる。イスラムと土地所有・土地税との関係で重要な論点であるワクフ（寄進財産）の制度と実態，トルキスタン総督府のワクフ政策については，永井朋美 [2008] がある。Penati [2010] は，征服後のフェルガナ盆地でロシア当局が税制構築を目的として行った，土地および在地税制の調査を論じる。塩谷哲史 [2014] は，ヒヴァ・ハン国における灌漑事業・水資源管理を，同国とロシア政府・企業家の関係，およびハン政権とトルクメン人との関係の文脈で分析した労作で，充実した参考文献一覧は，広く中央アジア経済史の研究にも役立つ。帝政下のカザフ人の遊牧の変化については，ソヴィエト史学の図式に基づくものではあるが Tolybekov [1971] がある。帝政期からソ連時代初期のカザフ草原で，遊牧への圧迫と気象条件が重なって頻発したジュト（家畜の大量死）については，宇山智彦 [2012] を参照してほしい。

19世紀末から20世紀初めの中央アジアの社会・経済に大きな変動をもたらしたのは，定住民地域での綿作の拡大と，遊牧民地域へのロシア系農民の大量移住である。綿作については，二次文献に基づく概観として Whitman [1956] があり，最近では Penati [2013] が，ムスリム農民にとって綿作へのインセンティブとなった税制上の優遇措置を論じている。社会現象との関係では，綿作による経済発展が鉄道開通と相俟って，中央アジア，特にフェルガナ盆地からメッカへの巡礼増加につながったことが興味深い（Brower [1996]）。ロシア系移民については，地理学者による Demko [1969] が豊富なデータを含んでおり，西山克典 [2002] はセミレチエ（カザフスタン南東部・クルグズスタン北部）における移民政策の変遷と民族間関係の緊張に触れる。帝政末期は様々な民族運動・改革運動が展開された時代でもあり，Khalid [1998] はトルキスタンにおけるジャディーディズム（イスラム改革運動）を政治史・文化史の文脈で論じつつ，背景としての経済的変動，特に商人層の動向に目を配っている。

2　社会主義時代の経済発展——1917〜91年

　1917年の二月革命によるロシア帝政の崩壊は，自由の時代の幕開けとして多くの市民に歓迎されたが，臨時政府期の政治対立・混乱，十月革命でのボリシェヴィキによる政権奪取とその後の内戦により，旧ロシア帝国各地は危機に陥った。中でも中央アジアでは，1916年反乱（第一次世界大戦中に戦線後方での労役を命じた勅令に反発して中央アジアの広い地域で起きた反乱）の余波や，シベリアからの穀物輸送の途絶，ロシア系住民を中心に成立したソヴィエトによる現地ムスリムの疎外などのため，危機は深刻であった。トルキスタンの危機の概要は Buttino ［1990］，タシケントについては Sahadeo ［2007］，セミレチエについては前出の西山克典［2002］がある。

　こうした混乱を経ながらも，ボリシェヴィキは白軍や反ソ的な民族自治運動を打ち負かし，さらには旧保護国のブハラとヒヴァも統合して，1922年にソヴィエト連邦を成立させ，1924〜25年には民族・共和国境界画定により中央アジアに民族ごとの共和国・自治共和国等を設定した（当初の地位は様々だが，1936年までに，現在の5カ国の前身である5つの連邦構成共和国となる）。中央アジアが共産党一党支配を通じてソ連体制に深く組み込まれたことの経済史的な意味は，中央集権的計画経済体制下での国民経済活動のイデオロギー的統制にほかならなかった。中央アジアのソヴィエト化プロセスは，Fierman (ed.) ［1991］に詳しい。いうまでもなく，その過程では様々な過渡的現象も見られた。その一例として，初期ソヴィエト政権下におけるワクフの位置づけの変遷を，Pianciola and Sartori ［2007］で参照されたい。

　1924年以降本格化する社会主義建設という名の開発政策は，ソ連への従属を意味したとはいえ，中央アジアの経済発展に目覚ましい役割を果たした。この観点から研究者たちが長年熱心に取り組んできたテーマは，計画経済体制下の産業開発および集団化政策が中央アジア農業に及ぼした影響という二つの問題である。しかしこれらの研究課題に深く関わる邦語・英語文献は，残念ながら決して多いとはいえない。社会主義時代の中央アジア経済は，ソ連経済という巨視的な文脈の中で語られることが多かった。したがって，同時期を分析対象とした中央アジア経済研究が依然不十分な現時点においては，ソ連経済を論じた文献から多くを

学び取る必要がある。ソ連経済論の文献は数多くあるが，その最も基本的なテキストであるノーヴ［1982］［1986］，ソ連地域開発の歴史を敷衍した中村泰三［1985］，ソ連工業化論争やフルシチョフ改革を含む包括的ソ連経済論を展開したグレゴリー／スチュアート［1987］，集団化政策とその後の影響を中心的研究課題に据えたソ連農業論のメドヴェーヂェフ［1995］は，この目的に資する文献である。土地・水利改革，工業化など経済史上の重要な論点を含むソ連期中央アジア史概観としては木村英亮・山本敏［1990］が便利だが，ソ連の公式史観に影響された記述であることに注意する必要がある。

計画経済体制下の産業開発

ソ連経済は，戦時共産主義期とネップ（新経済政策）期を終えた1928年から，第二次世界大戦による一時的な中断（1941年7月から45年）を経て，ゴルバチョフ政権末期の1990年に至る間，ソ連国民経済発展計画と名付けられた国家計画に基づいて企画・運営された。このいわゆる五カ年計画の策定・実施過程が，中央アジアを含むソ連構成共和国の経済発展にとって決定的に重要であったがゆえに，経済計画化という観点から産業開発問題を論じた文献が中央アジアについても複数発表されている。社会主義時代初期における中央アジア近代化政策をソ連計画経済体制との関わりから論じた中東調査会編［1964］の他，中央アジアにおける計画経済体制の運用問題を地域計画官の視点から検討した Zimmer［1985］，中央アジア工業化政策における計画経済体制の役割を批判的に回顧した Matley［1989］や Rumer［1989］，五カ年計画期における中央アジア地域開発政策を経済計画・管理システムの観点から考察した中村泰三［2004］は，この分野の代表作である。また産業開発に重要な役割を果たしたトルクシブ（トルキスタン・シベリア）鉄道については，Payne［2001］がある。

ソ連の開発政策は，その国家的能動性の高さゆえに「社会主義的産業配置」と呼ばれた。その実際を中央アジアに即して検討した文献もいくつかある。西トルクメニスタンの産業配置政策を検討した Belyayev［1968］，同国の石油・天然ガス産業開発を取り上げた Zaytsev［1968］，タジキスタンにおける工業生産力配置の実際を考察した Dyker［1970］，1940〜65年の産業配置政策がもたらした成果を，西シベリアや中央アジアに注目を払いつつ定量的に分析した Rodgers［1974］，対中央アジア工業配置政策のダイナミズムを五カ年計画期の歴史的変遷という観

点から特徴づけた岩﨑一郎［1996］などである。

　また近年は，ソ連崩壊後に機密解除された中央統計局（のちの国家統計委員会）の非公開資料を駆使した中央アジア産業開発プロセスに関する定量的研究が相次いで発表されている。ソ連崩壊直後に開示された企業レベルデータを用いて中央アジア工業企業の空間的配置と産業構造を検証した Iwasaki［2000］，ロシア経済文書館の資料を用いて戦前・戦中・戦後期の産業配置政策とこれに伴う鉱工業生産活動の成長経路を追跡した Kumo［2004］，ザカフカス諸国との比較における中央アジア鉱工業発展プロセスの定量分析を試みた西村可明・杉浦史和［2005］，ソ連期を通じた中央アジア鉱工業・建設業関連長期統計データの構築と同時期の産業発展プロセスを実証的に吟味した岩﨑一郎［2013］など，この分野における日本人研究者の貢献は特筆に値する。産業開発とは直接関係しないが，やはり機密解除された中央統計局の内部資料を用いて，中央アジア諸国を含めた連邦構成共和国の住民貨幣所得や非公式経済の規模を長期推定した志田仁完［2011］［2012］も，同様の観点から注目作である。

　なお，国家主導型の産業開発とは別に，手工業など民間の生業の計画経済への取り込みや，計画経済体制下での労働・消費生活についても研究が進みつつある。ここでは，ウズベキスタンのリシトン市における陶業の 19 世紀から現在に至る変遷を詳述した文化人類学研究である菊田悠［2013］を挙げておく。

集団化政策と中央アジア農業

　様々な問題点はあったにせよ，産業開発がソ連経済の「光」の部分を強調するものだとすれば，集団化政策とそれが中央アジア農業に与えた影響は，ソ連の「暗部」を象徴する経済問題として西側研究者の注目を集めた。富農や地主からの土地・水利権の剥奪および自営農のコルホーズ（協同組合的集団農業）への集約を狙い，強制的な穀物調達を伴った集団化政策は，独裁者スターリンの下で強力に推進された。この時，集団化に抵抗した農民は，不毛な土地への強制移住などの過酷な懲罰を課せられた。また遊牧民の集団化は，準備不足のまま強制的定住化とセットで実施され，家畜の大量餓死や穀物生産の著しい低下を招いた。この悲劇に触れることはソ連ではタブーだったが，ペレストロイカ期になってAbylkhozhin, Kozybaev and Tatimov［1989］が，集団化・定住化政策による飢饉と疫病の結果，175 万人ものカザフ人が死に追いやられたと述べて衝撃を与え，

その後欧米でも Pianciola [2004] など次々と研究が出ている。この問題を含め，カザフスタンにおけるソ連経済政策の様々な矛盾を鋭く分析した通史としては Abylkhozhin [1997] がある。集団化政策をめぐる当時の状況については，前出のメドヴェーヂェフ [1995] に加えて，中央アジアにおけるコルホーズ形成過程を丹念に追跡した奥田央 [1982] がある。トルクメニスタンでの集団化とそれに抗する反乱・国外移住は，Edgar [2004] の第7章が取り上げている。

コルホーズが中央アジア農業の支配的な生産単位として確立されて以降，中央アジア農業研究は，集団農場経営を主要テーマとして成果を蓄積してきた。ウズベキスタンの綿花産業複合体を取り上げた Gleason [1983]，中央アジア農業開発におけるソ連農業省の役割を論じた Gleason [1986]，中央アジア綿花生産の現状と問題点を論究した Rumer [1987]，農地灌漑政策の綿花生産への効果を吟味した Teichmann [2007]，綿花収穫作業の機械化とその集団農場の生産効率への影響を検証した Pomfret [2002] は，広い意味でこの研究蓄積の一部を形成する先行研究である。1950年代から60年代初めにかけてカザフスタン北部・中部で，ソ連全土から若者を集めて大々的に行われた農地開発，いわゆる処女地開拓とそこでのソフホーズ（国営農場）形成については，野部公一 [1990] および同著者の一連の論考がある。また地田徹朗 [2012] は，社会主義時代の中央アジア農業開発の歴史的見取り図を描いた論考であり，Gleason [1983] 等と共に目を通しておくべき文献である。野部公一 [2013] には，1920年代末から現在に至る中央アジア主要農業統計指標が収められており，社会主義時代の農業発展を定量的に検証する幅広い可能性を提供している。

3　ソ連崩壊と市場経済化への挑戦──1992年〜現在

1991年末にソ連が崩壊し，中央アジア諸国をめぐる政治・経済環境は文字通り激変した。社会主義時代は，「親方赤旗」体制の下で，これら共和国の行く末を左右する重大な政策決定は，ほぼ全面的にソ連共産党首脳部や連邦政府に委ねられていたが，いまやその重責は，他でもない新生独立国家自身が果たすことになった。ソ連を解体に導いた要因の一つは，計画経済体制下の非効率極まりない生産・流通活動と不活発な資本蓄積や技術革新にあったから，かかる諸問題の根

本的な解決を目指して，他の旧ソ連諸国と同様に，中央アジア各国政府も，資本主義市場経済を標榜する構造改革に乗り出した。

計画経済から市場経済への移行は，需給調整を中央集権的配分から市場競争へと委ねることのみならず，①生産手段の社会的所有から私的所有への転換，②企業経営権の勤労者から資本家への移譲，③生産目的の社会的欲求の充足から私的な利潤獲得への変更，④所得分配原則の「労働に応じた分配」から利潤・賃金獲得への転換をも意味する。したがって，新生独立国政府が直面した構造改革上の政策課題は，経済活動の自由化，国有企業やその他国家資産の私有化，国内企業の経営・生産体制の抜本的再編，銀行改革や資本市場の創出，市場原理に基づいた福祉・厚生制度の構築等，国民経済活動のありとあらゆる面に及んだ。しかも各国政府は，連邦崩壊がもたらした未曾有の経済危機にも対処することが求められたため，マクロ経済安定化に向けて極めて困難な財政・金融政策の立案と実行に努力を傾ける必要があった。したがって，ソ連崩壊から現在までの約四半世紀を対象とする中央アジア経済史研究の筆頭課題は，当該期間の困難な経済情勢の中で，中央アジア各国の政府や市民が，いかにして体制転換という一大事に取り組んできたのかを，正確かつ克明に叙述することである。しかも極めて興味深いことに，中央アジア5カ国が歩んだ体制転換の道筋は，初期条件の高い相似性にもかかわらず，互いに大きく相違するものであり，この事実が中央アジアを，比較経済史の観点から大変注目に値する研究対象としている。

移行期の経済情勢

移行期，特に1990年代の経済情勢がいかに危機的であったかを理解することが，現代中央アジア経済史研究の第一歩としてふさわしい。この意味で，ソ連崩壊後の中央アジア経済を鳥瞰した Pomfret［2006a］は必読文献である。また，中央アジア諸国が移行初期に直面した経済問題を様々な角度から議論した Rumer (ed.)［1996］や Rumer and Zhukov (eds.)［1998］等の論文集も大いに参考になる。さらにカザフスタンの経済情勢を包括的に検討した Kalyuzhnova［1998］や，ウズベキスタンを中心に中央アジア諸国の経済情勢を比較・評価した Islamov［2001］，クルグズスタンの経済危機とその背景要因を議論した田畑理一［2008］，ウズベキスタンの比較的安定した経済実績に目を向けた Ruziev, Ghosh and Dow［2007］も，同様に参考になる。

移行期の経済情勢をマクロ経済学的視点から考察した論考は，21世紀を迎えて相次いで発表された。例えば Vassiliev (ed.) ［2001］は，中央アジア各国の政治経済体制とマクロ経済成果との関係を検討した論文集であり，Pomfret ［2006b］は中央アジア諸国のマクロ経済成果に関する包括的な比較分析を行っている。Sievers ［2003］がマクロ経済実績の国家間格差を，社会資本や人的資本の劣化・不均衡という観点から説明しようとした一方，岩﨑一郎 ［2004a］は市場経済化プロセスの差異という視点からこの問題の解明に取り組んでいる。Uzagalieva ［2006］と Broeck, Masi and Koen ［1997］は，それぞれクルグズスタンとカザフスタンにおける物価変動率の計測や要因分析を試みている。近年は，長期経済統計を用いたマクロ経済分析の研究成果も発表され始めている。カザフスタンの長期経済成長率を推定した Amin and Ainekova ［2012］や，1992〜2010年を通じた鉱工業・建設業の生産・雇用動向に関する国家間比較を行った岩﨑一郎 ［2013］はその典型例である。

構造改革の全貌

移行期の経済情勢を大摑みにでも把握できたなら，次に目を向けるべきは，国民経済の抜本的な構造改革を取り上げた一連の研究である。現代中央アジア経済研究の中で最も層が厚いこの研究領域の文献は枚挙の暇がないが，まず手をつけるべき文献として次のようなものが挙げられる。即ち，中央アジア諸国を幅広く取り扱った研究には，中央アジア各国の構造改革と経済再建策を比較し，その将来展望を語った Gleason ［2003］，経済自由化と企業私有化の進展に伴う政府・企業間関係の変化という視点から中央アジア諸国の構造改革を比較した岩﨑一郎 ［2004b］，中東欧や他の旧ソ連諸国と共に中央アジア諸国の構造改革を総合的に評価し，その上でウズベキスタンとトルクメニスタンの漸進主義や権威主義的独裁制を痛烈に批判した Åslund ［2013］，中央アジアの政治・経済制度改革を中心とした論文集である Ahrens and Hoen (eds.) ［2013］がある。一連の改革措置が中央アジア各国にもたらした社会経済的影響を論じた Kaser ［2003］も，構造改革の全体像を把握するために参照が欠かせない。加えて，中央アジア諸国は総じて中位の開発途上国とも見なされるため，その構造改革には開発政策的要素も色濃く表れている。この観点から各国の改革戦略やその帰結を論じた文献として Bartlett ［2001b］や Pomfret and Anderson ［2001］がある。

この分野は国別研究も少なくない。例を挙げると、カザフスタンについては移行初期の構造改革を検討した論文集である清水学・松島吉洋編［1996］を皮切りとして、先述の Kalyuzhnova［1998］，輪島実樹［1998］，Koch and Chaudhary［2002］等があり、ウズベキスタンに関しては、改革戦略としての再集権化プロセスを批判的に検討した Pomfret［2000a］や Bartlett［2001a］，同様の観点から、カリモフ政権が打ち出した構造改革路線の異質性や特殊性を議論した Spechler［2008］が発表されている。クルグズスタン研究にはアカエフ大統領の顧問として構造改革をつぶさに観察・記録した金田辰夫［1995］の他，Dąbrowski and Antczak［1995］や Plyshevskii［1995］があり、タジキスタンとトルクメニスタンに関しては、それぞれ Iwasaki［2002］や Khalova and Orazov［1999］等の研究がある。

世界経済への統合

　移行期の経済情勢や構造改革に関する理解が深まるにつれて、研究者の関心は、より個別具体的な経済問題にも向けられるようになり、とりわけ2000年以降に発表されたその種の成果の蓄積が、現代中央アジア経済研究を大変豊かなものにしている。本項および次項では、主要研究分野ごとにその注目作を紹介しよう。

　世界経済のグローバル化が目覚ましく進展する今日、中央アジア諸国と国際社会の経済的結びつきを考察した文献が次々に刊行されている。中央アジア諸国の世界経済への統合を主要テーマとした論文集の Rumer (ed.)［2000］、クルグズスタンの WTO（世界貿易機関）加盟問題を議論した Mogilevskii［2004］、カザフスタンの経済政策が同国の経常収支に与える影響を分析した Arystanbekov［2009］は中央アジア諸国の国際経済関係や対外均衡問題を取り上げた代表作であるが、これらに加えて、トルクメニスタンによる天然ガス輸出の現状と問題点を検討した Sagers［1999］、中央アジア諸国と中国新疆ウイグル自治区の経済的結びつきを調査した Loughlin and Pannell［2001］、1990年代前半のカザフスタン、ウズベキスタン、クルグズスタンの貿易活動とその障害要因を述べた Spechler［2003］、天然資源開発が中央アジア各国の貿易構造に及ぼす影響を分析した輪島実樹［2004］、国際社会との経済統合に伴う中央アジア貿易の構造変化を論じた Myant and Drahokoupil［2008］、中央アジア諸国間貿易と地域経済統合問題に焦点を合わせた Grafe, Raiser and Sakatsume［2008］や Tai and Lee［2009］、中央アジア貿

易の拡大を目的とした交通・流通システム改善の必要性を説いた Pomfret［2010］，中央アジア貿易の決定要因を重力モデルの推定によって実証的に分析した Suvankulov and Guc［2012］等，中央アジア諸国の貿易活動を研究テーマとする文献も多数発表されており，その勢いは衰えを知らない。

　貿易活動と共に，FDI（外国直接投資）も，経済学者が注目する研究課題として近年急速に浮上している。たとえば Peck［2004］は，カザフスタンにおける公益事業の私有化や経済再建過程における FDI の役割に注目した論考であり，Dikkaya and Keles［2006］は，クルグズスタンに投じられた直接資本の事例研究を行っている。また Kamali［2003］は FDI と経済回復の関係を，Zabortseva［2014］は直接投資活動を通じたロシアとカザフスタンの経済的相互依存関係の現状と問題点を考察している。対中央アジア直接投資の決定要因を実証的に分析した研究も相次いで発表されている。ここには，対タジキスタン FDI に多大な影響を及ぼす経済的要因を検討した Asadov［2007］，対クルグズスタン FDI および対トルクメニスタン FDI の決定要因を分析・比較した Azam［2010］，トルコの投資家や多国籍企業に研究対象を限定して，対中央アジア直接投資の決定要因を分析した Anil et al.［2011］等が含まれる。同分野における異色の研究成果として，カザフスタンにおけるローカル・コンテント条項と貿易障壁の緩和が，同国向け直接投資に及ぼす影響を検証した Jensen and Tarr［2008］も大変興味深い分析結果を報告している。

　対外経済活動や諸外国からの資本投下に関する盛んな研究活動は，中央アジアが石油と天然ガスを中心とする化石燃料その他鉱物資源の一大供給地として，国際社会から熱い視線を注がれている事実と密接に関係している。なぜなら，中央アジアの資源産業は，地域構成国の貿易活動や対外均衡に多大な影響を及ぼすと共に，外国資本にとって最も魅力的な投資対象であるからである。日本でも海外でも，中央アジアの資源開発問題は研究者の強い関心を集めている。21 世紀に入ってからの注目すべき研究業績として，カスピ海資源開発を取り上げた Olcott［2010］，カザフスタンの資源開発政策を論じた輪島実樹［2008］や Domjan and Stone［2010］の他，トルクメニスタンの天然ガス輸出戦略を検討した Olcott［2006］，中央アジア資源開発活動への中国とロシアの政策関与や両国からの企業進出に注目した Palkin［2012］，資源開発から生み出されるレントや収益の分配問題を批判的に検討した Pomfret［2012］，中央アジア産天然ガスパイプライン輸

出の現状と将来性を調査した Cobanli［2014］を挙げることができる。

市場経済化プロセスの諸相──金融・銀行改革からアラル海環境問題まで
　国民国家レベルで市場経済が曲がりなりにも機能するためには，家計部門から企業部門への資金循環を仲介する金融・資本市場が不可欠であり，他の旧社会主義諸国同様，中央アジア諸国も例外ではない。地域全般にわたる金融・銀行改革の現状や問題点を論じた文献に，Barisitz［2009］，Djalilov and Piesse［2011］があるが，カザフスタン研究の Akimov and Dollery［2008］，ウズベキスタン研究のジェマーエフ［2002］および Ruziev and Ghosh［2009］，クルグズスタン研究の Imanaliev［1995］や Kloc［2002］のように，この分野はむしろ国別研究が多数派である。また 2010 年以降は，時系列金融データや企業単位のマイクロデータを駆使した本格的計量分析を試みた研究も漸次発表されている。ウズベキスタンで活動する金融機関の経営実績や効率性を実証的に分析した Nigmonov［2010］，カザフスタンにおける中小企業金融と銀行間競争の関係を分析した Schäfer, Siliverstovs and Terberger［2010］，2008 年の世界金融危機がカザフスタンの銀行部門に及ぼした外生的ショックの影響を，2007～10 年の月次データで実証的に検証した Glass, Kenjegalieva and Weyman-Jones［2014］は，その代表的研究業績である。
　構造改革の進展や金融部門の発展に伴い，中小企業や企業家活動にもある程度の弾みが生まれており，これに呼応した研究も少数ながら発表されている。カザフスタンの中小企業活動が経済発展に及ぼす影響を論じた Can［2003］，クルグズスタンにおける企業家活動の現状と将来見通しを議論した Yalcin and Kapu［2008］，バザールを含めた企業家活動の視点から中央アジア経済の実情を克明に描写した Özcan［2010］，ウズベキスタンでの中小企業新規開業の決定要因を実証的に分析したカン［2012］，小売業やアパレル産業の観察を通じてクルグズスタンにおける企業家活動の実態把握を試みた Botoeva and Spector［2013］，携帯通信網を利用した企業家活動の現状を報告した Turaeva［2014］がそれである。この分野の研究はまだまだ開発の余地があろう。
　ソ連時代に工業化が目覚ましく進展したといっても，中央アジア諸国は依然農業国の性格が強く，農業・農地改革や農村経済の活性化は，各国の構造改革や経済再建にとって死活的に重要な要素である。この問題を取り上げた研究は数多く

発表されており，中央アジア全般を扱った研究成果には錦見浩司［2004］，Lamberte et al. (eds.)［2006］，Wandel, Pieniadz and Glauben［2011］等がある。国別研究も非常に盛んで，テーマも実に多彩である。例えばカザフスタン研究には，同国の農業私有化政策を取り上げた Werner［1994］，独立自営農の生産効率を分析した錦見浩司［1998］，農村地域における家計ネットワークの経済的機能を研究した Werner［1998］，カザフの人生儀礼を論じる中でソフホーズ解散後の土地問題との関係に触れた藤本透子［2011］，1990年代の土地・農業改革を包括的に評価した野部公一［2000］［2008］，農業部門への融資活動を調査した Gaisina［2011］がある。ウズベキスタン研究の注目作としては，農業民営化と農業生産との関係を議論した川井晨嗣［1998］，自営農再建に関わる諸問題を論じた Ilkhamov［1998］，移行初期における農業生産不振の原因を探った O'Hara and Hudson［1999］，綿花栽培を中心に農業改革の現状と障害を論じた Pomfret［2000b］，自営農場・農家の実情を独自の現地調査結果を通じて明らかにした Lerman［2008］，1992〜2009年の農業改革を回顧した野部公一［2010］，綿花生産活動における未成年労働問題を取り上げた Bhat［2011］，農地整理政策が農場経営に及ぼす影響を調査した Djanibekov et al.［2012］を挙げることができる。また，クルグズスタン農業や農村経済をテーマとする研究には吉田世津子［2004］や Atamanov and Van Den Berg［2012］，タジキスタンについては Lerman and Sedik［2009］と Rowe［2010］，トルクメニスタンに関しては Pastor and van Rooden［2004］および Lerman and Stanchin［2004］等がある。

　ロシアやその他周辺諸国への労働移民問題が極めて重要な研究課題だと見なされているのも，現代中央アジア経済研究の特徴の一つである。かつてソ連時代後期に，人口の増大する中央アジアから労働力不足のシベリアなどへの移動が進まないことが問題視されていた（島村史郎［1985］）のとは対照的に，1990年代末以降，ウズベキスタン，クルグズスタン，タジキスタンからの労働移民と彼・彼女らによる送金が急速に拡大し，今や各国の再生産活動に果たす役割が無視できない規模に達しているからである。クルグズスタンに即した比較的初期の研究に Abazov［1999］があるが，その後も現地での聞き取りや家計データを用いた実証分析等を通じて丹念な調査・分析が進められている。カザフスタンの短期労働移民を研究した Becker et al.［2005］，海外への出稼ぎがタジキスタンの貧困緩和に果たす役割を検証した Betti and Lundgren［2012］や Kumo［2012］，米国へ

のクルグズ人不法労働移民問題を非公式制度の役割という観点から研究した Liebert［2010］は，この分野の進展に大きく貢献した研究業績であり，日本でもユニークな論文集である堀江典生編著［2010］が出ている。クルグズスタン南部で社会ネットワークや家計を調査し，出稼ぎの動機が貧困だけでなく，豪華な結婚式の挙行や家財の購入による社会的威信の獲得にもあることを明らかにした Reeves［2012］など，文化人類学者の研究も注目される。

　市場経済に向けた構造改革が一般国民の福利厚生や市民生活に及ぼした多大な影響にも，研究者の熱い視線が注がれている。移行期における医療・保険制度の研究には，中央アジア諸国の医療制度改革に関する包括的論文集である McKee, Healy and Falkingham (eds.)［2002］，中央アジア年金改革の比較研究を行ったベッカー／セイテノヴァ／ウルジュモヴァ［2006］，厚生制度改革の経緯と医療システムの現状を検討した Rechel et al.［2012］，アルマトゥの産婦人科医療の事例研究を通じてカザフスタン医療制度の問題点を指摘した Danilovich and Yessaliyeva［2014］，カザフスタンとウズベキスタンの非政府組織運営医療機関の実態把握を試みた Johnson［2014］等がある。他方，市民生活の実態に目を向けた研究には，家計レベルにおける福祉水準の測定に取り組んだ Falkingham［1999］，家計データを用いてクルグズスタン国民の幸福度の測定と決定要因の分析を行った Namazie and Sanfey［2001］，体制転換が一般市民の生活水準に及ぼした影響を家計調査データを用いて検証した Anderson and Pomfret［2003］，およびウズベキスタンの市民生活における社会共同体（マハッラ）の経済的役割を，マイクロデータを駆使して緻密に分析した樋渡雅人［2008］等がある。

　以上の他，市民生活に直結する経済問題としては，所得格差や貧困も重要な研究テーマであり，カザフスタンにおける家計所得の格差問題を取り上げた O'Hara and Gentile［2009］，ウズベキスタンのアンディジャン州・カシュカダリア州で実施した家計調査に基づいて貧困問題の実態把握を行った Kandiyoti［1999］，クルグズスタンの貧困問題を様々な視点から調査・分析した Babu and Reidhard［2000］や Pomfret［1999］，タジク山岳地域の家計経済と貧困の関係を考察した Robinson and Guenther［2007］等の成果が生み出されている。クルグズスタンの場合，貧富の差は，富者が貧者を動員して政治的示威行動を行い，時には政変に至るという，政治経済学的に興味深い現象（Radnitz［2010］）にもつながっている。また，闇経済や非公式経済に光を当てた研究業績もいくつか存在し，そこには，

クルグズスタンの汚職問題の頻度や原因を考察した Cokgezen［2004］，タジキスタンの麻薬取引と組織犯罪の関係を論じた Engvall［2006］，1999〜2007 年の期間における闇経済規模を推計した Schneider, Buehn and Montenegro［2010］，クルグズスタンの国有資産売却に絡む汚職やレントシーキング問題を検討した Engvall［2014］等が含まれる。しかし問題の深刻さを考えれば，これらの研究領域における業績数は依然不十分であり，今後一層の展開が望まれる。

　中央アジア諸国にとって，以上に言及した一連の経済問題に勝るとも劣らない政策課題が，社会主義時代の無謀な灌漑事業が引き起こしたアラル海危機への対処である。ソ連崩壊から四半世紀が過ぎようとしている現在も，アラル海領域の砂漠化，塩害および農薬汚染は，周辺住民に深刻な環境被害をもたらしており，その事態の推移と沿岸諸国が打ち出す対策の効果については，環境経済学者も強い関心をもって調査・研究に当たっている。このアラル海環境問題は，片山博文［2004］，Qi and Evered (eds.)［2008］，Kubo et al.［2009］，大西健夫・地田徹朗［2012］らによって詳しく論じられており，是非参照してほしい。

　以上のように中央アジア経済の歴史と現状に関する研究は，冷戦終結後の情報公開と研究調査活動に対する規制の緩和により活発さを増し多くの成果を生んできたが，まだまだ蓄積が薄く研究者の挑戦を待っている分野も少なくない。また，本章では主に邦語・英語文献を紹介したが，中央アジア研究ではロシア語・中央アジア諸語の文献や一次資料を大量に読むことが不可欠であり，本章で紹介した文献が参照している資料・文献をたどって，読者諸賢がより深い研究の世界へと分け入っていくことを切に期待している。　　　　　（岩﨑一郎・宇山智彦）

⇒文献一覧 pp. 344-354

文献一覧

1) 文献の出版地は原則として省略した。
2) 朝鮮語（韓国語）文献は邦訳して示した。
3) 漢字表記の編著者名は，日本語読みの五十音順で排列した。
   ただし，中国語文献はピンイン順で排列した。

序　章：アジア経済史とグローバル・ヒストリー

浅田實［2001］『イギリス東インド会社とインド成り金』ミネルヴァ書房
アーノルド，D.［1999］飯島昇藏・川島耕司訳『環境と人間の歴史——自然，文化，ヨーロッパの世界的拡張』新評論
アブー＝ルゴド，J. L.［2001］佐藤次高他訳『ヨーロッパ覇権以前——もうひとつの世界システム』上・下，岩波書店
飯島渉［2001］「「帝国」秩序と検疫——20世紀初期，東アジア・東南アジアにおける「衛生」の政治学」秋田茂・籠谷直人編『1930年代のアジア国際秩序』渓水社
―――［2009］『感染症の中国史——公衆衛生と東アジア』中公新書
―――編［1999］『華僑・華人史研究の現在』汲古書院
生田滋［1998］『大航海時代とモルッカ諸島——ポルトガル，スペイン，テルナテ王国と丁字貿易』中公新書
池谷和信編著［2009］『地球環境史からの問い——ヒトと自然の共生とは何か』岩波書店
伊藤正二編［1983］『公開講座　発展途上国の財閥』アジア経済研究所
井上貴子編著［2011］『森林破壊の歴史』明石書店
上田耕三・小林和正・大友篤［1978］『アジア人口学入門』アジア経済研究所
ウォーラーステイン，I.［2013］川北稔訳『近代世界システム2　重商主義と「ヨーロッパ世界経済」の凝集 1600-1750』名古屋大学出版会
宇賀田為吉［1973］『タバコの歴史』岩波新書
内田直作［1949］『日本華僑社会の研究』同文館
大石高志［2003］「南アフリカのインド系移民——商人・移民のネットワークと植民地体制との交差と相補」秋田茂・水島司編『現代南アジア6　世界システムとネットワーク』東京大学出版会
―――編［1999］『南アジア系移民——年表および時期区分』文部省科学研究費・特定領域研究（A）「南アジアの構造変動とネットワーク」
大木昌［1991］「東南アジア——一つの世界システム」石井米雄編『講座東南アジア学4　東南アジアの歴史』弘文堂
太田淳［2013］「ナマコとイギリス綿布」秋田茂編著『アジアからみたグローバルヒストリー——「長期の18世紀」から「東アジアの経済的再興」へ』ミネルヴァ書房
―――［2014］『近世東南アジア世界の変容——グローバル経済とジャワ島地域社会』名古屋大学出版会
大橋厚子［2010］『世界システムと地域社会——西ジャワが得たもの失ったもの　1700-1830』京都大学学術出版会
籠谷直人［2000］『アジア国際通商秩序と近代日本』名古屋大学出版会
―――［2003a］「アジア通商網の中の南アジアと戦前期日本」秋田茂・水島司編『現代南アジア6　世界システムとネットワーク』東京大学出版会
―――［2003b］「大英帝国「自由貿易原則」とアジア・ネットワーク」山本有造編『帝国の研究——原理・類型・関係』名古屋大学出版会
―――［2009］「19世紀アジアの市場秩序」籠谷直人・脇村孝平編『帝国とアジア・ネットワーク——長期の19世紀』世界思想社

――［2012］「帝国と商人ネットワーク」社会経済史学会編『社会経済史学会創立 80 周年記念――社会経済史学の課題と展望』有斐閣
加藤博［2002］「世界経済史におけるイスラームの位置」社会経済史学会編『社会経済史学会創立 70 周年記念――社会経済史学の課題と展望』有斐閣
川島博之［2008］『世界の食料生産とバイオマスエネルギー――2050 年の展望』東京大学出版会
辛島昇・辛島貴子［1998］『カレー学入門』河出文庫
川北稔［1996］『砂糖の世界史』岩波ジュニア新書
川村朋貴［2009］「イギリス帝国下のイースタン・バンク問題――英領インドから海峡植民地へ（1853-67 年）」籠谷直人・脇村孝平編『帝国とアジア・ネットワーク――長期の 19 世紀』世界思想社
神田さやこ［2009］「環ベンガル湾塩交易ネットワークと市場変容――1780-1840 年」籠谷直人・脇村孝平編『帝国とアジア・ネットワーク――長期の 19 世紀』世界思想社
清川雪彦［2003］『アジアにおける近代的工業労働力の形成――経済発展と文化ならびに職務意識』岩波書店
黒田明伸［1994］『中華帝国の構造と世界経済』名古屋大学出版会
――［2003］『貨幣システムの世界史――〈非対称性〉をよむ』岩波書店
小池賢治［1979］『経営代理制度論』アジア経済研究所
古賀正則・内藤雅雄・浜口恒夫編［2000］『移民から市民へ――世界のインド系コミュニティ』東京大学出版会
小谷汪之［1979］『マルクスとアジア――アジア的生産様式論争批判』青木書店
――［1982］『共同体と近代』青木書店
斎藤修［2008］『比較経済発展論――歴史的アプローチ』岩波書店
――［2014］『環境の経済史――森林・市場・国家』岩波書店
――［2015］『新版　比較史の遠近法』書籍工房早山
佐藤次高［2008］『砂糖のイスラーム生活史』岩波書店
澤田貴之［2003］『アジア綿業史論――英領期末インドと民国期中国の綿業を中心として』八朔社
塩沢君夫［1970］『アジア的生産様式論』御茶の水書房
重松伸司［1993］「ベンガル湾という世界――14-16 世紀の地域交易圏」溝口雄三他編『アジアから考える 2　地域システム』東京大学出版会
――［1999］『国際移動の歴史社会学――近代タミル移民研究』名古屋大学出版会
斯波義信［1995］『華僑』岩波新書
芝原拓自［1972］『所有と生産様式の歴史理論』青木書店
島田竜登［2008］「銅からみた近世アジア間貿易とイギリス産業革命」水島司編『グローバル・ヒストリーの挑戦』山川出版社
――［2013］「近世ジャワ砂糖生産の世界史的位相」秋田茂編著『アジアからみたグローバルヒストリー――「長期の 18 世紀」から「東アジアの経済的再興」へ』ミネルヴァ書房
ジョーンズ, E. L.［2000］安元稔・脇村孝平訳『ヨーロッパの奇跡――環境・経済・地政の比較史』名古屋大学出版会
――［2007］天野雅敏他訳『経済成長の世界史』名古屋大学出版会
城山智子［2012］「世界貿易と決済」社会経済史学会編『社会経済史学会創立 80 周年記念

――― 社会経済史学の課題と展望』有斐閣
杉原薫［1996］『アジア間貿易の形成と構造』ミネルヴァ書房
――― ［2004］「東アジアにおける勤勉革命径路の成立」『大阪大学経済学』54-3
――― ［2009］「19世紀前半のアジア交易圏」籠谷直人・脇村孝平編『帝国とアジア・ネットワーク――長期の19世紀』世界思想社
――― ［2010］「グローバル・ヒストリーと複数発展径路」同他編『地球圏・生命圏・人間圏――持続的な生存基盤を求めて』京都大学学術出版会
――― ［2012］「熱帯生存圏の歴史的射程」同他編『講座生存基盤論1 歴史のなかの熱帯生存圏――温帯パラダイムを超えて』京都大学学術出版会
杉山伸也・L. グローブ編［1999］『近代アジアの流通ネットワーク』創文社
須山卓・日比野丈夫・蔵居良造［1974］『華僑』改訂版，NHKブックス
鶴見良行［1982］『バナナと日本人――フィリピン農園と食卓のあいだ』岩波新書
東南アジア考古学会編［2011］『塩の生産と流通――東アジアから南アジアまで』雄山閣
富澤芳亜・久保亨・萩原充編著［2011］『近代中国を生きた日系企業』大阪大学出版会
永積昭［2000］『オランダ東インド会社』講談社学術文庫
西村閑也・鈴木俊夫・赤川元章編著［2014］『国際銀行とアジア――1870〜1913』慶應義塾大学出版会
西村雄志［2014］「銀本位制から金本位制へ――アジア諸国」（西村閑也・鈴木俊夫・赤川元章編著［2014］所収）
バッシーノ，J. P.・馬徳斌・斎藤修［2005］「実質賃金の歴史的水準比較――中国・日本・南欧 1700-1920年」『経済研究』56-4
羽田正［2007］『興亡の世界史15 東インド会社とアジアの海』講談社
浜（濱）下武志［1997］『朝貢システムと近代アジア』岩波書店
――― ［2003］「交差するインド系ネットワークと華人系ネットワーク」秋田茂・水島司編『現代南アジア6 世界システムとネットワーク』東京大学出版会
――― ［2013］『華僑・華人と中華網――移民・交易・送金ネットワークの構造と展開』岩波書店
――― ・川勝平太編［1991］『アジア交易圏と日本工業化 1500-1900』リブロポート
速水融［2003］『近世日本の経済社会』麗澤大学出版会
福冨正実編訳［1969］『アジア的生産様式論争の復活――世界史の基本法則の再検討』未来社
フランク，A. G.［1976］大崎正治・前田幸一・中尾久訳『世界資本主義と低開発――収奪の《中枢―衛星》構造』柘植書房
ブリュッセイ，L.［2008］深見純生・藤田加代子・小池誠訳『竜とみつばち――中国海域のオランダ人400年史』晃洋書房
古田和子［2000］『上海ネットワークと近代東アジア』東京大学出版会
ブローデル，F.［2004］浜名優美訳『地中海』藤原書店
ポメランツ，K.［2015］川北稔監訳『大分岐――中国，ヨーロッパ，そして近代世界経済の形成』名古屋大学出版会
マディソン，A.［2000］金森久雄監訳『世界経済の成長史 1820-1992年――199カ国を対象とする分析と推計』東洋経済新報社
――― ［2004］金森久雄監訳『経済統計で見る世界経済2000年史』柏書房

──［2015］政治経済研究所監訳『世界経済史概観──紀元1年-2030年』岩波書店
三浦徹・岸本美緒・関本照夫編［2004］『イスラーム地域研究叢書4　比較史のアジア──所有・契約・市場・公正』東京大学出版会
三上次男［1987-88］『三上次男著作集1～3　陶磁貿易史研究』上・中・下，中央公論美術出版
水島司［2000］「多民族国家と地方都市」坪内良博編著『地域形成の論理』京都大学学術出版会
──［2003］「イギリス植民地支配の拡張とインド人ネットワーク──インド人金融コミュニティーと東南アジア」秋田茂・水島司編『現代南アジア6　世界システムとネットワーク』東京大学出版会
──［2010］「南インドの環境と農村社会の長期変動」（同編［2010］所収）
──［2013］「グローバルエコノミーの形成とアジア」秋田茂編著『アジアからみたグローバルヒストリー──「長期の18世紀」から「東アジアの経済的再興」へ』ミネルヴァ書房
──編［2010］『環境と歴史学──歴史研究の新地平』勉誠出版
水野祥子［2004］「イギリス帝国と環境史」秋田茂編著『パクス・ブリタニカとイギリス帝国』ミネルヴァ書房
溝口敏行他編著［2008］『アジア長期経済統計1　台湾』東洋経済新報社
南亮進・牧野文夫編著［2014］『アジア長期経済統計3　中国』東洋経済新報社
家島彦一［1991］『イスラム世界の成立と国際商業──国際商業ネットワークの変動を中心に』岩波書店
──［1993］『海が創る文明──インド洋海域世界の歴史』朝日新聞社
──［2006］『海域から見た歴史──インド洋と地中海を結ぶ交流史』名古屋大学出版会
山田憲太郎［1977］『香料の道──鼻と舌　西東』中公新書
山之内靖［1969］『マルクス・エンゲルスの世界像』未来社
山本紀夫［2008］『ジャガイモのきた道──文明・飢饉・戦争』岩波新書
米川伸一［1994］『紡績業の比較経営史研究──イギリス・インド・アメリカ・日本』有斐閣
リード，A.［1997］平野秀秋・田中優子訳『大航海時代の東南アジア　1450-1680年（1）貿易風の下で』法政大学出版局
──［2002］平野秀秋・田中優子訳『大航海時代の東南アジア　1450-1680年（2）　拡張と危機』法政大学出版局
リヴィ－バッチ，M.［2014］速水融・斎藤修訳『人口の世界史』東洋経済新報社
ルクセンブルグ，R.［1952, 53, 55］長谷部文雄訳『資本蓄積論』上・中・下，青木文庫
脇村孝平［2002a］『飢饉・疫病・植民地統治──開発の中の英領インド』名古屋大学出版会
──［2002b］「グローバル・ヒストリーと「環境」」社会経済史学会編『社会経済史学会創立70周年記念──社会経済史学の課題と展望』有斐閣

Allen, R. C., T. Bengtsson and M. Dribe (eds.) [2005] *Living Standards in the Past: New Perspectives on Well-Being in Asia and Europe*, Oxford University Press.
Basu, D. K. (ed.) [1985] *The Rise and Growth of the Colonial Port Cities in Asia*, Center for South

and Southeast Asia Studies, University of California, Berkeley.

Bengtsson, T., C. Campbell and J. Z. Lee et al. [2004] *Life under Pressure : Mortality and Living Standards in Europe and Asia, 1700-1900*, Massachusetts Institute of Technology.

Blussé, L. and F. Gaastra (eds.) [1998] *On the Eighteenth Century as a Category of Asian History : Van Leur in Retrospect*, Ashgate.

Broeze, F. (ed.) [1989] *Brides of the Sea : Port Cities of Asia from the 16th-20th Centuries*, University of Hawaii Press.

—— (ed.) [1997] *Gateways of Asia : Port Cities of Asia in the 13th-20th Centuries*, Kegan Paul International.

Chaudhuri, K. N. [1985] *Trade and Civilization in the Indian Ocean : An Economic History from the Rise of Islam to 1750*, Cambridge University Press.

Chaudhury, S. and M. Morineau (eds.) [1999] *Merchants, Companies and Trade : Europe and Asia in the Early Modern Era*, Studies in Modern Capitalism, Cambridge University Press.

Furber, H. [1990] *Rival Empires of Trade in the Orient, 1600-1800*, Oxford University Press.

Gupta, A. D. and M. N. Pearson (eds.) [1987], *India and the Indian Ocean, 1500-1800*, Oxford University Press.

Haneda, M. (ed.) [2009] *Asian Port Cities, 1600-1800 : Local and Foreign Cultural Interactions*, NUS Press and Kyoto University Press.

Maddison, A. [2015] *HS-8 : The World Economy 1-2001 AD*, http://www.ggdc.net/maddison/oriindex.htm

Mathew, K. S. (ed.) [1995] *Mariners, Merchants and Oceans : Studies in maritime History*, Manohar.

Mizushima, T. [1986] *Nattar and the Socio-economic Change in South India in the 18th-19th Centuries*, Institute for the Study of Languages and Cultures of Asia and Africa, Tokyo University of Foreign Studies

—— [1995] "A Historical Study on Land Transaction in a Perak Kampong, Malaysia," *Regional Views*, 8.

——, G. B. Souza and D. O. Flynn (eds.) [2015] *Place, Space, and Time : Asian Hinterlands and Political Economic Development in the Long Eighteenth Century*, Brill.

Nagazumi, Y. (ed.) [2010] *Large and Broad : The Dutch Impact on Early Modern Asia - Essays in Honor of Leonard Blussé*, The Toyo Bunko.

Parthasarathi, P. [2001] *The Transition to a Colonial Economy : Weavers, Merchants and Kings in South India, 1720-1800*, Cambridge University Press.

Pearson, M. N. [2005] *The World of the Indian Ocean, 1500-1800 : Studies in Economic, Social and Cultural History*, Ashgate.

Prakash, O. and D. Lombard (eds.) [1999] *Commerce and Culture in the Bay of Bengal, 1500-1800*, Manohar.

Richards, J. F. [2003] *The Unending Frontier : An Environmental History of the Early Modern World*, University of California Press.

—— and R. P. Tucker (eds.) [1988] *World Deforestation in the Twentieth Century*, Duke University Press.

Riello, G. and T. Roy (eds.) [2009] *How India Clothed the World : The World of South Asian*

Textiles, 1500-1850, Brill.
Shimada, R.［2006］The Intra-Asian Trade in Japanese Copper by the Dutch East India Company during the Eighteenth Century, Brill.
Steensgaard, N.［1973］The Asian Trade Revolution of the Seventeenth Century : The East India Companies and the Decline of the Caravan Trade, The University of Chicago Press.
Van Veen, E. and L. Blussé (eds.)［2005］Rivalry and Conflict : European Traders and Asian trading Networks in the 16th and 17th Centuries, CNWS Publications.
Williams, M.［2006］Deforesting the Earth : From Prehistory to Global Crisis : An Abridgment, The University of Chicago Press.

第 1 章　前近代 I：春秋〜元

青山定雄［1935］「隋唐宋三代に於ける戸数の地域的考察」『歴史学研究』6-4・5
――［1963］『唐宋時代の交通と地誌地図の研究』吉川弘文館
足立啓二［1998］『専制国家史論――中国史から世界史へ』柏書房
――［2012］『明清中国の経済構造』汲古書院
荒川正晴［2010］『ユーラシアの交通・交易と唐帝国』名古屋大学出版会
天野元之助［1962］『中国農業史研究』御茶の水書房（増補版は1979年）
池田温［1979］『中国古代籍帳研究――概観・録文』東京大学東洋文化研究所
池田誠［1954］「唐宋の変革をどう展開するか――農民問題を中心として」『東洋史研究』13-3
伊藤正彦［2010］『宋元郷村社会史論――明初里甲制体制の形成過程』汲古書院
ウィットフォーゲル, K. A.［1991］湯浅赳男訳『オリエンタル・デスポティズム――専制官僚国家の生成と崩壊』新評論
宇都宮清吉［1955］「僮約研究」同『漢代社会経済史研究』弘文堂
江村治樹［2011］『春秋戦国時代青銅貨幣の生成と展開』汲古書院
榎本渉［2007］『東アジア海域と日中交流――9〜14世紀』吉川弘文館
大澤正昭［1993］『陳旉農書の研究――12世紀東アジア稲作の到達点』農山漁村文化協会
――［1996］『唐宋変革期農業社会史研究』汲古書院
大田由紀夫［1995］「12〜15世紀初頭東アジアにおける銅銭の流布――日本・中国を中心として」『社会経済史学』61-2
太田幸男［2007］「商鞅変法の再検討」同『中国古代国家形成史論』汲古書院
大塚久雄［1969］『大塚久雄著作集 3　近代資本主義の系譜』岩波書店
岡崎文夫［1935］「南朝の銭貨問題」同『南北朝に於ける社会経済制度』弘文堂書房
愛宕松男［1987］『愛宕松男東洋史学論集 1　中国陶瓷産業史』三一書房
――［1988］「元朝税制考――税糧と科差について」『愛宕松男東洋史学論集 4　元朝史』三一書房
小山正明［1992］「アジアの封建制――中国封建制の問題」同『明清社会経済史研究』東京大学出版会
戒能通孝［1977］「支那土地法慣行序説――北支農村に於ける土地所有権と其の具体的性格」『戒能通孝著作集 4　所有権』日本評論社

柿沼陽平［2011］『中国古代貨幣経済史研究』汲古書院
影山剛［1984］『中国古代の商工業と専売制』東京大学出版会
加藤繁［1925-26］『唐宋時代に於ける金銀の研究』全 2 巻，東洋文庫
—— ［1944］『支那経済史概説』弘文堂
—— ［1948］『中国経済史の開拓』桜菊書院
—— ［1952］「漢代に於ける国家財政と帝室財政との区別並に帝室財政一斑」（同［1952-53］上，所収）
—— ［1953］「支那に於ける占城稲栽培の発達に就いて」（同［1952-53］下，所収）
—— ［1952-53］『支那経済史考証』上・下，東洋文庫
川勝義雄［1982］『六朝貴族制社会の研究』岩波書店
河上光一［1992］『宋代塩業史の基礎研究』吉川弘文館
北田英人［1984］「中国太湖周辺の「塢」と定住」『史朋』17
—— ［1988］「宋元明清期中国江南三角州の農業の進化と農村手工業の発展に関する研究」『1986〜87 年度科研費研究成果報告書』
—— ［1999］「稲作の東アジア史」樺山紘一他編『岩波講座世界歴史 9　中華の分裂と再生——3-13 世紀』岩波書店
木村正雄［1965］『中国古代帝国の形成——特にその成立の基礎条件』不昧堂書店
清木場東［2005］『北宋の商業活動』久留米大学経済学会
草野靖［1972, 74, 85］「唐宋時代に於ける農田の存在形態——古田と新田（上）（中）（下）」『（熊本大学）法文論叢・文科篇』31, 33,『（熊本大学）文学部論叢』17
—— ［1985］『中国の地主経済——分種制』汲古書院
—— ［1989］『中国近世の寄生地主制——田面慣行』汲古書院
熊代幸雄［1974］『比較農法論——東アジア伝統農法と西ヨーロッパ近代農法』御茶の水書房
熊本崇［1980］「宋制「城郭之賦」の一検討」『集刊東洋学』44
桑原隲蔵［1968a］「歴史上より観たる南北支那」『桑原隲蔵全集 2　東洋文明史論叢』岩波書店
—— ［1968b］『唐宋時代に於けるアラブ人の支那通商の概況殊に宋末の提挙市舶西域人蒲寿庚の事蹟』『桑原隲蔵全集 5　蒲寿庚の事蹟・考史遊記』岩波書店
気賀澤保規［1993］「均田制研究の展開」谷川道雄編『戦後日本の中国史論争』河合文化教育研究所
小谷汪之［1979］『マルクスとアジア——アジア的生産様式論争批判』青木書店
—— ［1982］『共同体と近代』青木書店
後藤久勝［2000］「北宋における京師と江淮地域との間の商業流通について——専売手形の流通より見た」『九州大学東洋史論集』28
佐伯富［1987］『中国塩政史の研究』法律文化社
佐久間吉也［1980］『魏晋南北朝水利史研究』開明書院
佐久間重男［1999］『景徳鎮窯業史研究』第一書房
佐々木達夫［1985］『元明時代窯業史研究』吉川弘文館
佐竹靖彦［1990］「宋代郷村制度之形成過程」同『唐宋変革の地域的研究』同朋舎
—— ［2006］『中国古代の田制と邑制』岩波書店
佐藤武敏［1962］『中国古代工業史の研究』吉川弘文館

——［1977-78］『中国古代絹織物史研究』上・下，風間書房
佐原康夫［2002］『漢代都市機構の研究』汲古書院
斯波義信［1968］『宋代商業史研究』風間書房
——［1978］「唐宋時代における水利と地域組織」星博士退官記念中国史論集編集委員会編『星博士退官記念中国史論集』星斌夫先生退官記念事業会
——［1988］『宋代江南経済史の研究』東京大学東洋文化研究所
島居一康［1993］『宋代税政史研究』汲古書院
——［2012］『宋代財政構造の研究』汲古書院
周藤吉之［1954］『中国土地制度史研究』東京大学出版会
——［1962］「南宋に於ける麦作の奨励と二毛作」同『宋代経済史研究』東京大学出版会
——［1969］「宋代浙西地方の囲田の発展——土地所有制との関連」同『宋代史研究』東洋文庫
杉山正明［1997］『遊牧民から見た世界史——民族も国境もこえて』日本経済新聞社
関野雄［1956］『中国考古学研究』東京大学東洋文化研究所
高橋弘臣［2000］『元朝貨幣政策成立過程の研究』東洋書院
高橋芳郎［2001］「宋元代の奴婢・雇傭人・佃僕について——法的身分の形成と特質」同『宋‐清身分法の研究』北海道大学図書刊行会
——［2002］「宋代浙西デルタ地帯における水利慣行」同『宋代中国の法制と社会』汲古書院
多田狷介［1999］「中国古代史研究覚書」同『漢魏晋史の研究』汲古書院
谷川道雄［1976］『中国中世社会と共同体』国書刊行会
中国史研究会編［1983］『中国史像の再構成1　国家と農民』文理閣
——編［1990］『中国史像の再構成2　中国専制国家と社会統合』文理閣
豊島静英［1972］「古代中国における「アジア的生産様式」」『歴史評論』226
内藤湖南［1972］『内藤湖南全集5　支那論』筑摩書房
長井千秋［2008］「南宋の補給体制試論」『愛大史学——日本史・アジア史・地理学』17
——［2012］「南宋時代の小農民経営再考」伊藤正彦編『『万暦休寧県27都5図黄冊底籍』の世界』(2009-11年度科研費研究成果報告書)
長瀬守［1983］『宋元水利史研究』国書刊行会
中林広一［2012］「宋代農業史再考——南宋期の華中地域における畑作を中心として」同『中国日常食史の研究』汲古書院
中村哲［1977］『奴隷制・農奴制の理論——マルクス・エンゲルスの歴史理論の再構成』東京大学出版会
中村治兵衛［1995］『中村治兵衛著作集2　中国漁業史の研究』刀水書房
仁井田陞［1962］「中国社会の「封建」とフューダリズム」同『中国法制史研究——奴隷農奴法・家族村落法』東京大学東洋文化研究所
西嶋定生［1961］『中国古代帝国の形成と構造——二十等爵制の研究』東京大学出版会
——［1966］『中国経済史研究』東京大学出版会
西山武一［1969］『アジア的農法と農業社会』東京大学出版会
——・熊代幸雄訳注［1957-59］『校訂訳註斉民要術』上・下，農林省農業総合研究所
旗田巍［1973］『中国村落と共同体理論』岩波書店
濱口重国［1966］「中国史上の古代社会問題に関する覚書」同『唐王朝の賤人制度』東洋史

研究会
東晋次［1993］「秦漢帝国論」谷川道雄編『戦後日本の中国史論争』河合教育文化研究所
日野開三郎［1974-77］『唐代租調庸の研究』I〜II，日野開三郎
―――［1982］『日野開三郎東洋史学論集 4　唐代両税法の研究（本編）』三一書房
―――［1983a］「北宋時代の塩鈔について――附・交引鋪」『日野開三郎東洋史学論集 6　宋代の貨幣と金融（上）』三一書房
―――［1983b］『日野開三郎東洋史学論集 7　宋代の貨幣と金融（下）』三一書房
平野義太郎［1945］『大アジア主義の歴史的基礎』河出書房
福武直［1946］『中国農村社会の構造』大雅堂
藤田豊八［1932］「宋の市舶司及び市舶条例」同『東西交渉史の研究　南海篇』岡書院
藤善眞澄訳注［1991］『諸蕃志』関西大学出版部
船越泰次［1996］「唐代両税法における斛斗の徴科と両税銭の折糴・折納問題――両税法の課税体系に関連して」同『唐代両税法研究』汲古書院
古林森廣［1987］『宋代産業経済史研究』国書刊行会
星斌夫［1971］『大運河――中国の漕運』近藤出版社
堀敏一［1975］『均田制の研究――中国古代国家の土地政策と土地所有制』岩波書店
―――［2002］「中国における封建国家の形態」同『唐末五代変革期の政治と経済』汲古書院
前田直典［1973a］「東アジアに於ける古代の終末」（同［1973b］所収）
―――［1973b］『元朝史の研究』東京大学出版会
牧野巽［1985］『牧野巽著作集 6　中国社会史の諸問題』御茶の水書房
松井秀一［1976］「唐代における蚕桑の地域性について――律令制期の蚕桑関係史料を中心に」『史学雑誌』85-9
―――［1990-92］「宋代の蚕桑及び絹帛生産研究序論――地域性の考察を中心に(1)〜(3)」『札幌大谷短期大学紀要』22〜23，25
松田壽男［1986-87］『松田壽男著作集』1〜4，六興出版
丸橋充拓［2006］『唐代北辺財政の研究』岩波書店
三上次男［1987-88］『陶磁貿易史研究』上・中・下，中央公論美術出版
三宅俊彦［2005］『中国の埋められた銭貨』同成社
宮崎市定［1991］「中国古代賦税制度」『宮崎市定全集 3　古代』岩波書店
―――［1992a］「東洋的近世」『宮崎市定全集 2　東洋史』岩波書店
―――［1992b］「五代宋初の通貨問題」『宮崎市定全集 9　五代宋初』岩波書店
―――［1992c］「宋代以後の土地所有形体」『宮崎市定全集 11　宋元』岩波書店
―――［1993］「中国史上の荘園」『宮崎市定全集 8　唐』岩波書店
宮澤知之［1985］「宋代先進地帯の階層構成」『鷹陵史学』10
―――［1993］「宋代農村社会史研究の展開」谷川道雄編『戦後日本の中国史論争』河合教育文化研究所
―――［1998］『宋代中国の国家と経済――財政・市場・貨幣』創文社
―――［2000］「魏晋南北朝時代の貨幣経済」『鷹陵史学』26
―――［2002］「中国専制国家の財政と物流――宋明の比較」中国史学会『中国の歴史世界――統合のシステムと多元的発展』東京都立大学出版会
―――［2007］「日本における宋代貨幣史研究の展開」『中国史学』17
―――［2010］「財政史研究」遠藤隆俊・平田茂樹・浅見洋二編『日本宋史研究の現状と課題

――1980 年代以降を中心に』汲古書院
―― ［2011a］「唐宋変革と流通経済」『(佛教大学) 歴史学部論集』1
―― ［2011b］「中国古代における銭貨統一の諸段階」『文化遺産学研究』4
―― ［2013］「元朝の商税と財政的物流」『唐宋変革研究通訊』4
村上正二［1993］「元朝に於ける投下の意義」同『モンゴル帝国史研究』風間書房
村松祐次［1949］『中国経済の社会態制』東洋経済新報社（1975 年復刊）
桃木至朗編［2008］『海域アジア史研究入門』岩波書店
森克己［1975］『日宋貿易の研究　新訂・続・続々』国書刊行会
森正夫［2006］「中国前近代史研究における地域社会の視点――中国史シンポジウム「地域社会の視点――地域社会とリーダー」基調報告」『森正夫明清論集 3　地域社会研究方法』汲古書院
矢澤知行［2006］「元代の水運・海運をめぐる諸論点――河南江北行省との関わりを中心に」『愛媛大学教育学部紀要』53-1
柳田節子［1986］「郷村制の展開」同『宋元郷村制の研究』創文社
山内晋次［2003］『奈良平安期の日本とアジア』吉川弘文館
山崎覚士［2003］「唐開元 25 年田令の復原から唐代永業田の再検討へ――明抄本天聖令をもとに」『洛北史学』5
―― ［2010］『中国五代国家論』思文閣出版
―― ［2013］「宋代都市の税と役」『唐宋変革研究通訊』4
山田勝芳［2000］『貨幣の中国古代史』朝日選書
山田憲太郎［1976］『東亜香料史研究』中央公論美術出版
吉田寅［1983］『元代製塩技術資料『熬波図』の研究――附『熬波図』訳註』汲古書院
――編［1989］『中国塩業史研究文献目録（1926～1988）』立正大学文学部東洋史学研究室
好並隆司［1978］『秦漢帝国史研究』未来社
―― ［1993］『中国水利史研究論攷』岡山大学文学部
米田賢次郎［1986］「オアシス農業と土地問題――特にトルファン溝渠の変更と土地の割替を問題にして」『鷹陵史学』11
―― ［1989］『中国古代農業技術史研究』同朋舎出版
李令福［1999］「華北平原における二年三熟制の成立時期」『日中文化研究』14
歴史学研究会編［1949］『世界史の基本法則――歴史学研究会 1949 年度大会報告』岩波書店
――編［1950］『国家権力の諸段階――1950 年度歴史学研究会大会報告』岩波書店
和田清編［1939］『支那地方自治発達史』中華民国法制研究会
渡辺信一郎［1986］『中国古代社会論』青木書店
―― ［1987］「火耕水耨の背景――漢・六朝期の江南農業」日野開三郎博士頌寿記念論集刊行会編『日野開三郎博士頌寿記念論集　中国社会・制度・文化史の諸問題』中国書店
―― ［2010］『中国古代の財政と国家』汲古書院
―― ［2012］「唐代後半期の物価と財務運営――元和 15 年「銭重貨軽」議を中心に」『唐宋変革研究通訊』3
―― ［2013］「定額制の成立――唐代後半期における財務運営の転換」『国立歴史民俗博物館研究報告』179
渡部忠世・桜井由躬雄編［1984］『中国江南の稲作文化――その学際的研究』日本放送出版

協会

第2章　前近代 II：明代・清代前期

足立啓二［2012］『明清中国の経済構造』汲古書院
天野元之助［1989］『中国農業史研究』増補版，御茶の水書房
荒武達朗［2008］『近代満洲の開発と移民──渤海を渡った人びと』汲古書院
新宮学［1998］「明清社会経済史研究の新しい視点──顧誠教授の衛所研究をめぐって」『中国──社会と文化』13
安部健夫［1971］『清代史の研究』創文社
石原潤［1980］「華中東部における明・清・民国時代の伝統的市（market）について」『人文地理』32-3
市古尚三［1977］『明代貨幣史考』鳳書房
──［2004］『清代貨幣史考』鳳書房
井上徹［2000］『中国の宗族と国家の礼制──宗法主義の視点からの分析』研文出版
──・遠藤隆俊編［2005］『宋─明宗族の研究』汲古書院
井上充幸［2004］「徽州商人と明末清初の芸術市場──呉其貞『書画記』を中心に」『史林』87-4
岩井茂樹［1993］「明清時期の商品生産をめぐって」谷川道雄編『戦後日本の中国史論争』河合文化教育研究所
──［2004a］「16世紀中国における交易秩序の模索──互市の現実とその認識」同編『中国近世社会の秩序形成』京都大学人文科学研究所
──［2004b］『中国近世財政史の研究』京都大学学術出版会
──［2007］「清代の互市と"沈黙外交"」夫馬進編『中国東アジア外交交流史の研究』京都大学学術出版会
岩見宏［1986］『明代徭役制度の研究』同朋舎出版
──［1989］「晩明財政の一考察」同・谷口規矩雄編『明末清初期の研究』京都大学人文科学研究所
上田裕之［2009］『清朝支配と貨幣政策──清代前期における制銭供給政策の展開』汲古書院
上田信［1988］「明清期・浙東における生活循環」『社会経済史学』54-2
──［1995］『伝統中国──〈盆地〉〈宗族〉にみる明清時代』講談社選書メチエ
──［2002］『トラが語る中国史──エコロジカル・ヒストリーの可能性』山川出版社
臼井佐知子［2005］『徽州商人の研究』汲古書院
江嶋寿雄［1999］『明代清初の女直史研究』中国書店
大島立子編［2009］『前近代中国の法と社会──成果と課題』東洋文庫
大田由紀夫［1997］「15・16世紀中国における銭貨流通」『名古屋大学東洋史研究報告』21
──［1998］「15・16世紀東アジアにおける銭貨流通──日本・中国を中心として」『（鹿児島大学）人文学科論集』48
太田勝也［1992］『鎖国時代長崎貿易史の研究』思文閣出版
岡美穂子［2010］『商人と宣教師──南蛮貿易の世界』東京大学出版会

岡本隆司［1999］『近代中国と海関』名古屋大学出版会
―――［2010］「朝貢と互市と会典」『京都府立大学学術報告（人文）』62
奥山憲夫［2003］『明代軍政史研究』汲古書院
小竹文夫［1942］『近世支那経済史研究』弘文堂
小山正明［1992］『明清社会経済史研究』東京大学出版会
片山剛［1982］「清代広東省珠江デルタの図甲制について――税糧・戸籍・同族」『東洋学報』63-3・4
―――［2004］「"広東人"誕生・成立史の謎をめぐって――言説と史実のはざまから」『（大阪大学大学院）文学研究科紀要』44
金沢陽［2010］『明代窯業史研究――官民窯業の構造と展開』中央公論美術出版
川勝守［1980］『中国封建国家の支配構造――明清賦役制度史の研究』東京大学出版会
―――［1992］『明清江南農業経済史研究』東京大学出版会
―――［1999］『明清江南市鎮社会史研究――空間と社会形成の歴史学』汲古書院
―――［2004］『中国城郭都市社会史研究』汲古書院
―――［2009］『明清貢納制と巨大都市連鎖――長江と大運河』汲古書院
菊池秀明［1998］『広西移民社会と太平天国』風響社
―――［2008］『清代中国南部の社会変容と太平天国』汲古書院
岸本美緒［1997］『清代中国の物価と経済変動』研文出版
―――［2013］「明末清初の市場構造――モデルと実態」古田和子編『中国の市場秩序――17世紀から20世紀前半を中心に』慶應義塾大学出版会
北村敬直［1972］『清代社会経済史研究』大阪市立大学経済学会
栗林宣夫［1971］『里甲制の研究』文理書院
黒田明伸［1994］『中華帝国の構造と世界経済』名古屋大学出版会
―――［1999］「16・17世紀環シナ海経済と銭貨流通」歴史学研究会編『越境する貨幣』青木書店
―――［2003］『貨幣システムの世界史――〈非対称性〉をよむ』岩波書店
呉金成［1990］渡昌弘訳『明代社会経済史研究――紳士層の形成とその社会経済的役割』汲古書院
香坂昌紀［1972, 75, 83-84］「清代滸墅関の研究(1)〜(4)」『東北学院大学論集（歴史学・地理学）』3, 5, 13〜14
―――［1993］「清朝中期の国家財政と関税収入」『明清時代の法と社会』編集委員会編『明清時代の法と社会　和田博徳教授古稀記念』汲古書院
佐伯富［1956］『清代塩政の研究』東洋史研究会
―――［1971］『中国史研究』第二、東洋史研究会
―――［1977］『中国史研究』第三、東洋史研究会
佐伯有一・田仲一成編註［1975-83］『仁井田陞博士輯北京工商ギルド資料集』全6冊，東京大学東洋文化研究所
佐口透［1963］『18-19世紀東トルキスタン社会史研究』吉川弘文館
佐久間重男［1992］『日明関係史の研究』吉川弘文館
里井彦七郎［1972］『近代中国における民衆運動とその思想』東京大学出版会
佐藤学［1987］「明末清初期一地方都市における同業組織と公権力――蘇州府常熟県「當官」碑刻を素材に」『史学雑誌』96-9

塩谷昌史編［2009］『帝国の貿易──18-19世紀ユーラシアの流通とキャフタ』東北大学東北アジア研究センター
重田徳［1975］『清代社会経済史研究』岩波書店
清水泰次［1950］『中国近世社会経済史』西野書店
── ［1968］『明代土地制度史研究』大安
渋谷裕子［2000］「清代徽州休寧県における棚民像」山本英史編『伝統中国の地域像』慶應義塾大学出版会
── ［2002］「安徽省休寧県龍田郷浯田嶺村における山林経営方式の特徴──清嘉慶年間と現在を中心として」『史学』71-4
高嶋航［2000］「清代の賦役全書」『東方学報』（京都）72
滝野正二郎［1985］「清代淮安関の構成と機能について」『九州大学東洋史論集』14
田口宏二朗［1997］「明末畿輔地域における水利開発事業について──徐貞明と潞河河工」『史学雑誌』106-6
── ［1999］「前近代中国史研究と流通」『中国史学』9
── ［2004］「畿輔での「鉱・税」──安文璧『順天題稿』をめぐって」岩井茂樹編『中国近世社会の秩序形成』京都大学人文科学研究所
田尻利［1999］『清代農業商業化の研究』汲古書院
── ［2006］『清代たばこ史の研究』筑波書房
田中正俊［1973］『中国近代経済史研究序説』東京大学出版会
── ［2004］『田中正俊歴史論集』汲古書院
谷光隆［1972］『明代馬政の研究』東洋史研究会
── ［1991］『明代河工史研究』同朋舎出版
ダニエルス，C.［1988］「明末清初における新製糖技術体系の採用及び国内移転」『就実女子大学史学論集』3
── ［1992］「明末清初における甘蔗栽培の新技術──その出現及び歴史的意義」神田信夫先生古稀記念論集編纂委員会編『神田信夫先生古稀記念論集　清朝と東アジア』山川出版社
── ［1995］「16-17世紀福建の竹紙製造技術──『天工開物』に詳述された製紙技術の時代考証」『アジア・アフリカ言語文化研究』48・49
谷口規矩雄［1998］『明代徭役制度史研究』同朋舎出版
檀上寛［1995］『明朝専制支配の史的構造』汲古書院
── ［2013］『明代海禁=朝貢システムと華夷秩序』京都大学学術出版会
鶴見尚弘［1965］「明代の畸零戸について」『東洋学報』47-3
鉄山博［1999］『清代農業経済史研究──構造と周辺の視角から』御茶の水書房
寺内威太郎［1998］「近代における朝鮮北境と中国　咸鏡道貿易を中心に」『朝鮮史研究会論文集』36
寺田隆信［1972］『山西商人の研究──明代における商人および商業資本』東洋史研究会
黨武彦［2011］『清代経済政策史の研究』汲古書院
東洋史研究会編［1986］『雍正時代の研究』同朋舎出版
唐立（C. ダニエルス）・楊有賡・武内房司編［2003］『貴州苗族林業契約文書匯編──1736年～1950年』全3巻，東京外国語大学アジア・アフリカ言語文化研究所，東京大学出版会

内藤湖南［1972］『内藤湖南全集 5　支那論』筑摩書房
中島楽章［2002］『明代郷村の紛争と秩序――徽州文書を史料として』汲古書院
永積洋子編［1987］『唐船輸出入品数量一覧 1637〜1833 年――復元唐船貨物改帳・帰帆荷物買渡帳』創文社
仁井田陞［1951］『中国の社会とギルド』岩波書店
西川喜久子［1981］「清代珠江下流域の沙田について」『東洋学報』63-1・2
―――［1994, 96］「珠江デルタの地域社会――新会県のばあい」『東洋文化研究所紀要』124, 130
西嶋定生［1966］『中国経済史研究』東京大学出版会
西村元照［1974］「清初の土地丈量について――土地台帳と隠田をめぐる国家と郷紳の対抗関係を基軸として」『東洋史研究』33-3
―――［1976］「清初の包攬――私徴体制の確立, 解禁から請負徴税制へ」『東洋史研究』35-3
則松彰文［1992］「清代における「境」と流通――食糧問題の一齣」『九州大学東洋史論集』20
―――［1998］「清代中期社会における奢侈・流行・消費――江南地方を中心として」『東洋学報』80-2
浜下武志［1997］『朝貢システムと近代アジア』岩波書店
濱島敦俊［1982］『明代江南農村社会の研究』東京大学出版会
林和生［1980］「明清時代, 広東の墟と市――伝統的市場の形成と機能に関する一考察」『史林』63-1
日山美紀［1996］「清代典当業の利子率に関する一考察――康煕〜乾隆期の江南を中心として」『東方学』91
平瀬巳之吉［1942］『近代支那経済史』中央公論社
藤井宏［1953-54］「新安商人の研究 (1)〜(4)」『東洋学報』36-1〜4
夫馬進［1997］『中国善会善堂史研究』同朋舎出版
古島和雄［1982］『中国近代社会史研究』研文出版
星斌夫［1963］『明代漕運の研究』日本学術振興会
―――［1971］『明清時代交通史の研究』山川出版社
―――［1985］『中国社会福祉政策史の研究――清代の賑済倉を中心に』国書刊行会
堀地明［2011］『明清食糧騒擾研究』汲古書院
松浦章［2002］『清代海外貿易史の研究』朋友書店
―――［2003］『清代中国琉球貿易史の研究』榕樹書林
―――［2004］『清代上海沙船航運業史の研究』関西大学出版部
―――［2009］『清代内河航運史の研究』関西大学出版部
―――［2010］『清代帆船沿海航運史の研究』関西大学出版部
松田吉郎［2002］『明清時代華南地域史研究』汲古書院
三木聡［2002］『明清福建農村社会の研究』北海道大学図書刊行会
宮嵜洋一［1991］「清朝前期の石炭業――乾隆期の炭鉱政策と経営」『史学雑誌』100-7
―――［1994］「明清時代, 森林資源政策の推移――中国における環境認識の変遷」『九州大学東洋史論集』22
―――［1997］「清代 18 世紀の水害とその対策――乾隆 53 年荊州大洪水をめぐって」『史淵』

宮田俊彦［1984］『琉球・清国交易史──二集「歴代宝案」の研究』第一書房
桃木至朗編［2008］『海域アジア史研究入門』岩波書店
百瀬弘［1980］『明清社会経済史研究』研文出版
森紀子［1983］「清代四川の塩業資本──富栄廠を中心に」小野和子編『明清時代の政治と社会』京都大学人文科学研究所
──［1987］「清代四川の移民経済」『東洋史研究』45-4
森正夫［1988］『明代江南土地制度の研究』同朋舎出版
──［2006］『森正夫明清史論集』全3巻，汲古書院
──編［1992］『江南デルタ市鎮研究──歴史学と地理学からの接近』名古屋大学出版会
森田明［1974］『清代水利史研究』亜紀書房
──［1990］『清代水利社会史の研究』国書刊行会
──［2002］『清代の水利と地域社会』中国書店
森永貴子［2010］『イルクーツク商人とキャフタ貿易──帝政ロシアにおけるユーラシア商業』北海道大学出版会
安野省三［2013］『明清史散論』汲古書院
藪内清編［1953］『天工開物の研究』恒星社厚生閣
山田賢［1995］『移住民の秩序──清代四川地域社会史研究』名古屋大学出版会
山根幸夫［1966］『明代徭役制度の展開』東京女子大学学会
──［1995］『明清華北定期市の研究』汲古書院
──編［1983］『中国史研究入門』下，山川出版社
山本進［2002a］『清代の市場構造と経済政策』名古屋大学出版会
──［2002b］『明清時代の商人と国家』研文出版
──［2014］『大清帝国と朝鮮経済──開発・貨幣・信用』九州大学出版会
山本英史［2007］『清代中国の地域支配』慶應義塾大学出版会
熊遠報［2003］『清代徽州地域社会史研究──境界・集団・ネットワークと社会秩序』汲古書院
横山英［1972］『中国近代化の経済構造』亜紀書房
吉尾寛［2004］「明末の戸部尚書畢自厳の兵餉運営に関する一視点」岩井茂樹編『中国近世社会の秩序形成』京都大学人文科学研究所
和田清編［1957］『明史食貨志訳注』上・下，東洋文庫
渡部忠世・桜井由躬雄編［1984］『中国江南の稲作文化──その学際的研究』日本放送出版協会

＊曹樹基［2000］『中国人口史4　明時期』復旦大学出版社
＊──［2001］『中国人口史5　清時期』復旦大学出版社
＊鶴見尚弘［1989］『中国明清社会経済研究』学苑出版社
＊梁方仲編［1980］『中国歴代戸口・田地・田賦統計』上海人民出版社

Ho, Ping-ti（何炳棣）［1959］*Studies on the Population of China, 1368-1953*, Harvard University Press.
Huang, R.（黄仁宇）［1974］*Taxation and Governmental Finance in Sixteenth-Century Ming China*,

Cambridge University Press.
Wang, Yeh-chien（王業鍵）［1973］*Land Taxation in Imperial China, 1750-1911*, Harvard University Press.

第 3 章　近現代 I：19〜20 世紀初頭

浅田進史［2011］『ドイツ統治下の青島――経済的自由主義と植民地社会秩序』東京大学出版会
荒武達朗［2008］『近代満洲の開発と移民――渤海を渡った人びと』汲古書院
飯島渉［2000］『ペストと近代中国――衛生の「制度化」と社会変容』研文出版
――［2005］『マラリアと帝国――植民地医学と東アジアの広域秩序』東京大学出版会
――・久保亨・村田雄二郎編［2009］『シリーズ 20 世紀中国史 1　中華世界と近代』東京大学出版会
イーストマン，L. E.［1994］上田信・深尾葉子訳『中国の社会』平凡社
石井摩耶子［1998］『近代中国とイギリス資本――19 世紀後半のジャーディン・マセソン商会を中心に』東京大学出版会
石田興平［1964］『満洲における植民地経済の史的展開』ミネルヴァ書房
井上裕正［2004］『清代アヘン政策史の研究』京都大学学術出版会
――・村上衛［2006］「近代」礪波護・岸本美緒・杉山正明編『中国歴史研究入門』名古屋大学出版会
今堀誠二［1953］『中国の社会構造――アンシャンレジームにおける「共同体」』有斐閣
岩井茂樹［2004］『中国近世財政史の研究』京都大学学術出版会
上田信［1994］「中国における生態システムと山区経済――秦嶺山脈の事例から」溝口雄三他編『アジアから考える 6　長期社会変動』東京大学出版会
衛藤瀋吉［1968］『近代中国政治史研究』東京大学出版会（『衛藤瀋吉著作集』第 1 巻，東方書店，2004 年）
岡本隆司［1999］『近代中国と海関』名古屋大学出版会
――［2004］『属国と自主のあいだ――近代清韓関係と東アジアの命運』名古屋大学出版会
――・吉澤誠一郎編［2012］『近代中国研究入門』東京大学出版会
小山正明［1992］『明清社会経済史研究』東京大学出版会
籠谷直人［2000］『アジア国際通商秩序と近代日本』名古屋大学出版会
――［2003］「大英帝国「自由貿易原則」とアジア・ネットワーク」山本有造編『帝国の研究――原理・類型・関係』名古屋大学出版会
――・脇村孝平編［2009］『帝国とアジア・ネットワーク――長期の 19 世紀』世界思想社
柏祐賢［1947-48］『経済秩序個性論――中国経済の研究』I〜III，人文書林
片岡一忠［1991］『清朝新疆統治研究』雄山閣出版
金田真滋［2000］「香港市場に見る東アジア開港の意味」『史学雑誌』109-10
可児弘明［1979］『近代中国の苦力と「豬花」』岩波書店
樺山紘一他編［1999］『岩波講座世界歴史 20　アジアの〈近代〉――19 世紀』岩波書店
川勝平太［1985］「アジア木綿市場の構造と展開」『社会経済史学』51-1
川島真［2004］『中国近代外交の形成』名古屋大学出版会

菊池秀明［1998］『広西移民社会と太平天国』(本文編)，風響社
菊池道樹［1993］「東南アジアと中国」溝口雄三他編『アジアから考える2　地域システム』東京大学出版会
木越義則［2012］『近代中国と広域市場圏——海関統計によるマクロ的アプローチ』京都大学学術出版会
岸本美緒［1997］『清代中国の物価と経済変動』研文出版
──［2002］「市場と社会秩序」社会経済史学会編『社会経済史学会創立70周年記念　社会経済史学の課題と展望』有斐閣
──［2006］「中国中間団体論の系譜」同編『岩波講座「帝国」日本の学知3　東洋学の磁場』岩波書店
──［2013］「明末清初の市場構造——モデルと実態」(古田和子編著［2013］所収)
久保亨［2012］「地域［1］中国」社会経済史学会編『社会経済史学会創立80周年記念　社会経済史学の課題と展望』有斐閣
──編［2012］『中国経済史入門』東京大学出版会
栗原純［1984］「清代台湾における米穀移出と郊商人」『台湾近現代史研究』5
グローブ，L.［2009］「アメリカの中国近現代史研究」飯島渉・久保亨・村田雄二郎編『シリーズ20世紀中国史4　現代中国と歴史学』東京大学出版会
黒田明伸［1994］『中華帝国の構造と世界経済』名古屋大学出版会
──［2014］『貨幣システムの世界史——〈非対称性〉をよむ』増補新版，岩波書店
厳中平［1966］依田憙家訳『中国近代産業発達史——中国棉紡織史稿』校倉書房
小島晋治・並木頼寿編［1993］『近代中国研究案内』岩波書店
小瀬一［1989］「19世紀末中国開港場間流通の構造——営口を中心として」『社会経済史学』54-5
斎藤修［2002］「伝統中国の歴史人口学——「人類の四半分の人口史」と近年の実証研究」『社会経済史学』68-2
──［2008］『比較経済発展論——歴史的アプローチ』岩波書店
左近幸村［2012］「19世紀後半から20世紀初頭にかけてのロシアの茶貿易——汽船との関連を中心に」『スラヴ研究』59
重田徳［1975］『清代社会経済史研究』岩波書店
斯波義信［2002］『中国都市史』東京大学出版会
島田虔次他編［1983］『アジア歴史研究入門2　中国2・朝鮮』同朋舎出版
辛亥革命研究会編［1992］『中国近代史研究入門——現状と課題』汲古書院
杉原薫［1996］『アジア間貿易の形成と構造』ミネルヴァ書房
──［2003］「近代国際経済秩序の形成と展開——帝国・帝国主義・構造的権力」山本有造編『帝国の研究——原理・類型・関係』名古屋大学出版会
杉山伸也・L. グローブ編［1999］『近代アジアの流通ネットワーク』創文社
鈴木智夫［1992］『洋務運動の研究——19世紀後半の中国における工業化と外交の革新についての考察』汲古書院
瀬戸林政孝［2006］「清末民初揚子江中上流域における棉花流通」『社会経済史学』71-6
──［2012］「在来綿業史」(久保亨編［2012］所収)
曽田三郎［1992］「清末の産業行政をめぐる分権化と集権化」横山英・曽田三郎編『中国の近代化と政治的統合』渓水社

高橋孝助［2006］『飢饉と救済の社会史』青木書店
──・古厩忠夫編［1995］『上海史──巨大都市の形成と人々の営み』東方書店
武内房司［1982］「太平天国期の苗族反乱について──貴州東南部苗族地区を中心に」『史潮』新 12
田尻利［1999］『清代農業商業化の研究』汲古院
田中比呂志・飯島渉編［2005］『中国近現代史研究のスタンダード──卒業論文を書く』研文出版
田中正俊［1973］『中国近代経済史研究序説』東京大学出版会
ダニエルス，C.［1984］「中国砂糖の国際的位置──清末における在来砂糖市場について」『社会経済史学』50-4
千葉正史［2006］『近代交通体系と清帝国の変貌──電信・鉄道ネットワークの形成と中国国家統合の変容』日本経済評論社
寺田浩明［1997］「権利と冤抑──清代聴訟世界の全体像」『（東北大学）法学』61-5
天津地域史研究会編［1999］『天津史──再生する都市のトポロジー』東方書店
東亜研究所［1943］『商事に関する慣行調査報告書──合股の研究』東亜研究所
中井英基［1996］『張謇と中国近代企業』北海道大学図書刊行会
中見立夫［1994］「モンゴルの独立と国際関係」溝口雄三他編『アジアから考える 3　周縁からの歴史』東京大学出版会
夏井春喜［2001］『中国近代江南の地主制研究──租桟関係簿冊の分析』汲古院
仁井田陞［1951］『中国の社会とギルド』岩波書店
新村容子［2000］『アヘン貿易論争──イギリスと中国』汲古書院
西村閑也・鈴木俊夫・赤川元章編著［2014］『国際銀行とアジア 1870〜1913』慶應義塾大学出版会
根岸佶［1951］『上海のギルド』日本評論社
──［1953］『中国のギルド』日本評論新社
狭間直樹・岩井茂樹・森時彦・川井悟［1996］『データでみる中国近代史』有斐閣選書
秦惟人［1981］「清末湖州の蚕糸業と生糸の輸出」中嶋敏先生古稀記念事業会記念論集編集委員会編『中嶋敏先生古稀記念論集』下巻，中嶋敏先生古稀記念事業会
波多野善大［1961］『中国近代工業史の研究』東洋史研究会
バッシーノ，J.-P.・馬徳斌・斎藤修［2005］「実質賃金の歴史的水準比較──中国・日本・南欧，1700-1920 年」『経済研究』56-4
濱（浜）下武志［1989］『中国近代経済史研究──清末海関財政と開港場市場圏』汲古書院
──［1990］『近代中国の国際的契機──朝貢貿易システムと近代アジア』東京大学出版会
──［2013］『華僑・華人と中華網──移民・交易・送金ネットワークの構造と展開』岩波書店
坂野正高［1973］『近代中国政治外交史──ヴァスコ・ダ・ガマから五四運動まで』東京大学出版会
──他編［1974］『近代中国研究入門』東京大学出版会
平井健介［2007］「1900〜1920 年代東アジアにおける砂糖貿易と台湾糖」『社会経済史学』73-1
──［2010］「包装袋貿易から見た日本植民地期台湾の対アジア関係の変容」『アジア経済』51-9

広川佐保［2009］「「藩部」と「内地」——20世紀前半の内モンゴル」（飯島渉・久保亨・村田雄二郎編［2009］所収）
古田和子［1985］「「湖糸」をめぐる農民と鎮」『（東京大学教養学部教養学科）教養学科紀要』17
―― ［1999］「境域の経済秩序」樺山紘一他編『岩波講座世界歴史23　アジアとヨーロッパ——1900年代-20年代』岩波書店
―― ［2000］『上海ネットワークと近代東アジア』東京大学出版会
―― ［2004］「中国における市場・仲介・情報」三浦徹・岸本美緒・関本照夫編『比較史のアジア——所有・契約・市場・公正』東京大学出版会
―― ［2012］「市場秩序と広域の経済秩序」（久保亨編［2012］所収）
――編著［2013］『中国の市場秩序——17世紀から20世紀前半を中心に』慶應義塾大学出版会
帆刈浩之［1994］「清末上海四明公所の「運棺ネットワーク」の形成——近代中国社会における同郷結合について」『社会経済史学』59-6
堀地明［2011］『明清食糧騒擾研究』汲古書院
見市雅俊他［2001］『疾病・開発・帝国医療——アジアにおける病気と医療の歴史学』東京大学出版会
溝口雄三他編［1993-94］『アジアから考える』全7巻，東京大学出版会
宮嶋博史［1994］「東アジア小農社会の形成」溝口雄三他編『アジアから考える6　長期社会変動』東京大学出版会
宮田道昭［2006］『中国の開港と沿海市場——中国近代経済史に関する一視点』東方書店
村上衛［2013］『海の近代中国——福建人の活動とイギリス・清朝』名古屋大学出版会
村松祐次［1949］『中国経済の社会態制』東洋経済新報社（1975年復刊）
―― ［1970］『近代江南の租桟——中国地主制度の研究』東京大学出版会
本野英一［2004］『伝統中国商業秩序の崩壊——不平等条約体制と「英語を話す中国人」』名古屋大学出版会
山岡由佳［1995］『長崎華商経営の史的研究——近代中国商人の経営と帳簿』ミネルヴァ書房
山本進［2002a］『清代の市場構造と経済政策』名古屋大学出版会
―― ［2002b］『清代財政史研究』汲古書院
吉澤誠一郎［2002］『天津の近代——清末都市における政治文化と社会統合』名古屋大学出版会
―― ［2010］『清朝と近代世界——19世紀』岩波新書
吉田金一［1974］『近代露清関係史』近藤出版社
吉田建一郎［2012］「農畜産物貿易史」（久保亨編［2012］所収）
劉世龍［2002］『中国の工業化と清末の産業行政——商部・農工商部の産業振興を中心に』溪水社
廖赤陽［2000］『長崎華商と東アジア交易網の形成』汲古書院
林玉茹・李毓中［2004］森田明監訳『台湾史研究入門』汲古書院
林満紅［2007］木越義則訳「清末における国産アヘンによる輸入アヘンの代替（1805-1906）——近代中国における「輸入代替」の一事例研究」中村哲編著『近代東アジア経済の史的構造』日本評論社

―― ［2013］木越義則訳「中国産アヘンの販売市場――1870年代〜1906年」（古田和子編著［2013］所収）

＊曹樹基［2001］『中国人口史 5　清時期』復旦大学出版社
＊戴一峰［1993］『近代中国海関与中国財政』厦門大学出版社
＊黄鑒暉［2002］『山西票号史　修訂本』山西経済出版社
＊李文海・程献・劉仰東・夏明方［1994］『中国近代十大災荒』上海人民出版社
＊林満紅［1997］『茶・糖・樟脳業與台湾之社会経済変遷 1860-1895』聯経出版
＊羅玉東［1936］『中国釐金史』商務印書館
＊湯象龍編著［1992］『中国近代海関税収和分配統計 1861-1910』中華書局
＊汪敬虞主編［2000］『中国近代経済史 1895-1927』上・中・下冊，人民出版社
＊翁其銀［2001］『上海中薬材東洋庄研究』上海社会科学院出版社
＊呉承明［1985］『中国資本主義与国内市場』中国社会科学出版社
＊徐新吾主編［1992］『江南土布史』上海社会科学院出版社
＊――・黄漢民主編［1998］『上海近代工業史』上海社会科学院出版社
＊虞和平［1993］『商会与中国早期現代化』上海人民出版社
＊張仲礼・熊月之・沈祖煒主編［2002］『長江沿江城市与中国近代化』上海人民出版社
＊陳慈玉［1982］『近代中国茶業的発展与世界市場』中央研究院経済研究所
＊陳正書［1999］『上海通史 4　晚清経済』上海人民出版社

Brandt, L.［1985］"Chinese Agriculture and the International Economy, 1870-1930s : A Re-assessment," *Explorations in Economic History*, 22.
Chao, K.［1977］*The Development of Cotton Textile Production in China*, Harvard University Press.
Enatsu, Y.［2004］*Banner Legacy : The Rise of the Fengtian Local Elite at the End of the Qing*, Center for Chinese Studies, The University of Michigan.
Fairbank, J. K.［1953］*Trade and Diplomacy on the China Coast : The Opening of the Treaty Ports, 1842-1854*, Harvard University Press.
Gamble, S. D.［1943］"Daily Wages of Unskilled Chinese Laborers, 1807-1902," *The Far Eastern Quarterly*, 3-1.
Goodman, B.［1995］*Native Place, City, and Nation : Regional Networks and Identities in Shanghai, 1853-1937*, University of California Press.
Ho, Ping-ti［1959］*Studies on the Population of China, 1368-1953*, Harvard University Press.
Honig, E.［1992］*Creating Chinese Ethnicity : Subei People in Shanghai, 1850-1980*, Yale University Press.
Hsiao, Liang-lin［1974］*China's Foreign Trade Statistics, 1864-1949*, Harvard University Press.
Huang, P. C. C.［1985］*The Peasant Economy and Social Change in North China*, Stanford University Press.
――［1990］*The Peasant Family and Rural Development in the Yangzi Delta, 1350-1988*, Stanford University Press.
King, F. H. H.［1987］*The History of the Hongkong and Shanghai Banking Corporation, Vol. 1 : The Hongkong Bank in Late Imperial China, 1864-1902 : On an Even Keel*, Cambridge University Press.

Lee, J. Z. and C. D. Campbell [1997] *Fate and Fortune in Rural China : Social Organization and Population Behavior in Liaoning, 1774-1873*, Cambridge University Press.
―― and Wang Feng [1999] *One Quarter of Humanity : Malthusian Mythology and Chinese Realities, 1700-2000*, Harvard University Press.
Li, Bozhong [1998] *Agricultural Development in Jiangnan, 1620-1850*, Macmillan ; St. Martin's Press.
Li, L. M. [1981] *China's Silk Trade : Traditional Industry in the Modern World, 1842-1937*, Harvard University Press.
―― [2007] *Fighting Famine in North China : State, Market, and Environmental Decline, 1690s-1990s*, Stanford University Press.
Lin, Man-houng [2006] *China Upside Down : Currency, Society, and Ideologies, 1808-1856*, Published by the Harvard University Asia Center.
Liu, Ts'ui-jung [1978] "Chinese Genealogies as a Source for the Study of Historical Demography," in *Studies and Essays in Commemoration of the Golden Jubilee of Academia Sinica*, Academia Sinica.
Maddison, A. [2003] *The World Economy : Historical Statistics*, OECD Development Centre.
Morse, H. B. [1910, 18] *The International Relations of the Chinese Empire*, I～III, Kelly and Walsh.
―― [1921] *The Trade and Administration of China*, 3rd revised ed., Kelly and Walsh（初版は1908年）.
Motono, E. [2000] *Conflict and Cooperation in Sino-British Business, 1860-1911 : The Impact of the Pro-British Commercial Network in Shanghai*, Macmillan ; St. Martin's Press.
Pomeranz, K. [1993] *The Making of a Hinterland : State, Society, and Economy in Inland North China, 1853-1937*, University of California Press.
―― [2000] *The Great Divergence : China, Europe, and the Making of the Modern World Economy*, Princeton University Press（邦訳：川北稔監訳『大分岐――中国，ヨーロッパ，そして近代世界経済の形成』名古屋大学出版会，2015年）.
Rogaski, R. [2004] *Hygienic Modernity : Meanings of Health and Disease in Treaty-port China*, University of California Press.
Rowe, W. T. [1984] *Hankow : Commerce and Society in a Chinese City, 1796-1889*, Stanford University Press.
―― [1989] *Hankow : Conflict and Community in a Chinese City, 1796-1895*, Stanford University Press.
Skinner, G. W. (ed.) [1977] *The City in Late Imperial China*, Stanford University Press.
Sugihara, K. (ed.) [2005] *Japan, China, and the Growth of the Asian International Economy, 1850-1949*, Oxford University Press.

第 4 章　近現代 II：20～21 世紀

飯塚靖［2005］『中国国民政府と農村社会――農業金融・合作社政策の展開』汲古書院
石川滋［1960］『中国における資本蓄積機構』岩波書店
石田浩［1999］『台湾経済の構造と展開――台湾は「開発独裁」のモデルか』大月書店

岩武照彦［1990］『近代中国通貨統一史——十五年戦争期における通貨闘争』みすず書房
上田信［1999］『森と緑の中国史——エコロジカル・ヒストリーの試み』岩波書店
エルマン，M.［1982］佐藤経明・中兼和津次訳『社会主義計画経済』岩波現代選書
王樹槐［2010］金丸裕一他訳『上海電力産業史の研究』ゆまに書房
奥村哲［2004］『中国の資本主義と社会主義——近現代史像の再構成』桜井書店
尾上悦三［1971］『中国の産業立地に関する研究』アジア経済研究所
梶谷懐［2011］『現代中国の財政金融システム——グローバル化と中央-地方関係の経済学』名古屋大学出版会
加島潤・木越義則・洪紹洋・湊照宏［2012］『中華民国経済と台湾——1945-1949』東京大学社会科学研究所現代中国研究拠点
柏祐賢［1948］『経済秩序個性論 II 中国経済の研究』人文書林（『柏祐賢著作集』第4巻，京都産業大学出版会，1986年）
加藤弘之［1997］『中国の経済発展と市場化——改革・開放時代の検証』名古屋大学出版会
――――・久保亨［2009］『進化する中国の資本主義』岩波書店
金子肇［2008］『近代中国の中央と地方——民国前期の国家統合と行財政』汲古書院
川井悟［2012］「水利史」久保亨編『中国経済史入門』東京大学出版会
木越義則［2012］『近代中国と広域市場圏——海関統計によるマクロ的アプローチ』京都大学学術出版会
北村敬直［1972］『清代社会経済史研究』大阪市立大学経済学会（増補版は朋友書店，1978年）
清川雪彦［2009］『近代製糸技術とアジア——技術導入の比較経済史』名古屋大学出版会
久保亨［1995］『中国経済100年のあゆみ——統計資料で見る中国近現代経済史』第2版，創研出版（初版は1991年）
――――［1999］『戦間期中国〈自立への模索〉——関税通貨政策と経済発展』東京大学出版会
――――［2005］『戦間期中国の綿業と企業経営』汲古書院
――――［2009a］『20世紀中国経済史の探究』信州大学人文学部
――――［2009b］「統制と開放をめぐる経済史」飯島渉・久保亨・村田雄二郎編『シリーズ20世紀中国史3 グローバル化と中国』東京大学出版会
――――・波多野澄雄・西村成雄［2014］『戦時期中国の経済発展と社会変容』慶應義塾大学出版会
桑野仁［1965］『戦時通貨工作史論——日中通貨戦の分析』法政大学出版局
小林善文［2014］『中国の環境政策〈南水北調〉——水危機を克服できるか』昭和堂
笹川裕史［2002］『中華民国期農村土地行政史の研究——国家-農村社会間関係の構造と変容』汲古書院
城山智子［2011］『大恐慌下の中国——市場・国家・世界経済』名古屋大学出版会
スキナー，G. M.［1979］今井清一他訳『中国農村の市場・社会構造』法律文化社
鈴木智夫［1992］『洋務運動の研究——19世紀後半の中国における工業化と外交の革新についての考察』汲古書院
隅谷三喜男・劉進慶・涂照彦［1992］『台湾の経済——典型NIESの光と影』東京大学出版会
曽田三郎［1994］『中国近代製糸業史の研究』汲古書院
田島俊雄編［2005］『20世紀の中国化学工業——永利化学・天原電化とその時代』東京大学

社会科学研究所
──編著［2008］『現代中国の電力産業──「不足の経済」と産業組織』昭和堂
──・朱蔭貴・加島潤編著［2010］『中国セメント産業の発展──産業組織と構造変化』御茶の水書房
戴晴編［1996］鷲見一夫・胡暐婷編訳『三峡ダム──建設の是非をめぐっての論争』築地書館（戴晴編『長江長江三峡工程論争』貴州人民出版社，1989年の編訳）
東亜研究所編［1942-43］『諸外国の対支投資──第一調査委員会報告書』上・中・下，東亜研究所
東亜研究所第一調査委員会編［1942］『日本の対支投資──第一調査委員会報告書』東亜研究所
富澤芳亜［2009］「近代的企業の発展」飯島渉・久保亨・村田雄二郎編『シリーズ20世紀中国史3 グローバル化と中国』東京大学出版会
──・久保亨・萩原充編著［2011］『近代中国を生きた日系企業』大阪大学出版会
中井英基［1996］『張謇と中国近代企業』北海道大学図書刊行会
南部稔［1991］『現代中国の財政金融政策』多賀出版
野沢豊編［1981］『中国の幣制改革と国際関係』東京大学出版会
波多野善大［1961］『中国近代工業史の研究』東洋史研究会
萩原充［2000］『中国の経済建設と日中関係──対日抗戦への序曲 1927～1937年』ミネルヴァ書房
林幸司［2009］『近代中国と銀行の誕生──金融恐慌，日中戦争，そして社会主義へ』御茶の水書房
古田和子［2004］「中国における市場・仲介・情報」三浦徹・岸本美緒・関本照夫編『イスラーム地域研究叢書4 比較史のアジア──所有・契約・市場・公正』東京大学出版会
──編著［2013］『中国の市場秩序──17世紀から20世紀前半を中心に』慶應義塾大学出版会
弁納才一［2004］『華中農村経済と近代化──近代中国農村経済史像の再構築への試み』汲古書院
松永光平［2013］『中国の水土流失──史的展開と現代中国における転換点』勁草書房
松本俊郎［2000］『「満洲国」から新中国へ──鞍山鉄鋼業からみた中国東北の再編過程 1940～1954』名古屋大学出版会
溝口敏行編著［2008］『アジア長期経済統計1 台湾』東洋経済新報社
南亮進・牧野文夫編著［2014］『アジア長期経済統計3 中国』東洋経済新報社
峰毅［2009］『中国に継承された「満洲国」の産業──化学工業を中心にみた継承の実態』御茶の水書房
村松祐次［1949］『中国経済の社会態制』東洋経済新報社（1975年復刊）
本野英一［2004］『伝統中国商業秩序の崩壊──不平等条約体制と「英語を話す中国人」』名古屋大学出版会
森時彦［2001］『中国近代綿業史の研究』京都大学学術出版会
柳澤和也［2000］『近代中国における農家経営と土地所有──1920～30年代華北・華中地域の構造と変動』御茶の水書房
山本有造［2003］『「満洲国」経済史研究』名古屋大学出版会
劉進慶［1975］『戦後台湾経済分析──1945年から1965年まで』東京大学出版会

＊曹樹基［2001］『中国人口史 5　清時期』復旦大学出版社
＊馮和法編［1933-35］『中国農村経済資料——農村経済参攷用書』正・続，黎明書局（陳翰笙・薛暮桥・馮和法『解放前的中国農村』1～3，中国展望出版社，1985-89 年，復刻本刊行）
＊国家統計局工業統計司編［1958］『我国鋼鉄・電力・煤炭・機械・紡織・造紙工業的今昔』統計出版社
＊賈士毅［1917］『民国財政史』上・下，商務印書館
＊――［1932-34］『民国続財政史』全 7 冊，商務印書館
＊劉大鈞［1937］『中国工業調査報告』上・中・下，経済統計研究所
＊孫大権［2006］『中国経済学的成長——中国経済学社研究（1923-1953）』上海三連書店
＊董志凱編［1996］『1949-1952 年中国経済分析』中国社会科学出版社
＊王子建・王鎮中編［1935］『七省華商紗廠調査報告』商務印書館（邦訳として国松文雄訳『支那紡績業』生活社，1940 年）
＊呉承明［1985］『中国資本主義与国内市場』中国社会科学出版社
＊許滌新・呉承明編［1993］『中国資本主義発展史 3　新民主主義革命時期的中国資本主義』人民出版社
＊巫宝三編［1947］『中国国民所得（1933 年）』上・下，中華書局
＊香港政府統計處［1991］『本地生産總值估計——1996 年至 1990 年』
＊厳中平等編［1955］『中国近代経済史統計資料選輯』科学出版社
＊鄭友揆・程麟蓀・張伝洪［1991］『旧中国的資源委員会（1932-1949）——史実与評価』上海社会科学院出版社
＊中国科学院上海経済研究所・上海社会科学院経済研究所編［1958］『上海解放前後物価資料匯編（1921 年-1957 年）』上海人民出版社
＊朱斯煌編［1948］『民国経済史——銀行週報三十週紀念刊』銀行学会銀行週報社

Buck, J. L. [1930] *Chinese Farm Economy : A Study of 2866 Farms in Seventeen Localities and Seven Provinces in China*, University of Chicago Press.
―― [1937] *Land Utilization in China : A Study of 16,786 Farms in 168 Localities, and 38,256 Farm Families in Twenty-two Province in China, 1929-1933*, [Univ. of Nanking]; sole agents in China, Commercial Press.
Chang, J. K. (章長基) [1969] *Industrial Development in Pre-Communist China : A Quantitative Analysis*, Aldine Publishing Company.
Cheng, Yu-kwei (鄭友揆) [1956] *Foreign Trade and Industrial Development of China*, University Press of Washington.
Fong, H. D. (方顕廷) [1932] *Cotton Industry and Trade in China*, 2vols., Chihli (中国語訳：『中国之棉紡織業』商務印書館，1934 年).
Ho, Ping-ti (何炳棣) [1959] *Studies on the Population of China, 1368-1953*, Harvard University Press.
(Hong Kong) Census & Statistics Dept. [1969] *Hong Kong Statistics, 1947-1967*.
Hou, Chi-ming (侯継明) [1965] *Foreign Investment and Economic Development in China, 1840-1937*, Harvard University Press.
Hsiao, Liang-Lin [1974] *China's Foreign Trade Statistics, 1864-1949*, East Asian Research Center,

Harvard University.
Huang, P. C. C.（黄 宗 智）［1985］*The Peasant Economy and Social Change in North China*, Stanford University Press.
Perkins, D. H.［1969］*Agricultural Development in China, 1368-1968*, Aldine.
Rawski, T. G.［1989］*Economic Growth in Prewar China*, University of California Press.
Remer, C. F.［1933］*Foreign Investments in China*, Macmillian.
Wright, T.［1984］*Coal Mining in China's Economy and Society 1895-1937*, Cambridge University Press.
Young, A. N.［1965］*China's Wartime Finance and Inflation, 1937-1945*, Harvard University Press.
―――［1971］*China's Nation Building Effort, 1927-1937 ; The Financial and Economic Record*, Hoover Institution Press.

第5章　古代〜現代：朝　鮮

浅田喬二［1989］『日本帝国主義と旧植民地地主制――台湾・朝鮮・「満州」における日本人大土地所有の史的分析』増補版，龍渓書舎
安秉直［1990］松本武祝訳「植民地朝鮮の雇用構造に関する研究――1930年代の工業化を中心に」中村哲・梶村秀樹・安秉直・李大根編『朝鮮近代の経済構造』日本評論社
―――［1993］「「国民職業能力申告令」資料の分析」中村哲・安秉直編『近代朝鮮工業化の研究』日本評論社
―――［2005］「キャッチ・アップ過程としての韓国経済成長史」『歴史学研究』802
石井正敏［2001］『日本渤海関係史の研究』吉川弘文館
石川亮太［2005］「朝鮮開港後における華商の対上海貿易――同順泰資料を通じて」『東洋史研究』63-4
―――［2006］「韓国保護国期における小額通貨流通の変容」『朝鮮史研究会論文集』44
―――［2007］「開港期漢城における朝鮮人・中国人間の商取引と紛争――「駐韓使館档案」を通じて」『年報朝鮮学』10
今村鞆［1971］『人蔘史』全7巻，思文閣
エッカート，C. J.［2004］小谷まさ代訳『日本帝国の申し子――高敞の金一族と韓国資本主義の植民地起源 1876-1945』草思社
岡本隆司［2008］『世界のなかの日清韓関係史――交隣と属国，自主と独立』講談社選書メチエ
＊河元鎬［1997］『韓国近代経済史研究』新書苑
＊―――［2008］「近代社会性格論」韓国史研究会編『新しい韓国史の道しるべ』下，知識産業社
河明生［1997］『韓人日本移民社会経済史（戦前篇）』明石書店
梶村秀樹［1977］「李朝末期（開国後）の綿業の流通および生産構造――商品生産の自生的展開とその変容」同『朝鮮における資本主義の形成と展開』龍渓書舎
河合和男［1986］『朝鮮における産米増殖計画』未来社
―――・金早雪・羽鳥敬彦・松永達［2000］『国策会社・東拓の研究』不二出版
北村秀人［1978］「高麗初期の漕運についての一考察――『高麗史』食貨志漕運の条所収成

宗十一年の輸京価制定記事を中心に」末松保和博士古稀記念会編『古代東アジア史論集』上，吉川弘文館
——［1979］「高麗時代の漕倉制について」旗田巍先生古稀記念会編『朝鮮歴史論集』上，龍渓書舎
——［1990］「高麗時代の京市の基礎的考察——位置・形態を中心に」『（大阪市立大学）人文研究』42-4
木村健二［1989］『在朝日本人の社会史』未来社
——［1999］「朝鮮進出日本人の営業ネットワーク——亀谷愛介商店を事例として」杉山伸也・L. グローブ編『近代アジアの流通ネットワーク』創文社
木村誠［2004］『古代朝鮮の国家と社会』吉川弘文館
木村光彦［1999］『北朝鮮の経済——起源・形成・崩壊』創文社
許粋烈［2008a］保坂祐二訳『植民地朝鮮の開発と民衆——植民地近代化論，収奪論の超克』明石書店
——［2008b］金鎔基／チョン・ギョン訳「韓国における近代的経済成長」今西一編『世界システムと東アジア——小経営・国内植民地・「植民地近代」』日本経済評論社
姜在彦編［1985］『朝鮮における日窒コンツェルン』不二出版
金英達［2003］金慶海編『金英達著作集2　朝鮮人強制連行の研究』明石書店
金載昊［2000a］「近代的財政制度の成立過程における皇室財政——韓国と日本との比較」『朝鮮学報』175
——［2000b］「皇室財政と「租税国家」の成立——韓国と日本との比較」『社会経済史学』66-2
金東哲［2001］吉田光男訳『朝鮮近世の御用商人——貢人の研究』法政大学出版局
金容燮［2002］鶴園裕訳『韓国近現代農業史研究——韓末・日帝下の地主制と農業問題』法政大学出版局
金洛年［2002］『日本帝国主義下の朝鮮経済』東京大学出版会
——［2008］「「植民地近代化」再論」今西一編『世界システムと東アジア——小経営・国内植民地・「植民地近代」』日本経済評論社
——編［2008］文浩一・金承美訳『植民地期朝鮮の国民経済計算——1910-1945』東京大学出版会
黒瀬郁二［2003］『東洋拓殖会社——日本帝国主義とアジア太平洋』日本経済評論社
小風秀雅［1995］『帝国主義下の日本海運——国際競争と対外自立』山川出版社
小林英夫編［1994］『植民地への企業進出——朝鮮会社令の分析』柏書房
——・李光宰［2011］『朝鮮・韓国工業化と電力事業』柘植書房新社
朱益鍾［2011］金承美訳『大軍の斥候——韓国経済発展の起源』日本経済評論社
須川英徳［1993］「高麗から李朝初期における諸貨幣——銭・銀・楮貨」『歴史評論』516
——［1994］『李朝商業政策史研究——18・19世紀における公権力と商業』東京大学出版会
——［1997a］「高麗後期における商業政策の展開——対外関係を中心に」『朝鮮文化研究』4
——［1997b］「高麗末から朝鮮初における貨幣論の展開」武田幸男編『朝鮮社会の史的展開と東アジア』山川出版社
——［1998］「朝鮮時代の貨幣」『歴史学研究』711
——［2001］「朝鮮前期の貨幣発行とその論理」池享編『銭貨——前近代日本の貨幣と国

家』青木書店
——［2005］「朝鮮後期経済史研究の新動向——李栄薫編著『数量経済史から再検討した朝鮮後期』を中心に」『社会経済史学』71-3
——［2014］「朝鮮後期における銅銭使用の普及にかんする試論」『年報朝鮮学』17
杉原達［1998］『越境する民——近代大阪の朝鮮人史研究』新幹社
宣在源［2006］『近代朝鮮の雇用システムと日本——制度の移植と生成』東京大学出版会
＊全遇容［2011］『韓国会社の誕生』ソウル大学校出版文化院
高嶋雅明［1978］『朝鮮における植民地金融史の研究』大原新生社
高橋公明［1987］「中世東アジア海域における海民と交流——済州島を中心として」『名古屋大学文学部研究論集』98
高橋昇［1998］飯沼二郎・高橋甲四郎・宮嶋博史編集『朝鮮半島の農法と農民』未来社
田川孝三［1964］『李朝貢納制の研究』東洋文庫
武田幸男［1976］「新羅の村落支配——正倉院所蔵文書の追記をめぐって」『朝鮮学報』81
田代和生［1981］『近世日朝通交貿易史の研究』創文社
——［2007］『日朝交易と対馬藩』創文社
——［2011］『新・倭館——鎖国時代の日本人町』ゆまに書房
田中健夫［1987］「倭寇と東アジア通交圏」朝尾直弘・網野善彦・山口啓二・吉田孝編『日本の社会史1　列島内外の交通と国家』岩波書店
趙映俊［2013］「大韓帝国期の皇室財政研究の現況と展望」森山茂徳・原田環編『大韓帝国の保護と併合』東京大学出版会
＊張存武［1978］『清韓宗藩貿易——1637-1894』中央研究院近代史研究所
朝鮮史研究会編［2011］『朝鮮史研究入門』名古屋大学出版会
鄭在貞［2008］三橋広夫訳『帝国日本の植民地支配と韓国鉄道——1892～1945』明石書店
外村大［2004］『在日朝鮮人社会の歴史学的研究——形成・構造・変容』緑蔭書房
——［2012］『朝鮮人強制連行』岩波新書
中村哲［1991］『近代世界史像の再構成——東アジアの視点から』青木書店
西成田豊［1997］『在日朝鮮人の「世界」と「帝国」国家』東京大学出版会
農林省熱帯農業研究センター編［1976］『旧朝鮮における日本の農業試験研究の成果』農林統計協会
旗田巍［1972］『朝鮮中世社会史の研究』法政大学出版局
羽鳥敬彦［1986］『朝鮮における植民地幣制の形成』未来社
浜下武志［1997］「朝貢と条約——東アジア開港場をめぐる交渉の時代1834～94年」同『朝貢システムと近代アジア』岩波書店
濱田耕策［1986］「「新羅村落文書」研究の成果と課題——その作成年および内省の禄邑説を中心に」唐代史研究会編『律令制——中国朝鮮の法と国家』汲古書院
浜中昇［1976］「高麗末期の田制改革について」『朝鮮史研究会論文集』13
——［1986］『朝鮮古代の経済と社会——村落・土地制度史研究』法政大学出版局
——［1996］「高麗末期倭寇集団の民族構成——近年の倭寇研究に寄せて」『歴史学研究』685
——［2003］「高麗における公・私と公田・私田」『朝鮮学報』186
原朗・宣在源編著［2013］『韓国経済発展への経路——解放・戦争・復興』日本経済評論社
藤永壯［1991］「開港後の「会社」設立問題をめぐって——朴琪淙と汽船業・鉄道業（上）

(下)」『朝鮮学報』140, 141
古田和子［2000］『上海ネットワークと近代東アジア』東京大学出版会
朴慶植［1965］『朝鮮人強制連行の記録』未来社
朴ソプ［1995］『1930年代朝鮮における農業と農村社会』未来社
堀和生［1980］「日本帝国主義の朝鮮植民地化過程における財政変革」『日本史研究』217
―――［1995］『朝鮮工業化の史的分析』有斐閣
―――［2009］『東アジア資本主義史論Ⅰ　形成・構造・展開』ミネルヴァ書房
―――［2013］「韓国併合に関する経済史的研究――貿易・海運を素材として」森山茂徳・原田環編『大韓帝国の保護と併合』東京大学出版会
―――・木越義則［2008］「開港期朝鮮貿易統計の基礎的研究」『（京都大学）東アジア経済研究』3
松本武祝［1991］『植民地期朝鮮の水利組合事業』未来社
―――［1998］『植民地権力と朝鮮農民』社会評論社
―――［2011］「経済史」朝鮮史研究会『朝鮮史研究入門』名古屋大学出版会
水野直樹［1999］「朝鮮人の国外移住と日本帝国」樺山紘一他編『岩波講座世界歴史19　移動と移民――地域を結ぶダイナミズム』岩波書店
溝口敏行・梅村又次編［1988］『旧日本植民地経済統計――推計と分析』東洋経済新報社
宮嶋博史［1974］「朝鮮甲午改革以後の商業的農業――三南地方を中心に」『史林』57-6
―――［1980］「朝鮮農業史上における15世紀」『朝鮮史叢』3
―――［1981］「李朝後期における朝鮮農法の発展」『朝鮮史研究会論文集』18
―――［1991］『朝鮮土地調査事業史の研究』東京大学東洋文化研究所
―――［1994］「東アジア小農社会の形成」溝口雄三・浜下武志・平石直昭・宮嶋博史編『アジアから考える6　長期社会変動』東京大学出版会
―――［1995］『両班――李朝社会の特権階層』中公新書
―――・松本武祝・李榮薫・張矢遠［1992］『近代朝鮮水利組合の研究』日本評論社
村上勝彦［1975］「植民地」大石嘉一郎編『日本産業革命の研究――確立期日本資本主義の再生産構造』下，東京大学出版会
森克己［2008］『新訂日宋貿易の研究』勉誠出版
―――［2009a］『続日宋貿易の研究』勉誠出版
―――［2009b］『続々日宋貿易の研究』勉誠出版
森平雅彦［1996］「高麗後期の賜給田をめぐる政策論議について――14世紀初葉の政局情勢にみるその浮上背景」『朝鮮学報』160
山内晋次［2003］『奈良平安期の日本とアジア』吉川弘文館
山本有造［1992］『日本植民地経済史研究』名古屋大学出版会
吉田光男［1998］「朝鮮の身分と社会集団」樺山紘一他編『岩波講座世界歴史13　東アジア・東南アジア伝統社会の形成――16-18世紀』岩波書店
吉野誠［1978］「李朝末期における米穀輸出の展開と防穀令」『朝鮮史研究会論文集』15
李榮薫［2004］木村拓訳「数量経済史から再検討した17～19世紀の朝鮮経済」『（鹿児島国際大学）地域総合研究』31-2
―――［2005］朴晩奉訳「19世紀ソウル財貨市場の動向――安定から危機に」中村哲編著『東アジア近代経済の形成と発展』日本評論社
―――［2008］金鎔基／チョン・ギョン訳「朝鮮における「19世紀の危機」」今西一編『世界

システムと東アジア――小経営・国内植民地・「植民地近代」』日本経済評論社
―― [2009]永島広紀訳『大韓民国の物語――韓国の「国史」教科書を書き換えよ』文芸春秋
―― [2013]「大韓帝国期皇室財政の基礎と性格」森山茂徳・原田環編『大韓帝国の保護と併合』東京大学出版会
――・朴二澤 [2007]木村拓訳「18世紀朝鮮王朝の経済体制――広域的統合体系の特質を中心として」中村哲編『近代東アジア経済の史的構造』日本評論社
李基東 [2001]近藤浩一訳「張保皐とその海上王国（上）（下）」『アジア遊学』26, 27
李憲昶 [2004]須川英徳・六反田豊訳『韓国経済通史』法政大学出版局
李光宰 [2013]『韓国電力業の起源――「日本人たち」の電力業から「韓国人たち」の電力業へ』柘植書房新社
李秀允 [2001]「朝鮮開国後の流通機構の変遷――開港場客主と外国商人をめぐって」『早稲田経済学研究』53
李昇一・金大鎬・鄭昞旭・文暎周・鄭泰憲・許英蘭・金旻榮 [2012]庵逧由香編『日本の朝鮮植民地支配と植民地的近代』明石書店
＊李承烈 [2007]『帝国と商人――ソウル，開城，仁川地域資本家たちと韓国ブルジョアの起源 1896～1945』歴史批評社
李大根 [1990]木村光彦訳「解放後帰属事業体の実態とその処理過程」中村哲・梶村秀樹・安秉直・李大根編『朝鮮近代の経済構造』日本評論社
―― [1993]「政府樹立後帰属事業体の実態とその処理過程」中村哲・安東直編『近代朝鮮工業化の研究』日本評論社
李泰鎮 [2000]六反田豊訳『朝鮮王朝社会と儒教』法政大学出版局
―― [2006]鳥海豊訳『東大生に語った韓国史――韓国植民地支配の合法性を問う』明石書店
李領 [1999]『倭寇と日麗関係史』東京大学出版会
＊柳承宙・李哲成 [2002]『朝鮮後期中国との貿易史』景仁文化社
林采成 [2005]『戦時経済と鉄道運営――「植民地」朝鮮から「分断」韓国への歴史的経路を探る』東京大学出版会
六反田豊 [1993]「高麗末期の漕運運営」『久留米大学文学部紀要（国際文化学科編）』2
―― [1997]「科田法の再検討――土地制度史からみたその制定の意義をめぐる一試論」『史淵』134
―― [2011]「経済史・社会史・文化史」（朝鮮史研究会編 [2011]所収）
―― [2013]『朝鮮王朝の国家と財政』山川出版社

第6章　前近代Ⅰ：インダス文明～12世紀

青山亨 [2010]「ベンガル湾を渡った古典インド文明――東南アジアからの視点」『南アジア研究』22
石川寛 [1999]「古代デカンの国家――カダンバ朝を中心に」樺山紘一他編『岩波講座世界歴史6　南アジア世界・東南アジア世界の形成と展開――15世紀』岩波書店
稲葉穣 [1999]「イスラーム教徒のインド侵入」樺山紘一他編『岩波講座世界歴史6　南ア

ジア世界・東南アジア世界の形成と展開――15世紀』岩波書店
岩本裕［1963］「古代インドの農業」石母田正他編『古代史講座8　古代の土地制度』学生社
上杉彰紀［2010］『インダス考古学の展望――インダス文明関連発掘遺跡集成』総合地球環境学研究所
応地利明［2011］『都城の系譜』京都大学学術出版会
長田俊樹［2013］『インダス文明の謎――古代文明神話を見直す』京都大学学術出版会
――編著［2013］『インダス――南アジア基層世界を探る』京都大学学術出版会
辛島昇［1999］「古代・中世タミル地方における王権と国家」樺山紘一他編『岩波講座世界歴史6　南アジア世界・東南アジア世界の形成と展開――15世紀』岩波書店
――［2001］「古代・中世東南アジアにおける文化変容とインド洋ネットワーク」山本達郎責任編『岩波講座 東南アジア史1　原史東南アジア世界』岩波書店
――・桑山正進・小西正捷・山崎元一［1980］『インダス文明――インド文化の源流をなすもの』日本放送出版協会
――編［2007］『世界歴史大系　南アジア史3　南インド』山川出版社
グプタ，P. L. ［2001］山崎元一・鬼生田顯英・古井龍介・吉田幹子訳『インド貨幣史――古代から現代まで』刀水書房
コーサンビー，D. D. ［1966］山崎利男訳『インド古代史』岩波書店
小谷汪之編［2007］『世界歴史大系　南アジア史2　中世・近世』山川出版社
近藤英夫［2011］『インダスの考古学』同成社
蔀勇造［1999］「インド諸港と東西交易」樺山紘一他編『岩波講座世界歴史6　南アジア世界・東南アジア世界の形成と展開――15世紀』岩波書店
シャルマ，R. S. ［1985］山崎利男・山崎元一訳『古代インドの歴史』山川出版社
ターパル，R. ［1970-72］辛島昇・小西正捷・山崎元一訳『インド史』1〜2，みすず書房
――［1986］山崎元一・成沢光訳『国家の起源と伝承――古代インド社会史論』法政大学出版局
長島弘［1994］「ムスリム支配期北インドの下層カースト民」山崎元一・佐藤正哲編『叢書カースト制度と被差別民1　歴史・思想・構造』明石書店
布野修司［2006］『曼荼羅都市――ヒンドゥー都市の空間理念とその変容』京都大学学術出版会
古井龍介［2001］「5-7世紀ベンガルの銅板文書に見られる在地社会の構造と国家支配」『東洋学報』82-4
――［2013］「ベンガル社会の形成――中世初期におけるその萌芽」『南アジア研究』25
三田昌彦［1992］「前6-後3世紀ガンジス川中流域の稲作法――インド古代農法の歴史的位置」『名古屋大学東洋史研究報告』16
――［1999］「初期ラージプート集団とその政治システム」樺山紘一他編『岩波講座世界歴史6　南アジア世界・東南アジア世界の形成と展開――15世紀』岩波書店
――［2013a］「中世ユーラシア世界の中の南アジア――地政学的構造から見た帝国と交易ネットワーク」『現代インド研究』3
――［2013b］「アフロ＝ユーラシア世界と南アジア史――アンドレ・ウィンク『アル＝ヒンド――インド＝イスラーム世界の形成』」『歴史評論』757
家島彦一［1991］『イスラム世界の成立と国際商業――国際商業ネットワークの変動を中心

に』岩波書店
山崎元一［1987］『古代インド社会の研究——社会の構造と庶民・下層民』刀水書房
―――［1994］「古代インドの差別と中世への展開」山崎元一・佐藤正哲編『叢書カースト制度と被差別民 1 歴史・思想・構造』明石書店
―――［1999］「南アジア世界」樺山紘一他編『岩波講座世界歴史 6 南アジア世界・東南アジア世界の形成と展開——15 世紀』岩波書店
―――・小西正捷編［2007］『世界歴史大系 南アジア史 1 先史・古代』山川出版社
山崎利男［1959］「5・6 世紀ベンガルの土地売買文書についての若干の問題」『東洋文化研究所紀要』18
―――［1969］「4-12 世紀北インドの村落・土地の施与」松井透・山崎利男編『インド史における土地制度と権力構造』東京大学出版会
―――［1971］「ヴィシュヌシェーナの 592 年碑文にみえる法規定」松井透編『インド土地制度史研究——史料を中心に』東京大学出版会
―――［1977］「インドの銅板文書の形式とそのはじまりについて」『東洋文化研究所紀要』73
―――［1982］「インドにおける中世世界の成立」木村尚三郎他編『中世史講座 1 中世世界の成立』学生社
―――［1984］「インド（古代）」島田虔次他編『アジア歴史研究入門 5 南アジア・東南アジア・世界史とアジア』同朋舎
―――［2004］「ターパル氏の『初期インド』を読みて」『中央大学アジア史研究』28
劉欣如［1995］左久梓訳『古代インドと古代中国——西暦 1～6 世紀の交易と仏教』心交社
渡部忠世［1983］『アジア稲作の系譜』法政大学出版局

Arnason, J. P. and B. Wittrock (eds.) [2011] *Eurasian Transformations, Tenth to Thirteenth Centuries : Crystallizations, Divergences, Renaissances*, Brill.
Cœdès, G. [1944] *Histoire ancienne des États Hindouisés d'Éxtrême-Orient*, Hanoi (*The Indianized States of Southeast Asia*, tr. by S. B. Cowing, East-West Center Press, 1968).
Chakrabarti, D. K. [2005] *The Archaeology of the Deccan Routes : The Ancient Routes from the Ganga Plain to the Deccan*, Munshiram Manoharlal.
Chakravarti, R. [2002] "Nakhuda Nuruddin Firus at Somanath : AD 1264," in R. Chakravarti (ed.), *Trade and Traders in Early Indian Society*, Manohar.
Chattopadhyaya, B. [1977] *Coins and Currency Systems in South India : c. AD 225-1300*, Munshiram Manoharlal.
―――[2012] *The Making of Early Medieval India*, 2nd ed., Oxford University Press（初版は 1994 年）.
Chaudhuri, K. N. [1985] *Trade and Civilization in the Indian Ocean : An Economic History from the Rise of Islam to 1750*, Cambridge University Press.
Deyell, J. S. [1990] *Living without Silver : The Monetary History of Early Medieval North India*, Oxford University Press.
Ghoshal, U. N. [1929] *Contributions to the History of the Hindu Revenue System*, Calcutta University Press.
Gommans, J. J. L. [1998] "The Silent Frontier of South Asia, c. A. D. 1100-1800," *Journal of World History*, 9-1.

Gopal, L. [1980] *Aspects of History of Agriculture in Ancient India*, Bharati Prakashan.
―― [1989] *The Economic Life of Northern India, c. A. D. 700-1200*, 2nd revised ed., Motilal Banarasidass.
Habib, I. [1969] "Presidential Address," Medieval India Section, *Proceedings of the Indian History Congress*, 31st Session, Varanasi.
―― and F. Habib [2012] *Atlas of Ancient Indian History*, Oxford University Press.
Habib, M. [1952] "Introduction to Elliot and Dowson's History of India, Vol. II," in H. M. Elliot and J. Dowson, *History of India as Told by Its Own Historians : The Muhammadan Period*, Vol. II, revised ed., n. p.
Inden, R. [1981] "Hierarchies of Kings in Early Medieval India," *Contributions to Indian Sociology*, 15.
―― [1990] *Imagining India*, Blackwell.
Jain, V. K. [1990] *Trade and Traders in Western India (AD 1000-1300)*, Munshiram Manoharlal.
Karashima, N. [1984] *South Indian History and Society : Studies from Inscriptions A. D. 850-1800*, Oxford University Press.
―― [2009] *Ancient to Medieval : South Indian Society in Transition*, Oxford University Press.
Kenoyer, J. M. [1998] *Ancient Cities of the Indus Valley Civilization*, Oxford University Press.
Kosambi, D. D. [1975] *A Introduction to the Studies of Indian History*, revised 2nd ed., Popular Prakashan（初版は 1956 年）.
Kulke, H. [1990] "Indian Colonies, Indianization, or Cultural Convergence? : Reflection on the Changing Image of India's Role in South-East Asia," *Semaian*, 3.
―― [1995] "The Early and the Imperial Kingdom : A Processural Model of Integrative State Formation in Early Medieval India," in Kulke (ed.) [1995].
―― (ed.) [1995] *The State in India : 1000-1700*, Oxford University Press.
Lahiri, N. [1992] *The Archaeology of Indian Trade Routes (up to c. 200 B. C.) : Resource Use, Resource Access and Lines of Communication*, Oxford University Press.
Lieberman, V. [2003, 09] *Strange Parallels : Southeast Asia in Global Context, c. 800-1830*, 2 vols., Cambridge University Press.
Majumdar, R. C. [1927] *Champa*, Punjab Sanskrit Book Depot.
Manguin, P. Y., A. Mani and G. Wade (eds.) [2011] *Early Interactions between South and Southeast Asia : Reflections on Cross-Cultural Exchange*, Institute of Southeast Asian Studies, Manohar.
Mukhia, H. [1993] *Perspectives on Medieval History*, Vikas Publishing House.
Randhawa, M. S. [1983] *History of Agriculture in India*, Vol. I, Indian Council of Agricultural Research.
Ray, H. P. [1994] *The Winds of Change : Buddhism and the Maritime Links of Early South Asia*, Oxford University Press.
Sachau, E. D. [2002] *Albêrûnî's India : An Account of the Religion, Philosophy, Literature, Geography, Chronology, Astronomy, Customs, Laws and Astrology of India about A. D. 1030*, Rupa & Co.
Sahu, B. P. (ed.) [2006] *Iron and Social Change in Early India*, Oxford University Press.
Sastri, K. A. N. [1955] *The Cōlas : with over 100 Illustrations and One in Colour*, 2nd revised ed.,

University of Madras.
Sen, T. [2004] *Buddhism, Diplomacy, and Trade : The Realignment of Sino-Indian Relations, 600-1400*, Manohar.
Sharma, R. S. [1980] *Indian Feudalism : c. A. D. 300-1200*, 2nd ed., Macmillan India Press (初版は 1965 年).
―― [1983] *Material Culture and Social Formations in Ancient India*, Macmillan.
―― [1987] *Urban Decay in India (c. 300-c. 1000)*, Munshiram Manoharlal.
Singh, U. [2009] *A History of Ancient and Early Medieval India : From the Stone Age to the 12th Century*, Pearson Education.
Srinivasan, T. M. [1991] *Irrigation and Water Supply : South India, 200 B. C.-1600 A. D.*, New Era Publications.
Stein, B. [1980] *Peasant State and Society in Medieval South India*, Oxford University Press.
Subrahmanyam, S. (ed.) [1994] *Money and the Market in India : 1100-1700*, Oxford University Press.
Thapar, R. [1961] *Asoka and the Decline of the Mauriyas*, Oxford University Press.
―― [2002] *Early India : From the Origins to AD 1300*, Penguin Books.
Wink, A. [1990, 97] *Al-Hind : The Making of the Indo-Islamic World*, Vols. I～II, E. J. Brill.

第7章　前近代 II：13～18 世紀

小名康之 [1985]「ムガル帝国の支配体制――マンサブダーリー制」木村尚三郎他編『中世史講座 4　中世の法と権力』学生社
カイサル，A. J. [1998] 多田博一・篠田隆・片岡弘次訳『インドの伝統技術と西欧文明』平凡社
小谷汪之 [1989]『インドの中世社会――村・カースト・領主』岩波書店
小西正捷 [1980]「インドの古文書料紙と製紙技術の成立」山本達郎博士古稀記念論叢編集委員会編『東南アジア・インドの社会と文化――山本達郎博士古稀記念』上，山川出版社
―― [1985]「インド伝統的製紙業の興亡――ムガル朝の確立より 19 世紀末まで」『史苑』44-1
近藤治 [2003]『ムガル朝インド史の研究』京都大学学術出版会
斎藤修 [2013]「近世―近代比較経済発展論――アジアとヨーロッパ，アジアと日本」秋田茂編著『アジアからみたグローバルヒストリー――「長期の 18 世紀」から「東アジアの経済的再興」へ』ミネルヴァ書房
佐藤正哲 [1994]「17 世紀後半～19 世紀前半北インドにおける都城と市場町（村）の形成」『東洋史研究』52-4
―― [2003]「ムガル時代のバンジャーラー」『亜細亜大学経済学紀要』28-1
島田竜登 [2003]「オランダ東インド会社のアジア間交易――アジアをつないだその活動」『歴史評論』644
チャンドラ，S. [1999] 小名康之・長島弘訳『中世インドの歴史』山川出版社
長島弘 [1980]「17 世紀北インドにおけるアイの生産と流通――バヤーナ地方を中心とし

て」『史林』63-4
―――［1982］「ムガル帝国下のバニヤ商人―――スーラト市の場合」『東洋史研究』40-4
ピアスン，M. N. ［1984］生田滋訳『ポルトガルとインド―――中世グジャラートの商人と支配者』岩波書店
深沢宏［1972］『インド社会経済史研究』東洋経済新報社
水島司［2008］『前近代南インドの社会構造と社会空間』東京大学出版会
家島彦一［1993］『海が創る文明―――インド洋海域世界の歴史』朝日新聞社
―――［2006］『海域から見た歴史―――インド洋と地中海を結ぶ交流史』名古屋大学出版会
ルミア，B. ［2006］菅靖子訳「インド綿貿易とファッションの形成，1300～1800年」『社会経済史学』72-3

Arasaratnam, S. [1986] *Merchants, Companies and Commerce on the Coromandel Coast 1650-1740*, Oxford University Press.
――― [1996] *Maritime Commerce and English Power : Southeast India, 1750-1800*, Sterling Publishers.
Athar Ali, M. [1985] *The Apparatus of Empire : Awards of Ranks, Offices, and Titles to the Mughal Nobility, 1574-1658*, Oxford University Press.
Aubin, J. [2000] "Merchants in the Red Sea and the Persian Gulf at the Turn of the Fifteenth and Sixteenth Centuries," in D. Lombard and J. Aubin (eds.), *Asian Merchants and Businessmen in the Indian Ocean and the China Sea*, Oxford University Press.
Bayly, C. A. [1983] *Rulers, Townsmen and Bazaars : North Indian Society in the Age of British Expansion, 1770-1870*, Cambridge University Press.
Bhattacharya, B. [1999] "The Chulia Merchants of Southern Coromandel in the Eighteenth Century : A Case for Continuity," in O. Prakash and D. Lombard (eds.), *Commerce and Culture in the Bay of Bengal, 1500-1800*, Manohar.
Bouchon, G. [1999] "Trade in the Indian Ocean at the Dawn of the Sixteenth Century," in S. Chaudhury and M.Morineau (eds.), *Merchants, Companies and Trade : Europe and Asia in the Early Modern Era*, Cambridge Universtiy Press.
――― [2000] "A Microcosm : Calicut in the Sixteenth Century," in D.Lombard and J. Aubin (eds.), *Asian Merchants and Businessmen in the Indian Ocean and the China Sea*, Oxford University Press.
Brennig, J. J. [1983] "Silver in Seventeenth-century Surat : Monetary Circulation and the Price Revolution in Mughal India," in J. F. Richards (ed.), *Precious Metals in the Later Medieval and Early Modern Worlds*, Carolina Academic Press.
Broadberry, S. and B. Gupta [2006] "The Early Modern Great Divergence : Wages, Prices and Economic Development in Europe and Asia, 1500-1800," *Economic History Reivew*, 59-1.
Chaudhuri, K. N. [1965] *The English East India Company : The Study of an Early Joint-Stock Company 1600-1640*, Frank Cass.
――― [1974] "The Structure of Indian Textile Industry in the 17th and 18th Centuries," *Indian Economic and Social History Review*, 11-2・3.
――― [1978] *The Trading World of Asia and the English East India Company, 1660-1760*, Cambridge University Press.
――― [1985] *Trade and Civilisation in the Indian Ocean : An Economic History from the Rise of*

Islam to 1750, Munshiram Manoharlal Publishers.

Chaudhury, S. [1975] *Trade and Commercial Organization in Bengal, 1650-1720, with Special Reference to the English East India Company*, Firma K. L. Mukhopadhyay.

—— [1999] "The Asian Merchants and Companies in Bengal's Export Trade, circa Mid-eighteenth Century," in S. Chaudhury and M. Morineau (eds.), *Merchants, Companies and Trade : Europe and Asia in the Early Modern Era*, Cambridge Universtiy Press.

—— [2005] "Trading Networks in a Traditional Diaspora : Armenians in India, c. 1600-1800," in I. B. McCabe, G. Harlaftis and I. P. Minoglou (eds.), *Diaspora Entrepreneurial Networks : Four Centuries of History*, Berg.

Dale, S. F. [1994] *Indian Merchants and Eurasian Trade, 1600-1750*, Cambridge University Press.

Das Gupta, A. [1979] *Indian Merchants and the Decline of Surat : c. 1700-1750*, Franz Steiner.

—— [2000] "The Ship-owning Merchants of Surat, c. 1700," in D. Lombard and J. Aubin (eds.), *Asian Merchants and Businessmen in the Indian Ocean and the China Sea*, Oxford University Press.

—— and M. N. Pearson (eds.) [1987] *India and the Indian Ocean, 1500-1800*, Oxford University Press.

Datta, R. [2000] *Society, Economy, and the Market : Commercialization in Rural Bengal c. 1760-1800*, Manohar.

Deloche, J. [1993-94] *Transport and Communications in India prior to Steam Locomotion*, 2 vols., tr. by J. Walker, Oxford University Press.

Deyell, J. [1987] "The Development of Akbar's Currency System and Monetary Intergration of the Conquered Kingdoms," in Richards (ed.), *The Imperial Monetary System of Mughal India*, Oxford University Press.

—— [2010] "Cowries and Coins : The Dual Monetary System of the Bengal Sultanate," *Indian Economic and Social History Review*, 47-1.

Engineer, A. A. [1989] *The Muslim Communities of Gujarat : An Exploratory Study of Bohras, Khojas, and Memons*, Ajanta Publications.

Furber, H. [1969] "Asia and the West as Partners Before 'Empire' and After," *Journal of Asian Studies*, 28-4.

Gaastra, F. S. [1983] "The Exports of Precious Metal from Europe to Asia by the Dutch East India Company, 1602-1795," in J. F. Richards (ed.), *Precious Metals in the Later Medieval and Early Modern Worlds*, Carolina Academic Press.

Granda, P. A. [1984] "Property Rights and Land Control in Tamil Nadu : 1350-1600," Ph. D. dissertation, University of Michigan.

Guha, S. [2001] *Health and Population in South Asia : From Earliest Times to the Present*, Hurst.

—— [2004] "Civilizations, Markets and Services : Village Servants in India from the Seventeenth to the Twentieth Centuries," *Indian Economic and Social History Review*, 41-1.

Gupta, S. P. and S. Moosvi [1975] "Weighted Price and Revenue-Rate Indices of Eastern Rajasthan (c. 1665-1750)," *Indian Economic and Social History Review*, 12-2.

Habib, I. [1972] "The System of Bills of Exchange (*Hundi*s) in the Mughal Empire," *Proceedings of Indian History Congress, the 33rd Session, Muzaffarpur*.

—— [1976] "Indian Textile Industry in the Seventeenth Century," in D. Banerjee et al. (eds.), *Essays in Honour of Professor S. C. Sarkar*, People's Publishing House.

―― [1982a] *An Atlas of the Mughal Empire : Political and Economic Maps with Detailed Notes, Bibliography and Index*, Oxford University Press.
―― [1982b] "Agrarian Economy," in Raychaudhuri and Habib (eds.) [1982].
―― [1982c] "Non-Agricultural Production and Urban Economy," in Raychaudhuri and Habib (eds.) [1982].
―― [1985a] "Medieval Technology : Exchange between India and the Islamic World," *Aligarh Journal of Oriental Studies*, 2-1・2.
―― [1985b] "Processes of Accumulation in Pre-Colonial and Colonial India," *Indian Historical Review*, 11-1・2.
―― [1990] "Merchant Communities in Pre-Colonial India," in J. D. Tracy (ed.), *The Rise of Merchant Empires : Long-distance Trade in the Early Modern World, 1350-1750*, Cambridge University Press.
―― [1999] *The Agrarian System of Mughal India, 1556-1707*, 2nd, revised ed., Oxford University Press.
―― [2010] *Man and Environment : The Ecological History of India*, Tulika Books.
―― et al. [2011] *Economic History of Medieval India, 1200-1500*, Longman.
Haider, N. [1998] "International Trade in Precious Metals and Monetary Systems of Medieval India : 1200-1500," *Proceedings of the Indian History Congress*, the 59th Session, *Patiala*.
―― [2002] "The Monetary Basis of Credit and Banking Instruments in the Mughal Empire," in A. K. Bagchi (ed.), *Money and Credit in Indian History : From Early Medieval Times*, Tulika.
―― [2007] "Structure and Movement of Wages in the Mughal Empire, 1500-1700," in J. Lucassen (ed.), *Wages and Currency : Global Comparisons from Antiquity to the Twentieth Century*, P. Lang.
Hall, K. R. [2010] "Ports of Trade, Maritime Diasporas, and Networks of Trade and Cultural Integration in the Bay of Bengal Region of the Indian Ocean : c. 1300-1500," *Journal of the Economic and Social History of the Orient*, 53-1・2.
Hasan, A. [1994] "The Silver currency output of the Mughal Empire and Prices in India during the 16th and 17th Centuries," in Subrahmanyam (ed.), *Money and the Market in India, 1100-1700*, Oxford University Press（初出は1969年）.
Hasan, F. [2004] *State and Locality in Mughal India : Power Relations in Western India, c. 1572-1730*, Cambridge University Press.
Karashima, N. [1992] *Towards a New Formation : South Indian Society under Vijayanagar Rule*, Oxford University Press.
―― [2009] *Ancient to Medieval : South Indian Society in Transition*, Oxford University Press.
Kling, B. B. and M. N. Pearson (eds.) [1979] *The Age of Partnership : Europeans in Asia before Dominion*, University Press of Hawaii.
Kulkarni, A. R. [2002] "Money and Banking under the Marathas : Seventeenth Century to AD 1848," in A. K. Bagchi (ed.), *Money and Credit in Indian History : From Early Medieval Times*, Tulika.
Lemire, B. [2009] "Revising the Historical Narrative : India, Europe, and the Cotton Trade, c. 1300-1800," in G. Riello and P. Parthasarathi (eds.), *The Spinning World : A Global History of Cotton Textiles, 1200-1850*, Oxford University Press.

Leonard, K. [1979] "The 'Great Firm' Theory of the Decline of the Mughal Empire," *Comparative Studies in Society and History*, 21-2.

Levi, S. C. [2002] *The Indian Diaspora in Central Asia and its Trade, 1550-1900*, Brill.

—— (ed.) [2007] *India and Central Asia : Commerce and Culture, 1500-1800*, Oxford University Press.

McPherson, K. [1993] *The Indian Ocean : A History of People and the Sea*, Oxford University Press.

Mahalingam, T. V. [1969-75] *Administration and Social Life Under Vijayanagara*, University of Madras.

Malekandathil, P. [2001] *Portuguese Cochin and the Maritime Trade of India, 1500-1663*, Manohar.

—— [2007] "Winds of Change and Links of Contitunity : A Study on the Merchant Groups of Kerala and the Channels of Their Trade, 1000-1800," *Journal of the Economic and Social History of the Orient*, 50-2 · 3.

—— [2012] *The Mughals, The Portuguese and The Indian Ocean : Changing Imageries of Maritime India*, Primus Books.

Moosvi, S. [1987] *The Economy of the Mughal Empire, c. 1595 : A Statistical Study*, Oxford University Press.

—— [1989-90] "Numismatic Evidence and the Economic History of the Delhi Sultanate," *Proceedings of the Indian History Congress, Golden Jubilee Session, Gorakhpur*.

—— [2000] "The Indian Economic Experience 1600-1900 : A Quantative Study," in K. N. Panikkar, T. J. Byres and U. Patnaik (eds.), *The Making of History : Essays presented to Irfan Habib*, Tulika Books.

Nadri, G. A. [2007] "The Maritime Merchants of Surat : A Long-Term Perspective," *Journal of the Economic and Social History of the Orient*, 50-2 · 3.

Parthasarathi, P. [2001] *The Transition to a Colonial Economy : Weavers, Merchants and Kings in South India, 1720-1800*, Cambridge University Press.

—— [2009] "Cotton Textiles in the Indian Subcontinent, 1200-1800," in G. Riello and P. Parthasarathi (eds.), *The Spinning World : A Global History of Cotton Textiles, 1200-1850*, Oxford University Press.

—— [2011] *Why Europe Grew Rich and Asia Did Not : Global Economic Divergence, 1600-1850*, Cambridge University Press.

Perlin, F. [1985] "State Formation Reconsidered : Part Two," *Modern Asian Studies*, 19-3.

—— [1987] "Money-use in Late Pre-colonial India and the International Trade in Currency Media," in J. F. Richards (ed.), *The Imperial Monetary System of Mughal India*, Oxford University Press.

Prakash, O. [1985] *The Dutch East India Company and the Economy of Bengal, 1630-1720*, Princeton University Press.

—— [1987] "Foreign Merchants and Indian Mints in the Seventeenth and the Early Eighteenth Century," in J. F. Richards (ed.), *The Imperial Monetary System of Mughal India*, Oxford University Press.

—— [1988] "On Coinage in Mughal India," *Indian Economic and Social History Review*, 25-4.

—— [1998] *European Commercial Enterprise in Pre-colonial India*, Cambridge University Press.

—— [2001] "Global Precious Metal Flows and India, 1500-1750," in J. McGuire, P. Bertola and P. Reeves (eds.), *Evolution of the World Economy, Precious Metals and India*, Oxford University Press.

Ramaswamy, V. [2006] *Textiles and Weavers in South India*, 2nd ed., Oxford University Press.

Ray, A. [2004] *The Merchant and the State: The French in India, 1666-1739*, Munshiram Manoharlal Publishers.

Ray, I. [1999] *The French East India Company and the Trade of the Indian Ocean : A Collection of Essays*, ed. by L. Subramanian, Munshiram Manoharlal Publishers.

Raychaudhuri, T. [1962] *Jan Company in Coromandel, 1605-1690 : A Study in the Interrelations of European Commerce and Traditional Economies*, Martinus Nijhoff.

—— and I. Habib (eds.) [1982] *The Cambridge Economic History of India, Vol. 1 : c. 1200-c. 1750*, Cambridge University Press.

Riello, G. and T. Roy (eds.) [2009] *How India Clothed the World : The World of South Asian Textiles, 1500-1850*, Brill.

Roy, T. [2012] *The East India Company : The World's Most Powerful Corporation*, Allen Lane.

—— [2013] *An Economic History of Early Modern India*, Routledge.

Rudner, D. W. [1995] *Caste and Capitalism in Colonial India : The Nattukottai Chettiars*, Munshiram Manoharlal Publishers.

Schwartzberg, J. E. (ed.) [1992] *A Historical Atlas of South Asia*, 2nd impression, Oxford University Press.

Sen, T. [2003] *Buddhism, Diplomacy, and Trade : The Realignment of Sino-Indian Relations, 600-1400*, University of Hawai'i Press.

—— [2006] "The Formation of Chinese Maritime Networks to Southern Asia, 1200-1450," *Journal of the Economic and Social History of the Orient*, 49-4.

Stein, B. [1980] *Peasant State and Society in Medieval South India*, Oxford University Press.

—— [1997] "Communities, States, and 'Classical' India," in B. Kölver (ed.), *Recht, Staat und Verwaltung im Klassischen Indien*, R. Oldenbourg.

Subrahmanyam, S. [1988a] "Persians, Pilgrims and Portuguese : The Travails of Masulipatnam Shipping in the Western Indian Ocean, 1590-1665," *Modern Asian Studies*, 22-3.

—— [1988b] "A Note on Narsapur Peta : A 'Syncretic' Shipbuilding Centre in South India, 1570-1700," *Journal of the Economic and Social History of the Orient*, 31-3.

—— [1990a] *The Political Economy of Commerce : Southern India, 1500-1650*, Cambridge University Press.

—— [1990b] *Improvising Empire : Portuguese Trade and Settlement in the Bay of Bengal, 1500-1700*, Oxford University Press.

—— [1990c] "Rural Industry and Commercial Agriculture in Late Seventeenth-Century South-Eastern India," *Past and Present*, 126.

—— [1992] "Iranians Abroad : Intra-Asian Elite Migration and Early Modern State Formation," *Journal of Asian Studies*, 51-2.

—— [1994] "Precious Metal Flows and Prices in Western and Southern Asia, 1500-1750 : Some Comparative and Conjunctural Aspects," in Subrahmanyam (ed.)（初出は 1991 年）.

—— and C. A. Bayly [1990] "Portfolio capitalists and the political economy of early modern India," in S. Subrahmanyam (ed.), *Merchants, Markets and the State in Early Modern India*, Oxford University Press.

Subramanian, L. [2009] "The Political Economy of Textiles in Western India : Weavers, Merchants and the Transition to a Colonial Economy," in Riello and Roy (eds.) [2009].

Tchitcherov, A. I. [1998] *India : Changing Economic Structure in the Sixteenth to Eighteenth Centuries : Outline History of Crafts and Trade*, 3rd revised ed., Manohar.

Washbrook, D. [1997] "From Comparative Sociology to Global History : Britain and India in the Pre-history of Modernity," *Journal of the Economic and Social History of the Orient*, 40-4.

―― [2007] "India in the Early Modern World Economy : Modes of Produciton, Reproduction and Exchange," *Journal of Global History*, 2.

―― [2010] "Merchants, Markets, and Commerce in Early Modern South India," *Journal of the Economic and Social History of the Orient*, 53-1・2.

Wellington, D. C. [2006] *French East India Companies : A Historical Account and Record of Trade*, Hamilton Books.

Wendt, I. C. [2009] "Four Centuries of Decline? Understanding the Changing Structure of the South Indian Textile Industry," in Riello and Roy (eds.) [2009].

Winius, G. D., and M. P. M. Vink [1991] *The Merchant-Warrior Pacified : The VOC (the Dutch East India Company) and Its Changing Political Economy in India*, Oxford University Press.

第8章　近現代 I：18 世紀～第一次世界大戦

秋田茂［2003］『イギリス帝国とアジア国際秩序――ヘゲモニー国家から帝国的な構造的権力へ』名古屋大学出版会

―― ［2013］「綿業が紡ぐ世界史――日本郵船のボンベイ航路」

浅田實［2001］『イギリス東インド会社とインド成り金』ミネルヴァ書房

アジア経済研究所編［1962］『インドの金融制度』アジア経済研究所

荒松雄［1951］「インド村落共同体研究についての覚書――19 世紀におけるイギリス人による諸論考」『東洋文化研究所紀要』2

石井一郎［1982］『インド近代企業の生成――グワーリヤルの事例』アジア経済研究所

石上悦郎［2008］「インド鉄鋼業の発展と変容――先発一貫メーカー，新興大手メーカーおよび小規模部門鼎立の構図」佐藤創編『アジア諸国の鉄鋼業――発展と変容』アジア経済研究所

伊藤正二編［1983］『公開講座　発展途上国の財閥』アジア経済研究所

今田秀作［2000］『パクス・ブリタニカと植民地インド――イギリス・インド経済史の《相関把握》』京都大学学術出版会

宇佐美好文［2014］「センサス期（1881-2011 年）の人口変動」水島司・川島博之編『激動のインド 2　環境と開発』日本経済評論社

大石高志［2002］「日印合弁・提携マッチ工場の成立と展開 1910-20 年代――ベンガル湾地域の市場とムスリム商人ネットワーク」『東洋文化』82

加藤祐三［1981］「植民地インドのアヘン生産――1773-1830 年」『東洋文化研究所紀要』83

辛島昇編［1976］『インド史における村落共同体の研究』東京大学出版会

――編［2007］『世界歴史大系　南アジア史 3　南インド』山川出版社
川村朋貴［2005］「東インド会社解散以前のイースタンバンク問題，1847〜1857 年」『社会経済史学』71-2
―― ［2009］「イギリス帝国下のイースタン・バンク問題――英領インドから海峡植民地へ（1853-67 年）」籠谷直人・脇村孝平編『帝国とアジア・ネットワーク――長期の 19 世紀』世界思想社
神田さやこ［2009］「環ベンガル湾塩交易ネットワークと市場変容――1780-1840 年」籠谷直人・脇村孝平編『帝国とアジア・ネットワーク――長期の 19 世紀』世界思想社
木曽順子［2003］『インド　開発のなかの労働者――都市労働市場の構造と変容』日本評論社
黒崎卓［2010］「インド，パキスタン，バングラデシュにおける長期農業成長」『経済研究』61-2
―― ［2015］「農業生産の長期変動――20 世紀の 100 年」水島司・柳澤悠編『現代インド 2　溶融する都市・農村』東京大学出版会
――・和田一哉［2015］「県データで見た農業生産の長期変動とその空間的特徴」水島司・柳澤悠編『現代インド 2　溶融する都市・農村』東京大学出版会
小池賢治［1979］『経営代理制度論』アジア経済研究所
小島眞［2008］『タタ財閥――躍進インドを牽引する巨大企業グループ』東洋経済新報社
小谷汪之［1979］『マルクスとアジア――アジア的生産様式論争批判』青木書店
―― ［1982］『共同体と近代』青木書店
――編［2007］『世界歴史大系　南アジア史 2　中世・近世』山川出版社
近藤治［1996］『インド史研究序説』世界思想社
斎藤修［2002］「飢饉と死亡と人口変動」柳澤悠編『現代南アジア 4　開発と環境』東京大学出版会
重松伸司［1999］『国際移動の歴史社会学――近代タミル移民研究』名古屋大学出版会
杉原薫［1996］『アジア間貿易の形成と構造』ミネルヴァ書房
―― ［1997］「19 世紀後半のアヘン貿易」入江節次郎編著『世界経済史――世界資本主義とパクス・ブリタニカ』ミネルヴァ書房
―― ［2009］「19 世紀前半のアジア交易圏――統計的考察」籠谷直人・脇村孝平編『帝国とアジア・ネットワーク――長期の 19 世紀』世界思想社
高橋昭子・水島司［2014］「人口と土地開発の長期変動――プレセンサス期を中心に」水島司・川島博之編『激動のインド 2　環境と開発』日本経済評論社
高畠稔［1959a］「18 世紀後期におけるベンガル地方の農民（Raiyat）層について」『史学雑誌』68-10
―― ［1959b, 60］「永代定額地租査定以前のザミーンダールについて（上）(下)」『東洋学報』42-2〜3
―― ［1970］「ザミーンダール・ライーヤット関係の原型――インド社会史への試論」『北海道大学文学部紀要』18-1
多田博一［1969a］「19 世紀インド農村社会の変容」『岩波講座世界歴史 21　近代 8　近代世界の展開 V』岩波書店
―― ［1969b］「19 世紀北インドにおける地主・小作関係」松井透・山崎利男編『インド史における土地制度と権力構造』東京大学出版会

――――[2014]『インドの大地と水』日本経済評論社
谷口晉吉［1978］「英国植民地支配前夜の北ベンガル地方のザミンダール――所領支配構造を中心にして」『アジア研究』25-1
――――[1981]「1859年ベンガル地代法の一考察」『一橋論叢』85-2
――――[1982]「18世紀末北部ベンガルの在来糖業」安場保吉・斎藤修編『プロト工業化期の経済と社会――国際比較の試み』日本経済新聞社
――――[1987]「19世紀初頭北ベンガルの流通と手工業――ブキャナン報告に基づいて」『一橋論叢』98-6
――――[1990, 92, 94]「18世紀後半北部ベンガルの農業社会構造(1)(2)(3)」『一橋大学研究年報 経済学研究』31, 33, 35
――――[1996]「18世紀後半ベンガル農業社会の貨幣化と農村市場に関する一試論」『一橋論叢』116-6
――――[2002-05]「植民地支配期ベンガル農業社会の地域構造 (I)(II)(III-1)(III-2)」『一橋大学研究年報 経済学研究』44〜47
角山栄［1973］「イギリス資本とインドの鉄道建設」『社会経済史学』38-5
中里成章［1981］「ベンガル藍一揆をめぐって――イギリス植民地主義とベンガル農民(1)」『東洋文化研究所紀要』83
――――[1983]「19世紀末20世紀初頭のダッカ地方における土地市場の考察――地主制の展開との関連において」『東洋文化研究所紀要』93
――――[1987]「ザミンダールの地所経営機構と在地社会――19世紀末20世紀初頭のダッカ地方の事例を中心に」『東洋文化研究所紀要』103
――――[1999]「インドの植民地化問題・再考」『岩波講座世界歴史23 アジアとヨーロッパ――1900年代―20年代』岩波書店
広田勇［1982］「財閥形成期における経営者とターター家」『海外事情研究』9-2
深沢宏［1976a］「「1875年のデカン農民反乱」と農村」(辛島昇編［1976］所収)
――――[1976b]「1875年のデカン農民反乱における債務者と債権者」『アジア経済』17-4
福味敦［2013］「電力セクターのゆくえ」水島司編『激動のインド1 変動のゆくえ』日本経済評論社
藤田暁男［1974］「イギリス資本主義経済の変動と植民地インドの鉄道建設 1844年〜1879年」『長崎大学東南アジア研究所研究年報』15
牧野博［1970］「イギリスの対インド鉄道投資1849-1868年」『経済学論叢』19-4
――――[1977]「インドにおける鉄道建設の史的展開――政庁系鉄道の建設期（1870-1879年）を中心として 1」『経済学論叢』26-1・2
松井透［1969］「イギリス帝国主義とインド社会――鉄道建設を焦点にして」『岩波講座世界歴史22 近代9―帝国主義時代I』岩波書店
――――[1971]「19世紀末ミーラトにおける土地所有と地主小作関係」(同編［1971］所収)
――――[1977]『北インド農産物価格の史的研究』東京大学出版会
――――[1991]『世界市場の形成』岩波書店
――――編［1971］『インド土地制度史研究――史料を中心に』東京大学出版会
――――・山崎利男編［1969］『インド史における土地制度と権力構造』東京大学出版会
三上敦史［1993］『インド財閥経営史研究』同文館出版
三木さやこ［2000］「18世紀末〜19世紀前半におけるベンガルの穀物流通システム――穀

物交易をめぐるインド商人とイギリス東インド会社」『社会経済史学』66-1
――［2002］「ベンガル塩商人の活動とイギリス東インド会社の塩独占体制（1788～1836年)」『社会経済史学』68-2
水島司［1977］「20世紀前期における南インドの経済構造――流通面からみた一考察」『アジア経済』18-1
――［1978］「南インド農村の類型化の試み――農民負債と流通形態との関連から」『史学雑誌』87-7
――［2003］「イギリス植民地支配の拡張とインド人ネットワーク――インド人金融コミュニティーと東南アジア」同・秋田茂編『現代南アジア6　世界システムとネットワーク』東京大学出版会
――［2008］『前近代南インドの社会構造と社会空間』東京大学出版会
――［2013］「長期変動の中のインド」同編『激動のインド1　変動のゆくえ』日本経済評論社
――［2014］「農村社会構造の歴史的位相」柳澤悠・水島司編『激動のインド4　農業と農村』日本経済評論社
――［2015］「人口・耕地・農業の長期変動とインド農村」同・柳澤悠編『現代インド2　溶融する都市・農村』東京大学出版会
柳澤（沢）悠［1991］『南インド社会経済史研究――下層民の自立化と農村社会の変容』東京大学出版会
――［1992］「植民地期南インド手織業の変容と消費構造」『東洋文化研究所紀要』118
――［2003］「村落社会経済構造の変動と有力者主導型資源管理体制の崩壊――南インドにおける村落共同利用地の100年」『社会経済史学』68-6
――［2007］「植民地下の産業発展」(辛島昇編［2007］所収)
――［2014］『現代インド経済――発展の淵源・軌跡・展望』名古屋大学出版会
山田秀雄［1971］『イギリス植民地経済史研究』岩波書店
山本達郎編［1960］『インド史』山川出版社
吉住知文［2002］「植民地期インドの森林政策と住民生活」柳澤悠編『現代南アジア4　開発と環境』東京大学出版会
米川伸一［1994］「インド紡績株式会社における経営代理制度の定着過程」同『紡績業の比較経営史研究――イギリス・インド・アメリカ・日本』有斐閣
脇村孝平［1999］「インド人年季契約制は奴隷制の再来であったのか」『岩波講座世界歴史19　移動と移民――地域を結ぶダイナミズム』岩波書店
――［2002］『飢饉・疫病・植民地統治――開発の中の英領インド』名古屋大学出版会
渡辺昭一［1985］「19世紀中葉期イギリスの対インド鉄道投資政策――旧元利保証制度の展開と撤廃をめぐって」『土地制度史学』106
――［1999a］「第一次世界大戦とイギリスの対インド鉄道政策の転換――『アクワース委員会報告書』を中心にして」『東北学院大学論集（歴史学・地理学)』31
――［1999b］「第一次世界大戦後イギリスの対インド鉄道政策の転換過程とインド・ナショナリズム――鉄道建設・経営主体及び鉄道財政分離問題を中心にして」『社会経済史学』65-4

Achaya, K. T.［1994］*The Food Industries of British India*, Oxford University Press.

Alavi, S. (ed.) [2002] *The Eighteenth Century in India : Debates in Indian History and Society*, Oxford University Press.
Arnold, D. and R. Guha (eds.) [1995] *Nature, Culture, Imperialism : Essays on the Environmental History of South Asia*, Oxford University Press.
Bagchi, A. k. [1972] *Private Investment in India 1900-1939*, Cambridge University Press.
—— [1987] *The Evolution of the State Bank of India : Vol. I : Part 1 : The Early Years, 1806-1860, Part 2 : Diversity and Regrouping, 1860-1876*, Oxford University Press.
—— [1989] *The Presidency Banks and the Indian Economy, 1876-1914*, Oxford University Press.
—— [1997] *The Evolution of the State Bank of India : The Era of the Presidency Banks, 1876-1920*, Sage.
Bayly, C. A. [1983] *Rulers, Townsmen and Bazaars : North Indian Society in the Age of British Expansion 1770-1870*, Oxford University Press.
Bhattacharya, S. [1982] "Regional Economy 1757-1857 : 2. Eastern India, I," in D. Kumar (ed.) [1982].
Blyn, G. [1966] *Agricultural Trends in India, 1891-1947 : Output, Availability, and Productivity*, University of Pennsylvania Press.
Bowen, H. V. [2008] *The Business of Empire : The East India Company and Imperial Britain, 1756-1833*, Cambridge University Press.
Buchanan, D. H. [1934] *The Development of Capitalistic Enterprise in India*, Macmillan.
Chandra, B. [1968] "Reinterpretation of Nineteenth Century Indian Economic History," *Indian Economic and Social History Review*, 5-1.
—— [2009] *History of Modern India*, Orient Blackswan.
Charlesworth, N. [1985] *Peasants and Imperial Rule : Agriculture and Agrarian Society in the Bombay Presidency, 1850-1935*, Cambridge University Press.
Chaudhuri, K. N. [1978] *The Trading World of Asia and the English East India Company, 1660-1760*, Cambridge University Press.
Damodaran, H. [2008] *India's New Capitalists : Caste, Business, and Industry in a Modern Nation*, Permanent Black.
Datta, R. [1999] "Market, Bullion and Bengal's Commercial Economy : An 18th Century Perspective," in O.Prakash and D. Lombard (eds.), *Commerce and Culture in the Bay of Bengal, 1500-1800*, Manohar.
—— [2000] *Society, Economy and the Market : Commercialization in Rural Bengal c. 1760-1800*, Manohar.
Davis, K. [1951] *The Population of India and Pakistan*, Princeton University Press.
Deloche, J. [1993-94] *Transport and Communications in India prior to Steam Locomotion, Vol. 1 : Land Transport, Vol. 2 : Water Transport*, Oxford University Press.
Dorin, B. (ed.) [2003] *The Indian Entrepreneur : A Sociological Profile of Businessmen and Their Practices*, Manohar.
Dutt, R. [1902] *The Economic History of India under Early British Rule : From the Rise of the British Power in 1757 to the Accession of Queen Victoria in 1837*, Vol. 1, Kegan Paul.
—— [1904] *The Economic History of India in the Victorian Age : From the Accession of Queen Victoria in 1837 to the Commencement of the Twentieth Century*, Vol. 2, Kegan Paul.

Frykenberg, R. E. (ed.) [1969] *Land Control and Social Structure in Indian History*, The University of Wisconsin Press.
—— (ed.) [1977] *Land Tenure and Peasant in South Asia*, Orient Longman.
Gadgil, D. R. [1924] *The Industrial Evolution of India in Recent Times*, Oxford University Press.
Gadgil, M. and R. Guha [1992] *This Fissured Land : An Ecological History of India*, Oxford University Press.
Gopinath, R. [2010] *Historical Demography and Agrarian Regimes : Understanding Southern Indian fertility, 1881-1981*, Orient Blackswan.
Guha, S. [1999] *Environment and Ethnicity in India, 1200-1991*, Cambridge University Press.
—— [2001] *Health and Population in South Asia : From Earliest Times to the Present*, Hurst.
——(ed.) [1992] *Growth, Stagnation or Decline? Agricultural Productivity in British India*, Oxford University Press.
Habib, I. [1985] "Studying Colonial Economy without Colonialism," *Modern Asian Studies*, 19-3.
—— [1998] "The Eighteenth Century in Indian Economic History," in L. Blussé and F. Gaastra (eds.), *On the Eighteenth Century as a Category of Asian History : Van Leur in Retrospect*, Ashgate.
Harris, F. R. [1958] *Jamsetji Nusserwanji Tata : A Chronicle of His Life*, 2nd ed., Blackie & Son (India).
Haynes, D. E. et al. (eds.) [2010] *Towards a History of Consumption in South Asia*, Oxford University Press.
Hossain, H. [1988] *The Company Weavers of Bengal : The East india Company and the Organization of Textile Production in Bengal, 1750-1813*, Oxford University Press.
Jain, L. C. [1929] *Indigenous Banking in India*, Macmillan.
Karashima, N. (ed.) [2014] *A Concise History of South India : Issues and Interpretations*, Oxford University Press.
Kotani, H. [2002] *Western India in Historical Transition : Seventeenth to Early Twentieth Centuries*, Manohar.
——, M. Mita and T. Mizushima [2008] "Indian History from Medieval to Modern Periods : An Alternative to the Land-System-Centred Perspective," *International Journal of South Asian Studies*, 1.
Kumar, D. [1965] *Land and Caste in South India : Agricultural Labour in the Madras Presidency during the Nineteenth Century*, Cambridge University Press.
—— [1998] *Colonialism, Property and the State*, Oxford University Press.
——(ed.) [1982] *The Cambridge Economic History of India, Vol. 2 : c. 1751-c. 1970*, Cambridge University Press.
Ludden, D. [1985] *Peasant History in South India*, Princeton University Press.
Markovits, C. [2000] *The Global World of Indian Merchants, 1750-1947 : Traders of Sind from Bukhara to Panama*, Cambridge University Press.
—— [2008] *Merchants, Traders, Entrepreneurs : Indian Business in the Colonial Era*, Palgrave Macmillan.
Marshall, P. J. [1987] *Bengal : The British Bridgehead Eastern India 1740-1828*, Cambridge University Press.

―― (ed.) [2003] *The Eighteenth Century in Indian History : Evolution or Revolution?* Oxford University Press.

Matsui, T. [1968] "On the Nineteenth-Century Indian Economic History : A Review of a 'Reinterpretation'," *Indian Economic and Social History Review*, 5-1.

Mizushima, T. [2002] "From Mirasidar to Pattadar : South India in the Late Nineteenth Century," *Indian Economic and Social History Review*, 39-2〜3.

―― [2014] "Did India experience Rapid Population Growth in the Pre-Census Period? A Village-level Study from South India," *International Journal of South Asian Studies*, 6.

Morris, M. D. [1963] "Towards a Reinterpretation of Nineteenth-Century Indian Economic History," *Journal of Economic History*, 23-4.

―― [1965] *The Emergence of an Industrial Labor Force in India : A Study of the Bombay Cotton Mills, 1854-1947*, Oxford University Press.

―― [1982] "The Growth of Large-Scale Industry to 1947," in Kumar (ed.) [1982].

Mukherjee, A. [2007] "The Return of the Colonial in Indian Economic History : The Last Phase of Colonialism in India," Presidential Address (Modern India), Indian History Congress, 68th Session.

Mukherjee, N. and R. Frykenberg [1969] "The Ryotwari System and Social Organization in the Madras Presidency," in Frykenberg (ed.) [1969].

Parthasarathi, P. [2001] *The Transition to a Colonial Economy : Weavers, Merchants and Kings in South India, 1720-1800*, Cambridge University Press.

Prakash, O. [2002] "Trade and Politics in Eighteenth-century Bengal," in Alavi (ed.) [2002].

Raju, A. S. [1941] *Economic Conditions in the Madras Presidency, 1800-1850*, University of Madras.

Ray, R. K. (ed.) [1992] "Introduction," in R. K. Ray (ed.), *Entrepreneurship and Industry in India, 1800-1947*, Oxford University Press.

Richards, J. F. [2004] "The Opium Industry in British India," in S. Subrahmanyam (ed.), *Land, Politics and Trade in South Asia*, Oxford University Press.

Riello, G. and T. Roy (eds.) [2009] *How India Clothed the World : The World of South Asian Textiles, 1500-1850*, Brill.

Roy, T. [1993] *Artisans and Industrialization : Indian Weaving in the Twentieth Century*, Oxford University Press.

―― [1999] *Traditional Industry in the Economy of Colonial India*, Cambridge University Press.

―― [2000] *The Economic History of India, 1857-1947*, Oxford University Press.

―― [2010] "Colonialism and Industrialization in India 1870-1940," *International Journal of South Asian Studies*, 3.

Siddiqi, A. (ed.) [1995] *Trade and Finance in Colonial India, 1750-1860*, Oxford University Press.

Sinha, N. [2012] *Communication and Colonialism in Eastern India : Bihar, 1760s-1880s*, Anthem Press.

Sivaramakrishnan, K. [1999] *Modern Forests : Statemaking and Environmental Change in Colonial Eastern India*, Stanford University Press.

Sivasubramonian, S. [2000] *The National Income of India in the Twentieth Century*, Oxford University Press.

Tomlinson, B. R. [1981] "Colonial Firms and the Decline of Colonialism in Eastern India 1914-1947," *Modern Asian Studies*, 15-3.
Tripathi, D. (ed.) [1984], *Business Communities of India : A Historical Perspective*, Manohar.
Tyabji, N. [1995] *Colonialism, Chemical Technology and Industry in Southern India*, Oxford University Press.
Visaria, L. and P. Visaria [1982] "Population (1757-1947)," in Kumar (ed.) [1982].
Washbrook, D. [2004] "South India 1770-1840 : The Colonial Transition," *Modern Asian Studies*, 38-3.
Whitcombe, E. [1982] "Irrigation," in Kumar (ed.) [1982].
Yanagisawa, H. [1996] *A Century of Change : Caste and Irrigated Lands in Tamilnadu 1860s-1970s*, Manohar.
Yang, A. A. [1989] *The Limited Raj : Agrarian Relations in Colonial India, Saran District, 1793-1920*, Oxford University Press.

第9章　近現代 II：第一次世界大戦以降

石上悦朗［2008］「インド鉄鋼業の発展と変容——先発一貫メーカー，新興大手メーカーおよび小規模部門鼎立の構図」佐藤創編『アジア諸国の鉄鋼業——発展と変容』アジア経済研究所
——［2009］「グローバル化と IT-BPO 産業の発展」赤羽新太郎・夏目啓二・日高克平編著『グローバリゼーションと経営学——21 世紀における BRICs の台頭』ミネルヴァ書房
——［2011］「産業政策と産業発展」（石上悦朗・佐藤隆広編著［2011］所収）
——・上池あつ子・佐藤隆広［2014］「企業部門と経済発展」（絵所秀紀・佐藤隆広編［2014］所収）
——・佐藤隆広編著［2011］『現代インド・南アジア経済論』ミネルヴァ書房
伊藤正二編［1988］『インドの工業化——岐路に立つハイコスト経済』アジア経済研究所
宇佐美好文［2014］「労働力移動と農村社会」（柳澤悠・水島司編［2014］所収）
内川秀二編［2006］『躍動するインド経済——光と陰』アジア経済研究所
絵所秀紀［1987］『現代インド経済研究——金融革命と経済自由化をめぐる諸問題』法政大学出版局
——［2008］『離陸したインド経済——開発の軌跡と展望』ミネルヴァ書房
——編［2002］『現代南アジア 2　経済自由化のゆくえ』東京大学出版会
——・佐藤隆広編［2014］『激動のインド 3　経済成長のダイナミズム』日本経済評論社
応地利明［1974］「インド・パンジャーブ平原における農村の展開と「緑の革命」——アムリッツァー県ガッガルバナ村を事例として」『史林』57-5
大野昭彦［2001］「インド——巨像は立ちあがるのか」原洋之介編『アジア経済論　新版』NTT 出版
——［2007］『アジアにおける工場労働力の形成——労務管理と職務意識の変容』日本経済評論社
押川文子［2013］「教育の現在——分断を超えることができるか」水島司編『激動のインド 1　変動のゆくえ』日本経済評論社

小田尚也編［2009］『インド経済——成長の条件』アジア経済研究所
籠谷直人［2000］『アジア国際通商秩序と近代日本』名古屋大学出版会
木曽順子［1995］「独立前インドにおける工場労働者の形成」柳澤悠編『叢書カースト制度と被差別民 4　暮らしと経済』明石書店
——［2003］『インド　開発のなかの労働者——都市労働市場の構造と変容』日本評論社
——［2012］『インドの経済発展と人・労働』日本評論社
清川雪彦［2003］『アジアにおける近代的工業労働力の形成——経済発展と文化ならびに職務意識』岩波書店
黒崎卓［2010］「インド，パキスタン，バングラデシュにおける長期農業成長」『経済研究』61-2
——［2014］「農業生産の長期変動——20世紀の百年」（柳澤悠・水島司編［2014］所収）
——・山崎幸治［2011］「経済成長と貧困問題」（石上悦朗・佐藤隆広編著［2011］所収）
ケイン, P.J.／A.G.ホプキンズ［1997］木畑洋一・旦祐介訳『ジェントルマン資本主義の帝国 II　危機と解体 1914～1990』名古屋大学出版会
古賀正則・内藤雅雄・浜口恒夫編［2000］『移民から市民へ——世界のインド系コミュニティ』東京大学出版会
小島眞［1993］『現代インド経済分析——大国型工業発展の軌跡と課題』勁草書房
佐々木宏［2011］『インドにおける教育の不平等』明石書店
佐藤隆広［2002］『経済開発論——インドの構造調整計画とグローバリゼーション』世界思想社
——編［2009］『インド経済のマクロ分析』世界思想社
佐藤宏［1994］『インド経済の地域分析』古今書院
——編［1991］『地域研究シリーズ 7　南アジア：経済』アジア経済研究所
島根良枝［2006］「地場企業の基盤が注目されるインド自動車産業の発展」（内川秀二編［2006］所収）
清水学［1970］「植民地下のインド鉄鋼業」『アジア経済』11-10
下山瑛二・佐藤宏［1986］『インドにおける産業統制と産業許可制度』アジア経済研究所
中溝和弥［2012］『インド　暴力と民主主義——一党優位支配の崩壊とアイデンティティの政治』東京大学出版会
中村平治編［1972］『インド現代史の展望』青木書店
西口章雄［1982］『発展途上国経済論——インドの国民経済形成と国家資本主義』世界思想社
野村親義［2004］「植民地期インドにおける業界特殊的技術教育機関の形成とその特徴——タタ鉄鋼所を舞台に」『東洋文化研究所紀要』146
馬場敏幸［2011］「自動車産業とサポーティング産業」（石上悦朗・佐藤隆広編著［2011］所収）
浜口恒夫［1972］「独立後の農業問題と土地改革」（中村平治編［1972］所収）
——［1990］「農業の開発と再編成」西口章雄・浜口恒夫編『新版　インド経済』世界思想社
バラスブラマニヤム, V.N.［1988］古賀正則監訳，長谷安朗・松井和久・山崎幸治訳『インド経済概論——途上国開発戦略の再検討』東京大学出版会
藤田幸一［2002］「インド農業論」（絵所秀紀編［2002］所収）

―――［2004］「農村の貧困と開発の課題」絵所秀紀・穂坂光彦・野上裕生編著『シリーズ国際開発 1 貧困と開発』日本評論社
―――［2014］「西ベンガル――土地改革は何をもたらしたか」（柳澤悠・水島司編［2014］所収）
柳沢（澤）悠［1971-72］「インド在来織物業の再編成とその諸形態――綿工業における工場制度の確立との関連で（I）（II）」『アジア経済』12-12, 13-2
―――［1975］「インドにおける賃労働の存在形態――『労働調査委員会報告』にみる」山口博一編『インドの経済政策と諸階層』アジア経済研究所
―――［1991］『南インド社会経済史研究――下層民の自立化と農村社会の変容』東京大学出版会
―――［1992］「植民地期南インド手織業の変容とその消費構造」『東洋文化研究所紀要』118
―――［2001］「英印経済関係とインド工業化の一側面――第二次日印会商（1936～37年）を中心に」秋田茂・籠谷直人編『1930年代のアジア国際秩序』渓水社
―――［2004］「小規模工業・企業の展開と消費構造の変化――1920年～1950年のインド」『千葉大学経済研究』19-3
―――［2014a］『現代インド経済――発展の淵源・軌跡・展望』名古屋大学出版会
―――［2014b］「タミル・ナードゥ――中核的農業生産地への歩みと脱農化への転進」（同・水島司編［2014］所収）
―――［2014c］「経済成長を支える農村市場」（同・水島司編［2014］所収）
―――［2014d］「土地改革と階層変動」（同・水島司編［2014］所収）
―――・水島司編［2014］『激動のインド 4 農業と農村』日本経済評論社
山本盤男［1997］『インドの構造調整と税制改革』中央経済社
―――［2007］『連邦国家インドの財政改革の研究』九州大学出版会
吉岡昭彦［1975］「第一次大戦後におけるインド統治体制の再編成――『インド財政調査委員会報告』（1922年）を中心として」同編著『政治権力の史的分析』御茶の水書房

Ahluwalia, I. J. [1985] *Industrial Growth in India : Stagnation since the Mid-Sixties*, Oxford University Press.
Athreya, S. S. [2005] "Human Capital, Labour Scarcity and Development of the Software Service Sector," in A. Saith and M. Vijayabaskar (eds.), *ICTs and Indian Economic Development : Economy, Work, Regulation*, Sage.
Attwood, D. W. [1992] *Raising Cane : The Political Economy of Sugar in Western India*, Westview Press.
Bagchi, A. K. [1972] *Private Investment in India 1900-1939*, Cambridge University Press.
Baker, C. J. [1984] *An Indian Rural Economy 1880-1955 : The Tamilnad Countryside*, Clarendon.
Balakrishnan, P. [2006] "Benign Neglect or Strategic Intent? Contested Lineage of Indian Software Industry," *Economic and Political Weekly*, 41-36.
――― [2010] *Economic Growth in India : History and Prospect*, Oxford University Press.
Besley, T. and R. Burgess [2000] "Land Reform, Poverty Reduction, and Growth : Evidence from India," *Quarterly Journal of Economics*, 115-2.
Blyn, G. [1966] *Agricultural Trends in India, 1891-1947 : Output, Availability, and Productivity*, University of Pennsylvania Press.

Chandavarkar, R. [1994] *The Origins of Industrial Capitalism in India : Business Strategies and the Working Classes in Bombay, 1900-1940*, Cambridge University Press.

Chandrasekhar, C. P. [2011] "Six Decades of Industrial Development : Growth in the Manufacturing Sector in India from the 1940s," in D. Narayana and R. Mahadevan (eds.), *Shaping India : Economic Change in Historical Perspective*, Routledge.

Chari, S. [2004] *Fraternal Capital : Peasant-Workers, Self-Made Men, and Globalization in Provincial India*, Stanford University Press.

Charlesworth, N. [1985] *Peasant and Imperial Rule : Agriculture and Agrarian Society in the Bombay Presidency, 1850-1935*, Cambridge University Press.

Chatterji, B. [1992] *Trade, Tariffs and Empire : Lancashire and British Policy in India, 1919-1939*, Oxford University Press.

Chattopadhyay, R. [1987] "An Early British Government Initiative in the Genesis of Indian Planning," *Economic and Political Weekly*, 22-5.

Chaudhuri, S. [2004] "The Pharmaceutical Industry," in S. Gokarn, A. Sen and R. R. Vaidya (eds.), *The Structure of Indian Industry*, Oxford University Press.

Damodaran, H. [2008] *India's New Capitalists : Caste, Business, and Industry in a Modern Nation*, Permanent Black.

Dewey, C. [1979] "The Government of India's 'New Industrial Policy,' 1900-1925 : Formation and Failure," in K. N. Chaudhuri and C. J. Dewey, *Economy and Society : Essays in Indian Economic and Social History*, Oxford University Press.

Drèze, J. [2002] "Palanpur 1957-93 : Occupational Change, Land Ownership, and Social Inequality," in V. Madan, *Oxford in India Readings in Sociology and Social Anthropology : The Village in India*, Oxford University Press.

—— and A. Sen [1995] *India : Economic Development and Social Opportunity*, Oxford University Press.

Gill, K. [2010] *Of Poverty and Plastic : Scavenging and Scrap Trading Entrepreneurs in India's Urban Informal Economy*, Oxford University Press.

Guha, S. (ed.) [1992] *Growth, Stagnation or Decline? Agricultural Productivity in British India*, Oxford University Press.

Harriss, J., J. Jeyaranjan and K. Nagaraj [2010] "Land, Labour and Caste Politics in Rural Tamilnadu in the 20th Century : Iruvelpattu (1916-2008)," *Economic and Political Weekly*, 45-31.

Hazell, P. B. R. and C. Ramasamy [1991] *The Green Revolution Reconsidered : The Impact of High-Yielding Rice Varieties in South India*, The Johns Hopkins University Press.

Kathuria, S. [1995] "Competitiveness of Indian Industry," in D. Mookherjee (ed.), *Indian Industry : Policies and Performance*, Oxford University Press.

Kawai, A. [1986, 87] *"Landlords" and Imperial Rule : Change in Bengal Agrarian Society, c 1885-1940*, Vols. 1~2, Institute for the Study of Languages and Cultures of Asia and Africa.

Kessinger, T. G. [1979] *Vilyatpur 1848-1968 : Social and Economic Change in a North Indian Village*, Young Asia.

Knorringa, P. [1996] *Economics of Collaboration : Indian Shoemakers between Market and Hierarchy*, Sage.

Kochhar, K., U. Kumar, R. Rajan, A. Subramanian and I. Tokatlidis [2006] *India's Pattern of*

Development : What Happened, What Follows? IMF Working Paper, WP/06/22.

Kohli, A. [2006] "Politics of Economic Growth in India, 1980-2005 : Part I & II," *Economic and Political Weekly*, 41-13・14.

Kumar, D. (ed.) [1983] *Cambridge Economic History of India*, Vol. 2, Cambridge University Press.

Kurosaki, T. [2011] "Economic Inequality in South Asia," in R. Jha (ed.), *Routledge Handbook of South Asian Economics*, Routledge.

McCartney, M. [2009] *India : The Political Economy of Growth, Stagnation and the State, 1951-2007*, Routledge.

Mani, S. [2008] "Growth of India's Telecom Service (1991-2007) : Can It Lead to Emergence of a Manufacturing Hub?" *Economic and Political Weekly*, 43-3.

Mascarenhas, R. C. [1982] *Technology Transfer and Development : India's Hindustan Machine Tools Company*, Westview Press.

Mazumdar, D. and S. Sarkar [2008] *Globalization, Labor Markets and Inequality in India*, Routledge, 2008.

Morris, D. M. [1965] *The Emergence of an Industrial Labour Force in India : A Study of the Bombay Cotton Mills, 1854-1947*, University of California Press.

Mukherjee, M. [2005] *Colonizing Agriculture : The Myth of Punjab Exceptionalism*, Sage.

Nakazato, N. [2001] "The Transfer of Economic Power in India : Indian Big Business, the British Raj and Development Planning, 1930-1948," in M. Hasan and N. Nakazato (eds.), *The Unfinished Agenda : Nation-Building in South Asia*, Manohar.

Nomura, C. [2011] "Selling Steel in the 1920s : TISCO in a Period of Transition," *Indian Economic and Social History Review*, 48-1.

―― [2012] "Why was Indian Steel not exported in the Colonial Period?―The Influence of the British Standard Specification in Limiting the Potential Export of India Steel in the 1930s," *Modern Asian Studies*, 46-5.

Okada, A. [2008] "Small Firms in Indian Software Clusters : Building Global Competitiveness," in S. R. Hashim and N. S. Siddharthan (eds.), *High-tech Industries, Employment and Global Competitiveness*, Routledge.

Panagariya, A. [2004] "Growth and Reforms during 1980s and 1990s," *Economic and Political Weekly*, 39-25.

Pedersen, J. D. [2000] "Explaining Economic Liberalization in India : State and Society Perspectives," *World Development*, 28-2.

Ray, R. K. [1979] *Industrialization in India : Growth and Conflict in the Private Corporate Sector, 1914-47*, Oxford University Press.

Roy, T. [1998] "Development or Distortion? 'Powerlooms' in India, 1950-1997," *Economic and Political Weekly*, 33-16.

―― [2002] "Acceptance of Innovations in Early Twentieth-Century Indian Weaving," *Economic History Review*, 55-3.

―― (ed.) [1996] *Cloth and Commerce : Textiles in Colonial India*, Sage.

Sato, K. [2011] "Employment Structure and Rural-Urban Migration in a Tamil Village : Focusing on Differences by Economic Class," *Tonan Ajia Kenkyu*, 49-1.

Satyanarayana, A. [1990] *Andhra Peasants under British Rule : Agrarian Relations and the Rural*

Economy, 1900-1940, Manohar.
Sharma, A. N. [2005] "Agrarian Relations and Socio-Economic Change in Bihar," *Economic and Political Weekly*, 40-10.
Sivasubramonian, S. [2000] *The National Income of India in the Twentieth Century*, Oxford University Press.
—— [2004] *The Source of Economic Growth in India : 1950-1 to 1999-2000*, Oxford University Press.
Tewari, M. [1998] "Intersectoral Linkages and the Role of the State in Shaping the Conditions of Industrial Accumulation : A Study of Ludhiana's Manufacturing Industry," *World Development*, 26-8.
Wadley, S. S. and B. W. Derr [1989] "Karimpur 1925-1984 : Understanding Rural India Through Restudies," in P. Bardhan (ed.), *Conversations between Economists and Anthropologists : Methodological Issues in Measuring Economic Change in Rural India*, Oxford University Press.
Wiser, W. H. and C. V. Wiser [2000] *Behind Mud Walls ; Seventy-five Years in a North Indian Village*, University of California Press.
World Bank [2007] *India : Land Policies for Growth and Poverty Reduction*, World Bank, Agriculture and Rural Development Sector Unit, South Asia Region, Oxford University Press.

第10章　前近代：19世紀半ばまで

阿部百里子・菊池誠一［2012］「ベトナムの出土銭」『月刊考古学ジャーナル』626
飯岡直子［1997］「アユタヤ国王の対日貿易——鎖国下の長崎に来航した暹羅船の渡航経路の検討」『南方文化』24
生田滋［1991］「近世初頭の東南アジアにおける世界秩序」『思想』801
——［2000］「16-17世紀のインド洋海域におけるポルトガルの植民地と航海活動」『別府大学アジア歴史文化研究所報』18
石井米雄［1999］『タイ近世史研究序説』岩波書店
——［2009］「スコータイを通過する「東西回廊」に関する覚え書き」『東南アジア——歴史と文化』38
石澤良昭［2013］『「新」古代カンボジア史研究』風響社
伊東利勝［1980］「上ビルマ，メイッティーラ池灌漑施設の維持管理史——伝承時代からコンバウン期まで」『アジア・アフリカ言語文化研究』20
——［2001］「綿布と旭日銀貨」山本達郎責任編集『岩波講座東南アジア史1　原史東南アジア世界』岩波書店
——［2006］「エーヤーワディー流域の古代都市」『東南アジア考古学会研究報告』4
——［2009］「コンバウン朝ミャンマーにおける地租制度の導入について——タッタメーダ税に関する1864年法令を中心として」『愛知大学文学論叢』139
——［2013］「コンバウン王国前期における村落コミュニティについて」『愛知大学文学論叢』148
今永清二［1993］「アユタヤのイスラム共同体」『地誌研年報』3
岩生成一［1966］『南洋日本町の研究　正』岩波書店

―――［1985］『新版　朱印船貿易史の研究』吉川弘文館
―――［1987］『南洋日本町の研究　続―――南洋島嶼地域分散日本人移民の生活と活動』岩波書店
上田新也［2008］「ベトナム黎鄭政権における鄭王府の財政機構―――18世紀の六番を中心に」『東南アジア研究』46-1
―――［2010］「ベトナム黎鄭政権における徴税と村落」『東方学』119
―――［2013］「ベトナム・フエ近郊の村落社会と親族集団の形成―――18～19世紀タインフォック村の事例」『東洋史研究』72-1
大木昌［2006］『稲作の社会史―――19世紀ジャワ農民の稲作と生活史』勉誠出版
太田淳［2013］「ナマコとイギリス綿布―――19世紀半ばにおける外島オランダ港の貿易」秋田茂編『アジアからみたグローバルヒストリー―――「長期の18世紀」から「東アジアの経済的再興」へ』ミネルヴァ書房
―――［2014］『近世東南アジア世界の変容―――グローバル経済とジャワ島地域社会』名古屋大学出版会
大橋厚子［2010］『世界システムと地域社会―――西ジャワが得たもの失ったもの 1700-1830』京都大学学術出版会
岡田雅志［2014］『越境するアイデンティティ―――黒タイの移住の記憶をめぐって』風響社
加藤久美子［2000］『盆地世界の国家論―――雲南，シプソンパンナーのタイ族史』京都大学学術出版会
辛島昇［2001］「古代・中世東南アジアにおける文化発展とインド洋ネットワーク」山本達郎責任編集『岩波講座東南アジア史1　原史東南アジア世界』岩波書店
菊池誠一［2003］『ベトナム日本町の考古学』高志書院
岸本美緒［1998a］「東アジア・東南アジア伝統社会の形成―――16-18世紀」樺山紘一他編『岩波講座世界歴史13　東アジア・東南アジア伝統社会の形成―――16-18世紀』岩波書店
―――［1998b］『東アジアの「近世」』（世界史リブレット13）山川出版社
北川香子［2001］「ハーティエン」桜井由躬雄責任編集『岩波講座東南アジア史4　東南アジア近世国家群の展開』岩波書店
黒田景子［1991］「タラーン港の破壊―――ラーマ1世紀（1785～1808）シャムにおけるマレー半島北部西海岸交易港群の役割」『南方文化』18
小泉順子［1993］「19世紀半ばのナコンラーチャシーマーにおける身分・徭役制度」『東南アジア―――歴史と文化』22
―――［2006］『歴史叙述とナショナリズム―――タイ近代史批判序説』東京大学出版会
小林篤史［2012］「19世紀前半における東南アジア域内交易の成長―――シンガポール・仲介商人の役割」『社会経済史学』78-3
斎藤照子［1985］「英領ビルマにおける初期土地制度 1826-1876」『東南アジア研究』23-2
―――［2009］「人身抵当証文から見る19世紀ビルマの債務奴隷―――サリン地方の事例」『東南アジア―――歴史と文化』38
―――［2013］「近世貨幣史の研究課題と展望―――18～19世紀ビルマの通貨状況と改革を素材に」『東南アジア―――歴史と文化』42
坂井隆［2002］『港市国家バンテンと陶磁貿易』同成社
―――［2012］「インドネシアの出土中国系銭」『月刊考古学ジャーナル』626
桜井由躬雄［1987］『ベトナム村落の形成―――村落共有田＝コンディエン制の史的展開』創

文社
―――［2001］「東南アジアの原史――歴史圏の誕生」山本達郎責任編集『岩波講座東南アジア史1　原史東南アジア世界』岩波書店
信夫清三郎［1968］『ラッフルズ伝――イギリス近代的植民政策の形成と東洋社会』平凡社東洋文庫
柴山守［2012］『地域情報マッピングからよむ東南アジア――陸域・海域アジアを越えて地域全体像を解明する研究モデル』勉誠出版
嶋尾稔［2011］「17世紀後半ベトナム北部村落における「売亭文契」に関する覚書」『慶應義塾大学言語文化研究所紀要』42
―――［2012］「ベトナム阮朝期の徴税・徴兵に関する新史料の紹介」『慶應義塾大学言語文化研究所紀要』43
島田竜登［1999］「唐船来航ルートの変化と近世日本の国産代替化――蘇木・紅花を事例として」『早稲田経済学研究』49
―――［2006］「近世日本のシャム貿易史研究序説――18世紀におけるアジア間貿易構造の変化」『(西南学院大学)経済学論集』41-2
―――［2008］「18世紀前半におけるオランダ東インド会社のアジア間貿易」『(西南学院大学)経済学論集』43-1・2
―――［2013］「近世植民都市バタヴィアの奴隷に関する覚書」『文化交流研究――東京大学文学部次世代人文学開発センター研究紀要』26
下田一太［2006］「カンボジア，プレアンコール期のPura（城市）について――考古学的調査資料にもとづく一考察」『東南アジア考古学会研究報告』4
ジャヤパール，M.［1996］木下光訳『シンガポール都市の歴史』学芸出版社
白石隆［2000］『海の帝国――アジアをどう考えるか』中公新書
菅谷成子［1989］「18世紀後半における福建―マニラ間の中国帆船貿易」『寧楽史苑』34
―――［1999］「マニラの中国人――スペイン植民地の中国帆船貿易」濱下武志編『東アジア世界の地域ネットワーク』山川出版社
―――［2001］「スペイン植民都市マニラの形成と発展」中西徹・小玉徹・新津晃一編『アジアの大都市4　マニラ』日本評論社
―――［2006］「スペイン領フィリピンにおける「中国人」――"Sangley"，"Mestizo"および"Indio"のあいだ」『東南アジア研究』43-4
スキナー，W.［1981］山本一訳『東南アジアの華僑社会――タイにおける進出・適応の歴史』東洋書店
杉原薫［2009］「19世紀前半のアジア交易圏――統計的考察」籠谷直人・脇村孝平編『帝国とアジア・ネットワーク――長期の19世紀』世界思想社
スコット，J.C.［2013］佐藤仁監訳『ゾミア――脱国家の世界史』みすず書房
鈴木恒之［1976］「アチェー西海岸におけるコショウ栽培の発展と新ナングルの形成――18世紀末から19世紀前半の」『東南アジア――歴史と文化』6
―――［1999］「17世紀後半を中心とするパレンバン王国の胡椒交易」『史苑』60-1
―――［2001］「オランダ東インド会社の覇権」石井米雄責任編集『岩波講座東南アジア史3　東南アジア近世の成立』岩波書店
スミシーズ，M.［1993］渡辺誠介訳『バンコクの歩み』学芸出版社
多賀良寛［2011］「19世紀における阮朝の通貨統合政策とベトナム銭の広域的流通」『南方

文化』38
―――［2014］「阮朝治下ベトナムにおける銀流通の構造」『史学雑誌』123-2
高崎美佐子［1967］「18世紀における清タイ交渉史―――暹羅米貿易の考察を中心として」『お茶の水史学』10
高谷好一［1985］『東南アジアの自然と土地利用』勁草書房
坪内良博［1986］『東南アジア人口民族誌』勁草書房
―――［1998］『小人口世界の人口誌―――東南アジアの風土と社会』京都大学学術出版会
東南アジア考古学会編［2011］『塩の生産と流通―――東アジアから南アジアまで』雄山閣
長島弘［1989］「17世紀におけるムスリム商人の日本来航について」『東西海上交流史研究』1
―――［1994］「スーラト-アユタヤ-長崎―――ジョージ・ホワイトのシャム貿易報告書（1679年）の紹介を中心として（資料）」『調査と研究』25-1
永積昭［2000］『オランダ東インド会社』講談社学術文庫
永積洋子［2001］『朱印船』吉川弘文館
中村公雄［1978］「1740年のバタビア暴動と中国人社会―――公堂と遺産管理委員会の機能と変容」『社会文化史学』15
中村孝志［1969］「バタヴィア華僑の徴税請負制度について」『東洋史研究』28-1
西村孝夫［1960］「16, 7世紀の「香料諸島」―――ヨーロッパの東インド貿易と関連して」『（大阪府立大学）経済研究』16
新田栄治［2005］「ドヴァーラヴァティーの都市と構造」『東南アジア考古学会研究報告』3
日本ベトナム研究者会議編［1993］『海のシルクロードとベトナム―――ホイアン国際シンポジウム』穂高書店
野ण亨［1994］「東南アジアの自然と歴史を学ぶ」淵本康方・野村亨・石川幸一『東南アジア世界の実像―――国家形成の歴史と経済発展の軌跡』中央経済社
蓮田隆志［2005］「「華人の世紀」と近世北部ベトナム―――1778年の越境事件を素材として」『アジア民衆史研究』10
―――［2015］「朱印船貿易・日本町関連書籍所載地図ベトナム部分の表記について」『資料学研究』12
羽田正［2007］『東インド会社とアジアの海』講談社
早瀬晋三［2003］『海域イスラーム社会の歴史―――ミンダナオ・エスノヒストリー』岩波書店
平野裕子［2006］「港市オケオの文化交流ネットワークの展開―――メコンデルタの考古文化からみた扶南像への一視点」『東南アジア考古学会研究報告』4
弘末雅士［2004］『東南アジアの港市世界―――地域社会の形成と世界秩序』岩波書店
深見純生［1987］「三仏斉の再検討―――マラッカ海峡古代史研究の視座転換」『東南アジア研究』25-2
―――［1997］「流通と生産の中心としてのジャワ―――『諸蕃志』の輸出入品にみる」『東洋学報』79-3
―――［2006］「ターンブラリンガの発展と13世紀東南アジアのコマーシャルブーム」『国際文化論集』34
ブリュッセイ, L.［1983］「オランダ東インド会社とバタヴィア（1619-1799年）―――町の崩壊の原因について」『東南アジア研究』21-1

ホイト, S. H.［1996］栗林久美子・山内奈美子訳『ペナン都市の歴史』学芸出版社
宮本謙介［1993］『インドネシア経済史研究——植民地社会の成立と構造』ミネルヴァ書房
―――［1999］「植民地都市バタヴィアの社会と経済」同・小長谷一之編『アジアの大都市2 ジャカルタ』日本評論社
―――［2003］『概説インドネシア経済史』有斐閣
桃木至朗［1996］『歴史世界としての東南アジア』（世界史リブレット12）山川出版社
―――［1997］「周辺の明清時代史——ベトナム経済史の場合」明清時代史の基本問題編集委員会編『明清時代史の基本問題』汲古書院
―――［2011］『中世大越国家の成立と変容』大阪大学出版会
―――・樋口英夫・重枝豊［1999］『チャンパ——歴史・末裔・建築』めこん
―――編［2008］『海域アジア史研究入門』岩波書店
八尾隆生［2009］『黎初ヴェトナムの政治と社会』広島大学出版会
山形眞理子［2005］「林邑の都城」『東南アジア考古学会研究報告』3
山崎岳［2013］「ムラカ王国の勃興——15世紀初頭のムラユ海域をめぐる国際関係」中島楽章編『南蛮・紅毛・唐人——16・17世紀の東アジア海域』思文閣出版
山田勇［1991］『東南アジアの熱帯多雨林世界』創文社
リード, A.［2002a］平野秀秋・田中優子訳『大航海時代の東南アジア——1450-1680　1　貿易風の下で』新装版, 法政大学出版局
―――［2002b］平野秀秋・田中優子訳『大航海時代の東南アジア——1450-1680　2　拡張と危機』法政大学出版局

Blussé, L.［1986］*Strange Company : Chinese Settlers, Mestizo Women, and the Dutch in VOC Batavia*, Foris Publications.
――― ［1999］"Chinese Century. The Eighteenth Century in the China Sea Region," *Archipel*, 58.
Cushman, J. W.［1993］*Fields from the Sea : Chinese Junk Trade with Siam during the Late Eighteenth and Early Nineteenth Centuries*, Southeast Asia Program, Cornell University.
Dijk, W. O.［2006］*Seventeenth-century Burma and the Dutch East India Company, 1634-1680*, Singapore University Press.
Hall, K. R.［2011］*A History of Early Southeast Asia : Maritime Trade and Societal Development, 100-1500*, Rowman & Littlefield.
Hoang, Anh Tuan［2007］*Silk for Silver : Dutch-Vietnamese Relations, 1637-1700*, Brill.
Kathirithamby-Wells, J. and J. Villiers (eds.)［1990］*The Southeast Asian Port and Polity : Rise and Demise*, Singapore University Press.
Knaap, G.［1996］*Shallow Waters, Rising Tide : Shipping and Trade in Java around 1775*, KITLV Press.
――― and H. Sutherland［2004］*Monsoon Traders : Ships, Skippers and Commodities in Eighteenth-century Makassar*, KITLV Press.
Krisadaolan, R. and V. Mihailovs［2012］*Siamese Coins : From Funan to the Fifth Reign*, River Books.
Kwee, Hui Kian［2006］*The Political Economy of Java's Northeast Coast c. 1740-1800 : Elite Synergy*, Brill.
Li, T.［1998］*Nguyễn Cochinchina : Southern Vietnam in the Seventeenth and Eighteenth Centuries*,

Cornell Southeast Asia Program Publications.
――and A. Reid (eds.) [1993] *Southern Vietnam under the Nguyễn : Documents on the Economic History of Cochinchina (Đàng Trong), 1602-1777*, Singapore Institute of Southeast Asian Studies.
Lieberman, V. [2003, 09] *Strange Parallels : Southeast Asia in Global Context, c. 800-1830*, Vol. 1 : Integration on the Mainland, Vol. 2 : Mainland Mirrors : Europe, Japan, China, South Asia, and the Islands, Cambridge University Press.
Mahlo, D. [2012] *The Early Coins of Myanmar/Burma : Messengers from the Past : Pyu, Mon, and Candras of Arakan (First Millenium AD)*, White Lotus Press.
Ohashi, A. [2012] "Global Economy and the Formation of the Cultivation System in Java, 1800-1840 : A Preliminary Research," *Forum of International Development*, 42.
Reid, A. and R. Fernando [1996] "Shipping on Melaka and Singapore as an Index of Growth, 1760-1840", *South Asia : Journal of South Asian Studies*, 19-1.
Shimada, R. [2006] *The Intra-Asian Trade in Japanese Copper by the Dutch East India Company during the Eighteenth Century*, Brill.
Smith, G. V. [1977] *The Dutch in Seventeenth-century Thailand*, Center for Southeast Asian Studies, Northern Illinois University.
Somers Heidhues, M. [1992] *Bangka Tin and Mentok Pepper : Chinese Settlement on an Indonesan Island*, Singapore : Institute of Southeast Asian Studies.
―― [2003] *Golddiggers, Farmers, and Traders in the "Chinese districts" of West Kalimantan, Indonesia*, Southeast Asia Program Publications, Southeast Asia Program, Cornell University.
Souza, G. B. [1986] *The Survival of Empire : Portuguese Trade and Society in China and the South China Sea, 1630-1754*, Cambridge University Press.
Terwiel, B. J. [1989] *Through Travellers' Eyes : An Approach to Early Nineteenth-century Thai History*, Editions Duang Kamol.
Viraphol, S. [1977] *Tribute and Profit : Sino-Siamese Trade, 1652-1853*, Council on East Asian Studies, Harvard University Press.
Warren, J. F. [1981] *The Sulu Zone, 1768-1898 : The Dynamics of External Trade, Slavery, and Ethnicity in the Transformation of a Southeast Asian Maritime State*, Singapore University Press.
Whitmore, J. K. [1983] "Vietnam and the Monetary Flow of Eastern Asia : Thirteenth to Eighteenth Century," in J. F. Richards (ed.), *Precious Metals in the Later Medieval and Early Modern Worlds*, Durham : Carolina Academic Press.

第11章　近現代 I：19 世紀半ば〜1930 年代

安達宏昭［2011］「日本の東南アジア・南洋進出」和田春樹他編『岩波講座東アジア近現代通史 4　社会主義とナショナリズム――1920 年代』岩波書店
生田真人・松澤俊雄編［2000］『アジアの大都市 3　クアラルンプル・シンガポール』日本評論社
伊藤利勝［2009］「コンバウン朝ミャンマーにおける地租制度の導入について――タッタメーダ税に関する 1864 年法令を中心として」『愛知大学文学論叢』139
植村泰夫［1997］『世界恐慌とジャワ農村社会』勁草書房

―― [2001]「植民地期インドネシアのプランテーション」（加納啓良編 [2001] 所収）
大木昌 [1984]『インドネシア社会経済史研究――植民地期ミナンカバウの経済過程と社会変化』勁草書房
―― [2001]「インドネシアにおける稲作経済の変容――ジャワと西スマトラの事例から」（加納啓良編 [2001] 所収）
―― [2006]『稲作の社会史――19世紀ジャワ農民の稲作と生活史』勉誠出版
太田淳 [2013]「ナマコとイギリス綿布――19世紀半ばにおける外島オランダ港の貿易」秋田茂編著『アジアからみたグローバルヒストリー――「長期の18世紀」から「東アジアの経済的再興」へ』ミネルヴァ書房
岡本郁子 [1997]「植民地期ビルマの地租と土地所有権」水野広祐・重冨真一編『東南アジアの経済開発と土地制度』アジア経済研究所
柿崎一郎 [2000]『タイ経済と鉄道――1885～1935年』日本経済評論社
―― [2009]『鉄道と道路の政治経済学――タイの交通政策と商品流通1935～1975年』京都大学学術出版会
―― [2010]『王国の鉄路――タイ鉄道の歴史』京都大学学術出版会
―― [2014]『都市交通のポリティクス――バンコク1886～2012年』京都大学学術出版会
霍啓昌 [1999]「香港の商業ネットワーク――宗族結合とビジネス・パートナーシップ」杉山伸也・L. グローブ編 [1999]『近代アジアの流通ネットワーク』創文社
籠谷直人 [2000]『アジア国際通商秩序と近代日本』名古屋大学出版会
―― [2003]「大英帝国「自由貿易原則」とアジア・ネットワーク」山本有造編『帝国の研究――原理・類型・関係』名古屋大学出版会
河西晃祐 [2006]「南洋スマラン植民地博覧会と大正期南方進出の展開」『日本植民地研究』18
河原林直人 [2004]「南洋協会という鏡――近代日本における「南進」を巡る「同床異夢」」『人文学報』（京都大学人文科学研究所）91
加納啓良 [1988]『インドネシア農村経済論』勁草書房
―― [1991]「アジア域内交易と東南アジア植民地支配」（浜下武志・川勝平太編 [1991] 所収）
―― [1995]「国際貿易から見た20世紀の東南アジア植民地経済――アジア太平洋市場への包摂」『歴史評論』539
―― [2001]「総説」（同編 [2001] 所収）
―― [2004]『現代インドネシア経済史論――輸出経済と農業問題』東京大学出版会
――編 [1994]『中部ジャワ農村の経済変容――チョマル郡の85年』東京大学東洋文化研究所
――編 [2001]『岩波講座東南アジア史6　植民地経済の繁栄と凋落』岩波書店
川村朋貴 [2009]「イギリス帝国化のイースタン・バンク問題――英領インドから海峡植民地へ（1853-67年）」籠谷直人・脇村孝平編『帝国とアジア・ネットワーク――長期の19世紀』世界思想社
菊池道樹 [1988]「サイゴン開港の歴史的意義」『東南アジア　歴史と文化』17
北原淳 [2012]『タイ近代土地・森林政策史研究』晃洋書房
工藤裕子 [2013]「蘭領東インドにおけるオランダ系銀行の対華商取引――ジャワ糖取引と1917年砂糖危機を中心に」『社会経済史学』79-3

倉沢愛子［1997］「米穀問題に見る占領期の東南アジア——ビルマ，マラヤの事情を中心に」（同編［1997］所収）
——編［1997］『東南アジア史のなかの日本占領』早稲田大学出版部
小泉順子［1994］「バンコク朝と東北地方」池端雪浦編著『変わる東南アジア史像』山川出版社
——［1995］「タイにおける国家改革と民衆」歴史学研究会編『講座世界史3　民族と国家——自覚と抵抗』東京大学出版会
——［2006］『歴史叙述とナショナリズム——タイ近代史批判序説』東京大学出版会
小林篤史［2012］「19世紀前半における東南アジア域内交易の成長——シンガポール・仲介商人の役割」『社会経済史学』78-3
小林英夫［1997］「占領期東南アジアの日本企業の経営実態——フィリピンのララップ鉱山を中心に」（倉沢愛子編［1997］所収）
権上康男［1985］『フランス帝国主義とアジア——インドシナ銀行史研究』東京大学出版会
斎藤照子［2001］「ビルマにおける米輸出経済の展開」（加納啓良編［2001］所収）
——［2008］『東南アジアの農村社会』（世界史リブレット84）山川出版社
——［2013］「近世貨幣史の研究課題と展望——18〜19世紀ビルマの通貨状況と改革を素材に」『東南アジア　歴史と文化』42
佐藤宏［1995］『タイのインド人社会——東南アジアとインドの出会い』アジア経済研究所
重松伸司［2012］『ペナン——マラッカ海峡のコスモポリス』大学教育出版
篠崎香織［2004］「シンガポール華人商業会議所の設立（1906年）とその背景——移民による出身国での安全確保と出身国との関係強化」『アジア研究』50-4
——［2005］「ペナン華人商業会議所の設立（1903年）とその背景——前国民国家期における越境する人々と国家との関係」『アジア経済』46-4
斯波義信［1995］『華僑』岩波新書
柴田善雅［2005］『南洋日系栽培会社の時代』日本経済評論社
清水元［2001］「東南アジアと日本」（加納啓良編［2001］所収）
——編［1986］『両大戦間期日本・東南アジア関係の諸相』アジア経済研究所
清水洋・平川均［1998］『からゆきさんと経済進出——世界経済のなかのシンガポール-日本関係史』コモンズ
白石隆［2000］『海の帝国——アジアをどう考えるのか』中公新書
末廣昭［1986］「タイにおけるライス・ビジネスの展開過程——戦前を中心として」アジア・低開発地域農業問題研究会編『第三世界農業の変貌』勁草書房
——［1991］「戦前期タイの登記企業分析——1901〜1933年」『季刊経済研究』14-1
——［2006］『ファミリービジネス論——後発工業化の担い手』名古屋大学出版会
杉原薫［1996］『アジア間貿易の形成と構造』ミネルヴァ書房
——［2001］「国際分業と東南アジア植民地経済」（加納啓良編［2001］所収）
——［2003］「近代国際経済秩序の形成と展開——帝国・帝国主義・構造的権力」山本有造編『帝国の研究——原理・類型・関係』名古屋大学出版会
——［2009］「19世紀前半のアジア交易圏——統計的考察」籠谷直人・脇村孝平編『帝国とアジア・ネットワーク——長期の19世紀』世界思想社
杉山伸也・I. ブラウン編著［1990］『戦間期東南アジアの経済摩擦——日本の南進とアジア・欧米』同文舘出版

関本紀子［2010］『はかりとものさしのベトナム史――植民統治と伝統文化の共存』風響社
―――［2013］「植民地期北部ベトナムの度量衡統一議論とその背景」『東南アジア　歴史と文化』42
髙田洋子［2001］「インドシナ」（加納啓良編［2001］所収）
―――［2014］『メコンデルタの大土地所有――無主の土地から多民族社会へ　フランス植民地主義の80年』京都大学学術出版会
高橋塁［2006］「コーチシナ精米業における近代技術の導入と工場規模の選択――玄米輸出から白米輸出へ」『アジア経済』47-7
高谷好一［1982］『熱帯デルタの農業発展』創文社
田坂敏雄編［1998］『アジアの大都市1　バンコク』日本評論社
―――・西澤希久男［2003］『バンコク土地所有史序説』日本評論社
千葉芳広［2009］『フィリピン社会経済史――都市と農村の織り成す生活世界』北海道大学出版会
チャティップ・ナートスパー［1987］野中耕一・末廣昭編訳『タイ村落経済史』井村文化事業社
東條哲郎［2008］「19世紀後半マレー半島ペラにおける華人錫鉱業――労働者雇用方法の変化と失踪問題を中心に」『史学雑誌』117-4
中西徹・小玉徹・新津晃一編［2001］『アジアの大都市4　マニラ』日本評論社
永野善子［1986］『フィリピン経済史研究――糖業資本と地主制』勁草書房
―――［1990］『砂糖アシエンダと貧困――フィリピン・ネグロス島小史』勁草書房
―――［1997］「日本占領期フィリピンにおける糖業調整政策の性格と実態」（倉沢愛子編［1997］所収）
―――［2001a］「フィリピン――マニラ麻と砂糖」（加納啓良編［2001］所収）
―――［2001b］「フィリピンとアジア間貿易」（加納啓良編［2001］所収）
―――［2003］『フィリピン銀行史研究――植民地体制と金融』御茶の水書房
中原道子［1997］「日本占領期英領マラヤにおける「労務者」動員――泰緬鉄道の場合」（倉沢愛子編［1997］所収）
中村宗悦［1996］「戦間期東南アジア市場における在外公館とその機能」松本貴典編『戦前期日本の貿易と組織間関係――情報・調整・協調』新評論
南原真［2005］「戦前の三井物産のタイにおける事業展開について――1924～1939年を中心として」『東京経大学会誌・経済学』247
―――［2010］「タイにおける英国ボルネオ社の事業活動――1920年代後半から1930年代前半までのチーク事業」『東京経大学会誌・経済学』265
西村閑也・鈴木俊夫・赤川元章編著［2014］『国際銀行とアジア――1870-1913』慶應義塾大学出版会
西村雄志［2005］「20世紀初頭の海峡植民地における通貨制度の展開」『歴史と経済』47-4
―――［2014］「銀本位制から金本位制へ――アジア諸国」（西村閑也・鈴木俊夫・赤川元章編著［2014］所収）
浜（濱）下武志［1990］『近代中国の国際的契機――朝貢貿易システムとアジア』東京大学出版会
―――［1997］『朝貢システムと近代アジア』岩波書店
―――［2013］『華僑・華人と中華網――移民・交易・送金ネットワークの構造と展開』岩波

書店
—— ・川勝平太編［1991］『アジア交易圏と日本工業化——1500-1900』リブロポート（新版は藤原書店，2001 年）
林陽子［2000］「募集業者とクライアント——ジャワにおける労働者募集の展開，1870 年代～1950 年代」『史苑』60-2
早瀬晋三［2012］『フィリピン近現代史のなかの日本人——植民地社会の形成と移民・商品』東京大学出版会
疋田康行編著［1995］『「南方共栄圏」——戦時日本の東南アジア経済支配』多賀出版
久末亮一［2012］『香港「帝国の時代」のゲートウェイ』名古屋大学出版会
藤田英里［2009］「初期ランプン移住政策とジャワ人移民——1905 年から 1920 年代まで」『東南アジア 歴史と文化』38
水島司［1990］「植民地的農業空間の世界」坪内良博編『講座東南アジア学3　東南アジアの社会』弘文堂
—— ［2000］「多民族国家と地方都市」坪内良博編著『地域形成の論理』京都大学学術出版会
—— ［2001］「マラヤ——スズとゴム」（加納啓良［2001］所収）
—— ［2013a］「グローバル・エコノミーの形成とアジア間コミュニティー——ナットゥコッタイ・チェッティヤールを事例に」渡辺昭一編『ヨーロピアン・グローバリゼーションの歴史的位相——「自己」と「他者」の関係史』勉誠出版
—— ［2013b］「グローバル・エコノミーの形成とアジア」秋田茂編『アジアからみたグローバルヒストリー——「長期の 18 世紀」から「東アジアの経済的再興」へ』ミネルヴァ書房
水野明日香［1999］「英領期上ビルマにおける地租制度の導入とその改変——タタメダ税，ヤシ税の導入を中心に」『東南アジア研究』37-1
—— ［2002］「植民地期の上ビルマ一村落における農地の所有と質入れ——チャウセー県の事例」『東洋文化』82
宮田敏之［2001a］『第一次世界大戦前のシャム外国貿易統計と通関制度——シャムに関する英国領事報告の分析を通じて』法政大学比較経済研究所
—— ［2001b］「戦前期タイ米経済の発展」（加納啓良［2001］所収）
—— ［2002］「シャム国王のシンガポール・エージェント——陳金鐘（Tan Kim Ching）のライス・ビジネスをめぐって」『東南アジア 歴史と文化』31
—— ［2003］「タイ米輸出とアジア間競争——1920 年代におけるタイ米の「品質問題」を中心に」川勝平太編『アジア太平洋経済圏史——1500-2000』藤原書店
宮本謙介［1993］『インドネシア経済史研究——植民地社会の成立と構造』ミネルヴァ書房
—— ［2003］『概説インドネシア経済史』有斐閣選書
—— ・小長谷一之編［1999］『アジアの大都市2　ジャカルタ』日本評論社
山本博史［1998］『タイ糖業史——輸出大国への軌跡』御茶の水書房
—— ［2001］「タイ砂糖産業」（加納啓良［2001］所収）
レイサム，A. J. H.［1987］川勝平太・菊池紘一訳『アジア・アフリカと国際経済 1865-1914 年』日本評論社

Brown, I.［1988］*The Elite and the Economy in Siam, c1890-1920*, Oxford University Press.

―― [1992] *The Creation of the Modern Ministry of Finance in Siam, 1885-1910*, Macmillan.
Brown, R. A. [1994] *Capital and Entrepreneurship in South-East Asia*, Palgrave Macmillan.
Choi, Chi-cheung [1995] "Competition Among Brothers: The Kin Tye Lung Company and Its Associata Companies," in R. A. Brown (ed.), *Chinese Business Enterprise in Asia*, Routledge.
Cushman, J. W. [1991] *Family and State: The Formation of a Sino-Thai Tin-Mining Dynasty, 1797-1932*, C. J. Reynolds (ed.), Oxford University Press.
Ingram, J. C. [1971] *Economic Change in Thailand, 1850-1970*, Stanford University Press.
Kakizaki, I. [2005] *Laying the Tracks: The Thai Economy and Its Railways 1885-1935*, Kyoto University Press.
―― [2012] *Rails of the Kingdom: The History of Thai Railways*, White Lotus Press.
―― [2014] *Trams, Buses, and Rails: The History of Urban Transport in Bangkok, 1886-2010*, Silkworm Books.
Kobayashi, A. [2013] "The Role of Singapore in the Growth of Intra-Southeast Asian Trade, c.1820s-1852," *Southeast Asian Studies*, 2-3.
Larsson, T. [2012] *Land and Loyalty: Security and the Development of Property Rights in Thailand*, Cornell University Press.
Suehiro, A. [1989] *Capital Accumulation in Thailand, 1855-1985*, The Center for East Asian Cultural Studies for UNESCO, The Toyo Bunko.
Trocki, C. A. [1990] *Opium and Empire: Chinese Society in Colonial Singapore, 1800-1910*, Cornell University Press.

第 12 章　近現代 II：1930 年代～21 世紀初頭

青山和佳 [2006]『貧困の民族誌――フィリピン・ダバオ市のサマの生活』東京大学出版会
赤木攻・北原淳・竹内隆夫編 [2000]『15 年の軌跡（タイ農村の構造と変動／北原淳編，続）』勁草書房
明石陽至編 [2001]『日本占領下の英領マラヤ・シンガポール』岩波書店
天川直子編 [2004]『カンボジア新時代』日本貿易振興機構アジア経済研究所
――・山田紀彦編 [2005]『ラオス――一党支配体制下の市場経済化』日本貿易振興機構アジア経済研究所
石川幸一・清水一史・助川成也編著 [2013]『ASEAN 経済共同体と日本――巨大統合市場の誕生』文眞堂
石田正美編 [2005]『インドネシア　再生への挑戦』日本貿易振興機構アジア経済研究所
板垣與一編 [1963]『インドネシアの経済社会構造』アジア経済研究所
市村真一編 [1975]『東南アジアの経済発展』創文社
伊藤禎一 [1992]『東南アジアの経営風土』白桃書房
糸賀滋編 [1993]『バーツ経済圏の展望――ひとつの東南アジアへの躍動』アジア経済研究所
岩佐和幸 [2005]『マレーシアにおける農業開発とアグリビジネス――輸出指向型開発の光と影』法律文化社
岩崎育夫 [1990]『シンガポールの華人系企業集団』アジア経済研究所

――［1997］『華人資本の政治経済学――土着化とボーダレスの間で』東洋経済新報社
岩武照彦［1981］『南方軍政下の経済施策――マライ・スマトラ・ジャワの記録』上・下，岩武照彦（復刻版は龍渓書舎，1995年）
植村泰夫［1997］『世界恐慌とジャワ農村社会』勁草書房
内田直作［1982］『東南アジア華僑の社会と経済』千倉書房
梅原弘光編［1989］『東南アジア農業の商業化』アジア経済研究所
――編［1991］『東南アジアの土地制度と農業変化』アジア経済研究所
――・水野広祐編［1993］『東南アジア農村階層の変動』アジア経済研究所
大西康雄編［2006］『中国・ASEAN経済関係の新展開――相互投資とFTAの時代へ』日本貿易振興機構アジア経済研究所
尾高煌之助・三重野文晴編著［2012］『ミャンマー経済の新しい光』勁草書房
貝沼恵美・小田宏信・森島済［2009］『変動するフィリピン――経済開発と国土空間形成』二宮書店
柿崎一郎［2009］『鉄道と道路の政治経済学――タイの交通政策と商品流通 1935～1975年』京都大学学術出版会
梶田勝［1978］『タイ経済の発展構造』アジア経済研究所
加納啓良［1988］『インドネシア農村経済論』勁草書房
――［2004］『現代インドネシア経済史論――輸出経済と農業問題』東京大学出版会
――編［1998］『東南アジア農村発展の主体と組織――近代日本との比較から』日本貿易振興会アジア経済研究所
――編［2001］『岩波講座東南アジア史6 植民地経済の繁栄と凋落』岩波書店
カム・ヴォーラペット［2010］藤村和広・石川真唯子訳『現代ラオスの政治と経済――1975～2006』めこん
北原淳［1985］『開発と農業――東南アジアの資本主義化』世界思想社
――編［1987］『タイ農村の構造と変動』勁草書房
桐山昇［2008］『東南アジア経済史――不均一発展国家群の経済結合』有斐閣
グエン・スアン・オアィン［2003］那須川敏之・本多美樹訳『ベトナム経済――21世紀の新展開』明石書店
久保公二編［2013］『ミャンマーとベトナムの移行戦略と経済政策』日本貿易振興機構アジア経済研究所
倉沢愛子［1992］『日本占領下のジャワ農村の変容』草思社
――［2012］『資源の戦争――「大東亜共栄圏」の人流・物流』岩波書店
クラトスカ，P. H. ［2005］今井敬子訳『日本占領下のマラヤ――1941-1945』行人社
クリムコ，G. N. ［1966］中山一郎訳『独立ビルマの農業問題』アジア経済研究所
黒崎英雄編［1962］『ビルマの金融事情』アジア経済研究所
ゴー・ケンスウィ［1983］渡辺利夫他訳『シンガポールの経済発展を語る』井村文化事業社
国際日本協会編［1942a］『馬来統計書』国際日本協会
――編［1942b］『泰国統計書』国際日本協会
国際労働局編［1942］南洋経済研究所訳『印度支那労働調査』栗田書店（原本 1937年）
坂田正三編［2009］『変容するベトナムの経済主体』日本貿易振興機構アジア経済研究所
佐藤百合［2011］『経済大国インドネシア――21世紀の成長条件』中央公論新社
――編［2004］『インドネシアの経済再編――構造・制度・アクター』日本貿易振興機構ア

ジア経済研究所
ジャコビー, E. H. [1957] 井上嘉丸・滝川勉訳『東南アジアの農業不安』農林水産業生産性向上会議
ジャワ軍政監部編 [1943] 『軍政下ジャワ産業綜観』全 2 巻，ジャワ軍政監部（復刻版は龍渓書舎，1990 年）
末廣昭 [2000] 『キャッチアップ型工業化論——アジア経済の軌跡と展望』名古屋大学出版会
—— [2006] 『ファミリービジネス論——後発工業化の担い手』名古屋大学出版会
—— [2014] 『新興アジア経済論——キャッチアップを超えて』岩波書店
——編 [2002] 『岩波講座東南アジア史 9 「開発」の時代と「模索」の時代』岩波書店
——・東茂樹編 [2000] 『タイの経済政策——制度・組織・アクター』日本貿易振興会アジア経済研究所
杉山伸也・I. ブラウン編著 [1990] 『戦間期東南アジアの経済摩擦——日本の南進とアジア・欧米』同文舘出版
鈴木峻 [2002] 『東南アジアの経済と歴史』日本経済評論社
ストーラー, A. L. [2007] 中島成久訳『プランテーションの社会史——デリ／1870-1979』法政大学出版局
戴国煇編 [1974] 『東南アジア華人社会の研究』上・下，アジア経済研究所
高梨和紘編著 [1995] 『タイ経済の変容と政策課題』文眞堂
高梨博昭編 [1971] 『フィリピンの金融事情』アジア経済研究所
——編 [1973] 『マレーシアの金融事情』アジア経済研究所
高橋昭雄 [1992] 『ビルマ・デルタの米作村——「社会主義」体制下の農村経済』アジア経済研究所
—— [2000] 『現代ミャンマーの農村経済——移行経済下の農民と非農民』東京大学出版会
高橋武編 [1962] 『ビルマの労働事情』アジア経済研究所
滝川勉 [1976] 『戦後フィリピン農地改革論』アジア経済研究所
—— [1994] 『東南アジア農業問題論——序説的・歴史的考察』勁草書房
——編 [1980] 『東南アジア農村社会構造の変動』アジア経済研究所
——編 [1982] 『東南アジア農村の低所得階層』アジア経済研究所
——編 [1987] 『東南アジアの農業技術変革と農村社会』アジア経済研究所
田口芳明他 [1989] 『バンコク　クアラルンプル　シンガポール　ジャカルタ』大阪市立大学経済研究所
竹内郁雄・村野勉編 [1996] 『ベトナムの市場経済化と経済開発』アジア経済研究所
田坂敏雄 [1991] 『タイ農民層分解の研究』御茶の水書房
——編著 [1989] 『東南アジアの開発と労働者形成』勁草書房
——編 [1998] 『バンコク』日本評論社
千葉芳広 [2009] 『フィリピン社会経済史——都市と農村の織り成す生活世界』北海道大学出版会
長憲次 [2005] 『市場経済下ベトナムの農業と農村』筑摩書房
テー・キアン・ウィー編 [1984] 加納啓良・村井吉敬・水野広祐訳『インドネシアの経済』めこん
恒松制治編 [1963] 『フィリピンの経済開発と国際収支』アジア経済研究所

東亜研究所編［1942a］『南方統計要覧』上・下，東亜研究所（復刻版は龍渓書舎，2000年）
──編［1942b］『南方地域資源統計地図』東亜研究所（復刻版は龍渓書舎，2002年）
東京大学東洋文化研究所［2008］『東洋文化 88 米・砂糖・コーヒーから見た現代アジア経済史』東京大学東洋文化研究所
トゥゼ，A.［1956］松岡孝児訳『印度支那貨幣制度の研究』有斐閣（原書 1939年）
トラン・ヴァン・トゥ［2010］『ベトナム経済発展論──中所得の罠と新たなドイモイ』勁草書房
中西徹［1991］『スラムの経済学──フィリピンにおける都市インフォーマル部門』東京大学出版会
──・小玉徹・新津晃一編［2001］『マニラ』日本評論社
永野善子［1986］『フィリピン経済史研究──糖業資本と地主制』勁草書房
──［1990］『砂糖アシエンダと貧困──フィリピン・ネグロス島小史』勁草書房
──［2003］『フィリピン銀行史研究──植民地体制と金融』御茶の水書房
南方開発金庫調査課［1942-44］『南方開発金庫調査資料』南方開発金庫（復刻版は全17巻＋附1巻，龍渓書舎，2012-15年）
南洋協会編［1943］『南方圏貿易統計表』日本評論社
西澤信善［2000］『ミャンマーの経済改革と開放政策──軍政10年の総括』勁草書房
林俊昭編［1990］『シンガポールの工業化──アジアのビジネス・センター』アジア経済研究所
原不二夫編［1995］『ブミプトラ企業の抬頭とマレー人・華人経済協力──マレーシア日本共同研究』アジア経済研究所
原洋之介［1994］『東南アジア諸国の経済発展──開発主義的政策体系と社会の反応』リブロポート
疋田康行編著［1995］『「南方共栄圏」戦時日本の東南アジア経済支配』多賀出版
比島調査委員会編［1943］『極秘比島調査報告』第1，2巻，比島調査委員会（復刻版は龍渓書舎，1993年）
廣畑伸雄［2004］『カンボジア経済入門──市場経済化と貧困削減』日本評論社
ファーニバル，J. S.［1942a］清水暉吉訳『蘭印の経済政治社会史』ダイヤモンド社（原書1939年）
──［1942b］南太平洋研究会訳『蘭印經濟史』実業之日本社（原書 1939年）
──［1942c］東亜研究所訳『緬甸の経済』東亜研究所（復刻版は龍渓書舎，2002年）
ブーケ，J. H.［1979］永易浩一訳『二重経済論──インドネシア社会における経済構造分析』秋童書房（原書 1953年）
深沢八郎編［1965］『インドネシア，マレーシアにおけるプランテーションの発展と変貌』アジア経済研究所
福島光丘編［1989］『フィリピンの工業化──再建への模索』アジア経済研究所
藤田幸一編［2005］『ミャンマー移行経済の変容──市場と統制のはざまで』日本貿易振興機構アジア経済研究所
藤田麻衣編［2006］『移行期ベトナムの産業変容──地場企業主導による発展の諸相』日本貿易振興機構アジア経済研究所
仏印経済部総合統計課編［1942］国際日本協会訳編『仏印統計書』国際日本協会
舟橋尚道編［1963］『マラヤ・インドネシアの労働事情』アジア経済研究所

法貴三郎・鈴木修二・神宮司瑞郎編［1942］『比律賓統計書』国際日本協会
堀井健三［1998］『マレーシア村落社会とブミプトラ政策』論創社
────・萩原宜之編［1988］『現代マレーシアの社会・経済変容──ブミプトラ政策の18年』アジア経済研究所
本台進編著［2004］『通貨危機後のインドネシア農村経済』日本評論社
正井正夫［1968］『東南アジア経済論』東洋経済新報社
松尾弘［1973］『シンガポールの経済開発──インフレなき高度成長の分析』評論社
馬来軍政監部調査部［1943-45］『馬来軍政監部調査部報告書』（復刻版は龍渓書舎，2006年）
満鉄東亜経済調査局編［1939a］『タイ国に於ける華僑』満鉄東亜経済調査局（復刻版は芳文閣，1992年）
────［1939b］『仏領印度支那に於ける華僑』満鉄東亜経済調査局
────［1939c］『南洋華僑と福建・広東社会』満鉄東亜経済調査局（復刻版は芳文閣，1992年）
────［1939d］『比律賓に於ける華僑』満鉄東亜経済調査局（復刻版は芳文閣，1992年）
────［1940］『蘭領印度に於ける華僑』満鉄東亜経済調査局（復刻版は芳文閣，1992年）
────［1941］『英領馬来・緬甸及濠州に於ける華僑』満鉄東亜経済調査局（復刻版は芳文閣，1992年）
水野広祐［2005］『インドネシアの地場産業──アジア経済再生の道とは何か？』京都大学学術出版会
────編［1995］『東南アジア農村の就業構造』アジア経済研究所
────・重冨真一編［1997］『東南アジアの経済開発と土地制度』アジア経済研究所
溝口房雄［1958］『ビルマの農業経済』農林水産業生産性向上会議
南亮三郎編［1967］『インドネシアの人口と経済』アジア経済研究所
────編［1969］『フィリピンの人口と経済』アジア経済研究所
三平則夫・佐藤百合編［1992］『インドネシアの工業化──フルセット主義工業化の行方』改訂増補版，アジア経済研究所
宮本謙介［2001］『開発と労働──スハルト体制期のインドネシア』日本評論社
────［2003］『概説インドネシア経済史』有斐閣
────・小長谷一之編［1999］『ジャカルタ』日本評論社
ミント，H.［1971］小島清監訳『70年代の東南アジア経済──アジア開銀・ミント報告　緑の革命から経済発展へ』日本経済新聞社
森井淳吉［1989］『東南アジアの経済発展と農業』ミネルヴァ書房
森澤恵子［1993］『現代フィリピン経済の構造』勁草書房
安中章夫・三平則夫編［1995］『現代インドネシアの政治と経済──スハルト政権の30年』アジア経済研究所
安場保吉編著［2005］『東南アジア社会経済発展論──30年の進歩と今後の展望』勁草書房
山本博史［1998］『タイ糖業史──輸出大国への軌跡』御茶の水書房
游仲勲［1983］『東南アジアの華僑』第2刷，アジア経済研究所
吉原久仁夫編［1991］『講座東南アジア学8　東南アジアの経済』弘文堂
吉村真子［1998］『マレーシアの経済発展と労働力構造──エスニシティ，ジェンダー，ナショナリティ』法政大学出版局

蘭印経済部中央統計局編［1941］大江恒太郎・中原善男共訳『蘭印統計書（1940年版）』国際日本協会（復刻版は龍渓書舎，2000年）
リム・チョンヤー編著［1995］岩崎輝行・森健訳『シンガポールの経済政策』上・下，勁草書房
レ・タン・ギエップ［2005］『ベトナム経済の発展過程』三恵社
ローブカン，C.［1941］浦部清治訳『仏領印度支那経済発達史』日本国際協会（原書 1939年）
── ［1955］松岡孝児・岡田徳一訳『仏印経済発展論』有斐閣（原書 1939年）
ロダン，G.［1992］田村慶子・岩崎育夫訳『シンガポール工業化の政治経済学──国家と国際資本』三一書房
渡辺利夫［1975］『マレーシアの所得分配構造』アジア経済研究所

Booth, A. [1998] *The Indonesian Economy in the Nineteenth and Twentieth Centuries : A History of Missed Opportunities*, St. Martin's Press in association with the Australian National University.
Brown, I. [1997] *Economic Change in South-East Asia, c. 1830-1980*, Oxford University Press.
── [2013] *Burma's Economy in the Twentieth Century*, Cambridge University Press.
Corpuz, O. D. [1997] *An Economic History of the Philippines*, University of the Philippines Press.
Cowan, C. D. (ed.) [1964] *The Economic Development of South-East Asia : Studies in Economic History and Political Economy*, Praeger (Routledge, 2012).
Dick, H. et al. [2002] *Emergence of a National Economy : An Economic History of Indonesia, 1800-2000*.
Dixon, C. [1991] *South East Asia in the World-Economy*, Cambridge University Press.
── [1999] *The Thai Economy : Uneven Development and Internationalisation*, Routledge.
Drabble, J. H. [2000] *An Economic History of Malaysia, c. 1800-1990 : The Transition to Modern Economic Growth*, Macmillan, St. Martin's Press.
Elson, R. E. [1997] *The End of the Peasantry in Southeast Asia : A Social and Economic History of Peasant Livelihood, 1800-1990s*, Macmillan, in association with the Australian National University.
Hartendorp, A. V. H. [1958] *History of Industry and Trade of the Philippines*, American Chamber of Commerce of the Philippines.
Hayami, Y. and M. Kikuchi [1982] *Asian Village Economy at the Crossroads : An Economic Approach to Institutional Change*, University of Tokyo Press.
Huff, W. G. [1994] *The Economic Growth of Singapore : Trade and Development in the Twentieth Century*, Cambridge University Press.
Lindblad, J. T. [1998] *Foreign Investment in Southeast Asia in the Twentieth Century*, Macmillan Press.
Luong, H. V. [2010] *Tradition, Revolution, and Market Economy in a North Vietnamese Village, 1925-2006*, University of Hawaii Press.
Slocomb, M. [2010] *An Economic History of Cambodia in the Twentieth Century*, NUS Press.
Sompop Manarungsan [1989] *Economic Development of Thailand, 1850-1950 : Response to the Challenge of the World Economy*, Institute of Asian Studies, Chulalongkorn University.
Thee Kian Wie [2012] *Indonesia's Eonomy since Independence*, Institute of Southeast Asian Studies.

Yoshihara, K.［1988］*The Rise of Ersatz Capitalism in South-East Asia*, Oxford University Press.

第 13 章：古代 I：古代オリエント

有村誠［2009］「西アジアで生まれた農耕文化」鞍田崇編『ユーラシア農耕史 3　砂漠・牧場の農耕と風土』臨川書店
―――［2013］「初期農耕誕生へのプロセス」佐藤洋一郎・谷口真人編『イエローベルトの環境史――サヘルからシルクロードへ』弘文堂
有賀望［2008］「シャマシュのナディートゥム制度成立の経済的背景」『史境』57
樺山紘一他編［1998］『岩波講座世界歴史 2　オリエント世界――前 7 世紀』岩波書店
川崎康司［2000］「紀元前二千年紀初頭アッシリアの交易活動と商業政策――アッシリア商人とバビロニア商人の競合関係」『西洋史論叢』21
―――［2010］「古代メソポタミア文明の遺産」後藤明・木村喜博・安田喜憲編『朝倉世界地理講座 6　西アジア』朝倉書店
川瀬豊子［1998］「ハカーマニッシュ朝ペルシアの交通・通信システム」（樺山紘一他編［1998］所収）
―――［2010］「インド・ヨーロッパ系言語の人々」後藤明・木村喜博・安田喜憲編『朝倉世界地理講座 6　西アジア』朝倉書店
小泉龍人［2001］『都市誕生の考古学』同成社
―――［2010］「都市の起源と西アジア」後藤明・木村喜博・安田喜憲編『朝倉世界地理講座 6　西アジア』朝倉書店
―――［2013］「都市論再考――古代西アジアの都市化議論を検証する」『ラーフィダーン』34
近藤二郎［2004］「エジプトの経済」（総論）日本オリエント学会編『古代オリエント』岩波書店
佐藤進［1980］「世界帝国の構造」屋形禎亮編『古代オリエント』有斐閣
髙宮いづみ［1998］「ナカダ文化論」（樺山紘一他編［1998］所収）
―――［2003］『エジプト文明の誕生』同成社
谷泰［2010］『牧夫の誕生――羊・山羊の家畜化の開始とその展開』岩波書店
ダリー，S.［2010］大津忠彦・下釜和也訳『バビロニア都市民の生活』同成社
丹野研一［2008］「西アジア先史時代の植物利用」西秋良宏編『遺丘と女神――メソポタミア原始農村の黎明』東京大学総合研究博物館
―――［2010］「考古学から見たムギの栽培化と農耕の始まり」佐藤洋一郎・加藤鎌司編著『麦の自然史――人と自然が育んだムギ農耕』北海道大学出版会
常木晃［2009］「西アジアにおける農耕文化のはじまり」設楽博己・藤尾慎一郎・松木武彦編『弥生時代の考古学 5　食糧の獲得と生産』同成社
中田一郎訳［1999］『ハンムラビ「法典」』リトン
西秋良宏［2009］「序論農耕・都市発生の時代」同・木内智康編『農耕と都市の発生――西アジア考古学最前線』同成社
畑守泰子［1998］「ピラミッドと古王国の王権」（樺山紘一他編［1998］所収）
―――［2002］「古代エジプトにおける灌漑と王権」網野善彦他編『岩波講座天皇と王権を考

える3　生産と流通』岩波書店
藤井純夫［2001］『ムギとヒツジの考古学』同成社
ベルウッド，P.［2008］長田俊樹・佐藤洋一郎監訳『農耕起源の人類史』京都大学学術出版会
ポランニー，K.［1975］玉野井芳郎・平野健一郎編訳『経済の文明史』日本経済新聞社
本郷一美［2010］「偶蹄目の家畜化過程と牧畜技術の発達」後藤明・木村喜博・安田喜憲編『朝倉世界地理講座6　西アジア』朝倉書店
前川和也［1984］「西アジア古代（Ⅰ）　初期メソポタミアの国家と社会」島田虎次他編『アジア歴史研究入門4　内陸アジア・西アジア』同朋舎
──［1989］「シュメール・ウル第三王朝の属州ギルス経営」中村賢二郎編『国家──理念と制度』京都大学人文科学研究所
──［1990］「古代シュメール農業の技術と生産力」柴田三千雄他編『世界史への問い2　生活の技術　生産の技術』岩波書店
──［1993］「古代シュメール農業の播種技術」『西南アジア研究』38
──［2005］「シュメールにおける都市国家と領域国家」同・岡村秀典編『国家形成の比較研究』学生社
前田徹他［2000］『歴史学の現在　古代オリエント』山川出版社
──・近藤二郎［2002］「古代オリエントの世界」佐藤次高編『世界各国史8　西アジア史』山川出版社
屋形禎亮［1998］「古代エジプト」（樺山紘一他編［1998］所収）
──［2003］「アブシール文書研究」同編『古代エジプトの歴史と社会』同成社
山田雅道［1998］「エマル市とヒッタイト帝国」（樺山紘一他編［1998］所収）
歴史学研究会編［2012］『世界史史料1　古代のオリエントと地中海世界』岩波書店
渡井葉子［2012］「前6世紀バビロニアのエギビ家の都市不動産」『オリエント』55-2
渡辺千香子［2013］「メソポタミアの環境史」佐藤洋一郎・谷口真人編『イエローベルトの環境史──サヘルからシルクロードへ』弘文堂

Algaze, G.［1993］*The Uruk World System: The Dynamics of Expansion of Early Mesopotamian Civilization*, University of Chicago Press.
Allen, J. P.［2002］*The Heqanakht Papyri*, The Metropolitan Museum of Art.
Aubet, M. E.［2013］*Commerce and Colonization in the Ancient Near East*, Cambridge University Press.
Bleiberg, E.［1995］"The Economy of Ancient Egypt," in J. M. Sasson (ed.), *Civilization of the Ancient Near East*, Vols. Ⅰ〜Ⅳ, Charles Scribner's Sons.
Dercksen, J. G.［1999］"On the Financing of Old Assyrian Merchants," in Dercksen (ed.), *Trade and Finance in Ancient Mesopotamia : Proceedings of the First Mos Symposium (Leiden 1997)*, Nederlands Instituut voor het Nabije Oosten.
Haring, B. J. J.［1997］*Divine Households*, Nederlands Instituut voor het Nabije Oosten (http://www.nino-leiden.nl/publication/divine-households).
Janssen, J. J.［1975］*Commodity Prices from the Ramessid Period*, E. J. Brill.
Joannés, F.［1995］"Private Commerce and Banking in Achaemenid Babylon," in J. M. Sasson (ed.), *Civilization of the Ancient Near East*, Vols. Ⅰ〜Ⅳ, Charles Scribner's Sons.

Matthews, R. [2003] *The Archaeology of Mesopotamia: Theories and Approaches*, Routledge.
Katary, S. L. D. [1989] *Land Tenure in the Ramesside Period*, Kegan Paul International.
Kemp, B. J. [2006] *Ancient Egypt : Anatomy of a Civilization,* 2nd ed., Routledge.
Posener-Kriéger, P. [1976] *Les archives du temple funéraire du Néferirkaré-Kakaï*, Institut Français d'archéologie orientale du Caire.
Postgate, J. N. (ed.) [2002] *Artefacts of Complexity: Tracking the Uruk in the Near East*, British Institute for the Study of Iraq.
Schenkel, W. [1978] *Die Bewässerungsrevolution im Alten Ägypten*, Verlag Philipp von Zabern.
Snell, D. C. [1995] "Methods of Exchange in Ancient Western Asia," in J. M. Sasson (ed.), *Civilization of the Ancient Near East*, Vols. I〜IV, Charles Scribner's Sons.
Tanno, K. and G. Willcox [2012] "Disringuishing Wild and Domestic Wheat and Darley Spikelets from Early Holocene Sites in the Near East," *Vegetation History and Archaeology*, 21.
Vigne, J. -D. and D. Helmer [2007] "Was Milk a 'Secondary Product' in the Old World Neolithisation Process? Its Role in the Domestication of Cattle, Sheep and Goats," *Anthropologica* 42-2.
Warburton, D. A. [1997] *State and Economy in Ancient Egypt : Fiscal Vocabulary of the New Kingdom*, Vandenhoeck & Ruprecht.
—— [2010] "The Egyptian Economy: Sources, Models and History", in A. Hudecz and M. Petrik (eds.), *Commerce and Economy in Ancient Egypt*, Archaeopress : *Proceedings of the Third International Congress for Young Egyptologist, 25-27 September*, 2009
Wengrow, D. [2006] *The Archaeology of Early Egypt : Social Transformations in North-East Africa, 10,000 to 2650 BC*, Cambridge University Press.
Wilkinson, T. A. [2000] *Royal Annals of Ancient Egypt: The Palermo Stone and Its Associated Fragments*, Routledge.
Yoffee, N. [1995] "The Economy of Ancient Western Asia," in J. M. Sasson (ed.), *Civilization of the Ancient Near East*, Vols. I〜IV, Charles Scribner's Sons.

第 14 章　古代 II：イスラム以前の西アジア

ウェーバー，M. [1959] 渡辺金一・弓削達訳『古代社会経済史——古代農業事情』東洋経済新報社
ウォード゠パーキンズ，B. [2014] 南雲泰輔訳『ローマ帝国の崩壊——文明が終わるということ』白水社
ウォールバンク，F. W. [1963] 吉村忠典訳『ローマ帝国衰亡史』岩波書店
大月康弘 [2005]『帝国と慈善——ビザンツ』創文社
オストロゴルスキー，G. [2001] 和田廣訳『ビザンツ帝国史』恒文社
ギボン，E. [1997] 中野好夫他訳『ローマ帝国衰亡史』全 10 巻，ちくま学芸文庫
坂口ふみ [1996]『〈個〉の誕生——キリスト教教理をつくった人びと』岩波書店
チェインバース，M. [1979] 弓削達訳『ローマ帝国の没落』創文社
ティンネフェルト，F. [1984] 弓削達訳『初期ビザンツ社会——構造・矛盾・緊張』岩波書店

ブライケン, J. [1984] 村上淳一・石井紫郎訳『ローマの共和政』山川出版社
ブラウン, P. [2006] 足立広明訳『古代末期の形成』慶應義塾大学出版会
—— [2012] 戸田聡訳『貧者を愛する者——古代末期におけるキリスト教的慈善の誕生』慶應義塾大学出版会
ベック, H.-G. [2014] 戸田聡訳『ビザンツ世界論——ビザンツの千年』知泉書館
南川高志 [2013] 『新・ローマ帝国衰亡史』岩波新書
村川堅太郎訳 [2011] 『エリュトゥラー海案内記』中公文庫
弓削達 [1964] 『ローマ帝国の国家と社会』岩波書店
—— [1989] 『ローマはなぜ滅んだか』講談社現代新書
ロストフツェフ, M. [2001] 坂口明訳『ローマ帝国社会経済史』上・下, 東洋経済新報社
渡辺金一 [1968] 『ビザンツ社会経済史研究』岩波書店
—— [1980] 『中世ローマ帝国——世界史を見直す』岩波新書

Tate, G. [1983] *Déhès (Syrie du Nord) : Campagnes I-III (1976-1978). Recherche sur l'habitat rural* (avec la collaboration de J.-P. Soldini, B. Savant et S. Savant), Geuthner.
Tchalenko, G. [1953] *Villages antiques de la Syrie du nord : Le massif du Bélus à l'époque romaine*, tome I〜II, Institut français d'archéologie de Beyrouth.
Westermann, W. L. [1955] *The Slave Systems of Greek and Roman Antiquity*, American Philosophical Society.

第15章 前近代：イスラム時代

一般・アラブ

アブー=ルゴド, J. L. [2014] 佐藤次高他訳『ヨーロッパ覇権以前——もうひとつの世界システム』上・下, 岩波書店
アルハサン, A. Y. / D. R. ヒル [1999] 多田博一・原隆一・斎藤美津子訳『イスラム技術の歴史』平凡社
アル=マーワルディー [2006] 湯川武訳『統治の諸規則』慶應義塾大学出版会
五十嵐大介 [2011] 『中世イスラーム国家の財政と寄進——後期マムルーク朝の研究』刀水書房
イブン=ハルドゥーン [1978-87] 森本公誠訳『歴史序説』全3巻, 岩波書店
岡崎正孝 [1988] 『カナート——イランの地下水路』論創社
カーエン, Cl. [1988] 渡辺金一編訳, 加藤博共訳『比較社会経済史——イスラム・ビザンツ・西ヨーロッパ』創文社
カーティン, P. [2002] 田村愛理・中堂幸政・山影進訳『異文化間交易の世界史』NTT出版
風巻義孝 [1976] 『商品学の誕生——ディマシュキーからベックマンまで』東洋経済新報社
加藤博 [1976] 「中世エジプトの貨幣政策」『一橋論叢』76-6
—— [1977] 「貨幣史からみた後期中世エジプト社会——E・アシュトールの中世エジプト物価史研究に寄せて」『社会経済史学』43-1
—— [1995] 『文明としてのイスラム——多元的社会叙述の試み』東京大学出版会
—— [2002] 「世界経済史におけるイスラームの位置」社会経済史学会編『社会経済史学の

課題と展望——社会経済史学会創立 70 周年記念』有斐閣
―― [2005]『イスラム世界の経済史』NTT 出版
―― [2010]『イスラム経済論——イスラムの経済倫理』書籍工房早山
川床隆夫編 [1982]『出光美術館三鷹分館東西交渉史におけるムスリム商業——シンポジウム』(中近東文化センター研究会報告 3)
熊倉和歌子 [2013]「16 世紀のナイル灌漑と村落社会——ガルビーヤ県の事例」長谷部史彦編『ナイル・デルタの環境と文明』II, 早稲田大学イスラーム地域研究機構
佐藤圭四郎 [1981]『イスラーム商業史の研究——坿東西交渉史』同朋舎
佐藤次高 [1986]『中世イスラム国家とアラブ社会——イクター制の研究』山川出版社
―― [2008]『砂糖のイスラーム生活史』岩波書店
嶋田襄平 [1977]『イスラムの国家と社会』岩波書店
ターナー, B. S. [1986] 樋口辰雄他訳『ウェーバーとイスラーム』第三書館
ドナー, F. M. [2014] 後藤明監訳『イスラームの誕生——信仰者からムスリムへ』慶應義塾大学出版会
長谷部史彦編著 [2004]『中世環地中海圏都市の救貧』慶應義塾大学出版会
ハトックス, R. S. [1993] 斎藤富美子・田村愛理訳『コーヒーとコーヒーハウス——中世中東における社交飲料の起源』同文舘出版
ポメランツ, K. [2015] 川北稔監訳『大分岐——中国, ヨーロッパ, そして近代世界経済の形成』名古屋大学出版会
――/S. トピック [2013] 福田邦夫・吉田敦訳『グローバル経済の誕生——貿易が作り変えたこの世界』筑摩書房
堀井聡江 [2004]『イスラーム法通史』山川出版社
三浦徹・岸本美緒・関本照夫編 [2004]『比較史のアジア——所有・契約・市場・公正』東京大学出版会
宮崎市定 [1964]「十字軍の東方に及ぼした影響」『オリエント』7-3・4
森本公誠 [1975]『エジプト税制史の研究——初期イスラム時代』岩波書店
両角吉晃 [2011]『イスラーム法における信用と「利息」禁止』羽鳥書店
ロダンソン, M. [1978] 山内昶訳『イスラームと資本主義』岩波現代選書
家島彦一 [1989]「ピレンヌ・テーゼ再考——ムスリム勢力の地中海進出とその影響」坂口昂吉編著『地中海世界と宗教』慶應通信
―― [1991]『イスラム世界の成立と国際商業——国際商業ネットワークの変動を中心に』岩波書店
柳橋博之 [1998]『イスラーム財産法の成立と変容』創文社
吉村武典 [2008]「S. J. ボーシュ著『エジプトとイギリスにおける「黒死病」——比較研究』」『東洋学報』90-1
渡辺金一 [1980]『中世ローマ帝国——世界史を見直す』岩波新書

Allouche, A. [1994] *Mamluk Economics: A Study and Translation of al-Maqrizi's Ighathah*, University of Utah Press.
Ashtor, E. [1970a] "Quelques observations d'un Orientaliste sur la thèse de Pirenne," *Journal of the Economic and Social History of the Orient*, 13.
―― [1970b] "Nouvelles refléxions sur la thèse de Pirenne," *Revue suisse d'histoire*, 20.

—— [1976] *A Social and Economic History of the Near East in the Middle Ages*, University of California Press.
Borsch, S. J. [2005] *The Black Death in Egypt and England : A Comparative Study*, University of Texas Press.
Cahen, C. [1970] "Y a-t-il eu des corporations professionelles dans le monde musulman classique?" in A. H. Hourani and S. M. Stern, *The Islamic City*, University of Pennsylvania Press.
Çizakça, M. [1996] *A Comparative Evolution of Business Partnerships : The Islamic World and Europe, with Specific Reference to the Ottoman Archives*, E. J. Brill.
Crone, P. and M. Cook [1977] *Hagarism. The Making of the Islamic World*, Cambridge University Press.
Dols, M. W. [1977] *The Black Death in the Middle East*, Princeton University Press.
Ehrenkreutz, A. S. [1972] "Another Orientalist's Remarks Concerning the Pirenne Thesis," *Journal of the Economic and Social History of the Orient*, 15.
—— [1992] *Monetary Change and Economic History in the Medieval Muslim World*, Variorum.
Essid, Y. [1995] *A Critique of the Origins of Islamic Economic Thought*, E. J. Brill.
Gibb, H. A. R. and H. Bowen [1950, 57] *Islamic Society and the West : A Study of the Impact of Western Civilization on Moslem Culture in the Near East*, 2 vols., Oxford University Press.
Goitein, S. D. [1967-88] *A Mediterranean Society : The Jewish Communities of the Arab World as Portrayed in the Documents of the Cairo Geniza*, 5 vols., University of California Press.
Gran, P. [1979] *Islamic Roots of Capitalism : Egypt, 1760-1840*, University of Texas Press.
Greif, A. [1994] "Cultural Beliefs and the Organization of Society : A Historical and Theoretical Reflection on Collectivist and Individualist Societies," *Journal of Political Economy*, 5-102.
Grierson, P. [1960] "The Monetary Reforms of 'Abd al-Malik," *Journal of the Economic and Social History of the Orient*, 3.
Hanna, N. [1998] *Making Big Money in 1600 : The Life and Times of Isma'il Abu Taqiyya, Egyptian Merchant*, Syracuse University Press.
Horden, P. and N. Purcell [2000] *The Corrupting Sea : A Study of Mediteranean History*, Blackwell.
Kuran, T. [2011] *The Long Divergence : How Islamic Law Held Back the Middle East*, Princeton University Press.
Masters, B. [1988] *The Origins of Western Economic Dominance in the Middle East : Mercantilism and the Islamic Economy in Aleppo, 1600-1750*, New York University Press.
Pamuk, Ş. [2000] *A Monetary History of the Ottoman Empire*, Cambridge University Press.
Raymond, A. [1973] *Artisans et commerçants au Caire au Xviiie siècle*, 2 vols., Institut Français.
Shatzmiller, M. [1994] *Labour in the Medieval Islamic World*, E. J. Brill.
Simon, R. [1989] *Meccan Trade and Islam : Problems of Origin and Structure*, Akadémiai Kiadó.
Steensgaard, N. [1974] *The Asian Trade Revolution of the Seventeenth Century : The East India Companies and the Decline of the Caravan Trade*, University of Chicago Press.
Udovitch, A. L. [1970a] *Partnership and Profit in Medieval Islam*, Princeton University Press.
—— [1970b] "England to Egypt, 1350-1500 : Long-term Trends and Long-distance Trade, Part IV, Egypt," in M. A. Cook (ed.), *Studies in the Economic History of the Middle East : From the Rise of Islam to the Present Day*, Oxford University Press.
Watson, A. M. [1967] "Back to Gold—and Silver," *The Economic History Review*, 20-1.

―― [1983] *Agricultural Innovation in the Early Islamic World : The Diffusion of Crops and Farming Techniques, 700-1100*, Cambridge University Press.

オスマン帝国

飯田巳貴 [2005]「近世のヴェネツィア絹産業とオスマン市場」歴史学研究会編（村井章介責任編集）『シリーズ港町の世界史 1　港町と海域世界』青木書店

鴨野洋一郎 [2011]「15-16 世紀におけるフィレンツェ・オスマン関係と貿易枠組み」『東洋文化』91

澤井一彰 [2007]「16 世紀後半におけるイスタンブルへの人口流入とその対応策」『日本中東学会年報』23-1

―― [2011]「16 世紀後半のオスマン朝における飢饉と食糧不足」『東洋文化』91

清水保尚 [1999]「16 世紀末オスマン朝におけるムカーターの管理・運営に関する一考察――ハレブ財務組織作成の文書の分析を中心として」『アジア・アフリカ言語文化研究』58

―― [2003]「16 世紀オスマン朝の地方財務組織について――アレッポ財務組織を事例として」『東洋学報』85-1

永田雄三 [2009]『前近代トルコの地方名士――カラオスマンオウル家の研究』刀水書房

――・羽田正 [1998]『世界の歴史 15　成熟のイスラーム社会』中央公論社（中公文庫、2008 年）

林佳世子 [2000]「イスラーム法の刷新――オスマン朝における新賃貸契約慣行の誕生をめぐって」樺山紘一他編『岩波講座世界歴史 14　イスラーム・環インド洋世界――16-18 世紀』岩波書店

―― [2008]『興亡の世界史 10　オスマン帝国――500 年の平和』講談社

深沢克己 [2007]『商人と更紗――近世フランス＝レヴァント貿易史研究』東京大学出版会

藤木健二 [2005a]「18 世紀イスタンブルにおける靴産業の同職組合」『オリエント』48-1

―― [2005b]「18 世紀イスタンブルの同職組合――家畜利用業種の分析から」『日本中東学会年報』20-2

堀井優 [1997]「オスマン朝のエジプト占領とヴェネツィア人領事・居留民――1517 年セリム 1 世の勅令の内容を中心として」『東洋学報』78-4

―― [2008]「近世初頭の東地中海――オスマン帝国とエジプト海港社会」『史学研究』260

Casale, G. [2010] *The Ottoman Age of Exploration*, Oxford University Press.

Çizakça, M. [1996] *A Comparative Evolution of Business Partnership : The Islamic World and Europe, with Specific Reference to the Ottoman Archives*, E. J. Brill.

Dale, S. F. [2009] *The Muslim Empires of the Ottomans, Safavids, and Mughals*, Cambridge University Press.

Darling, L. T. [1996] *Revenue-Raising and Legitimacy : Tax Collection and Finance Administration in the Ottoman Empire, 1560-1660*, E. J. Brill.

Eldem, E. [1999] *French Trade in Istanbul in the Eighteenth Century*, Brill.

――, D. Goffman and B. Masters [1999], *The Ottoman City between East and West : Aleppo, Izmir, and Istanbul*, Cambridge University Press.

Faroqhi, S. [1984] *Towns and Townsmen of Ottoman Anatolia : Trade, Crafts and Food Production*

in an Urban Setting, 1520-1650, Cambridge University Press.
―― [2004] *The Ottoman Empire and the World Around It*, I. B. Tauris.
―― [2010] *Subjects of the Sultan : Culture and Daily Life in the Ottoman Empire*, I. B. Tauris.
――, K. Fleet and R. Kasaba (eds.) [2006-13] *The Cambridge History of Turkey*, 4 vols., Cambridge University Press.
Fleet, K. [2006] *European and Islamic Trade in the Early Ottoman State : The Merchants of Genoa and Turkey*, Cambridge University Press.
Frangakis-Syrett, E. [1992] *The Commerce of Smyrna in the Eighteenth Century (1700-1820)*, Centre for Asia Minor Studies.
Genç, M. [2000] *Osmanlı İmparatorluğunda Devlet ve Ekonomi*, Ötüken Neşriyat.
Goffman, D. [1990] *Izmir and the Levantine World, 1550-1650*, University of Washington Press.
Greene, M. [2000] *A Shared World : Christians and Muslims in the Early Modern Mediterranean*, Princeton University Press.
Hamilton, A., A. H. de Groot and M. H. van den Boogert (eds.) [2000] *Friends and Rivals in the East : Studies in Anglo-Dutch Relations in the Levant from the Seventeenth to the Early Nineteenth Century*, Brill.
Inalcik, H. [1978] "Impact of the *Annales* School on Ottoman Studies and New Findings," *Review* (Journal of the Fernand Braudel Center), 1.
―― and D. Quataert (eds.) [1994] *An Economic and Social History of the Ottoman Empire, 1300-1914*, Cambridge University Press（ペーパーバック版は全2巻，1997年）.
İslamoglu-İnan, H. [1994] *State and Peasant in the Ottoman Empire : Agrarian Power Relations and Regional Economic Development in Ottoman Anatolia during the Sixteenth Century*, E. J. Brill.
Kadı, İ. H. [2012], *Ottoman and Dutch Merchants in the Eighteenth Century : Competition and Cooperation in Ankara, Izmir, and Amsterdam*, Brill.
Keyder, Ç. and F. Tabak (eds.) [1991] *Landholding and Commercial Agriculture in the Middle East*, State University of New York Press.
Kütükoğlu, M. [1974-76] *Osmanlı-İngiliz İktisâdî Münâsebetleri*, Vol. 1 *(1580-1838)*, Türk Kültürnü Araştırma Enstitüsü, Vol. 2 *(1838-1850)*, İstanbul Üniversitesi Edebiyat Fakültesi Basımevi (2013年に *Balta Limanı'na Giden Yol : Osmanlı - İngiliz İktisâdî Münâsebetleri (1580-1850)*, Türk Tarih Kurumu（全1巻）として再出版）.
Özbaren, S. [2009] *Ottoman Expansion towards the Indian Ocean in the 16th Century*, Istanbul Bilgi University Press.
Pamuk, Ş. [2000] *A Monetary History of the Ottoman Empire*, Cambridge University Press.
Salzmann, A. [2004] *Tocqueville in the Ottoman Empire : Rival Paths to the Modern State*, Brill.
Yi, E. [2004] *Guild Dynamics in Seventeenth-Century Istanbul : Fluidity and Leverage*, Brill.

サファヴィー朝
山口昭彦［2013］「後期サファヴィー朝有力家系の戦略的資産形成――ザンギャネ一族の「財産目録」を手がかりに」『アジア・アフリカ言語文化研究』86

Dale, S. F. [1994] *Indian Merchants and Eurasian Trade, 1600-1750*, Foundation Books.
Floor, W. [2000] *The Economy of Safavid Persia*, Reichert.

Keyvani, M.［1982］*Artisans and Guild Life in the Later Safavid Period : Contributions to the Social-Economic History of Persia*, Klaus Schwarz.

McCabe, I. B.［1999］*The Shah's Silk for Europe's Silver : The Eurasian Trade of the Julfa Armenians in Safavid Iran and India (1530-1750)*, Scholars Press.

Matthee, R. P.［1999］*The Politics of Trade in Safavid Iran : Silk for Silver, 1600-1730*, Cambridge University Press.

──［2005］*The Pursuit of Pleasure : Drugs and Stimulants in Iranian History, 1500-1900*, Princeton University Press.

第16章　近現代：西アジア

一般・アラブ

アミーン，G.［1976］中岡三益・堀侑訳『現代アラブの成長と貧困』東洋経済新報社

アミン，S.［1981a］原田金一郎訳『中心=周辺経済関係論』柘植書房

──［1981b］山崎カヲル訳『現代アラブ──経済と戦略』新評論

石田進［1974］『帝国主義下のエジプト経済──19世紀エジプトの植民地化過程の分析』御茶の水書房

岩崎えり奈［2009］『変革期のエジプト社会──マイグレーション・就業・貧困』書籍工房早山

大岩川和正［1983］『現代イスラエルの社会経済構造──パレスチナにおけるユダヤ人入植村の研究』東京大学出版会

加藤博［1993］『私的土地所有権とエジプト社会』創文社

──［2001］「書評　Roger Owen and Sevket Pamuk, *A History of Middle East Economies in the Twentieth Century*」『アジア経済』42-1

──［2010］『イスラム経済論──イスラムの経済倫理』書籍工房早山

──・岩崎えり奈［2011］「エジプトの村落地図」『一橋経済学』4-1

──・──［2013］『現代アラブ社会──「アラブの春」とエジプト革命』東洋経済新報社

柏木健一［2010］「エジプト労働市場における民間部門の発展と構造的課題」土屋一樹編『中東アラブ諸国における民間部門の発展』アジア経済研究所

私市正年［2004］『サハラが結ぶ南北交流』（世界史リブレット60）山川出版社

木村喜博［1977］『エジプト経済の展開と農業共同組合』アジア経済研究所

黒宮貴義［2011］「門戸開放期のエジプト経済における資源・海外労働に対する依存──「オランダ病」，「レンティア経済」概念を用いて」『日本中東学会年報』27-1

坂井信三［2003］『イスラームと商業の歴史人類学──西アフリカの交易と知識のネットワーク』世界思想社

坂本勉［1978］「近代イスラム・ギルドについての覚書」『オリエント』21-2

杉原薫［2008］「東アジア・中東・世界経済──オイル・トライアングルと国際経済秩序」『イスラーム世界研究』2-1

──［2010］「中東軍事紛争の世界経済的文脈──石油・兵器・資金の循環とその帰結」長崎暢子・清水耕介編著『紛争解決　暴力と非暴力』ミネルヴァ書房

鈴木弘明［1986］『エジプト近代灌漑史研究──W. ウィルコックス論』アジア経済研究所

武石礼司 [2006]『国際開発論――地域主義からの再構築』幸書房
店田廣文 [1999]『エジプトの都市社会』早稲田大学出版部
トッド, E.／Y. クルバージュ [2008] 石崎晴己訳『文明の接近――「イスラーム vs 西洋」の虚構』藤原書店
冨岡倍雄 [1997]『機械制工業経済の誕生と世界化――南北問題の経済学』御茶の水書房
―――・中村平八編 [1995]『近代世界の歴史像――機械制工業世界の成立と周辺アジア』世界書院
中岡三益 [1991]『アラブ近現代史――社会と経済』岩波書店
長岡慎介 [2011]『現代イスラーム金融論』名古屋大学出版会
長沢栄治 [2013]『エジプトの自画像――ナイルの思想と地域研究』平凡社
フランク, A. G. [1980] 吾郷健二訳『従属的蓄積と低開発』岩波現代選書
細井長 [2005]『中東の経済開発戦略――新時代へ向かう湾岸諸国』ミネルヴァ書房
松尾昌樹 [2010]『湾岸産油国――レンティア国家のゆくえ』講談社選書メチエ
マディソン, A. [2000] 金森久雄監訳『世界経済の成長史 1820～1992年――199ヵ国を対象とする分析と推計』東洋経済新報社
―――[2004] 金森久雄監訳『経済統計で見る世界経済 2000年史』柏書房
ヤーギン, D. [1991] 日高義樹・持田直武訳『石油の世紀――支配者たちの興亡』上・下, 日本放送出版協会
―――[2012] 伏見威蕃訳『探求――エネルギーの世紀』上・下, 日本経済新聞出版社
山根学 [1986]『現代エジプトの発展構造』晃洋書房
―――・森賀千景 [1998]『世界経済システムと西アジア――近代化と変容』知碩書院

Abdel-Fadil, M. [1975] *Development, Income Distribution and Social Change in Rural Egypt (1952-1970): A Study in the Political Economy of Agrarian Transition*, Cambridge University Press.
―――[1980] *The Political Economy of Nasserism: A Study in Employment and Income Distribution Policies in Urban Egypt, 1952-72*, Cambridge University Press.
Anderson, L. [1986] *The State and Social Transformation in Tunisia and Libya, 1830-1980*, Princeton University Press.
Baer, G. [1962] *A History of Landownership in Modern Egypt, 1800-1950*, Oxford University Press.
―――[1964] *Egyptian Guilds in Modern Times*, The Israel Oriental Society.
―――[1969] *Studies in the Social History of Modern Egypt*, The University of Chicago Press.
Beblawi, H. and G. Luciani (eds.) [1987] *The Rentier State*, Croom Helm.
Blake, G. H. and R. N. Schofield (eds.) [1987] *Boundaries and State Territory in the Middle East and North Africa*, Middle East and North African Studies Press, England.
Cook, M. A. (ed.) [1970] *Studies in the Economic History of the Middle East: From the Rise of Islam to the Present Day*, Oxford University Press.
Cuno, K. M. [1992] *The Pasha's Peasants. Land, Society, and Economy in Lower Egypt, 1740-1858*, Cambridge University Press.
Davis, E. [1983] *Challenging Colonialism: Bank Misr and Egyptian Industrialization, 1920-1941*, Princeton University Press.
El-Ashker, A. A. F. and R. Wilson [2006] *Islamic Economics: A Short History*, Brill.

el-Gritly, A. A. I. [1947] *The Structure of Modern Industry in Egypt*, L'Egypte Contemporaine, nos. 241・242.

Ewald, J. J. [1990] *Soldiers, Traders, and Slaves : State Formation and Economic Transformation in the Greater Nile Valley, 1700–1885*, The University of Wisconsin Press.

Girgis, M. [1977] *Industrialization and Trade Pattern in Egypt*, J. C. B. Mohr.

Granott, A. [1952] *The Land System in Palestine : History and Structure*, Eyre & Spottiswoode.

Hansen, B. [1991] *Egypt and Turkey : The Political Economy of Poverty, Equity, and Growth*, Oxford University Press.

—— and S. Radwan [1982] *Employment Opportunities and Equity in Changing Economy : Egypt in the 1980s*, International Labour Office.

Himadeh, S. B. [1938] *Economic Organization of Palestine*, American Press.

Hinnebusch, R. A. [1990] *Authoritarian Power and State Formation in Ba'thist Syria : Army, Party and Peasant*, Westview Press.

Holt, P. M. (ed.) [1968] *Political and Social Change in Modern Egypt : Historical Studies from the Ottoman Conquest to the United Arab Republic*, Oxford University Press.

Issawi, C. [1966] *The Economic History of the Middle East, 1800–1914*, The University of Chicago Press.

—— (ed.) [1988] *The Fertile Crescent, 1800–1914 : A Documentary Economic History*, Oxford University Press.

Mabro, R. [1974] *The Egyptian Economy, 1952–1972*, Clarendon Press.

—— and S. Radwan [1976] *The Industrialization of Egypt, 1939–1973 ; Policy and Performance*, Clarendon Press.

Mikhail, A. [2011] *Nature and Empire in Ottoman Egypt : An Environmental History*, Cambridge University Press.

Morsy, M. [1984] *North Africa, 1800–1900 : A Survey from the Nile Valley to the Atlantic*, Longman.

Niblock, T. and R. Wilson (eds.) [1999] *The Political Economy of the Middle East*, 6 vols., Edward Elgar.

Owen, E. R. J. [1969] *Cotton and the Egyptian Economy, 1820–1914 : A Study in Trade and Development*, Clarendon Press.

Owen, R. and S. Pamuk [1998] *A History of Middle East Economies in the Twentieth Century*, I. B. Tauris.

Polk, W. R. and R. L. Chambers (eds.) [1968] *Beginnings of Modernization in the Middle East : The Nineteenth Century*, The University of Chicago Press.

Radwan, S. [1974] *Capital Formation in Egyptian Industry and Agriculture, 1882–1967*, Ithaca Press.

Richards, A. [1982] *Egypt's Agricultural Development, 1800–1980 : Technical and Social Change*, Westview Press.

——. and J. Warterbury [1996] *A Political Economy of the Middle East*, 2nd ed., Westview Press.

The International Bank for Reconstruction and Development [1955] *The Economic Development of Syria*, The Johns Hopkins Press.

Valensi, L. [1985] *Tunisian Peasants in the Eighteenth and Nineteenth Centuries*, Cambridge

University Press.
Walz, T. [1978] *Trade between Egypt and Bilad as-Sudan, 1700-1820*, IFAO.
Warde, I. [2000] *Islamic Finance in the Global Economy*, Edinburgh University Press.
Waterbury, J. [1979] *Hydropolitics of the Nile Valley*, Syracuse University Press.
―― [2002] *The Nile Basin : National Determinants of Collective Action*, Yale University Press.
Wilson, R. [2010] *Economic Development in the Middle East*, 2nd ed., Routledge.

オスマン帝国・トルコ
新井政美［2001］『トルコ近現代史――イスラム国家から国民国家へ』みすず書房
エルトゥールル, I.［2011］佐原徹哉訳『現代トルコの政治と経済――共和国の85年史（1923-2008）』世界書院
小松香織［2002］『オスマン帝国の海運と海軍』山川出版社
坂本勉［2015］『イスタンブル交易圏とイラン――世界経済における近代中東の交易ネットワーク』慶應義塾大学出版会
護雅夫編［1971］『トルコの社会と経済』アジア経済研究所

Akyıldız, A. [1996] *Osmanlı finans sisteminde dönüm noktası kâğıt para ve sosyo-ekonomik etkileri*, Eren.
Arıcanlı, T. and D. Rodrik (eds.) [1990] *The Political Economy of Turkey : Debt, Adjustment, and Sustainability*, Macmillan.
Barkey, H. J. [1990] *The State and the Industrialization Crisis in Turkey*, Westview Press.
Boratav, K. [1981] "Kemalist Economic Policies and Étatism," in A. Kazancıgil and E. Özbudun (eds.), *Atatürk : Founder of a Modern State*, C. Hurst and Company.
Eldem, E. [1999] *A History of the Ottoman Bank*, Ottoman Bank Historical Research Center.
Ergene, B. et al. [2012] "Roundtable : A Discussion on the State of Middle Eastern/Islamic Economic History," *International Journal of Middle East Studies*, 44-3.
Göçek, F. M. [1996] *Rise of the Bourgeoisie, Demise of Empire : Ottoman Westernization and Social Change*, Oxford University Press.
Hershlag, Z. Y. [1968] *Turkey : The Challenge of Growth*, E. J. Brill.
―― [1988] *The Contemporary Turkish Economy*, Routledge.
Hoekman, B. M. and S. Togan (eds.) [2005] *Turkey: Economic Reform and Accession to the European Union*, The International Bank for Reconstruction and Development.
Inalcik, H. and D. Quataert (eds.) [1994] *An Economic and Social History of the Ottoman Empire, 1300-1914*, Cambridge University Press（ペーパーバック版は全2巻，1997年）.
İslamoğlu-İnan, H. (ed.) [1987] *The Ottoman Empire and the World-Economy*, Cambridge University Press
―― (ed.) [2004] *Constituting Modernity : Private Property in the East and West*, I. B. Tauris
―― and P. C. Perdue (eds.) [2009] *Shared Histories of Modernity : China, India, and the Ottoman Empire*, Routledge.
Issawi, C. [1980] *The Economic History of Turkey, 1800-1914*, Chicago University Press.
Karpat, H. K. [1985] *Ottoman Population, 1830-1914 : Demographic and Social Characteristics*, University of Wisconsin Press.

Kasaba, R. [1988] *The Ottoman Empire and the World Economy : The Nineteenth Century*, State University of New York Press.
Keyder, Ç. [1981] *The Definition of a Peripheral Economy : Turkey, 1923-1929*, Cambridge University Press.
—— [1987] *State and Class in Turkey: A Study in Capitalist Development*, Verso.
—— (ed.) [1988] "Ottoman Empire : Nineteenth-Century Transformation," Special issue, *Review*, 11-2.
——, Y. Özveren and D. Quataert (eds.) [1993] "Port-Cities of the Eastern Mediterranean, 1800-1914," Special issue, *Review*, 16-4.
Kuran, T. [2011] *The Long Divergence : How Islamic Law Held Back the Middle East*, Princeton University Press.
McCarthy, J. [1983] *Muslims and Minorities : The Population of Ottoman Anatolia and the End of the Empire*, New York University Press.
—— [2011] *The Ottoman Peoples at the End of Empire*, Bloomsbury Academic (初版は 2001 年).
McMurray, J. [2001] *Distant Ties : Germany, the Ottoman Empire, and the Construction of the Baghdad Railway*, Praeger.
Nas, T. F. [2008] *Tracing the Economic Transformation of Turkey from the 1920s to EU Accession*, Martinus Nijhoff Publishers.
Öniş, Z. and F. Şenses (eds.) [2009] *Turkey and the Global Economy: Neo-liberal Restructuring and Integratino in the Post-crisis Era*, Routledge.
Pamuk, Ş. [1987] *The Ottoman Empire and European Capitalism, 1820-1913 : Trade, Investment and Production*, Cambridge University Press.
—— [2000] *A Monetary History of the Ottoman Empire*, Cambridge University Press.
—— [2008] "Economic Change in Twentieth-Century Turkey : Is the Glass more than half full?" in R. Kasaba (ed.), *The Cambridge History of Turkey, Vol. 4 : Turkey in the Modern World*, Cambridge University Press.
—— [2009] *The Ottoman Economy and Its Institutions*, Ashgate.
—— et al. [1995-] *Tarihi Istatistikler Dizisi / Historical Statistic Series*, T. C. Başbakanlık Devlet İstatistik Enstitüsü.
Quataert, D. [1983] *Social Disintegration and Popular Resistance in the Ottoman Empire, 1881-1908 : Reactions to European Economic Penetration*, New York University Press.
—— [1993] *Ottoman Manufacturing in the Age of the Industrial Revolution*, Cambridge University Press.
—— (ed.) [1994] *Manufacturing in the Ottoman Empire and Turkey, 1500-1950*, State University of New York Press.
—— (ed.) [2000] *Consumption Studies and the History of the Ottoman Empire, 1550-1992 : An Introduction*, State University of New York Press.
Shields, S. D. [2000] *Mosul before Iraq : Like Bees Making Five-sided Cells*, State University of New York Press.
Togan, S. and V. N. Balasubramanyam (ed.) [1996] *The Economy of Turkey since Liberalization*, Macmillan.
Toksöz, M. [2010] *Nomads, Migrants and Cotton in the Eastern Mediterranean : The Making of the*

Adana-Mersin Region, 1850-1908, Brill.

イラン

岩﨑葉子［1993］「イラン繊維産業概観――19世紀初頭からイスラム革命までの歴史的発展」『現代の中東』15
――［2004］『テヘラン商売往来――イラン商人の世界』アジア経済研究所
大野盛雄［1971］『ペルシアの農村――むらの実態調査』東京大学出版会
岡崎（﨑）正孝［1968］「イラン農業の構造と変化」滝川勉・斉藤仁編著『アジアの土地制度と農村社会構造』アジア経済研究所
――［1988］『カナート　イランの地下水路』論創社
カールシェナース，M.［2000］德増克己訳，岩﨑葉子監訳「革命以降のイランにおける石油と経済発展」原隆一・岩﨑葉子編『イラン国民経済のダイナミズム』アジア経済研究所
後藤晃［2002］『中東の農業社会と国家――イラン近現代史の中の村』御茶の水書房
――編［2015］『オアシス社会50年の軌跡――イランの農村，遊牧そして都市』御茶の水書房
近藤信彰［2007a］「19世紀テヘランの大バーザール――発展，構成，所有関係」『上智アジア学』25
――［2007b］「ワクフと私的所有権――チャハールダフ・マアスームのワクフをめぐって」『アジア経済』48-6
原隆一［1997］『イランの水と社会』古今書院
ハリデー，F.［1980］岩永博・菊池弘・伏見楚代子訳『イラン――独裁と経済発展』法政大学出版局
水田正史［2003］『近代イラン金融史研究――利権／銀行／英露の角逐』ミネルヴァ書房
――［2010］『第一次世界大戦期のイラン金融――中東経済の成立』ミネルヴァ書房
Rabizade, M. M.［1975］加藤九祚訳『20世紀30年代のイラン工業における資本主義的企業の発展』アジア経済研究所
ラムトン，A. K. S.［1976］岡崎正孝訳『ペルシアの地主と農民――土地保有と地税行政の研究』岩波書店

Amid, J. and A. Hadjikhani［2005］*Trade, Industrialization and the Firm in Iran : The Impact of Government Policy on Business*, I. B. Tauris.
Amuzegar, J.［1993］*Iran's Economy under the Islamic Republic*, I. B. Tauris.
Baldwin, G. B.［1967］*Planning and Development in Iran*, The Johns Hopkins Press.
Bharier, J.［1971］*Economic Development in Iran, 1900-1970*, Oxford University Press.
Curzon, G. N.［1966］*Persia and the Persian Question*, 2 vols., Frank Cass.
Ghosh, S. K.［1960］*The Anglo-Iranian Oil Dispute : A Study of Problems of Nationalization of Foreign Investment and Their Impact on International Law*, Firma K. L. Mukhopadhyay.
Hakimian, H.［1990］*Labour Transfer and Economic Development ; Theoretical Perspectives and Case Studies from Iran*, Harvester Wheatsheaf.
Hooglund, E. J.［1982］*Land and Revolution in Iran, 1960-1980*, University of Texas Press.
Issawi, C. (ed.)［1971］*The Economic History of Iran, 1800-1914*, The University of Chicago Press.
Iwasaki, Y.［2010］*Questionnaire Survey on Apparel Firms in Iran 2010*, Hitotsubashi University.

Karshenas, M.［1990］*Oil, State, and Industrialization in Iran*, Cambridge University Press.
Katouzian, H.［1981］*The Political Economy of Modern Iran : Despotism and Pseudo-Modernism, 1926-1979*, New York University Press.
Keshavarzian, A.［2007］*Bazaar and State in Iran : The Politics of the Tehran Marketplace*, Cambridge University Press.
Lambton, A. K. S.［1987］*Qājār Persia : Eleven Studies*, University of Texas Press.
Lenczowski, G. (ed.)［1978］*Iran under the Pahlavis*, Hoover Institution Press.
McLachlan, K.［1988］*The Neglected Garden : The Politics and Ecology of Agriculture in Iran*, I. B. Tauris.
Moghadam, F. E.［1996］*From Land Reform to Revolution : The Political Economy of Agricultural Development in Iran 1962-1979*, I. B. Tauris.
Shahbazzadeh, M.［1994］*Role of Multinational Companies in Nation's Economy : A Case Study of Iran*, B. R. Publishing Corporation.
Werner, C.［2000］*An Iranian Town in Transition : A Social and Economic History of the Elites of Tabriz, 1747-1848*, Harrassowitz Verlag.

第17章　近現代：中央アジア

荒川正晴［2003］『オアシス国家とキャラヴァン交易』（世界史リブレット62）山川出版社
岩﨑一郎［1996］「中央アジアにおけるソヴェト社会主義工業配置の考察」清水学・松島吉洋編『中央アジアの市場経済化——カザフスタンを中心に』アジア経済研究所
——［2004a］「市場経済移行とマクロ経済実績——分極化する経済システム」同・宇山智彦・小松久男編著『現代中央アジア論——変貌する政治・経済の深層』日本評論社
——［2004b］『中央アジア体制移行経済の制度分析——政府・企業間関係の進化と経済成果』東京大学出版会
——［2013］「中央アジア第二次産業の長期発展経路——百年統計の構築と比較経済分析」『アジア経済』54-1
宇山智彦［2012］「カザフスタンにおけるジュト（家畜大量死）——文献資料と気象データ（19世紀中葉—1920年代）」奈良間千之編『中央ユーラシア環境史1　環境変動と人間』臨川書店
——編［2010］『中央アジアを知るための60章』第2版，明石書店
大西健夫・地田徹朗［2012］「乾燥・半乾燥地域の水資源開発と環境ガバナンス」渡邊三津子編『中央ユーラシア環境史3　激動の近現代』臨川書店
奥田央［1982］「遊牧からコルホーズへ——いわゆる共同体の社会主義的転化の問題によせて」岡田与好編『現代国家の歴史的源流』東京大学出版会
片山博文［2004］「環境問題——「負の遺産」と市場経済化のはざまで」岩﨑一郎・宇山智彦・小松久男編著『現代中央アジア論——変貌する政治・経済の深層』日本評論社
金田辰夫［1995］『体制と人間——中央アジアの小国の再生』日本国際問題研究所
川井晨嗣［1998］「中央アジアの農業——ウズベキスタンを中心に」清水学編『中央アジア——市場化の現段階と課題』アジア経済研究所
カン，V.［2012］「大企業の再編成と中小企業の新規開業——ウズベキスタン移行経済の実

証研究」『比較経済研究』49-1
菊田悠［2013］『ウズベキスタンの聖者崇敬——陶器の町とポスト・ソヴィエト時代のイスラーム』風響社
木村英亮・山本敏［1990］『世界現代史30　ソ連現代史Ⅱ　中央アジア・シベリア』第2版，山川出版社
グレゴリー，P. R.／R. C. スチュアート［1987］吉田靖彦訳『ソ連経済——構造と展望』第3版，教育社
後藤冨男［1970］『騎馬遊牧民』近藤出版社
小松久男［1991］「中央アジア」羽田正・三浦徹編『イスラム都市研究——歴史と展望』東京大学出版会
――編［2000］『新版　世界各国史4　中央ユーラシア史』山川出版社
――・梅村坦・宇山智彦・帯谷知可・堀川徹編［2005］『中央ユーラシアを知る事典』平凡社
佐口透［1963］『18-19世紀東トルキスタン社会史研究』吉川弘文館
――［1966］『ロシアとアジア草原』吉川弘文館
ジェマーエフ，G.［2002］「独立以降のウズベキスタン経済と金融制度改革（上）（下）」『ロシア・ユーラシア経済調査資料』840, 841
塩谷哲史［2014］『中央アジア灌漑史序説——ラウザーン運河とヒヴァ・ハン国の興亡』風響社
志田仁完［2011］「ソ連構成共和国における第二経済1969-1988年——アーカイブ資料に基づく新推計」『スラヴ研究』58
――［2012］「ソ連構成共和国の住民貨幣収支推計，1960-1989」『比較経済研究』49-1
島村史郎［1985］『ソ連の人口問題——21世紀ソ連予測への手がかり』教育社
清水学・松島吉洋編［1996］『中央アジアの市場経済化——カザフスタンを中心に』アジア経済研究所
田中陽兒・倉持俊一・和田春樹編［1994］『世界歴史大系　ロシア史2　18〜19世紀』山川出版社
――・――・――編［1997］『世界歴史大系　ロシア史3　20世紀』山川出版社
田畑理一［2008］「キルギス共和国の体制転換——グローバリゼーション下の小国生き残り策」池本修一・岩﨑一郎・杉浦史和編著『グローバリゼーションと体制移行の経済学』文眞堂
地田徹朗［2012］「社会主義体制下での開発政策とその理念——「近代化」の視角から」渡邊三津子編『中央ユーラシア環境史3　激動の近現代』臨川書店
中東調査会編［1964］『低開発国の社会主義移行に関する研究——中央アジアのソビエト化と近代化との関係』中東調査会
永井朋美［2008］「トルキスタン総督府とワクフ問題——ワクフ地の所有権と免税権を中心に」『アジア史学論集』1
長澤和俊［1993］『シルクロード』講談社学術文庫
中村泰三［1985］『ソ連邦の地域開発』古今書院
――［2004］「ソ連時代の共和国経済——計画経済体制下の中央アジア地域開発」岩﨑一郎・宇山智彦・小松久男編著『現代中央アジア論——変貌する政治・経済の深層』日本評論社

西徳二郎［1987］『中亜細亜紀事』青史社（原本 1886 年）
錦見浩司［1998］「カザフスタンにおける農業民営化の現状と課題――独立自営農の生産効率の計測」清水学編『中央アジア――市場化の現段階と課題』アジア経済研究所
―――［2004］「農業改革――市場システム形成の実際」岩﨑一郎・宇山智彦・小松久男編著『現代中央アジア論――変貌する政治・経済の深層』日本評論社
西村可明・杉浦史和［2005］「旧ソ連におけるザカフカス諸国の経済発展」『経済研究』56-1
西山克典［2002］『ロシア革命と東方辺境地域――「帝国」秩序からの自立を求めて』北海道大学図書刊行会
ノーヴ，A.［1982］石井規衛他訳『ソ連経済史』岩波書店
―――［1986］大野喜久之輔・家本博一・吉井正彦訳『ソ連の経済システム』晃洋書房
野田仁［2011］『露清帝国とカザフ＝ハン国』東京大学出版会
野部公一［1990］「処女地開拓とフルシチョフ農政――カザフスタン 1957-1963 年」『社会経済史学』56-4
―――［2000］「体制移行期のカザフスタン農業――農業改革を中心として」『農業総合研究』54-1
―――［2008］「再編途上のカザフスタン農業 1999〜2007 年――「連邦」の食料基地からの脱却」『専修経済学論集』43-1
―――［2010］「ウズベキスタンにおける農業改革 1992〜2009 年――「漸進的」改革下の「急進的」変化」『専修経済学論集』45-1
―――［2013］『旧ソ連中央アジア長期農業統計――1920 年代末からの動向分析』一橋大学経済研究所ロシア研究センター
濱本真実［2009］『「聖なるロシア」のイスラーム――17-18 世紀タタール人の正教改宗』東京大学出版会
バルトリド，V. V.［2011］小松久男監訳『トルキスタン文化史』1〜2，平凡社東洋文庫
樋渡雅人［2008］『慣習経済と市場・開発――ウズベキスタンの共同体にみる機能と構造』東京大学出版会
藤本透子［2011］『よみがえる死者儀礼――現代カザフのイスラーム復興』風響社
ベッカー，C. M.／ A. S. セイテノヴァ／ D. S. ウルジュモヴァ［2006］岩﨑一郎訳「中央アジア諸国の年金改革」西村可明編著『移行経済国の年金改革――中東欧・旧ソ連諸国の経験と日本への教訓』ミネルヴァ書房
堀江典生編著［2010］『現代中央アジア・ロシア移民論』ミネルヴァ書房
間野英二［1977］『中央アジアの歴史』講談社現代新書
メドヴェーヂェフ，Z. A.［1995］佐々木洋訳『ソヴィエト農業 1917-1991――集団化と農工複合の帰結』北海道大学出版会
森安孝夫［2007］『興亡の世界史 5　シルクロードと唐帝国』講談社
吉田世津子［2004］『中央アジア農村の親族ネットワーク――クルグズスタン・経済移行の人類学的研究』風響社
ルトヴェラゼ，E.［2011］加藤九祚訳『考古学が語るシルクロード史――中央アジアの文明・国家・文化』平凡社
輪島実樹［1998］「中央アジア経済改革における多様性――カザフスタンの事例」『ロシア研究』26
―――［2004］「世界経済への統合――扉を開く天然資源」岩﨑一郎・宇山智彦・小松久男編

著『現代中央アジア論——変貌する政治・経済の深層』日本評論社
―― [2008]「中央アジア諸国の市場経済化と外資導入政策の現状——「持てる国」カザフスタンの事例」池本修一・岩﨑一郎・杉浦史和編著『グローバリゼーションと体制移行の経済学』文眞堂

Abazov, R. [1999] "Economic Migration in Post-Soviet Central Asia : The Case of Kyrgyzstan," *Post-Communist Economies*, 11-2.
Abylkhozhin, Zh. B. [1997] *Ocherki sotsial'no-ekonomicheskoi istorii Kazakhstana : XX vek*, Universitet Turan.
――, M. K. Kozybaev and M. B. Tatimov [1989] "Kazakhstanskaia tragediia," *Voprosy istorii*, 7.
Ahrens, J. and H. W. Hoen (eds.) [2013] *Institutional Reform in Central Asia : Politico-Economic Challenges*, Routledge.
Akimov, A. and B. Dollery [2008] "Financial System Reform in Kazakhstan from 1993 to 2006 and Its Socioeconomic Effects," *Emerging Markets Finance and Trade*, 44-3.
Amin, A. A. and D. Ainekova [2012] "The Long Run Growth Rate of the Kazakhstan's Economy," *Eurasian Journal of Business and Economics*, 5-9.
Anderson, K. H. and R. Pomfret [2003] *Consequences of Creating a Market Economy : Evidence from Household Surveys in Central Asia*, Edward Elgar.
Anil, I., I. Armutlulu, C. Canel and R. Porterfield [2011] "The Determinants of Turkish Outward Foreign Direct Investment," *Modern Economy*, 2-5.
Arystanbekov, K. [2009] "Quality of Kazakhstan's Economic Policy and Balance of Payments," *Problems of Economic Transition*, 51-10.
Asadov, P. [2007] "Foreign Investment and Economic Reform in Tajikistan," *Problems of Economic Transition*, 50-6.
Åslund, A. [2013] *How Capitalism was Built : The Transformation of Central and Eastern Europe, Russia, the Caucasus, and Central Asia*, 2nd ed., Cambridge University Press.
Atamanov, A. and M. Van Den Berg [2012] "Rural Nonfarm Activities in Central Asia : A Regional Analysis of Magnitude, Structure, Evolution and Drivers in the Kyrgyz Republic," *Europe-Asia Studies*, 64-2.
Azam, M. [2010] "Economic Determinants of Foreign Direct Investment in Armenia, Kyrgyz Republic and Turkmenistan : Theory and Evidence," *Eurasian Journal of Business and Economics*, 3-6.
Babu, S. and W. Reidhard [2000] "Poverty, Food Security, and Nutrition in Central Asia : A Case Study of the Kyrgyz Republic," *Food Policy*, 25-6.
Baipakov, K. M. [1998] *Srednevekovye goroda na Velikom Shelkovom puti*, Ghïlïm.
Barisitz, S. [2009] "Macrofinancial Developments and Systematic Change in CSI Central Asia," *Focus on European Economic Integration*, 3rd Quarterly.
Bartlett, D. L. [2001a] "Economic Recentralization in Uzbekistan," *Post-Soviet Geography and Economics*, 42-2.
―― [2001b] "Economic Development in the Newly Independent States : The Case for Regionalism," *European Journal of Development Research*, 13-1.
Bartol'd, V. V. [1965] "K istorii orosheniia Turkestana," in *Sochineniia*, Nauka (初出は1914年).

Becker, C. M., E. N. Musabek, A. S. Seitenova and D. S. Urzhumova [2005] "The Migration Response to Economic Shock : Lessons from Kazakhstan," *Journal of Comparative Economics*, 33-1.

Becker, S. [1968] *Russia's Protectorates in Central Asia : Bukhara and Khiva, 1865-1924*, Harvard University Press.

Belyayev, N. A. [1968] "Industrial Development of the Desert of West Turkmenia," *Soviet Geography*, 9-6.

Betti, G. and L. Lundgren [2012] "The Impact of Remittances and Equivalence Scales on Poverty in Tajikistan," *Central Asian Survey*, 31-4.

Bhat, B. A. [2011] "Socioeconomic Dimensions of Child Labor in Central Asia : A Case Study of the Cotton Industry in Uzbekistan," *Problems of Economic Transition*, 54-1.

Botoeva, A. and R. A. Spector [2013] "Sewing to Satisfaction : Craft-Based Entrepreneurs in Contemporary Kyrgyzstan," *Central Asian Survey*, 32-4.

Broeck, M. D., P. D. Masi and V. Koen [1997] "Inflation Dynamics in Kazakhstan," *Economics of Transition*, 5-1.

Brower, D. [1996] "Russian Roads to Mecca : Religious Tolerance and Muslim Pilgrimage in the Russian Empire," *Slavic Review*, 55-3.

Burton, A. [1997] *The Bukharans : A Dynastic, Diplomatic and Commercial History, 1550-1702*, Curzon.

Buttino, M. [1990] "Study of Economic Crisis and Depopulation in Turkestan, 1917-1920," *Central Asian Survey*, 9-4.

Can, N. [2003] "The Impact of Small Businesses on the Economic Development of Kazakhstan," *Akademik Araştırmalar Dergisi—Journal of Academic Studies*, 17.

Cobanli, O. [2014] "Central Asian Gas in Eurasian Power Game," *Energy Policy*, 68.

Cokgezen, M. [2004] "Corruption in Kyrgyzstan : The Facts, Causes and Consequences," *Central Asian Survey*, 23-1.

Dąbrowski, M. and R. Antczak [1995] "Economic Reforms in Kyrgyzstan," *Russian and East European Finance and Trade*, 31-6.

Dale, S. F. [1994] *Indian Merchants and Eurasian Trade, 1600-1750*, Cambridge University Press.

Danilovich, N. and E. Yessaliyeva [2014] "Effects of Out-of-Pocket Payments on Access to Maternal Health Services in Almaty, Kazakhstan : A Qualitative Study," *Europe-Asia Studies*, 66-4.

Demko, G. J. [1969] *The Russian Colonization of Kazakhstan, 1896-1916*, Indiana University.

Dikkaya, M. and I. Keles [2006] "A Case Study of Foreign Direct Investment in Kyrgyzstan," *Central Asian Survey*, 25-1・2.

Djalilov, K. and J. Piesse [2011] "Financial Development and Growth in Transition Countries : A Study of Central Asia," *Emerging Markets Finance and Trade*, 47-6.

Djanibekov, N., K. van Assche, I. Bobojonov and J. P. A. Lamers [2012] "Farm Restructuring and Land Consolidation in Uzbekistan : New Farms with Old Barriers," *Europe-Asia Studies*, 64-6.

Domjan, P. and M. Stone [2010] "A Comparative Study of Resource Nationalism in Russia and Kazakhstan," *Europe-Asia Studies*, 62-1.

Dyker, D. A. [1970] "Industrial Location in the Tadzhik Republic," *Soviet Studies*, 21-4.

Edgar, A. L. [2004] *Tribal Nation : The Making of Soviet Turkmenistan*, Princeton University Press.

Engvall, J. [2006] "The State under Siege : The Drug Trade and Organised Crime in Tajikistan," *Europe-Asia Studies*, 58-6.
—— [2014] "Why Are Public Offices Sold in Kyrgyzstan?" *Post-Soviet Affairs*, 30-1.
Falkingham, J. [1999] "Measuring Household Welfare : Problems and Pitfalls with Household Surveys in Central Asia," *MOCT-MOST*, 9-4.
Fierman, W. (ed.) [1991] *Soviet Central Asia : The Failed Transformation*, Westview Press.
Gaisina, S. [2011] "Credit Policies for Kazakhstani Agriculture," *Central Asian Survey*, 30-2.
Glass, A. J., K. Kenjegalieva and T. Weyman-Jones [2014] "Bank Performance and the Financial Crisis : Evidence from Kazakhstan," *Applied Financial Economics*, 24-2.
Gleason, G. [1983] "The *Pakhta* Programme : The Politics of Sowing Cotton in Uzbekistan," *Central Asian Survey*, 2-2.
—— [1986] "Ministries versus Territories : Evidence from Agricultural Administration in Soviet Central Asia," *Studies in Comparative Communism*, 19-3・4.
—— [2003] *Markets and Politics in Central Asia : Structural Reform and Political Change*, Routledge.
Grafe, C., M. Raiser and T. Sakatsume [2008] "Beyond Borders : Reconsidering Regional Trade in Central Asia," *Journal of Comparative Economics*, 36-3.
Ilkhamov, A. [1998] "*Shirkats*, *Dekhqon* Farmers and Others : Farm Restructuring in Uzbekistan," *Central Asian Survey*, 17-4.
Imanaliev, A. [1995] "Formation and Stabilization of a Financial Market in Kyrgyzstan," *Comparative Economic Studies*, 37-3.
Islamov, B. A. [2001] *The Central Asian States Ten Years After : How to Overcome Traps of Development, Transformation and Globalization?* Maruzen.
Iwasaki, I. [2000] "Industrial Structure and Regional Development in Central Asia : A Microdata Analysis on Spatial Allocation of Industry," *Central Asian Survey*, 19-1.
—— [2002] "Observations on Economic Reform in Tajikistan : Legislative and Institutional Framework," *Eurasian Geography and Economics*, 43-6.
Jensen, J. and D. Tarr [2008] "Impact of Local Content Restrictions and Barriers against Foreign Direct Investment in Services : The Case of Kazakhstan's Accession to the World Trade Organization," *Eastern European Economics*, 46-5.
Joffe, M. [2003] "Diamond in the Rough : The State, Entrepreneurs and Turkestan's Hidden Resources in Late Imperial Russia," in M. Siefert (ed.), *Extending the Borders of Russian History : Essays in Honor of Alfred J. Rieber*, Central European University Press.
Johnson, E. [2014] "Non-State Health Care Provision in Kazakhstan and Uzbekistan : Is Politicisation a Model?" *Europe-Asia Studies*, 66-5.
Kalyuzhnova, Y. [1998] *The Kazakstani Economy : Independence and Transition*, Macmillan, St Martin's Press.
Kamali, A. [2003] "Private Investments, Globalization, and Economic Recovery : The Central Asian Experiences," *Journal of Third World Studies*, 20-2.
Kandiyoti, D. [1999] "Poverty in Transition : An Ethnographic Critique of Household Surveys in Post-Soviet Central Asia," *Development and Change*, 30-3.
Kaser, M. [2003] "The Economic and Social Impact of Systemic Transition in Central Asia and

Azerbaijan," *Perspectives on Global Development and Technology*, 2-3・4.

Khalid, A. [1998] *The Politics of Muslim Cultural Reform : Jadidism in Central Asia*, University of California Press.

Khalova, G. O. and M. V. Orazov [1999] "Economic Reforms and Macro-economic Policy in Turkmenistan," *Russian and East European Finance and Trade*, 35-5.

Khazanov, A. [1994] *Nomads and the Outside World*, 2nd ed., University of Wisconsin Press.

Kloc, K. [2002] "Banking Systems and Banking Crises in Ukraine, Georgia, and Kyrgyzstan," *Problems of Economic Transition*, 45-8.

Koch, L. and M. A. Chaudhary [2002] "Economic Transformation of Kazakhstan : Evidence from Liberalization Reforms," *Akademik Araştırmalar Dergisi - Journal of Academic Studies*, 13.

Kubo, H., K. Tateno, A. Watanabe and Y. Kato [2009] "Human and Environmental Symbiosis in Central Asia : Through the Water Management of the Aral Sea Basin Crisis," *Transition Studies Review*, 16-2.

Kumo, K. [2004] "Soviet Industrial Location : A Re-Examination," *Europe-Asia Studies*, 56-4.

—— [2012] "Tajik Labor Migrants and Their Remittances : Is Tajik Migration Pro-Poor?" *Post-Communist Economies*, 24-1.

Lamberte, M. B., R. C. Vogel, R. T. Moyes and N. A. Fernando (eds.) [2006] *Beyond Microfinance : Building Inclusive Rural Financial Markets in Central Asia*, Asian Development Bank.

Lerman, Z. [2008] "Agricultural Development in Central Asia : A Survey of Uzbekistan, 2007-2008," *Eurasian Geography and Economics*, 49-4.

—— and D. Sedik [2009] "Agricultural Development and Household Incomes in Central Asia : A Survey of Tajikistan, 2003-2008," *Eurasian Geography and Economics*, 50-3.

—— and I. Stanchin [2004] "Institutional Changes in Turkmenistan's Agriculture : Impacts on Productivity and Rural Incomes," *Eurasian Geography and Economics*, 45-1.

Levi, S. C. [2002] *The Indian Diaspora in Central Asia and Its Trade, 1550-1900*, Brill.

Liebert, S. [2010] "The Role of Informal Institutions in U. S. Immigration Policy : The Case of Illegal Labor Migration from Kyrgyzstan," *Public Administration Review*, 70-3.

Loughlin, P. H. and C. W. Pannell [2001] "Growing Economic Links and Regional Development in the Central Asian Republics and Xinjiang, China," *Post-Soviet Geography and Economics*, 42-7.

Masal'skii, V. I. [1913] *Turkestanskii krai*, Vol. 19 of *Rossiia : Polnoe geograficheskoe opisanie nashego otechestva*, ed. by V. P. Semenov-Tian-Shanskii, A. F. Devrien.

Masanov, N. E. [1995] *Kochevaia tsivilizatsiia kazakhov : osnovy zhiznedeiatel'nosti nomadnogo obshchestva*, Sotsinvest.

Matley, I. [1989] "Industrialization," in E. Allworth (ed.), *Central Asia : 120 years of Russian Rule*, Duke University Press.

McKee, M., J. Healy and J. Falkingham (eds.) [2002] *Health Care in Central Asia*, Open University Press.

Mikhaleva, G. A. [1982] *Torgovye i posol'skie sviazi Rossii so sredneaziatskimi khanstvami cherez Orenburg*, FAN UzSSR.

Mogilevskii, R. [2004] "Is Accession to the World Trade Organization Worthwhile? The Experience of Kyrgyzstan," *Problem of Economic Transition*, 47-12.

Morrison, A. S. [2008] *Russian Rule in Samarkand 1868-1910 : A Comparison with British India*,

Oxford University Press.
Myant, M. and J. Drahokoupil [2008] "International Integration and the Structure of Exports in Central Asian Republics," *Eurasian Geography and Economics*, 49-5.
Namazie, C. and P. Sanfey [2001] "Happiness and Transition : The Case of Kyrgyzstan," *Review of Development Economics*, 5-3.
Nigmonov, A. [2010] "Bank Performance and Efficiency in Uzbekistan," *Eurasian Journal of Business and Economics*, 3-5.
O'Hara, S. and M. Gentile [2009] "Household Incomes in Central Asia : The Case of Post-Soviet Kazakhstan," *Eurasian Geography and Economics*, 50-3.
―― and B. Hudson [1999] "Agricultural Decline in Uzbekistan : The Case of Yazyavan Region," *Post-Soviet Geography and Economics*, 40-6.
Olcott, M. B. [2006] "International Gas Trade in Central Asia : Turkmenistan, Iran, Russia, and Afghanistan," in D. G. Victor, A. M. Jaffe and M. H. Hayes (eds.), *Natural Gas and Geopolitics : From 1970 to 2040*, Cambridge University Press.
―― [2010] "Central Asia's Oil and Gas Reserves : To Whom Do They Matter?" *Global Journal of Emerging Market Economies*, 2-3.
Özcan, G. B. [2010] *Building States and Markets : Enterprise Development in Central Asia*, Palgrave Macmillan.
Palen, K. K. [1910-11] *Otchet po revizii Turkestanskogo kraia, proizvedennoi po Vysochaishemu poveleniiu senatorom gofmeisterom grafom K. K. Palenom*, 21 vols., Senatskaia tipografiia.
Palkin, S. E. [2012] "An Energy Triangle : China, Russia, and Kazakhstan," *Problems of Economic Transition*, 55-1.
Pastor, G. and R. van Rooden [2004] "Turkmenistan : The Burden of Current Agricultural Policies," *Emerging Markets Finance and Trade*, 40-1.
Payne, M. J. [2001] *Stalin's Railroad : Turksib and the Building of Socialism*, University of Pittsburgh Press.
Peck, A. E. [2004] *Economic Development in Kazakhstan : The Role of Large Enterprise and Foreign Investment*, RoutledgeCurzon.
Penati, B. [2010] "Notes on the Birth of Russian Turkestan's Fiscal System : A View from the Fergana Oblast," *Journal of the Economic and Social History of the Orient*, 53-5.
―― [2013] "The Cotton Boom and the Land Tax in Russian Turkestan (1880s-1915)," *Kritika : Explorations in Russian and Eurasian History*, 14-4
Pianciola, N. [2004] "Famine in the Steppe : The Collectivisation of Agriculture and the Kazak Herdsmen 1928-1934," *Cahiers du Monde russe*, 45-1・2.
―― and P. Sartori [2007] "*Waqf* in Turkestan : The Colonial Legacy and the Fate of an Islamic Institution in Early Soviet Central Asia, 1917-1924," *Central Asian Survey*, 26-4.
Pierce, R. A. [1960] *Russian Central Asia, 1867-1917 : A Study in Colonial Rule*, University of California Press.
Plyshevskii, B. [1995] "Reforming the Economies of the CIS : Kyrgyzstan and Tajikistan," *Problems of Economic Transition*, 37-10.
Pomfret, R. [1999] "Living Standards in Central Asia," *MOCT-MOST*, 9-4.
―― [2000a] "The Uzbek Model of Economic Development, 1991-99," *Economics of Transition*,

8-3.
—— [2000b] "Agrarian Reform in Uzbekistan : Why Has the Chinese Model Failed to Deliver?" *Economic Development and Cultural Change*, 48-2.
—— [2002] "State-Directed Diffusion of Technology : The Mechanization of Cotton Harvesting in Soviet Central Asia," *Journal of Economic History*, 62-1.
—— [2006a] *The Central Asian Economies Since Independence*, Princeton University Press.
—— [2006b] "Economic Reform and Performance in Central Asia," in S. C. Babu and S. Djalalov (eds.), *Policy Reforms and Agriculture Development in Central Asia*, Springer.
—— [2010] "Trade and Transport in Central Asia," *Global Journal of Emerging Market Economies*, 2-3.
—— [2012] "Resource Management and Transition in Central Asia, Azerbaijan and Mongolia," *Journal of Asian Economics*, 23-2.
—— and K. Anderson [2001] "Economic Development Strategies in Central Asia Since 1991," *Asian Studies Review*, 25-2.
Pravilova, E. [2006] *Finansy imperii : Den'gi i vlast' v politike Rossii na natsional'nykh okrainakh, 1801-1917*, Novoe izd-vo.
—— [2011] "The Property of Empire : Islamic Law and Russian Agrarian Policy in Transcaucasia and Turkestan," *Kritika : Explorations in Russian and Eurasian History*, 12-2.
Qi, J. and K. T. Evered (eds.) [2008] *Environmental Problems of Central Asia and Their Economic, Social and Security Impacts*, Springer.
Radnitz, S. [2010] *Weapons of the Wealthy : Predatory Regimes and Elite-Led Protests in Central Asia*, Cornell University Press.
Rechel, B., M. A. Ahmedov, B. Akkazieva, A. Katsaga, G. Khodjamurodov and M. McKee [2012] "Lessons from Two Decades of Health Reform in Central Asia," *Health Policy and Planning*, 27-4.
Reeves, M. [2012] "Black Work, Green Money : Remittances, Ritual and Domestic Economies in Southern Kyrgyzstan," *Slavic Review*, 71-1.
Robinson, S. and T. Guenther [2007] "Rural Livelihoods in Three Mountainous Regions of Tajikistan," *Post-Communist Economies*, 19-3.
Rodgers, A. [1974] "The Location Dynamics of Soviet Industry," *Annals of the Association of American Geographers*, 64-2.
Rowe, W. C. [2010] "Agrarian Adaptations in Tajikistan : Land Reform, Water and Law," *Central Asian Survey*, 29-2.
Rozhkova, M. K. [1963] *Ekonomicheskie sviazi Rossii so Srednei Aziei : 40-60-e gody XIX veka*, Izd-vo AN SSSR.
Rumer, B. [1987] "Central Asia's Cotton : The Picture Now," *Central Asian Survey*, 6-4.
—— [1989] *Soviet Central Asia : A Tragic Experiment*, Unwin Hyman.
—— (ed.) [1996] *Central Asia in Transition : Dilemmas of Political and Economic Development*, M. E. Sharpe.
—— (ed.) [2000] *Central Asia and the New Global Economy*, M. E. Sharpe.
—— and S. Zhukov (eds.) [1998] *Central Asia : The Challenges of Independence*, M. E. Sharpe.
Ruziev, K. and D. Ghosh [2009] "Banking Sector Development in Uzbekistan : A Case of Mixed Blessings?" *Problems of Economic Transition*, 52-2.

―――, ―――― and S. C. Dow [2007] "The Uzbek Puzzle Revisited : An Analysis of Economic Performance in Uzbekistan since 1991," *Central Asian Survey*, 26-1.

Sagers, M. J. [1999] "Turkmenistan's Gas Trade : The Case of Exports to Ukraine," *Post-Soviet Geography and Economics*, 40-2.

Sahadeo, J. [2007] *Russian Colonial Society in Tashkent, 1865-1923*, Indiana University Press.

Schäfer, D., B. Siliverstovs and E. Terberger [2010] "Banking Competition, Good or Bad? The Case of Promoting Micro and Small Enterprise Finance in Kazakhstan," *Applied Economics*, 42-4〜6.

Schneider, F., A. Buehn and C. E. Montenegro [2010] "New Estimates for the Shadow Economies All Over the World," *International Economic Journal*, 24-4.

Schuyler, E. [1876] *Turkistan : Notes of a Journey in Russian Turkistan, Khokand, Bukhara, and Kuldja*, 2 vols., Scribner Armstrong & co.

Sedel'nikov, A. N. et al. [1903] *Kirgizskii krai*, Vol. 18 of *Rossiia : Polnoe geograficheskoe opisanie nashego otechestva*, ed. by V. P. Semenov, A. F. Devrien.

Sievers, E. W. [2003] *The Post-Soviet Decline of Central Asia : Sustainable Development and Comprehensive Capital*, RoutledgeCurzon.

Spechler, M. C. [2003] "Crouching Dragon, Hungry Tigers : China and Central Asia," *Contemporary Economic Policy*, 21-2.

―――― [2008] *The Political Economy of Reform in Central Asia : Uzbekistan under Authoritarianism*, Routledge.

Suvankulov, F. and Y. Guc [2012] "Who is Trading Well in Central Asia? A Gravity Analysis of Exports from the Regional Powers to the Region," *Eurasian Journal of Business and Economics*, 5-9.

Suvorov, V. A. [1962] *Istoriko-ekonomicheskii ocherk razvitiia Turkestana (po materialam zheleznodorozhnogo stroitel'stva v 1880-1917 gg.)*, Gos. izd-vo UzSSR.

Tai, S. W. and J. W. Lee [2009] "Strategies of Regional Economic Integration and WTO Accession in Central Asia," *Eurasian Journal of Business and Economics*, 2-3.

Teichmann, C. [2007] "Canals, Cotton, and the Limits of De-Colonization in Soviet Uzbekistan, 1924-1941," *Central Asian Survey*, 26-4.

Tolstov, S. P. et al. (eds.) [1962-63] *Narody Srednei Azii i Kazakhstana*, 2 vols., Izd-vo AN SSSR.

Tolybekov, S. E. [1971] *Kochevoe obshchestvo kazakhov v XVII-nachale XX veka*, Alma-Ata, Nauka KazSSR.

Troinitskii, N. A. (ed.) [1899-1905] *Pervaia vseobshchaia perepis' naseleiia Rossiiskoi imperii, 1897*, 89 vols., Tsentral'nyi statisticheskii komitet MVD.

Turaeva, R. [2014] "Mobile Entrepreneurs in Post-Soviet Central Asia," *Communist and Post-Communist Studies*, 47-1.

Uzagalieva, A. [2006] "Optimal Measures of Core Inflation in Kyrgyzstan," *Problems of Economic Transition*, 49-3.

Vassiliev, A. (ed.) [2001] *Central Asia : Political and Economic Challenges in the Post-Soviet Era*, Saqi Books.

Wandel, J., A. Pieniadz and T. Glauben [2011] "What is Success and What is Failure of Transition? A Critical Review of Two Decades of Agricultural Reform in the Europe and Central Asia Region," *Post-Communist Economies*, 23-2.

Werner, C. A. [1994] "A Preliminary Assessment of Attitudes toward the Privatization in Agriculture in Contemporary Kazakhstan," *Central Asian Survey*, 13-2.

―――― [1998] "Household Networks and the Security of Mutual Indebtedness in Rural Kazakhstan," *Central Asian Survey*, 17-4.

Whitman, J. [1956] "Turkestan Cotton in Imperial Russia," *The American Slavic and East European Review*, 15-2.

Yalcin, S. and H. Kapu [2008] "Entrepreneurial Dimensions in Transitional Economies : A Review of Relevant Literature and the Case of Kyrgyzstan," *Journal of Developmental Entrepreneurship*, 13-2.

Zabortseva, Y. N. [2014] "Rethinking the Economic Relationship between Kazakhstan and Russia," *Europe-Asia Studies*, 66-2.

Zaytsev, M. K. [1968] "The Development of the Oil and Gas Industry of Turkmenia," *Soviet Geography*, 9-6.

Ziiaev, Kh. Z. [1983] *Ekonomicheskie sviazi Srednei Azii s Sibir'iu v XVI-XIX vv.*, FAN UzSSR.

Zimmer, T. S. [1985] "Regional Input into Centralized Economic Planning : The Case of Soviet Central Asia," *Policy Sciences*, 18-2.

付　録

研究支援情報

研究を自ら進めていくには，自身が採りあげようとするテーマについて，1. これまでどのような研究が行われてきたかを調査し，2. 論述に必要な材料を発掘・収集し，さらに3. それらを整理・分析する，という三つの作業過程が必要である。3については個々の研究者が自ら引き受ける問題であるので，以下，1と2について必要な情報を記す。なお，はじめにアジア全体に関する情報を紹介し，続いて個々の地域のより詳細な情報を紹介する。

アジア全般

1）先行研究を調べるには

自身の研究課題に関するこれまで発表されてきた研究（これを一般的には先行研究あるいは二次資料と呼ぶ）を調べるには，図書館や書店でブラウジングするという方法がまずある。しかし，この方法は，個々の図書館や書店の蔵書に限りがあることからすれば，漏れが多く，必ずしも効率はよくない。

近年，一般的な方法としてなされているのは，国立情報学研究所が運営している，日本の大学図書館をはじめとした本，学協会刊行物・大学研究紀要・国立国会図書館の雑誌などの学術論文情報が検索できる学術情報ナビゲータや，近年急速に充実してきているグーグルの下記のサイトを利用することである。

- 学術情報ナビゲータ（http://ci.nii.ac.jp/books/）
- Google Scholar（http://scholar.google.co.jp/schhp?hl=ja）

単に文献リストだけでなく，個々の先行研究の位置づけや意義などを確認するには，様々な学術雑誌の文献紹介や書評が役に立つ。日本の学術雑誌としては，アジア全般の歴史学あるいは経済史をカバーするものとして，下記のものがある。

- 『社会経済史学』（社会経済史学会）（http://sehs.ssoj.info/jp/contents/seh.html）
- 『歴史学研究』（歴史学研究会）（http://rekiken.jp/journal.html）
- 『史学雑誌』（史学会）（http://www.shigakukai.or.jp/journal/index/）
- 『東洋学報』（東方学会）（http://www.i-repository.net/il/meta_pub/G0000171kenkyu）
- 『アジア経済』（アジア経済研究所）（http://www.ide.go.jp/Japanese/Publish/Periodicals/Ajia/）

これらの中で，『史学雑誌』から毎年第5号で出される「回顧と展望」は，過去1年の研究状況の概況と地域毎のサーベイが含まれており，最初に参照すべきものである。また，『史学雑誌』巻末に毎号付されている文献目録も便利である。

海外のものとしては，下記に多くの論文や書評が掲載されている。

- *Modern Asian Studies*（http://journals.cambridge.org/action/displayJournal?jid=ASS）
- *Bulletin of the School of Oriental and African Studies*（http://journals.cambridge.org/action/displayJournal?jid=BSO）
- *Journal of the Royal Asiatic Society*（http://journals.cambridge.org/action/displayJournal?jid=BSO）

- *Journal of Asian Studies*（http://www.jstor.org/action/showPublication?journalCode=jasianstudies&）
- *Comparative Studies in Society and History*（http://journals.cambridge.org/action/displayJournal?jid=CSS）
- *Past and Present*（http://past.oxfordjournals.org/content/by/year）
- *Journal of Imperial and Commonwealth History*（http://www.tandfonline.com/toc/fich20/current#.VSSDw_msV8k）

また，近年のグローバル・ヒストリー関係の動向を知るには，次が便利であろう。
- *Journal of World History*（http://muse.jhu.edu/journals/jwh/）
- *Journal of Global History*（http://muse.jhu.edu/journals/jwh/）

2）原資料を発掘・収集するには

経済史の論述に必要な原資料（一次資料）は，文書館や図書館，政府の行政機関や個人の家で直接に，あるいはインターネットを通じて入手することが多い。

日本でアジア関係の資料類を所蔵している機関としては，以下のものが有力である。
- 国立国会図書館（http://iss.ndl.go.jp/）
- 東洋文庫（http://www.toyo-bunko.or.jp/library3/shozou/）
- 東京大学東洋文化研究所図書室（http://www.ioc.u-tokyo.ac.jp/~library/guide/search.html）
- 同マイクロフィルムリスト（http://www.ioc.u-tokyo.ac.jp/~library/microfilm/microfilm.html）
- 一橋大学経済研究所資料室（http://www.ier.hit-u.ac.jp/library/Japanese/collections/index.html）
- 同マイクロ資料一覧（http://www.ier.hit-u.ac.jp/library/Japanese/micro.html）
- 東京外国語大学図書館（http://www.tufs.ac.jp/library/index3-j.html）

他に東京大学や京都大学その他の全国主要大学の部局図書館・研究室にも所蔵されている。

比較的新しい時期の各種統計類については，アジア経済研究所がアジア全域をカバーする資料を組織的に収集している。
- アジア経済研究所（http://www.ide.go.jp/Japanese/Library/）

海外でアジア全域にまたがる文書を収録し，広く利用に供しているという意味では，英国議会文書（British Parliamentary Papers），イギリス東インド会社や旧インド省（India Office）のインド統治文書を中心とした英国図書館（British Library），海峡植民地や湾岸諸地域などの旧植民地省（Colonial Office）関係の文書を中心に所蔵している英国国立文書館（The National Archives），アメリカ議会図書館（Library of Congress）などが重要である。
- 英国議会文書（http://parlipapers.chadwyck.co.uk/home.do）
- 英国図書館（http://catalogue.bl.uk/primo_library/libweb/action/search.do?dscnt=1&dstmp=1427432823797&vid=BLVU1&fromLogin=true#）
- 英国国立文書館（http://www.nationalarchives.gov.uk/records/catalogues-and-online-records.htm）
- アメリカ議会図書館（http://www.loc.gov/）

以上のような文書館や図書館に納められているものに加えて，各種政府機関や個人の家に多くの文書類が残されていることもある。それらには，戸籍，住民台帳，土地台帳など，個人や土地関係に関する最も下位レベルの詳細なデータが記録されているものが含まれる。しかし，実際に利用するには，それらの管理者や所有者との粘り強い交渉とプライバシーに関する十分な配慮，および長期にわたる根気強い取り組みが必要である。

近年の大きな変化は，デジタル化の進行によって，政府各機関の行政文書や統計類がデジタル形式で大量に公開されるようになってきていることである。たとえば下記のサイトには，多くの文書館が資料を提供してウェブに載せている。
・Internet Archive（http://www.archive.org/）

地域別の詳細は後に譲るが，アジア全域についての統計類については，世界銀行や国連関係の諸機関のウェブが有用である。
・世界銀行（http://data.worldbank.org/japanese）
・FAO（国際連合食糧農業機関）（http://www.fao.org/statistics/en/）
・WHO（世界保健機関）（http://www.who.int/gho/en/）
・IMF（国際通貨基金）（http://www.imf.org/external/np/ds/matrix.htm）

また，地球規模の極めて長期にわたる経済変動を論ずる際にしばしば言及される経済統計史家のアンガス・マディソン（Angus Maddison）および彼の仕事を引き継いだマディソン・プロジェクトのサイトも，主要な長期経済指標を入手することのできる貴重なものである。
・アンガス・マディソン（http://www.worldeconomics.com/Data/MadisonHistoricalGDP/Madison%20Historical%20GDP%20Data.efp）
・マディソン・プロジェクト（http://www.ggdc.net/maddison/maddison-project/home.htm）

近年，個々の政府機関・研究機関や研究者ではなく，複数の研究機関・研究者グループが協力して経済史関係のデータベースを構築し，その成果を積極的にウェブに提供していくという例も見られる。そのひとつの例は，オランダのJan Luiten van Zandenが中心となり，EUのいくつかの研究機関が協力しているClio Infraというサイトである。世界各国の，過去遡れるだけの期間に関する身長から人口，土地利用，賃金その他，経済史研究に欠かせない多様な経済指標が，グラフやその元となったデータベースもダウンロードできる形で公開されている。
・Clio Infra（https://www.clio-infra.eu/）

日本でこれに匹敵する成果が見込まれるのは，一橋大学経済研究所が組織したアジア長期経済統計プロジェクトであろう。しかし，残念ながら，まだ中国や台湾など一部の国についてしか成果が出版されていない。紙媒体での出版よりも，むしろデジタル形式での早期の成果公開が熱望される。
・アジア長期経済統計プロジェクト（http://www.ier.hit-u.ac.jp/COE/Japanese/）

必ずしも長期統計とは言えないが，ある程度の期間に関してアジアの経済統計を公開しているものとしては，アジア経済研究所が主に東アジア，東南アジア，南アジアに関する国別，産業別のデータをダウンロード可能な形で「アジア経済地理データセット」として公開している。また，1970年度から刊行されている『アジア動向年報』については，「アジア動向データベース」として全文検索が可能な形で提供されている。
・「アジア経済地理データセット」（http://www.ide.go.jp/Japanese/Data/Geda/index.html）
・「アジア動向データベース」（http://d-arch.ide.go.jp/infolib/meta/MetDefault.exe?DEF_XSL=FullSearch&GRP_ID=G0000001&DB_ID=G0000001ASIADB&IS_TYPE=meta&IS_STYLE=default）

日本の外務省や日本貿易振興機構（JETRO）のサイトでも，近年のものだけであるが，基礎的な経済統計が提供されている。
・外務省（http://www.mofa.go.jp/mofaj/area/）
・日本貿易振興機構（JETRO）（http://www.jetro.go.jp/world/asia/）

3）工具類（地図情報，地名検索と行政境界）

　研究においては，文献や資料の探索に加えて，対象とする地域の地名や位置，行政境界などの空間情報を調べる必要がしばしば出てくる。Google Map（https://www.google.co.jp/maps）は，アジア各地の地名検索にも有用であるが，基本的に地名は現在の行政単位のものしかなく，自然村は古い地名などは検索できないことが多い。また，行政境界については，Google Map 上で確認することはできるが，それだけを取り出して利用することはできず，近年利用されるようになってきた GIS（地理情報システム）のソフトウェアに取り込むこともできない。

　このような状況を打開するために，アジア地域でも地名検索システムや行政境界データがオープンにされるようになってきた。まず，アジア全域（世界全域）の主要な都市の緯度・経度情報を提供している National Geospatial-Intelligence Agency（NGA）と，同じく行政境界について国，州，県，郡のレベルまで提供している GADM が便利である。それらで提供されているファイルは，GIS ソフトにも取り込み可能な形である。

・NGA：National Geospatial-Intelligence Agency（http://geonames.nga.mil/gns/html/namefiles.html）
・GADM：Global Administrative Areas（http://www.gadm.org/）

　しかし，これら両者はいずれもカバレージに大きな精粗があるため，今後の整備が期待される。なお，両者を統合した地名検索システムとして，Global Place Finder がある。

・Global Place Finder（http://newspat.csis.u-tokyo.ac.jp/gpf/）

　地理情報一般に関しては，日本に関しては国土交通省国土地理院の情報が圧倒的である。

・国土交通省国土地理院（http://www.gsi.go.jp/index.html）

　しかし，それ以外のアジアの国々の状況には，大きな差がある。アジアの中で先進的に地図環境の整備をしているのは台湾である。そこで先鞭をつけられた歴史地理情報の整備は，現在，アメリカのハーヴァード大学や中国の復旦大学などが運営する China Historical GIS のサイトであり，その中には，歴代の行政界の地図や地名データベースが自由にダウンロードできるサイトも含まれている。

・China Historical GIS（http://www.fas.harvard.edu/~chgis/data/）

　インドに関しては，行政村の下の自然村までの地名検索と，各地名の緯度・経度情報を自由にダウンロードできる India Place Finder が便利である。

・India Place Finder（http://india.csis.u-tokyo.ac.jp/）

　東南アジアに関しては，京都大学東南アジア研究所がいわゆる外報図を含め，多くの地図を所蔵している。外報図は，東北大学，東京大学，お茶の水女子大学，岐阜県立図書館その他も所蔵してカタログを出版しており，また東北大学のサイトから検索することもできる。中国や南アジアの一部も含まれている。

・外報図デジタルアーカイブズ（http://chiri.es.tohoku.ac.jp/~gaihozu/）

東アジア

1）先行研究を調べるには

　中国史と朝鮮史に関する下記の2冊の研究案内には，各時代別，領域別に極めて詳細な文献リストが付されており，必見。

- 礪波護・岸本美緒・杉山正明編『中国歴史研究入門』名古屋大学出版会，2006 年
- 朝鮮史研究会編『朝鮮史研究入門』名古屋大学出版会，2011 年
  また近現代の中国経済史については，テーマごとに書かれた専門的な研究案内がある。
- 久保亨編『中国経済史入門』東京大学出版会，2012 年
  主な研究者の業績が掲載されている中国経済史研究会のウェブサイトも参考になる。
- http://rgceh.org/
  中国語論文については，CNKI（China National Knowledge Infrastructure）の略称で知られる中国のサイトが最も網羅的に論文類の捜索とダウンロードに用いられている。清華大学などが発起し，中国政府の支援を受け展開しているサイトで，あらゆる分野の中国語論文を過去に遡って検索し，ダウンロードできる。大学の図書館などが契約している場合，その大学の学生は無料で利用することができ，そうした便宜がない場合は日本国内の専門書店でダウンロード用カードを購入することが可能である。
- http://www.cnki.net/
  朝鮮史に関する日本語図書・論文については朝鮮史研究会が同会編の活字情報をデジタル化し，「戦後日本における朝鮮史文献目録」を作成しウェブサイトで公開している。
- http://www.chosenshi.gr.jp/
  韓国では国史編纂委員会が『韓国史研究彙報』（季刊，1973 年～）を発行しており，韓国語の図書・論文を検索できる。デジタル版も同委員会がウェブサイトで無料公開している。
- http://db.history.go.kr/item/level.do?itemId=hb
  韓国語の学術論文の本文データを入手できる全文データベースとしては DBpia（ヌリメディア누리미디어提供），KISS（Korean Studies Information Service System，韓国学術情報（株）提供）が代表的である。データベースの利用を機関契約している図書館を通じて利用できる。主要大学図書館と国会図書館が KISS を契約している（2015 年 5 月現在）。
- http://www.dbpia.co.kr/（DBpia）
- http://kiss.kstudy.com/（KISS）
- http://rnavi.ndl.go.jp/asia/entry/asia-02data-korea-elect.php（国立国会図書館の KISS 利用方法に関する説明）

2）原資料を発掘・収集するには

史料として用いる回想録や日記，史料集なども含め，中国語書籍全般のデジタル化された情報については，今後，CADAL の利用が便利になるであろう。

- http://www.cadal.zju.edu.cn/index
  CADAL とは，China Academic Digital Associative Library の略称であり，中国，米国などの大学図書館が中心となり，所蔵機関がデジタル化資料を提供することで協力し，各機関のデジタル化資料を参加機関全体で共有する国際的な資料デジタル化プロジェクトである。2014 年 1 月現在，デジタル化した資料総数は約 275 万点とされ，日本の国会図書館でも利用可能になるはずである。そのほか古典籍などをテキスト化し，漢字 1 字による横断検索が可能なデータベース類も市場に出回るようになった。

中国語の古典籍を意味する漢籍の所蔵目録としては全国漢籍データベースがあり，日本の主要な公共図書館・大学図書館が所蔵する「漢籍」の書誌情報が「経・史・子・集」の四部分類（叢書部を加えて五部分類）に基づき収集・登録され，無料で提供されている。

- http://kanji.zinbun.kyoto-u.ac.jp/kanseki

文書史料を閲覧し収集するには，やはり各地の文書館を訪ねることが重要になる。幸い中国の主だった文書館は，書籍，もしくはウェブサイトで目録までは公開しており，それを頼りに大まかな目星を付け，文書史料を調べることになる。北京の故宮の一角にある中国第一歴史檔案館は明清時代の文書史料を，また南京にある中国第二歴史檔案館は中華民国時代（1912〜49年）の文書史料を保存，公開している。しかし1949年の中華人民共和国成立以降の文書史料に関しては，中央檔案館に保管され全く公開されていない。なお上海市檔案館のように各省，市，県レベルにも檔案館があり，そこでは地方レベルの文書とはいえ，人民共和国期の文書史料を調べることが可能になっている。
・中国第一歴史檔案館（http://www.lsdag.com/）
・中国第二歴史檔案館（http://www.shac.net.cn/）
・上海市檔案館（http://www.archives.sh.cn/）
　また歴史的な経緯から，清末から中華民国期にかけての外交文書や経済文書が大量に台湾に搬出され，主に下記の二つの機関で整理，公開されている。文書の総量こそ大陸の文書館に及ばないとはいえ，透明度が高く利用が簡便な上，かなり系統的に重要文書が保管されている点にも特徴がある。
・国史館（http://www.drnh.gov.tw/）
・中央研究院近代史研究所檔案館（http://archives.sinica.edu.tw/）
　近現代の中国経済や朝鮮経済において，日本の存在はことのほか大きなものであった。そのため中国経済史や朝鮮経済史の研究にとって，近代日本の文書史料を網羅的に公開しているアジア歴史資料センターの文書史料は，非常に価値があり有益である。アジア歴史資料センターは，インターネットを通じて，国立公文書館，外交史料館，防衛研究所など国の機関が保管する近代アジア関係の文書史料をコンピュータの画面上で提供する電子資料センターであり，国立公文書館において運営されている。大量の文書の画像データを，国内はもとより海外でも無料でダウンロードできる。
・http://www.jacar.go.jp/
　なお同様の理由で，神戸大学附属図書館のデジタルアーカイブ「新聞記事文庫」も参照に値する。神戸高等商業学校の時代以来，1911年から70年まで継続された商業経済を中心とした新聞記事の切抜事業の成果をデジタル化したもので，日本語新聞に限定されるとはいえ，インターネットが生まれる以前の情報を横断的に検索することができ，東アジア経済関係の記事も数多く見出すことが可能である。
・http://www.lib.kobe-u.ac.jp/sinbun/
　朝鮮史に関する史料は近年，韓国でデジタル化が急速に進んでいる。朝鮮王朝の基礎史料（朝鮮王朝実録，承政院日記，備辺司謄録など），近代の新聞や雑誌などはウェブ上での検索に加え全文検索も可能となっている。各種の機関が並行して取り組んでいるが，それらの大半を統合検索できるウェブサイトとして，国史編纂委員会が提供する韓国歴史情報統合システム（한국역사정보통합시스템）がある。ただしテキスト化されているものには誤字脱字も散見されるので利用に注意を要する。
・http://www.koreanhistory.or.kr/
　デジタル化が急進展しているので，すべての史料がウェブで見られるような錯覚さえ覚えるが，デジタル化されていない史料がないか検討する必要があるのは言うまでもない。主要な機関の所蔵目録についても，例えば国立公文書館にあたる国家記録院（旧称：政府記録保存所）は上記の韓国歴史情報統合システムに漏れている（2015年5月現在）。ここには朝鮮

総督府文書が所蔵されており，機関ウェブサイトから検索できる。
・http://www.archives.go.kr/next/viewMain.do

ただし総督府文書は全体が保存されているわけではない。デジタル化された目録では利用可能な史料の全体像が見えにくいので冊子体の目録，解題類を活用した方がよい。ここでは総督府文書に関わるもののみを摘示しておくが，他の文書館についても同様であることを銘記したい。
・国家記録研究院編『朝鮮総督府公文書綜合目録集』2005 年
・国家記録研究院編『朝鮮総督府公文書多階層詳細目録集』学務局・社会教育文書群篇，2005 年
・『国家記録院日帝文書解題』『政府記録保存所日帝文書解題』各種，2000 年〜

3）工具類（用語集，歴史地図）

様々な経済用語，人名，地名，会社名，機構名などを調べるには，それぞれ専門の事典類が編まれており，上述した『中国歴史研究入門』の当該個所，並びに岡本隆司・吉澤誠一郎編『近代中国研究入門』東京大学出版会，2012 年が参考になる。また 2014 年から，インターネット上で東洋文庫【ライブラリ】語彙 DB「中国経済史用語データベース」が利用できるようになった。これは，中国の経済史，財政史，社会史，公文書に頻出する用語について，これまでの研究の蓄積を生かし，簡明な解説を施したデータベースである。
・http://124.33.215.236/yogokaiopen/index.php

中国の検索サイトである Baidu（百度）なども便利だが，個々の情報の正確さや信頼性については，慎重な吟味が必要である。
・http://www.baidu.com/

歴史地図の代表的なものは，中国で刊行された古典的な名著として譚其驤編『中国歴史地図集』全 8 巻，中国地図出版社，1982〜87 年があり，GIS 情報を検索する便利なサイトとしてハーヴァード大学イェンチン研究所が運営しているものがある。
・http://www.fas.harvard.edu/~chgis/

朝鮮史についての辞書事典としては，日本語で参照できるものとして，
・伊藤亜人他監修『韓国朝鮮を知る事典』新版，平凡社，2014 年
・国際高麗学会日本支部『在日コリアン辞典』編集委員会編『在日コリアン辞典』明石書店，2012 年
・韓国史事典編纂委員会・金容権編著『朝鮮韓国近現代史事典 1860〜2014』第 4 版，日本評論社，2015 年

などがある。また歴史地図としては
・韓国教員大学歴史教育科『韓国歴史地図』吉田光男他訳，平凡社，2006 年
がある。

南アジア

1）先行研究を調べるには

南アジアの経済史に関し，内外でどのような重要な研究があるかを知るには，下記のいくつかの有力な学術雑誌を参照すべきである。近年，それらの多くはウェブでも入手すること

が可能である。
- *Indian Economic and Social History Review*（http://ier.sagepub.com/）
- *South Asia*（http://www.tandfonline.com/toc/csas20/current#.VSSCgPmsV8k）
- *Economic and Political Weekly*（http://www.epw.in/）
- *Social Scientist*（http://dsal.uchicago.edu/books/socialscientist/）
- 『南アジア研究』（日本南アジア学会）（http://jasas.info/publications/relevance/japanese/）
- *International Journal of South Asian Studies*（http://jasas.info/en/publication/ijsas/）

2）原資料を発掘・収集するには

南アジア関係の原資料については，先に紹介したイギリスの British Library や National Archives に加えて，ケンブリッジ大学やエジンバラ大学などの図書館も資料を収集・所蔵している。もちろん，インドにある下記のような文書館や図書館には，イギリスの機関では見られない資料もある。長期滞在が可能である場合には真っ先に利用すべきであろう。
- National Archives of India（http://nationalarchives.nic.in/）
- Nehru Memorial Museum & Library（http://nehrumemorial.nic.in/）
- インド各地の文書館リスト（http://en.wikipedia.org/wiki/List_of_archives_in_India）

現地の資料所蔵機関に長期滞在が困難な場合であっても，近年のデジタル化の進展により，南アジア経済史研究に利用しうる多くの情報や文献資料が，有力な大学・研究機関，史資料に関するコンソーシアムなどが運営するウェブを通じて参照することができるようになっている。このような動きは今後ますます強まっていくであろう。

日本で研究を行おうとする場合，主要な資料の所蔵機関を訪れることになるが，主な機関としては，先に紹介した東京大学東洋文化研究所，アジア経済研究所，東洋文庫，一橋大学，東京外国語大学の各図書館などに加えて，全国6大学・研究機関（京都大学，東京大学，広島大学，龍谷大学，東京外国語大学，国立民族学博物館）に設置されている人間文化研究機構現代インド研究拠点も積極的に資料収集を進めている。
- 人間文化研究機構現代インド研究拠点（INDAS）（http://www.indas.asafas.kyoto-u.ac.jp/）

このような資料収集をより組織的に進め，南アジアに関する様々な工具類や原資料のデジタルファイル，研究会や学会などの情報をウェブに出しているのはアメリカの下記の大学図書館である。
- シカゴ大学（http://dsal.uchicago.edu/）
- コロンビア大学（http://www.columbia.edu/cu/lweb/indiv/southasia/cuvl/）
- カリフォルニア大学バークレイ校（http://www.lib.berkeley.edu/SSEAL/SouthAsia/）

このうち，シカゴ大学のサイトは，南アジア諸言語の電子辞書，ガゼッティア，写真，地図，統計，ビブリオグラフィー，各地の図書館の所蔵文献リストなどが検索可能な形で整備されている。

3）工具類

資料を読み解く際に有用な工具類について，経済史関係で意味が不明な用語が出てきた場合に極めて頻繁に利用するのは，Wilson's Glossary（H. H. Wilson, *A Glossary of Judicial and Revenue Terms : And of Useful Words Occurring in Official Documents Relating to the Administration of the Government of British India*, New ed., Munshiram Manoharlal, 1997）と Hobson-Jobson（W. Crooke（ed.）, *Hobson-Jobson : A Glossary of Colloquial Anglo-Indian Words and Phrases, and of*

Kindred Terms, Etymological, Historical, Geographical and Discursive, New ed., Asian Educational Services, 1995)の両用語解説書である。原綴りが各種文字で表記されているので、長母音、短母音などの発音の区別がつき、また語源なども解説してあるので大変便利である。単に、インド諸語の辞書であれば、シカゴ大学のウェブにある様々なインド語のデジタル辞書が便利である。
- Wilson's Glossary（https://archive.org/details/glossaryofjudici00wilsuoft）
- Hobson-Jobson（http://dsal.uchicago.edu/dictionaries/hobsonjobson/）
- Digital Dictionaries of South Asia（http://dsal.uchicago.edu/dictionaries/）

歴史地図については、定評あるのがSchwartzbergによる歴史地図である。シカゴ大学のウェブ上には、そのデジタル版が置かれている。
- J. E. Schwrtzberg, *A Historical Atlas of South Asia*, 1978（http://dsal.uchicago.edu/reference/schwartzberg/）

地名検索については、先に紹介したIndia Place Finderが最も有効である。

東南アジア

東南アジアは現在11カ国から構成されている。東南アジアの多くの国は欧米各国の植民地であったため、研究をリードしているのは東南アジア現地の各国ばかりではなく、旧宗主国を中心とした欧米各国でも精力的に進められているし、未刊行史料なども多数、旧宗主国側に保管されていることも多い。また、地理的な近接性などから、オーストラリアや日本、最近では中国でも精力的に研究がなされている。そのため、このわずかな紙幅に万全を期した国別の文献入手の方法を記すことは不可能である。しかも、現在の文献入手の方法を丹念に記したところで、文献アクセスの方法は日々刻々と変化してきており、数年で非実用的なガイドになるだけであろう。そこで以下では、初学者が研究に取りかかるにあたって心得ておくべき基本的な方法や図書を紹介することにしたい。

なお、文献等の紹介に関しては、以下、基本的に日本語や英語のものを提示するが（一部は仏語）、はじめに日本人初学者について注意を促したいことが一点ある。日本語の先行研究だけを探ることしかしないというのは絶対に避けるべきである。国内だけでは東南アジア研究者の数はあまり多くなく、問題意識、テーマ設定等、研究の視野を国内だけの狭い世界に自ら閉じ込めてしまうことになるだろう。数少ない同じテーマを何世代にもわたって研究し続けることになりかねない。常に国内外の研究動向にアンテナを張っておくべきである。

1）先行研究を調べるには

まず、文献案内としては、以下の日本語図書を挙げることができる。
- 早瀬晋三・桃木至朗編集協力『岩波講座東南アジア史　別巻　東南アジア史研究案内』岩波書店、2003年
- 島田虔次他編『アジア歴史研究入門5　南アジア・東南アジア・世界史とアジア』同朋社、1983年
- 史学会編『日本歴史学界の回顧と展望』18、山川出版社、1988年

いずれも、歴史学としての文献案内であるが、特に最初に記した岩波講座の別巻は史料案内も兼ねており有用である。とはいえ、これですら出版からすでに十数年が過ぎており、情報

が古くなったところも多々あるし，東南アジア経済史はおろか，東南アジア史のすべての分野をカバーしているわけではないことに注意を要する。これを補うために，
- 東南アジア史学会40周年記念事業委員会編『東南アジア史研究の展開』山川出版社，2009年

があるが，これとて一部の研究の進展をカバーするだけである。

次に，東南アジア史に関する概説書としては，
- 池端雪浦他編『岩波講座東南アジア史』全10巻，岩波書店，2001〜03年
- 石井米雄・桜井由躬雄編／池端雪浦編『新版 世界各国史5, 6 東南アジア史I, II』山川出版社，1999年
- N. Tarling (ed.), *The Cambridge History of Southeast Asia*, Cambridge University Press, 1992（ハードバック版は2分冊，1999年刊行のペーパーバック版は4分冊）

がある。

情報をアップデートする手段としては定期刊行物たる学術雑誌がある。東南アジア経済史に専門特化した雑誌はないが，おもに東南アジア地域研究や各国史の学術雑誌が近年の研究動向を知る上で有用である。掲載論文のうち，大部分が日本語ないしは英語・仏語の論文である学術雑誌としては次のものがある。

東南アジア一般では，
- 『東南アジア――歴史と文化』（東南アジア学会）(http://www.jsseas.org/index.html)
- 『東南アジア研究』（京都大学東南アジア研究所）(http://www.cseas.kyoto-u.ac.jp/publications/tonanajiakenkyu/)
- 『南方文化』（天理南方文化研究会）
- *Southeast Asian Studies*（京都大学東南アジア研究所）(http://englishkyoto-seas.org/)
- *Journal of Southeast Asian Studies*（http://journals.cambridge.org/action/displayJournal?jid=SEA）
- *South East Asia Research*（http://www.ippublishing.com/sear.htm）

各国別では，
- *Archipel*（http://www.persee.fr/web/revues/home/prescript/revue/arch）
- *Bijdragen tot de Taal-, Land- en Volkenkunde*（http://booksandjournals.brillonline.com/content/journals/22134379）
- *Bulletin de l'École française d'Extrême-Orient*（http://www.persee.fr/web/revues/home/prescript/revue/befeo）
- *Indonesia*（http://cip.cornell.edu/DPubS?Service=UI&version=1.0&verb=Display&handle=seap.indo）
- *Indonesia and the Malay World*（http://www.tandfonline.com/action/aboutThisJournal?journalCode=cimw20#.VftrGHnos5u）
- *Journal of Burma Studies*（http://www.niu.edu/burma/publications/jbs/）
- *The Journal of Malaysian Branch of the Royal Asiatic Society*（http://www.mbras.org.my/journal.html）
- *Journal of the Siam Society*（http://www.siam-society.org/pub_JSS/jss_index.html）
- *Philippine Studies : Historical and Ethnographic Viewpoints*（http://www.philippinestudies.net/ojs/index.php/ps）

その他，アジア一般などを対象にするも，東南アジアに関する記事の多いものとして，
- 『アジア研究』（アジア政経学会）(http://www.jaas.or.jp/)

・『華僑華人研究』（日本華僑華人学会）（http://www.jssco.org/）
・*Modern Asian Studies*（http://journals.cambridge.org/action/displayJournal?jid=ASS）
・*Itinerario : International Journal on the History of European Expansion and Global Interaction*
（http://journals.cambridge.org/action/displayJournal?jid=ITI）

などがある。以上の雑誌の発行研究機関や学会は東南アジア研究に精力的に取り組んでいる機関であり、様々な研究情報や図書などを所有していることが多い。また、日本には、日本インドネシア学会、日本タイ学会、日本ベトナム研究者会議、日本マレーシア学会、日本カンボジア研究会、ビルマ研究会、フィリピン研究会などがあり、学会誌を発行しているところもある。

2）原資料を発掘・収集するには

文献の他、史資料を国内で多数所蔵する機関としては、アジア経済研究所、京都大学東南アジア研究所、国立国会図書館、東京外国語大学附属図書館、東京大学東洋文化研究所を挙げることができる。これらの機関では、組織として精力的に文献の入手に努めている。その他、これまで東南アジア史を専攻とする講座や研究部門が長く存在していたため、東京大学文学部、東洋文庫、広島大学文学部、早稲田大学中央図書館（旧社会科学研究所蔵書）などにも多数の文献が所蔵されている。

ただし、これらの大学や研究所の OPAC 検索でヒットする文献だけが所蔵資料のすべてだと誤解してはならない。新聞やマイクロフィルムなどは OPAC に登録されていないケースが多い。マイクロフィルムのリストやカード目録をくまなく調べていくことが必要となる。

東南アジア経済史に関する未刊行文書は、各国の公文書館などのほか、旧宗主国の公文書館にも多数ある。未刊行文書は一般に膨大であるため、デジタル化は遅れがちであるが、進みだすと意外に早い。例えば、インドネシア国立公文書館では 17・18 世紀の重要史料である『バタヴィア城日誌』のすべてを高精度の画像でインターネット上で無料で閲覧できる。

なお、一般に現地の公文書館の利用許可を得るのは困難である。旧宗主国にある公文書館が一般にアクセスが容易であるのと対照的である。フィリピンやシンガポールのように観光ビザで入国し、史料が閲覧できる場合もあれば、現地研究者の推薦状がなければ公文書館にアクセスできない。一方、研究ビザないしは研究許可証を取得しない限り、公文書館にアクセスできないケースもある。タイ、マレーシア、さらにはインドネシアなどで文書を閲覧しようと思えば、許可を得るために、様々な手続きを踏み、史料へのアクセスは思い立ってから場合によっては半年から 1 年かかる場合もある。各国の状況は年々変わってきており、公文書館のサイト情報でさえ更新されず、古くなってしまった情報が残っていることが多い。現地の公文書館については、むしろ、各国別の日本人研究者に、研究会なり、学会なりで教えてもらった方が早いであろう。日本の研究会や学会はそのような情報交換の場としても機能しているのである。

現地の公文書館のアクセスは難しくとも、現地の国立図書館や大学図書館は日本からの紹介状、あるいはパスポートさえあれば閲覧が可能であるケースが多い。図書館に未刊行文書が所蔵されることもあるが、歴史的な研究によく使われるのは、写本、政府刊行物、統計書、新聞などであろう。また、旧宗主国の研究機関や国立図書館、大学図書館、さらにはGoogle Books などで植民地時代に発行された政府刊行物や研究書が簡単にダウンロードすることができるようになりつつある。従来は入手するのに長い時間と多大な費用を要したものが、瞬時に入手可能となってきている。

最後に一言を付しておこう。インターネットやデータベースは便利ではある。しかし，人文社会系の学術予算削減は世界共通に見られることで，インターネットサイトの管理やデータベースの作成は時限付きのプロジェクトベースで行われていることが思いのほか多い。さらに，サイトのアドレスや情報の提供機関などはしばしば変わる。それゆえ，何かを見れば完璧に情報を押さえられるということは決してなく，常に人脈を広げて情報の入手に努める必要がある。

3）工具類
　各国別・言語別の工具書を書き始めるときりがないが，東南アジア全般にわたるものとしては，事典として，
・桃木至朗他編『新版　東南アジアを知る事典』平凡社，2008年
・K. G. Ooi（ed.）, *Southeast Asia : A Historical Encyclopedia from Angkor Wat to East Timor*, 3 vols., ABC-CLIO, 2004
などがあり，地図については，
・J. M. Pluvier *Historical Atlas of South-East Asia*, E. J. Brill, 1995
がある。

西アジア

　西アジアの研究は地域的にも時代的にも多くの区分けがなされ，それぞれの地域，時代の研究が関連学界によって担われている。それゆえここでは，時代または地域ごとに分けて必要な情報を記すことにする。また，いわゆる経済史あるいは社会経済史に特化した学会や雑誌は少ない。

1）先行研究を調べるには
［古代オリエント］
　日本語の文献を網羅して紹介するようなサイトはないため，学術雑誌の総目次や後述の学会のウェブサイトを参照していただきたい。
　古代オリエント史に関連する主な日本の雑誌には以下のものがある。
・『オリエント』（日本オリエント学会）（http://www.jstage.jst.go.jp/browse/jorient/-char/ja/）
・*Orient*（欧文）（日本オリエント学会）（http://www.jstage.jst.go.jp/browse/orient）
・『西アジア考古学』（西アジア考古学会）（http://jswaa.org/jswaa/jwaa）
・『ラーフィダーン』（国士舘大学イラク古代文化研究所）（http://www.kokushikan.ac.jp/research/ICSAI/publication/）
・*Acta Sumerologica*（*ASJ*）（広島大学／中近東文化センター）
・『エジプト学研究』（早稲田大学エジプト学研究所）（http://www.egyptpro.sci.waseda.ac.jp/publication%20eji.html）
　外国語の文献に関しては，検索サイトとして例えば，
・Annual Egyptological Bibiliography（AEB）（http://web.archive.org/web/20060101023844/http://www.leidenuniv.nl/nino/aeb.html）
は年ごとの古代エジプト関連論文と著書のリスト，および簡略な内容紹介が掲載されており

非常に有用である（1992〜98年分，1999〜2002年のリストについては無料で閲覧が可能）。
　外国語の学術雑誌自体の検索サイトとしては，代表的な例に以下のものがある。
・*Assyriological Journals on the Web*（http://it.stlawu.edu/~dmelvill/mesomath/ajw.html）
・*Egyptology Resources*（http://www.fitzmuseum.cam.ac.uk/er/journals.html）
　外国語雑誌については，研究論文・著書の検索に特に有用なもののみを挙げておく。
・*Orientalia (Nova Series) (Or)*（Rome）
・*Archiv fur Orientalforschung (AfO)*（Graz）
・*Bibliotheca Orientalis (BiOr)*（http: //poj. peeters-leuven. be/content. php? url=journal&journal_code=BIOR）

［イスラム以前の西アジア］
　検索サイトとしては，
・*Oxford Studies on the Roman Economy*（http://oxrep.classics.ox.ac.uk/oxford_studies_on_the_roman_economy/）
・*Society for the Promotion of Roman Studies*（http://www.romansociety.org）
　以下，代表的な国際雑誌のみ挙げる。
・*The Journal of Hellenic Studies*（http://journals.cambridge.org/action/displayJournal?jid=JHS）
・*Revue des Études Grecques*（http://www.persee.fr/web/revues/home/prescript/revue/reg）
・*Klio : Beiträge zur Alten Seschichte*（http://www.degruyter.com/view/j/klio）
・*The Journal of Roman Studies*（http://journals.cambridge.org/action/displayJournal?jid=JRS）
・*Byzantinische Zeitschrift*（http://www.degruyter.com/view/j/byzs?format=PAP）
・*Revue des études byzantines*（http://www.persee.fr/web/revues/home/prescript/revue/rebyz）
・*Greek, Roman, and Byzantine Studies*（http://ancientworldonline.blogspot.jp/2011/04/open-access-journal-greek-roman-and.html）

［イスラム以後の西アジア］
　日本語文献の検索については，次の二つのサイトが網羅的な情報を与えてくれる。
・NIHUプログラム　イスラーム地域研究公益財団法人東洋文庫研究部イスラーム地域研究資料室（TBIAS）「日本における中東・イスラーム研究文献DB」（http://search.tbias.jp/document_research.cgi）
・日本中東学会「日本における中東研究文献データベース1989-2015」（http://www.james1985.org/database/database.html）

　TBIASのサイトは日本において1868年以降に刊行された中東とイスラム世界に関する研究文献（図書，論文等）を収録している。日本中東学会のサイトは1989年からの成果に限られるが，最新の成果を検索することができる。後者に入力された最新データは年に数回のペースで前者に反映されるため，最新のデータを検索する場合は日本中東学会，1989年以前のデータを検索するならTBIASのサイトを用いる。
　1989年までの，そしてエジプトを含むマシュリク（東アラブ地域）についてであるが，社会経済史での基本文献を解題した目録として，次のものがある。
・東アラブにおける社会変容の諸側面研究会編『文献解題　東アラブ近現代史研究』アジア経済研究所，1989年
　また，次のようなオンライン・データベースの中には，多数の西アジア（中東）関係研究文献が含まれている。特に，ProQuestは米国を中心とする学位論文サービスがあり有用である。

- ProQuest (http://www.proquest.com/)
- EBSCOhost (http://www.ebsco.co.jp/)
- JSTOR (http://www.jstor.org/)

　さらに，近年は，特定の時代，テーマについてのサイト立ち上げが盛んである。例えば，中世史のマムルーク朝史研究については，シカゴ大学中東資料センターがマムルーク朝研究資料DBを公開している。そこでは，マムルーク朝に関する研究文献の網羅的な収集が意図されており，欧米言語のみならず，アラビア語，日本語も可能な限り収集されている。
- Mamluk Bibliography Online (http://mamluk.lib.uchicago.edu/)

　次に学術雑誌を紹介する。入門のための手引きとなれば，西アジア（中東）史に特化しているわけではないが，次のような日本の歴史学関係の主要雑誌に収録されている西アジア（中東）経済史の論文を参照すべきであろう。
- 『社会経済史学』（社会経済史学会）(http://sehs.ssoj.info/jp/contents/seh.html)
- 『歴史学研究』（歴史学研究会）(http://rekiken.jp/)
- 『史学雑誌』（史学会）(http://www.shigakukai.or.jp/)
- 『東洋史研究』（東洋史研究会）(http://www.toyoshi-kenkyu.jp/)
- 『アジア経済』（日本貿易振興機構アジア経済研究所）(http://www.ide.go.jp/Japanese/)

　西アジア（中東）史およびイスラム世界に特化した日本の主たる雑誌は，次の通りである。
- 『オリエント』（日本オリエント学会）(http://www.jstage.jst.go.jp/browse/jorient/-char/ja/)
- *Orient*（欧文）（日本オリエント学会）(http://www.jstage.jst.go.jp/browse/orient)
- 『日本中東学会年報』（日本中東学会）(http://ci.nii.ac.jp/vol_issue/nels/AN10183797_jp.html)
- 『イスラム世界』（日本イスラム協会）(http://www.gakkai.ac/islamkyokai/publication/)
- 『西南アジア研究』（西南アジア研究会）(http://www.bun.kyoto-u.ac.jp/west_asian_history/wah-swsas4/)
- 『現代の中東』（アジア経済研究所）(http://www.ide.go.jp/Japanese/Publish/Periodicals/Mid_e/backnumber.html)

　西アジア（中東）関係について，現地語の雑誌を除く，主たる欧文雑誌は次の通りである。
- *International Journal of Middle East Studies* (http://mesana.org/publications/ijmes.html) (http://journals.cambridge.org/action/displayJournal?jid=MES)
- *International Review of Turkish Studies* (http://www.irts-journal.org/)
- *Iranian Studies* (http://www.tandfonline.com/loi/cist20#.VT5Pxigkru0)
- *Journal of Economic and Social History of Orient* (http://www.brill.com/journal-economic-and-social-history-orient)
- *Middle Eastern Studies* (http://www.tandfonline.com/action/journalInformation?journalCode=fmes20#.VdmpPJXotqU)
- *Middle East Journal* (http://www.mei.edu/middle-east-journal)
- *Review of Middle East Studies* (旧 Middle East Studies Association Bulletin) (http://mesana.org/publications/review/index.html)

2）原資料を発掘・収集するには
［古代オリエント］
　粘土板やパピルス文書など原資料の多くは，大英博物館，カイロ博物館，メトロポリタン美術館など，世界各地の有名な博物館，美術館，図書館，古文書館や大学などに所蔵されて

いる。一部しか公開されていない場合も多いが、原資料に当たりたいときには、これらのサイトを検索してほしい。

また、近年、資料のデータベースのウェブサイトが立ち上げられ、原資料（ないしはそれを転写したものなど）へのアクセスも徐々に可能になってきている。以下は、その一例である。

・デル・エル＝メディーナ（The Deir el-Medina Database, Leiden）（http://www.leidenuniv.nl/nino/dmd/dmd.html）

[イスラム以前の西アジア]

　古代ギリシア・ローマ研究は、欧米各国で19世紀以来盛んに行われてきた。大英博物館、ルーブル美術館、ペルガモン博物館は、ヘレニズム期の原資料を含めて収蔵庫としては、三大博物館である。キリスト教化されて以降（＝ビザンツ期）の資料も、また上記博物館等に収蔵されるが、ワシントンD. C.所在のダンバートン・オークス研究所や、スウェーデンのウプサラ大学、デンマークのコペンハーゲン大学等、アメリカ、北欧の諸機関にも多く収蔵される。これは、「後発資本主義国」が遅ればせで参入した文化政策の結果、つまり、本来の古代史の領分ではあらかた収蔵が済んでしまっていたので、「古代史の周辺」に収集範囲を広げた結果、といってよい。なお、ビザンツ期の現地の修道院などにも多く残されている。文書資料については、各地の修道院に、権利証書を中心に保存・伝来している。西欧のローマ教会のように組織化が必ずしも貫徹されなかったビザンツ教会網では、各個の教会・修道院が、政治権力との関係の中でこれらの権利証書を保持してきた。

　以下には、ギリシア・ローマ資史料について代表的なサーベイ機関を紹介する。

・Institute of Classical Studies Library, University of London（http://library.icls.sas.ac.uk/index.htm）

[イスラム以後の西アジア]

　西アジア（中東）史、イスラム世界史関係の原資料は、日本でも、東洋文庫を中心に、さらに欧米の著名な国立図書館、公文書館、大学図書館において数多く収集されている。中世史に関して、よく利用されるのは、オックスフォード大学Bodleian Library（http://www.bodleian.ox.ac.uk/bodley/）である。もっとも、これらの多くの所蔵機関はすでに言及されているところから、ここでは、西アジア（中東）の現地サイトでアクセスが容易な主たる機関を挙げる。

【トルコ】

・総理府オスマン文書館（http://www.devletarsivleri.gov.tr/osmanli-arsivi-daire-baskanligi/）
・総理府共和国文書館（http://www.devletarsivleri.gov.tr/kamu-kurumlari/）
・国民図書館（http://www.mkutup.gov.tr/）
・トプカプ宮殿博物館付属図書館・付属文書館（http://topkapisarayi.gov.tr/en/research-services）
・地券地籍簿総局（http://www.tkgm.gov.tr/tr/daire-baskanliklari/arsiv-daire-baskanligi）
・宗務庁イスタンブル・ムフティー局付属文書館（http://www.istanbulmuftulugu.gov.tr/seriyye-sicilleri-arsivi.html）
・トルコ宗教財団イスラム研究センター図書館（http://ktp.isam.org.tr/）

【イラン】

・議会図書館・博物館・文書館（http://ical.ir/）
・国民図書館・文書館（http://www.nlai.ir/）
・テヘラン大学中央図書館・文書館（http://library.ut.ac.ir/）

【エジプト】
- 国立図書館・公文書館（http://www.darelkotob.org/）
- アメリカン大学図書館（http://library.aucegypt.edu/）
- アレキサンドリア図書館（http://www.bibalex.org/en/Default）（http://chamo.bibalex.org:8090/search/query?term_1=&locale=EN）
- アラブ連盟アラブ写本研究所（http://www.manuscriptsinstitute.org/）（http://41.32.191.214/cgi-bin/koha/opac-search.pl 所蔵資料の検索ページ）

また，前近代の西アジア（中東），イスラム世界に限定はされないが，下記のデジタルアーカイブも有用である。
- World Digital Library（http://www.wdl.org/en/）

は，ユネスコと米国議会図書館が運営する電子図書館である。世界の図書館，博物館，文書館等が所蔵するデジタル資料を横断検索することができる。
- Europeana（http://www.europeana.eu/portal/）

は，ヨーロッパ各国の図書館，博物館，文書館等が所蔵するデジタル資料を横断検索することができる。特徴は図書に限らずあらゆるデジタル資料を収集している点であり，映画や音楽，写真なども含まれる。
- Gallica（http://gallica.bnf.fr/）

は，フランス国立図書館（Bibliothèque nationale de France）のデジタル図書館。同館所蔵のデジタル資料を検索・閲覧することができる。

【シリア】
- アサド国立図書館（http://www.alassad-library.gov.sy/）
- ダマスクス・フランス研究所（Institut français du Proche-Orient）（http://www.ifporient.org/）

シリアは現在（2015 年 8 月），内戦状態にあり，情報のアップデートが難しい状況である。

マグレブ（西アラブ地域・北アフリカ）の図書館については，先の World Digital Library などを参照のこと。イスラム地域研究（IAS）東洋文庫拠点のサイト（http://tbias.jp/guide/morocco）では，モロッコの図書館が紹介されている。

さらに，イスラエル，バルカン各国の図書館や研究機関にも多くの西アジア（中東）研究のための原資料が所蔵されている。

3）研究組織・学会

研究組織・学会については，日本の機関を中心に挙げる。

[古代オリエント]
- 日本オリエント学会（http://www.j-orient.com/）
- 西アジア考古学会（http://jswaa.org/）
- 公益財団法人中近東文化センター（http://www.meccj.or.jp/）
- The Oriental Institute of the University of Chicago（http://ochre.uchicago.edu/）
- The Faculty of Oriental Studies of the University of Oxford（http://www.orinst.ox.ac.uk/eanes/index.html）

[イスラム以前の西アジア]

古代ギリシア研究，ヘレニズム世界研究，ローマ研究とも，欧米世界では 19 世紀以来盛んに行われており，各国（イギリス，フランス，ドイツ，アメリカ等）に中核となる研究センターが存在する。他方，ビザンツ研究は，古代ギリシア・ローマ研究の付属物として行わ

れてきた経緯から，上記各国のほかに，北欧諸国，特にスウェーデン（ウプサラ），デンマーク（コペンハーゲン），またもとよりロシア，ギリシアの両共和国や，バルカン諸国（セルビア，ブルガリア等）で比較的盛んに行われている。美術工芸品分野での収集も広く行われたが，それらを収蔵する博物館等については，上述した。
- Society for the Promotion of Hellenic Studies（http://www.hellenicsociety.org.uk/）
- Society for the Promotion of Roman Studies（http://www.romansociety.org/）
- 国際ビザンツ学会（http://www.aiebnet.gr/）
- 日本ビザンツ学会（http://byzantine.world.coocan.jp/）

[イスラム以後の西アジア]
- 日本中東学会（http://www.james1985.org/）
- 日本オリエント学会（http://www.j-orient.com/）
- 日本イスラム協会（http://www.gakkai.ac/islamkyokai/）
- 日本貿易振興機構アジア経済研究所（http://www.ide.go.jp/Japanese/index.html）
- 公益財団法人東洋文庫（http://www.toyo-bunko.or.jp/）
- 公益財団法人中近東文化センター（http://www.meccj.or.jp/）
- Middle East Studies Association（MESA）（http://mesana.org/）
- International Association for Ottoman Social and Economic History（http://history.bilkent.edu.tr/index_files/IAOSEH.htm）

なお，MESA（北米中東学会）は世界最大の中東学会である。

4）工具類（用語集・言語辞書・歴史地図・地名検索）
[古代オリエント]
【事典・史料集】
- 日本オリエント学会編『古代オリエント事典』岩波書店，2004 年
- 歴史学研究会編『世界史史料 1　古代のオリエントと地中海世界』岩波書店，2012 年
- E. M. Meyers (ed.), *The Oxford Encyclopedia of Archaeology in the Near East*, 5 vols., Oxford University Press, 1997
- D. B. Redford (ed.), *The Oxford Encyclopedia of Ancient Egypt*, 3 vols., Oxford University Press, 2001
- W. Helck, E. Otto and W. Westerndorf (eds.), *Lexikon der Ägyptologie (LÄ)*, 7 Bd., O. Harrassowitz, 1975-92
- D. O. Edzard et al. (eds.), *Reallexikon der Assyriologie und Vorderasiatischen Archäologie (RlA)*, Walter de Gruyter, 1972-（http://www.uni-leipzig.de/altorient/rla.html）

【言語辞書】
- *Pennsylvania Sumerian Dictionary*（The University of Pennsylvania Museum of Anthropology and Archaeology）（http://psd.museum.upenn.edu/epsd1/index.html）
- B. Landsberger and E. Reiner et al.(eds.), *The Assyrian Dictionary of the Oriental Institute of the University of Chicago (CAD)*（http://www.aina.org/cad.html）
- A. Erman and H.Grapow (eds.), *Altägyptisches Wörterbuch*, 6 Bd., 1957（http://www.egyptology.ru/lang.htm#Woerterbuch）

[イスラム以前の西アジア]
【事典・ハンドブック・年鑑類】

- J. H. Clapham and E. Power（eds.）, *The Cambridge Economic History of Europe from the Decline of the Roman Empire*, Vol. 1〜3, 8, Cambridge University Press, 1966, 87, 63, 89
- W. Scheidel, I. Morris and R. Saller, *The Cambridge Economic History of the Greco-Roman World*, Cambridge University Press, 2007
- S. Hornblower and A. Spawforth（eds.）, *The Oxford Classical Dictionary*, 4th ed., Oxford University Press, 2012
- A. P. Kazhdan（ed.）, *The Oxford Dictionary of Byzantium*, Oxford University Press, 1991

【言語辞書】
英語，フランス語，ドイツ語，現代ギリシア語による優れた言語辞書が少なくない。以下では，多くの日本人が日常的に使用する上で簡便な英語版から主要な辞書のみを挙げる。
- H. G. Liddel and R. Scott, *A Dictionary of Greek Lexicon*, Oxford University Press, 1819-（http://stephanus.tlg.uci.edu/lsj/#eid=1&context=lsj）
- P. G. W. Glare（ed.）, *Oxford Latin Dictionary*, New ed., 2 vols., Oxford University Press, 2012
- E. A. Sophocles, *Greek Lexicon of the Roman and Byzantine Periods (from B.C. 146 to A.D. 1100)*, 2 vols., Frederick Unger, 1957（http://archive.org/details/cu31924021609395）

ただ，デュ・カンジュによる中世ラテン語，中世ギリシア語辞典については，証書類の重要な引用例を含むので以下に紹介する。
- Du Cange et al., *Glossarium mediæ et infimæ latinitatis*, 10 vols., L. Favre, 1883-87
- Du Cange et al., *Glossarium ad scriptores mediae et infimae Graecitatis*, 2 vols., Lugduni（Lyon）, 1688

[イスラム以後の西アジア]
【事典・ハンドブック・年鑑類】
- 三浦徹他編『イスラーム研究ハンドブック』栄光教育文化研究所，1995年
- 小杉泰他編『イスラーム世界研究マニュアル』名古屋大学出版会，2008年
- 大塚和夫他編『岩波イスラーム辞典』岩波書店，2002年
- 日本イスラム協会監修『新イスラム事典』平凡社，2002年
- 永井道雄監修，板垣雄三編『新・中東ハンドブック』講談社，1992年
- 中東調査会編『中東年鑑』（『中東・北アフリカ年鑑』）中東調査会
- H. A. R. Gibb et al.（eds.）, *Encyclopedia of Islam*, New ed., 11 vols., 1960（1954）-2008

【史料集】
- 歴史学研究会編『世界史史料』全12巻，岩波書店，2006-12年

【統計資料】
情報化社会を反映して，近年，西アジア（中東）各国の統計局がウェブサイトを充実させてきており，中には，エジプト中央統計局（http://www.capmas.gov.eg/）のように，過去に遡った時系列統計を掲載するようになってきている。主たる国の統計局については，総務省統計局ウェブサイト（http://www.stat.go.jp/info/link/5.htm）の外国政府の統計機関を参照のこと。

また，近現代の時系列統計を収集し，分析した，後藤晃・加藤博編『アジア長期経済統計』「西アジア（トルコ・エジプト）」が近刊予定である。

【言語辞典】
〈アラビア語ー日本語〉
- 高野晶弘『高野版現代アラビア語辞典』上・下，「アラブ世界の活字文化とメディア革命」

研究会，2007 年（ただし，Fā' の項目以下未完であり，非売品である）
〈アラビア語—英語〉
・H. Wehr, *A Dictionary of Modern Written Arabic*, 4th ed., ed. by J. M. Cowan, Spoken Languages Services, 1994
〈ペルシア語—日本語〉
・黒柳恒男『新ペルシア語大辞典』大学書林，2002 年他
〈ペルシア語—英語〉
・S. Haïm, *New Persian-English Dictionary*, 2 vols., Librairie-Imprimerie Béroukhim, 1934
〈トルコ語—日本語〉
・竹内和夫『トルコ語辞典』ポケット版，大学書林，1989 年
・竹内和夫『トルコ語辞典』改訂増補版，大学書林，1996 年
〈トルコ語—英語〉
・Türkçe-İngilizce Redhouse Sözlüğü (*Redhouse Turkish-English Dictionary*), SEV Matbaacılık ve Yayıncılık Eğitim Ticaret A. Ş., 1999
・Türkçe/Osmanlıca-İngilizce Redhouse Sözlüğü (*Redhouse Turkish/Ottoman-English Dictionary*), SEV Matbaacılık ve Yayıncılık Eğitim Ticaret A. Ş., 1997（旧 *Redhouse Yeni Türkçe-İngilizce Sözlüğü* (*New Redhouse Turkish-English Dictionary*), Redhouse, 1968）

【地名検索】
・加藤博・島田周平編著『世界地名大事典 3 中東・アフリカ』朝倉書店，2012 年
　近年，公的にも私的にも，歴史地図などの歴史的な地理情報を専門とする多くのウェブサイトも立ち上げられてきている。例えば，ナポレオンの『エジプト誌』についてのウェブサイト（http://description-egypte.org/）は秀逸である。

中央アジア

1) 先行研究を調べるには
・『比較経済研究』（https://www.jstage.jst.go.jp/browse/jjce/-char/ja/）
・『スラヴ研究』（http://src-h.slav.hokudai.ac.jp/publictn/index1.html）
・『ロシア NIS 調査月報』（http://www.rotobo.or.jp/publication/monthly/index.html）
・*Central Asian Survey*（http://www.tandfonline.com/toc/ccas20/current/）
・*Communist and Post-Communist Studies*（http://www.journals.elsevier.com/communist-and-post-communist-studies）
・*Economics of Transition*（http://onlinelibrary.wiley.com/journal/10.1111/(ISSN)1468-0351）
・*Eurasian Geography and Economics*（http://www.tandfonline.com/toc/rege20/current/）
・*Europe-Asia Studies*（http://www.tandfonline.com/toc/ceas20/current/）
・*Journal of Comparative Economics*（http://www.journals.elsevier.com/journal-of-comparative-economics）
・*Post-Communist Economies*（http://www.tandfonline.com/toc/cpce20/current/）
・*Post-Soviet Affairs*（http://www.tandfonline.com/toc/rpsa20/current/）

2）原資料を発掘・収集するには
- アジア開発銀行（Asian Development Bank : ADB）（http://www.adb.org/）
- 欧州復興開発銀行（European Bank for Reconstruction and Development : EBRD）（http://www.ebrd.com/home）
- 独立国家共同体国家間統計委員会（CIS Interstate Statistical Committee）（http://www.cisstat.com/）
- 一橋大学経済研究所（http://www.ier.hit-u.ac.jp/Japanese/）
- 北海道大学スラブ・ユーラシア研究センター（http://src-h.slav.hokudai.ac.jp/）

3）研究組織・学会
- Central Eurasian Studies Society（http://www.centraleurasia.org/）
- European Society for Central Asian Studies（http://escas.org/）
- 日本中央アジア学会（http://www.jacas.jp/）
- 比較経済体制学会（http://www.jaces.info/info.html）
- 北海道中央ユーラシア研究会（http://src-h.slav.hokudai.ac.jp/casia/index.html）

4）工具類
- 小松久男他編『中央ユーラシアを知る事典』平凡社，2005 年
- Yuri Bregel, *An Historical Atlas of Central Asia*（Brill, 2003）

共通項目索引

項目	ページ
移民（移住）	40, 41, 48, 52, 53, 57, 58, 102, 127, 146, 166, 168, 169, 172, 219, 228, 250, 253, 254, 260, 261
エネルギー	67, 68, 241
塩害	197, 199, 262
華僑	7, 11, 52, 58, 164-169, 171, 173-175, 179, 182, 183, 185
貨幣（通貨）	22, 28, 30, 33, 36, 38, 40, 43, 45, 59, 61, 72, 73, 79, 82, 97, 101, 102, 104-107, 109-113, 119, 154, 158, 161, 165, 170, 172, 175, 198-200, 209, 215-217, 228, 232, 236, 242, 244, 247
灌漑	26, 27, 70, 99, 100, 125, 127, 132, 143, 144, 153, 173, 175, 196, 197, 199, 214, 230, 240, 247, 250, 254, 262
環境	26, 40, 41, 53, 70, 90, 105, 121, 122, 133, 142, 152, 158, 169, 195, 196, 225, 231, 262
関税	61, 73, 119, 129, 132, 133, 173, 204, 235, 238
企業	66, 68, 84, 85, 123, 126, 130, 134, 136-140, 142, 143, 145, 165, 167, 173, 184, 186, 189, 198, 222, 235, 236, 237, 242, 244, 245, 249, 255, 256, 259
教育	92, 127, 134, 137-139, 144-146, 189, 217, 239
共同体	20, 21, 27, 43, 106, 113, 114, 159, 188, 215, 261
漁業	28, 122
銀	11, 16, 29, 32, 34, 44-46, 57, 58, 60, 61, 72, 79, 101, 102, 104, 105, 107, 109, 111, 112, 154, 158, 162, 165, 166, 199, 200, 209, 213, 216, 218, 228, 232
銀行	61, 120, 144, 165, 166, 171-173, 177, 181, 182, 229, 235, 238, 241, 243, 255, 259
金融	60, 61, 72, 73, 81, 90, 104, 108, 109, 112, 118, 120, 123, 133, 136, 166, 167, 171, 172, 176, 177, 182, 184, 189, 190, 228, 232, 238, 240-242, 244, 247, 255, 259
経済政策	74, 85, 86, 133, 139, 182, 186, 234, 236, 240, 242, 252, 254, 257
鉱業	42, 67, 73, 160
工業化	68, 83, 84, 122, 123, 126, 129, 133, 134, 137, 139, 142, 185-188, 235, 236, 238, 239, 242, 252, 259
交通	31, 106, 109, 124, 141, 174, 175, 198, 258
国家	20, 22, 24, 25, 39, 40, 44, 47, 48, 51, 52, 71, 73, 76, 91, 92, 94, 95, 97-99, 103, 105, 109, 111, 113, 114, 118, 122, 130, 134, 136, 137, 139, 142, 156-158, 163, 183, 184, 196, 197, 199-209, 215, 218, 221, 224-226, 228-231, 233-237, 239, 241, 245, 252-256
財政	32-36, 39, 47, 48, 57, 61, 62, 73, 78, 82, 105, 112, 118, 124, 142, 161, 172, 173, 203, 207-209, 218, 228, 232, 242, 244, 249, 255
塩	28, 35, 47, 120, 153
市場	35, 46, 55-57, 59, 66, 70-72, 74, 81, 105, 110-113, 116, 121-125, 127, 130, 132-135, 138-140, 142, 146, 157, 165, 171, 173, 175, 185, 186, 188-190, 200, 206, 213, 216, 219, 221, 240-242, 245, 255, 256, 259, 261
市場圏	29, 40, 46, 56, 70-72, 165
地主	20, 21, 24, 26, 27, 38, 42, 54, 55, 69, 79, 82, 84, 110, 172, 176, 237, 239, 240, 253
手工業	55, 64, 104-106, 110, 218, 227, 235, 253
商業組織	29, 215, 221, 222
商人	28, 29, 35, 44, 52, 57, 58, 60, 78-81, 93, 95, 96, 98, 101, 102, 104, 106-110, 112, 117-120, 123, 127, 136, 166, 167, 169, 173, 198, 203, 204, 214, 215, 217, 219, 221, 222, 228, 232, 247, 248
消費	122, 128, 133, 136, 138, 170, 204, 216, 219, 222, 228, 239

付録（共通項目索引） 377

植民地	57, 60, 68, 82-86, 105, 113-119, 121-127, 129, 131, 134, 136-138, 155, 159, 163-166, 168-172, 175-177, 181, 183, 225, 226, 230, 231, 237
所得	144, 184, 185, 187, 188, 208, 233, 234, 238, 243, 244, 253, 255, 261
所有	98, 100, 116, 117, 140, 145, 166, 172, 174, 176, 198-201, 206, 208, 218, 220, 228, 230, 232, 237, 239, 240, 250, 255
人口	23, 41, 50-53, 69, 70, 78, 88, 90, 105, 120-123, 126, 127, 131, 137, 144, 152, 157, 161, 168, 170, 184, 188, 204, 217, 221, 228, 230, 233, 235, 244, 248, 260
水利	26, 27, 43, 47, 70, 122, 252, 253
生活水準	53, 90, 121, 172, 220, 261
税制（税法）	33, 34, 153, 161, 173, 209, 218, 242, 250
専売	28, 34
地域社会論	22, 40
定期市	29, 45
鉄道	67, 81, 124, 132, 133, 167, 174, 179, 229, 248-250, 252
統計	23, 29, 41, 56, 64-66, 69, 72, 80, 83, 89, 108, 120, 121, 125, 131, 170, 171, 173, 182, 212, 227, 229, 230, 233, 234, 236, 253, 254, 256
投資	85, 118, 122-124, 131, 136, 138, 167, 169, 180, 188, 198, 222, 236, 238, 242, 258
都市経済	34, 203, 209, 247
土地制度	4, 20, 23, 24, 26, 38, 42, 54, 55, 76, 78, 82, 95, 100, 114, 116, 117, 119, 160, 170, 174, 176, 214, 217, 240
農家経営	68, 69
農業	25, 26, 32, 42, 43, 54, 55, 68, 69, 77, 78, 84, 88, 95, 100, 106, 110, 117, 120-122, 125, 127, 129-132, 136, 141, 143-146, 153, 157, 159, 160, 168-170, 172, 176, 179, 184-190, 197, 199, 203, 213, 214, 235, 237-240, 247, 248, 250-254, 259, 260
農業技術	25, 42, 95, 100, 185, 213
発展段階論	3, 38, 39
賦役	38, 47, 78, 197
福祉	261
物価	45, 64, 72, 79, 107, 109, 110, 112, 117, 125, 130, 131, 200, 221, 256
貿易（交易）	31, 32, 44, 45, 56, 57, 72, 76, 78, 80, 81, 88, 90, 93, 96-98, 100-110, 112, 117-120, 123-125, 129, 133, 139, 153, 155-157, 160, 161, 164-167, 168-171, 173, 175, 182, 188, 189, 196-200, 204, 206, 213, 214, 217, 219, 221, 227, 228, 231, 232, 236, 239, 242, 244, 245-248, 257, 258
法制	25, 28, 63, 73, 215, 216
牧畜	16, 55, 195, 196, 199
流通	28, 29, 32, 39, 40, 43, 45-47, 56-59, 71, 90, 101, 102, 105, 107, 109, 153, 162, 170, 172, 174, 175, 197, 213, 214, 216, 218, 219, 222, 228, 258
林業	42
労働	33, 52-54, 58, 84, 85, 94, 113, 122, 123, 126, 127, 130-132, 134, 139, 140, 143-146, 160, 161, 169-172, 176, 184, 185, 187, 237, 242, 243, 253, 255, 260, 261

編　者

加藤　博（かとう　ひろし）
　現　在　一橋大学名誉教授
　著　書　『私的土地所有権とエジプト社会』（創文社，1993 年）
　　　　　『イスラム世界論』（東京大学出版会，2002 年）
　　　　　『イスラム世界の経済史』（NTT 出版，2005 年）他

久保　亨（くぼ　とおる）
　現　在　信州大学人文学部教授
　著　書　『戦間期中国〈自立への模索〉』（東京大学出版会，1999 年）
　　　　　『戦間期中国の綿業と企業経営』（汲古書院，2005 年）
　　　　　『社会主義への挑戦 1945-1971』（岩波書店，2011 年）他

島田竜登（しまだりゅうと）
　現　在　東京大学大学院人文社会系研究科准教授
　著　書　The Intra-Asian Trade in Japanese Copper by the Dutch East India Company during the Eighteenth Century (Leiden and Boston : Brill Academic Publishers, 2006) 他

執筆者一覧 (50 音順)

石川亮太（いしかわりょうた）（立命館大学）
岩﨑一郎（いわさきいちろう）（一橋大学）
岩﨑葉子（いわさきようこ）（日本貿易振興機構アジア経済研究所）
宇山智彦（うやまともひこ）（北海道大学）
太田信宏（おおたのぶひろ）（東京外国語大学）
大月康弘（おおつきやすひろ）（一橋大学）
加納啓良（かのうひろよし）（東京大学名誉教授）
岸本美緒（きしもとみお）（お茶の水女子大学）
後藤　晃（ごとう　あきら）（神奈川大学）
畑守泰子（はたもりやすこ）（愛媛大学）
古田和子（ふるたかずこ）（慶應義塾大学）
松井真子（まついまさこ）（愛知学院大学）
三田昌彦（みたまさひこ）（名古屋大学）
宮澤知之（みやざわともゆき）（佛教大学）
宮田敏之（みやたとしゆき）（東京外国語大学）
柳澤　悠（やなぎさわ　はるか）（元東京大学）

《責任編集》

水島　司
みずしま　つかさ

　　　1952年生
　　　1979年　東京大学大学院人文科学研究科修士課程修了
　　　東京外国語大学アジア・アフリカ言語文化研究所助手，助教授，教授を経て，
　　　現　在　東京大学大学院人文社会系研究科教授，博士（文学）
　　　著　書　『前近代南インドの社会構造と社会空間』（東京大学出版会，2008年）
　　　　　　　『グローバル・ヒストリー入門』（山川出版社，2010年）他

アジア経済史研究入門

2015 年 11 月 10 日　初版第 1 刷発行

定価はカバーに
表示しています

責任編集者　　水　島　　　司
発　行　者　　石　井　三　記

発行所　一般財団法人　名古屋大学出版会
〒464-0814　名古屋市千種区不老町1 名古屋大学構内
電　話（052）781-5027／FAX（052）781-0697

ⓒ Tsukasa Mizushima et al., 2015　　　　　　　Printed in Japan
印刷・製本 ㈱太洋社　　　　　　　　　　ISBN978-4-8158-0816-7
乱丁・落丁はお取替えいたします。

Ⓡ〈日本複製権センター委託出版物〉
本書の全部または一部を無断で複写複製（コピー）することは，著作権法
上の例外を除き，禁じられています。本書からの複写を希望される場合は，
必ず事前に日本複製権センター（03-3401-2382）の許諾を受けてください。

礪波護／岸本美緒／杉山正明編
中国歴史研究入門　　　　　　　　A5・476 頁　本体 3,800 円

朝鮮史研究会編
朝鮮史研究入門　　　　　　　　　A5・538 頁　本体 4,400 円

小杉泰／林佳世子／東長靖編
イスラーム世界研究マニュアル　　A5・600 頁　本体 3,800 円

岡本隆司編
中国経済史　　　　　　　　　　　A5・354 頁　本体 2,700 円

K. ポメランツ著　川北稔監訳
大分岐　　　　　　　　　　　　　A5・456 頁
―中国，ヨーロッパ，そして近代世界経済の形成―　本体 5,500 円

家島彦一著
海域から見た歴史　　　　　　　　A5・980 頁
―インド洋と地中海を結ぶ交流史―　　本体 9,500 円

S. スブラフマニヤム著　三田昌彦／太田信宏訳
接続された歴史　　　　　　　　　A5・390 頁
―インドとヨーロッパ―　　　　　　　本体 5,600 円

柳澤　悠著
現代インド経済　　　　　　　　　A5・426 頁
―発展の淵源・軌跡・展望―　　　　　本体 5,500 円